Karam Khella
Dioskoros von Alexandrien

Dioskoros von Alexandrien
Theologie und Kirchenpolitik

– 1. Auflage 2018 –
ISBN 978-3-939710-30-1

Theorie und Praxis Verlag
Goldbachstr. 2
D 22765 Hamburg
Tel: 040 – 38 61 38 49

info@tup-verlag.com
www. tup-verlag.com

Karam Khella

Dioskoros von Alexandrien (444-454)

Anschrift des Verfassers:
Dr. Karam Khella
Possmoorweg 42a
22301 Hamburg

Allgemeines Verzeichnis

Dioskoros von Alexandrien, Theologie und Kirchenpolitik

DIOSKOROS VON ALEXANDRIEN

THEOLOGIE UND KIRCHENPOLITIK

Quellenbesprechung und Bibliographie

Zu den Quellen der Geschichte des Dioskoros und seiner Theologie

Um die Person des Dioskoros trennte sich die christliche Kirche, das älteste, noch heute bestehende Schisma war zwischen den Anhängern und Gegnern dieses Bischofs ausgebrochen. Trotz dieser Bedeutung des Dioskoros für die Entwicklung der Kirchengeschichte sind sein Leben und Werk noch sehr wenig erforscht.

Das persönliche Schicksal des Dioskoros und die unterschiedliche Auffassung von ihm fanden einen unmittelbaren Niederschlag in der Geschichtsschreibung. Von seinen Anhängern wird er hoch gerühmt als "Hort der Orthodoxie", dessen Glauben "der ganze Erdkreis anerkannt hat". Seine Gegner bezeifchnen ihn als den "neuen Pharao", der "sich selbst verherrlicht". In Ephesos sei er kein "Richter der Ökumene", sondern der Vorsitzende einer "Räubersynode" gewesen. So blieb er eine der umstrittensten Persönlichkeiten der Kirchengeschichte überhaupt. Unsere Aufgabe, ein objektives Bild von der Theologie und Kirchenpolitik des Dioskoros zu schaffen wird außerordentlich erschwert durch den Umstand, daß die Quellen nur von seiten extremer Anhänger oder extremer Gegner des Dioskoros überliefert worden sind.

Überblick über die Überlieferung der Schriften des Dioskoros:

Von den echten Schriften des Dioskoros sind vor allem Briefe und liturgische Texte erhalten. Daneben sind noch seine Synodal- Erklärungen aufzuzeichnen und die Zitate, die Anhänger oder Gegner überliefert haben. Die Anaphorae des Dioskoros und die Frage nach deren Echtheit werden in der vorliegenden Abhandlung im Zusammenhang mit den Ausführungen über "Christologie und Eucharistie" (siehe S. 196) behandelt.

Von den Briefen des Dioskoros ist zwar vieles verlorengegangen, jedoch erlaubt uns der Rest, der zum großen Teil syrisch erhalten ist, eine Einsicht in sein literarisches Schaffen und christologisches Denken.

Daher sind diese Briefe für die Darstellung der Theologie des Dioskoros von großem Wert.

In den syrischen Akten der Reichssynode von 449 sind einige dieser Briefe in Übersetzung aufbewahrt:

1 Verhandlungen der Kirchenversammlung zu Ephesus am XXII. August CDXLIX: übersetzt von G. Hoffmann (Schriften der Universität Kiel 20; Kiel 1873).

Diese Akten sind noch einmal herausgegeben worden:

2 Akten der Ephesinischen Synode vom Jahre 449 (syr.) mit G. Hoffmanns deutscher Übersetzung und seinen Anmerkungen, Hrsg. v. J. Femming – Abhandlungen der königlichen Gesellschaft zu Göttingen, Phil.-hist. Kl. NS 15,1 (1917)

Über weitere syrisch erhaltene Briefe von ihm an Domnos von Antiochien und an einen Sekundus erfahren wir durch:

3 Die sogenannte Kirchengeschichte des Zacharias Rhetor: deutsche Übersetzung von K. Ahrens - G. Krüger (Scriptores sacri et profani 3; Leipzig 1899) S. 304 f.

Aus seinen Briefen, die er aus dem Exil an ägyptische Klöster und Gemeinden geschrieben hatte, ist ein Teil in dem gleichen Codex des Britischen Museums erhalten, der die syrischen Akten des Ephesinums II enthält:

4 Perry, S. G. F., The Second Synod of Ephesus, together with certain Extracts to it, from Syriac Manusripts preserved in the

Brit. Mus. (Dartford 1875/81) 392/4 (vgl. Cod. Add. 12156 wright 641 a).

Der Anfang eines Briefes des Dioskoros an Domnos auch in dem

5 Cod. Mus. Br. Add. 17215 f. 7 v. (wright 1165 a).

6 Pitro, Spicilegium solesmense, t. IV (Paris 1855).

Schließlich sind die Teilbriefe zu nennen, die dank einer koptischen Zitatensammlung des Patriarchen Benjamin I in das Florilegium aufgenommen werden konnten:

7 Graf, G., Zwei dogmatische Florilegien der Kopten. A. Die Kostbare Perle, in Orientalia christiana periodica 3 (1937) 68/9.

Hier handelt es sich um den "Brief an den Rhetor in Gangra".
Der Sammlung "Bekenntnisse der Väter (Iʿtirāfāt al-ʿAbāʾ)", eine Dokumentation von Hirtenbriefen und Glaubenserklärungen koptischer Autoritäten verdanken wir, daß einige wichtige Stellen aus den christologischen Schriften des Dioskoros erhalten geblieben sind. Dioskoros wird hier von Benjamin wörtlich zitiert, der seinen 15. Hirtenbrief anläßlich der beginnenden großen Fastenzeit gegen eine zeitgenössische Häresie richtet, die dem Herrn Leiden und Sterblichkeit zugeschrieben hat. So ist es uns möglich geworden, uns hieran genau zu unterrichten, wie Dioskoros darüber gelehrt hatte. Denn Benjamin suchte nach Zeugnissen orthodoxer Autoritäten, die für das Dogma der Leidensunfähigkeit der Gottheit sprechen. Dazu verteidigt sich Dioskoros gleichzeitig gegen den Vorwurf, wenn er nicht das Leiden und die Sterblichkeit Christi lehre, gleiche er der Lehre von Chalkedon. Somit fühlte Dioskoros sich veranlaßt, eine klare Stellungnahme zum Chalcedonense zu nehmen. In deutlichen Termini widerlegt er die entstellten Nachrichten über ihn und zeigt nicht nur den Unterschied zwischen der orthodoxen (seiner) Lehre und den chalkedonischen Definitionen, sondern geht noch darüber hinaus, um auch das Gemeinsame zu behandeln, also in wieweit Chalkedon die orthodoxe Überlieferung vertritt. Dioskoros distanziert sich von den beiden Extremen und stellt sich in die Mittellinie zwischen dem Chalcedonense und der Häresie der Sekte, an die sein Brief sich richtete. Der Brief zeigt das Wahrheitsgefühl des Dioskoros, der in den Drangsalen des Exils alle abweichende Dogmatik mopophysitischer Kreise ablehnt, die zu seiner Unterstützung bereit gewesen wären. Der Wert dieses Briefes besteht also darin, daß wir mit seiner Hilfe die Stellung des Dioskoros mitten in den christologischen Strömungen seiner Zeit noch genauer bestimmen können, Die Übersetzung dieses Briefes mit An-

merkungen befindet sich hier auf den Seiten 182 und 193. Der vollständige arabische Text des Fastenbriefes Benjamins mit dem Zitat des Dioskoros ist veröffentlicht in der Zeitschrift:

8 Ṭarīq al-ḥayā 2 (Kairo 1932) 38/43.

Wir haben keine Veranlassung zu bezweifeln, daß Benjamin die Worte seines Vorgängers treu wiedergegeben hat, die er einleitete "Also schrieb der heilige Bekenner Dioskoros, Erzbischof von Alexandrien, in dem Brief, den er aus seiner Verbannung in Gangra an Ibreton sandte: ...". Der arabische Übersetzer des verlorenen Originals hat sich jedoch nicht streng an das Original gehalten, da hier ein leichter arabischer Einfluß in dem Wort Taʿālā, dem arabischen Attribut (der Erhabene) zu Allah, zu spüren ist. Darin jedoch liegt kein Grund für die Annahme, daß der Text frei ins Arabische übertragen wurdet, denn das Zitat des Dioskoros nach dem Unionsbrief Kyrills (v. 433) deckt sich wörtlich mit dem vorhandenen griechischen Original. Der Stil des Briefes und gerade die Art, in der der Verfasser Athanasios und Kyrillos zitiert, lassen das Schreiben ohne Bedenken unter die Dioskoros-Schriften einordnen.

In der Weise, wie Dioskoros auf Kyrillos fortwährend hingewiesen hatte, hat Timotheos Ailuros an seinen Vorgänger Dioskoros festgehalten und seine Schriften immer wieder zitiert. So haben wir in den Schriften des Timotheos eine weitere Quelle der Christologie des Dioskoros. Eine Reihe von Fragmenten aus den Schriften des Dioskoros sind armenisch in den Werken des Timotheos Ailuros überliefert, der für die Haltung der armenischen Kirche gegenüber der Synode von Chalkedon maßgebend war. Eine dokumentare Abhandlung des Timotheos gegen das Chalcedonense mit autoritativen Stellen aus Dioskoros ist im Jahre 1908 veröffentlicht:

9 Cavallera, in Bulletin de littérature eccle. (1909) 352.

Die Konzilienakten

Auf der Suche nach den Quellen, die uns Aufschluß über die Geschichte des Dioskoros und seine Christologie geben können, wenden wir uns zunächst den Sammlungen von Konzilsakten als relativ zuverlässige Quellen zu. Dioskoros selbst war von der theologischen Notwendigkeit der "synodalen" Leitung der Kirche überzeugt.

Das ist auch der Grund dafür, daß er mehr als seine Vorgänger an Bischofsversammlungen innerhalb und außerhalb seiner Jurisdiktion beteiligt war; die meisten von denen hat er selbst geleitet. Aus seinen Schriften lesen wir ferner, daß die Ägyptische Synode sich unter seiner Leitung in Alexandrien regelmäßig versammelt hat. Leider sind viele Akten dieser Synoden verlorengegangen, so daß wir oft es dem Zufall zu verdanken haben, von dieser oder der anderen Synode zu erfahrene.

Die wichtigsten unter diesen Bischofsversammlungen sind die beiden großen Synoden von Ephesos im Jahre 449 und von Chalkedon im Jahre 451, deren Akten nur teilweise gut erhalten sind. Da ihre Darstellungen Streitfragen behandeln, können die Konzilsakten folglich keinen umfassenden Überblick der Zeitgeschichte vermitteln. Die Synodalkanzlei von Konstantinopel, die die Akten der ökumenischen Synoden redigiert hat, nahm häufiger Änderungen und Umstellungen in den Protokollen vor, so daß wir oft nicht die echten Dokumente, vielmehr nur die zensierten Unterlagen vorgelegt bekommen.

Zum Ephesinum II verfügen wir über keine vollständigen Akten wie beispielsweise die Acta chalcedonensie. Von dem griechischen Original besitzen wir lediglich diejenigen Gesta Ephesi, die bei ihrer Revision am 8. Oktober 451 zu dem Protokoll der ersten Sitzung von Chalkedon aufgenommen wurden. Es handelt sich hier um Stellen, die ausschließlich aus der ersten Sitzung von Ephesos vom 8. August 449 stammen. Die Chalkedoniker hatten nur Interesse an denjenigen Stellen, die die Schuld des Dioskoros offen zutage treten lassen. Man hatte nämlich vor, die Synode von 449 zu annullieren, um überhaupt ihre Gesetze außer Kraft setzen zu können. In Chalkedon wurden manche Stücke aus dem Ephesinum II oder genauer gesagt, aus dessen ersten Sitzung, entlehnt. Bevor die Verlesung ihrer Akten zu Ende geführt wurde, hatte man schon ein Protokoll der ersten Sitzung vom 8 August 449 zusammenzimmern können. Das von Chalkedon geschaffene Bild über das Ephesinum II hat leider bis in die Gegenwart hinein als eine Unterlage für die Kirchen- und Dogmengeschichtsschreibung über die Reichssynode von 449 gedient.

10 Gesta Synodi Ephesenae = Acta Conciliorum Oecumenicorum, ed. E. Schwartz (Berlin 1927 ff.) (cit: ACO) II 1,1, pg 69 ff. (griech.); II 3,1, pg 42 ff. (lat.).

E. Schwartz hat zu den Konzilsakten eine Sammlung aufgenommen, deren Hauptinhalt die Akten der beiden Synoden von Konstantinopel 448 und von Ephesos 449 und der Briefwechsel zwischen Leo I von Rom († 461) und Eutyches und Flavian ist:

11 Collectio Novariensis de re Eutychis = ACO (ebd.) II 2,1.

Ferner:

12 Appellatio Flaviani. The letters of Appeal from the Council of Ephesus A.D. 449, addressed by Flavian and Eusebius to St. Leo of Rome: ed. T.A. Lacey (London 1903).

Zu diesen Akten nennen wir noch die Bemerkungen von

13 Largent, A.: Le brigandage d'Ephèse et le concile de Chalcédoine, in Revue des Questions Historiques (cit. RevQHist) 27 (1880) 83/150.

Eine spätere Veröffentlichung des gleichen Beitrages ist:

14 Largent, A., Etudes d'histoire ecclés. (Paris 1892) 141/217.

Über weitere Ausgaben des Protokolls der ersten Sitzung von Ephesos, die im Zusammenhang mit den Akten von Chalkedon 451 ediert sind, sei hingewiesen auf die Besprechung der Quellensammlungen der Synode von Chalkedon.

Neben der subjektiven Überlieferung der griechischen Fassung der Akten von Ephesos verfügen wir über eine syrische Übersetzung der Protokolle der letzten Sitzung, die am 22. August 449 stattgefunden hat. Was sonst auf diesem Reichskonzil geschah, ist nicht mehr protokollarisch zu verfolgen. Das syrische Exemplar gibt ein getreues Bild über den Verlauf der Abschlußsitzung, in der Theodoret von Kyrros, Ibas von Edessa und Domnos von Antiochien verurteilt wurden. Sollten die Akten dieser Sitzung in Chalkedon verlesen werden, so wäre die Kanonizität der Sitzung von Chalkedon, die die Revision durchführte, in Frage gestellt; denn diese Synode ließ die beiden in Ephesos abgesetzten Bischöfe, Theodoret und Ibas **vor** der Revision ihres Prozesses an der Sitzung teilnehmen. Gegen den kirchenrechtlichen Einspruch des Dioskoros konnte man in Chalkedon keine Rechtfertigung abgeben. Die Verlesung des Protokolls des Prozesses der beiden Bischöfe hatte die Seite des Dioskoros in Chalkedon verstärkt. So blieb

der Synode von Chalkedon nichts anderes übrig, als die Verlesung des zweiten Teils der ephesinischen Akten zu verhindern.
Der Nachfolger des Dioskoros, Timotheos Ailuros, veröffentlichte eine beachtenswerte Publizistik gegen die Synode von Chalkedon, die auch die Haltung seines Vorgängers rechtfertigen sollte. Ihm haben wir es zu verdanken, daß viele Dokumente erhalten geblieben sind, die sonst zu den anderen Akten geraten wären, die als antichalkedonisch der Vernichtung preisgegeben wurden. Timotheos veröffentlichte unter anderem das Protokoll des letzten Verhandlungstages, das in syrischer Übersetzung durch einen vortrefflichen Codex aus dem Jahre 535 (so die Unterschrift) erhalten ist: Kodex Add, 14530 = Syr, 905 (Wrights Katalog II 1027). Gerade darin, daß der Text nur 86 Jahre nach den Ereignissen geschrieben wurde, liegt eine weitere Bedeutung dieser Aktensammlung.

Timotheos Ailuros versuchte ferner, das in die Akten von Chalkedon aufgenommene Protokoll der ersten Sitzung des Ephesinums II zu ergänzen. Einen Nachtrag dazu bietet ein ebenfalls syrisch erhaltener Codex, der im Jahre 562 geschrieben wurde: Brit. Mus, Add. 12156 = syr. 729 (Wright II 729). Mit dieser Handschrift haben sich befaßt: Lietzmann, Apollinaris v. Laodicea I 93 ff. und Loofs, Nestoriana 75 ff., 376 ff.
Der syrische Übersetzer hat das Protokoll wortgetreu übertragen, so daß wir eine Vorstellung bekommen können, wie das Original ausgesehen haben mag. Im allgemeinen habe ich die deutsche Übersetzung von G. Hoffmann, nach Vergleichung mit dem Original benutzt. Besonders wichtige Abweichungen wurden begründet. Der Bedeutung dieses Kodex, mit dem Timotheos eine Revision der Synode von Chalkedon reklamieren wollte, entsprechen die vielfachen Editionen:

15 Secundam Synodum Ephesinam necnon excerpta, quae praesertim ad eam pertinent, e codd. syr. mss. in Museo Brit. asservatis primus, ed. Samuel G.G. Perry, Oxonii 1875.

16 Actes du Brigandage d'Ephèse. Trad. sur le texte syri. contenu dans le ms 14530 du Mus. Brit.: éd. P. Martin (Amiens 1874).

17 Le pseudo-synode connu dans l'histoire sous le nom de Brigandage d'Ephèse étudié d'apres ses actes retrouvés en Syriaque (Paris 1875)

18 Akten der Ephesinischen Synode vom Jahre 449 (syrisch) mit Georg Hoffmanns deutscher Übersetzung und seinen Anmerkungen, hrsg. v. J. Flemming, in Abhandlungen der Königlichen Gesellschaft der Wissenschaften zu Göttingen, phil.-hist. Kl., NF 15,1 (1917).

19 Honigmann, E., A Trial of Sorcery on August 22, A.D. 449 = in Quarterly Organ of the History of Sience Soc. and of the Internat. Committee of the History of Science (Bruges-Cambridge/Mass.) (cit.: Isis).

Außer dem griechischen Original und der lateinischen Übersetzung der ersten Sitzung, neben der syrischen Übersetzung der letzten Sitzung, ist die eigentliche Sammlung der ephesinischen Akten verlorengegangen, so viele Exemplare davon auch geschrieben wurden (Dioskoros verteidigt sich in Chalkedon mit dem Hinweis, jeder Bischof habe seinen eigenen Sekretär in Ephesos gehabt). Die Akten der Synode von Konstantinopel von 450 waren in keiner besseren Lage als die ephesinischen.

20 Mouterde, P, Fragments d'actes d'un Synode ténu á Constantinople en 450 = Mélanges de l'Université Saint-Joseph 15 (Beyrouth/Liban 930/31) 35/50.

Die Akten von Chalkedon als die Dokumente der Siegerpartei sind verhältnismäßig besser aufgehoben worden. Sie sind jedoch so angelegt worden, daß sie die Sache der Konzilsanhänger vertreten. Hier und da sind Modifikationen und Verfälschungen nachgewiesen. In entscheidenden Momenten stießen wir auf Widerspruch zwischen Original und Übersetzung.
Besonders kritisch zu behandeln sind ihre Nachrichten über Dioskoros. Auch böswillig entstellte Eingaben gegen ihn sind hier gut erhalten. Die Akten von Chalkedon haben eine Anzahl von Berichten gegen Dioskoros aufbewahrt, jedoch wurden die Dokumente, die für ihn sprechen, unterdrückt; so sind auch die Briefe des Dioskoros an die Synode oder etwa die Glaubenserklärung, die die Synode mit starker Anlehnung an die Christologie des Dioskoros zunächst ablegte, nicht mehr vorhanden. Dioskoros war ja von vornherein als Sündenbock ausersehen.
Auf der anderen Seite enthalten die Akten von Chalkedon die Protokolle der Sitzungen, die der Absetzung des Dioskoros vorangegangen waren wie diejenigen, die darauf folgten. Auch das eigenmächtige Verfahren, auf dem er in Abwesenheit abgesetzt wurde, ist hier protokollarisch gut erhalten. All diese Dokumente sind für die Geschichte dieses Bischofs und für die Aufklärung seines Schicksals von maßgebender Bedeutung. Außerdem enthalten die Akten von Chalkedon eine Fülle anderer Urkunden, besonders Briefsammlungen, die direkt oder nur unmittelbar die Sache des Dioskoros behandeln.

In den entsprechenden Ausführungen wird unsere Kritik an der Überlieferung der Konzilsakten durch äußere oder innere Beweise begründet. In der Zählung der Sitzungen folgen wir der üblichen Weise. Pra xeis, die für die Untersuchung wichtig sind, ohne dabei als Sitzungen gezählt zu werden, werden hier durch die Datumsangabe gekennzeichnet. Ebenfalls werden die Sitzungen im allgemeinen im Zusammenhang mit dem Datum genannt, um mögliche Verwechslung zu vermeiden. Die Unübereinstimmigkeit, die man bei der Zählung der Sitzungen in Chalkedon in den dogmengeschichtlichen Werken findet, geht auf die Akten selbst zurück. Die lateinischen neigen dazu, 16 Sitzungen zu zählen (Ballerini 20), die griechischen dagegen nur 6; auf Vollständigkeit kann also keine Quelle Anspruch erheben (Vgl. Walch XV, 333; Hefele II 2, 411).

(Akten- und Quellensammlungen der Synode von Chalkedon):

21 Acta Conciliorum Oecumenicorum, ed. E. Schwartz (Straßburg-Berlin 1914/40) (ACO) (Tom. II, Cc Chalcedonense (451), vol. 1-6).

22 Akten der allgemeinen Synoden, ed. Geistliche Akademie zu Kazan (8 Bde, Kazan 1859/77).

23 Hardouin, J., Acta Conciliorum et Epistolae decretales ac Constitutiones Summorum Pontificum ab a. 34 ad a. 1714 (Paris 1714 f.).

24 Labbé, Ph., Cossart, G., Sacrosancta Concilia ad regiam editionem exacta (17 Bde, Paris 1672).

25 Mansi, J.D., Sacrorum Conciliorum Nova Collectio (31 Bde, Firenz 1759 ff., Venezia 1769 ff.); Neudruck und Fortsetzung (53 Bde., Paris-Leipzig 1901/27).

Zu diesen Sammlungen ist noch eine wichtige arabische Übersetzung zu zählen aus dem Jahre 1694 der Akten des Prozesses des Eutyches, der in Konstantinopel (448), Ephesos (449) und in Chalkedon (451) stattgefunden hat:

26 Maḍmūn al-Maǧmaʿ al-chalkedonī al-muqaddas al-orthodoxī fī ʿillaṭ hartaqat Eutechi al-munāfiq, 1694.

Dagegen die lateinische Überschrift neben dem arabischen Titel:

Compendium Concilii chalcedonensis, in Arabicum (Opera, et Labore, Francisci Mariae à Salem) Romae, M.DC.XCIV.

Ein Unikum dieser Übersetzung befindet sich in der Staats- und Universitätsbibliothek in Göttingen (H. eccles. Concil. I 678 (=10^{6}) Ex Bibliotheca Regia Acad. Georgiae Aug.).

Zu seiner Übersetzung schreibt Francis M. à Salem in einem Vorwort: "Hier übersetze ich alles, was sich auf der Synode von Chalkedon ereignet hat, wie es im 'ersten' Exemplar der Akten der genannten Synode steht, welches in der Bibliothek des heiligen Petrus, des Apostels, in Roma aufbewahrt ist, ohne daß ich bei der Übersetzung etwas hinzufüge oder wegnehme … (Kap. 4, S. 8)".
Von dieser alten und deswegen wichtigen Übersetzung sind noch wenige Exemplare erhalten, da, wie al-Harīda an-Nafīsa (Bd. I, S. 497 vgl. al-Bermāwī 95) sagt, die römische Kirche, die ursprüngliche Herausgeberin der Übersetzung, wieder durch reichliche Finanzausgaben alle verteilten Exemplare zu sammeln versucht hat; denn die Übersetzung wurde von den nonchalkedonischen Kirchen als Waffe gegen die Synode benutzt, und damit hat sie dem Zweck nicht dienen können, der schon auf der Titelseite der Veröffentlichung genannt ist: "Damit die getrennten Kirchen wieder in den Schoß ihrer Mutter zurückkehren". In den Ausführungen dieser Arbeit wurde diese arabische Übersetzung zum Vergleich mit der vorhandenen griechischen und lateinischen Überlieferung der Konzilsakten hinzugezogen und darauf hingewiesen. Eine vollständige quellenanalytische Untersuchung dieser Teilakten wird für die Textkritik der Akten von Chalkedon sehr nützlich sein.

Zeitgenössisches Schrifttum:

Die Bedeutung des Dioskoros für seine Zeit erkennt man an dem Niederschlag, den man in dem zeitgenössischen Schrifttum findet. So dienen diese auch als Geschichtsquelle von besonderer Wichtigkeit. Insbesondere beschäftigen sich mit Dioskoros die kaiserlichen Erlasse und die Korrespondenz seiner Amtsbrüder in Rom, Konstantinopel, Antiochien und andere maßgebende Autoritäten. Eine Auswahl dieser gewichtigen Werke soll hier noch erwähnt werden:

27 Codex Theodosianus, Constitutiones Sirmondianae, Leges novellae posttheodosianae: ed, Th. Momsen - P.M. Meyer (2 Bde. Berolini 1895, 1904/05);

neu herausgegeben und editiert von

28 Pfarr, C., The Theodosian Code and Novels and the Sirm. Const. (Princeton Univ. Press 1952).

29 Leo I. papa (von Rom): Epistularum Collectiones ed. A. Schwartz, in ACO II 4;

ferner:

30 ed. FF. Ballerini, in PL 54, 593/1218.

31 Theodoretus (von Kyrrhos): Opera omnia, ed. J.L. Schultze - J.A. Noesselt (Halle/Saale 1769/74)

auch:

32 in PG 80-84.

Kirchen- und Dogmengeschichtsschreibung:

Der Bestandteil an historischem Quellenmaterial zur Geschichte und Christologie des Dioskoros ist keineswegs mangelhaft, wie man oft annimmt. Jedoch wurde bisher in der Tat nur wenig getan, um das Schrifttum, das aus der Gegnerschaft zu Chalkedon stammt, zu erschließen. Darin liegt auch der Grund, warum man noch kein vollständiges und zuverlässiges Bild über die Entstehung der Nationalkirche von Ägypten unter Dioskorus, die auch in unserer Gegenwart auf seine Tradition sich gründet, gewinnen konnte. Die Geschichtsschreibung im Abendland ging begreiflicherweise von den griechischen und lateinischen Quellen aus, dic als Anhänger der Reichskirche mehr gegen Dioskoros als für ihn sprechen. Die dem Patriarchen gut gesonnene koptische, syrische, äthiopische, arabische und armenische Überlieferung blieb zum großen Teil unberücksichtigt. Die Quellen, die zu unserem Thema vorliegen, geben entweder die Meinung der Anhänger oder die seiner Gegner wieder. Die tendenziöse Berichterstattung erschwert unsere Aufgabe, wenngleich auch die Streitfragen um so mehr scharf hervorgehoben werden.

An erster Stelle sind hier die dem Dioskoros günstig gesonnenen Darlegungen und Biographien anzuführen. Diese Schriften stammen im allgemeinen aus der polemischen Literatur, die sich gegen die Synode von Chalkedon und deren Anhänger richtet. Die Verfasser heben die Bedeutung des Dioskoros hervor und versuchen, seine christologische Haltung zu rechtfertigen und seine Gebundenheit an Athanasios und Kyrillos zu betonen. So zeigen ihre Abhandlungen die außerordentliche Bedeutung des Dioskoros für seine Anhänger. Leben und Werk des Dioskoros sind so historisch dargelegt, sowohl in Werken, die sich ausschließlich seiner Persönlichkeit widmen, als auch im Rahmen umfassender kirchengeschichtlicher Darstellungen. Die wichtigsten von diesen seien hier kurz besprochen.

In der kirchlichen Literatur lassen sich ihrem Wert nach zwei Richtungen feststellen:

Einmal geht es darin um das dogmatische Problem, wie es von den Theologen der Zeit in den Auseinandersetzungen zwischen den Kirchen behandelt wurde; zum anderen geht es um weniger anspruchsvolle Schriftstellerei, deren erbaulicher Charakter sich vorwiegend an die Laien wandte. Denn ihnen vor allem galt die Sorge des Oberhirten, der in seiner Kirchenpolitik zuerst darauf bedacht war, das religiöse Denken des Volkes zu berücksichtigen. So wurde die alexandrinische, griechisch verfaßte Christologie, die die koptischen Priester übernommen hatten, in die Sprache ihrer Gemeinden übersetzt und ihrer Empfindungsart nach umgestaltet. Dieses seelsorgerische Interesse erklärt die aitolgische Tendenz dieser Schriften.

Die spitzfindigen Probleme der Christologie werden vereinfacht und volksverständlich und überzeugend dargestellt. Als pädagogisches Mittel wird dazu vor allem die Fabulierfreudigkeit der Orientalen beansprucht. Dieses volkstümliche Schriftstellertum berichtet ausführlich über Dioskoros. In einer phantasiereichen Darstellung wird sein Schicksal ausgemalt. Trotz des oft legendären Charakters dieser literarischen Produktion hat sie doch einen historischen Wert. Sie vermittelt nicht zur ein lebendiges Bild vom Volksglauben der damaligen Ägypter und ihrer Glaubensgenossen, sondern sie enthält auch viele alte, geschichtliche Wahrheiten, deren Glaubwürdigkeit im einzelnen begründet wird. Es ist geradezu auffallend, daß ein großer Teil der noch vorhandenen Literatur der koptischen und syrischen Sprachen, die Zeugnis ablegt für Dioskoros, aus dem zweiten Jahrzehnt des sechsten Jahrhunderts stammt. Wir wissen, daß in diesen Jahren der Kampf zwischen den Anhängern und den Gegnern der Synode von Chalkedon einen Höhepunkt erreicht hat.

Die Vertreibung der nonchalkedonischen Patriarchen von Alexandrien und Antiochien veranlaßte ihre Gesinnungsgenossen, sich mit Wort und Schrift für die Natureneinheitslehre und ihre Vertreter einzusetzen. Severos von Antiochien, der im Jahre 512 den Thron von Antiochien bestiegen hatte und der im Jahre 518 mit anderen Bischöfen nach Ägypten fliehen mußte, war theologisch und literarisch so begabt, daß er die schriftstellerische Bewegung gegen Chalkedon führen konnte. Bevor Severos abgesetzt worden war – also zwischen 512 und 513 – hat Johannes Ruf(in)us, Bischof von Majʿūma, (vgl. E. Honigmann, Evéques et évechés monophysites d'Asie antérieure au VIe siècle CSCO 124, Sub. 2, Louvain 1951) Plerophorien gegen Chalkedon verfaßt:

33 Jean Rufus, évêgue de Maiouma, Plérophories. Témoignage et révélations contre le concile de Chalcédoine et trad. F. Nau in PO 8 (1912) 1/208 (Text 11/183).

Die syrischen Plerophorien des Johannes von Beth Rufina waren die Hauptquelle späterer Biographien des Dioskoros; wie sich hier zeigen wird.

Thema und Inhalt dieses Buches hat der Verfasser in dem Satz ausgedrückt, mit dem er sein Werk abschließt: "Fin des Plérophories, des témoignages et des rélévations que Dieu fit par l'entremise des saints,

au sujet de l'hérésie des deux natures et de la prévarication qui eut lieu á Chalcédoine" (PO 8, 156).
E. Schwartz will beweisen, daß Johannes Rufus noch die Vita des Petros des Iberers verfaßt hat. Diese Vita beschäftigt sich ebenfalls mit Dioskoros:

34 Schwartz, E., Johannes Rufus, ein monophysitischer Schriftsteller, in: Sitzungsberichte der Heidelberger Akademie der Wissenschaften, Phil.-Hist. Klasse 16 (Heidelberg 1912) (vgl. 8 ff.).

Ähnlich lautet das Urteil von E. Honigmann, vgl. Juvenal 262 Anm. 1:

35 Pierre l'Ibérien et les écrits du Pseudo-Denys l'Arćopagitep in Acad. R. de Belg., Cl. des Lettres ... 47,3 (Bruxelles 1952).

Die Vita des Petros des Iberers ist ediert, übersetzt und herausgegeben worden:

36 Raabe, R., Petrus der Iberer. Ein Charakterbild zur Kirchen- und Sittengeschichte des 5. Jahrhunderts. Syr. Übersetzung e. um 500 vf. griech. Biogr., ins Deutsche übersetzt (Leipzig 1895).

Die Bedeutung des Rufinus als ein Biograph des Dioskoros besteht darin, daß er einer der allerältesten Theologen, die ihre Feder für die Sache des Dioskoros eingesetzt haben, ist. Auch die späteren Geschichtsschreiber benutzten seine Bücher neben den Sammlungen des Timotheos Ailuros und Petros Mongos als die Hauptquelle für ihre Kenntnis über Person und Theologie des Dioskoros. Wie sein Vorgängers Petros der Iberer, mußte Johannes seinen Bischofssitz verlassen, ohne aber seine Haltung gegen die Synode von Chalkedon deswegen zu ändern. In seinen Schriften macht er vor allem das Herrscherpaar Pulcheria und Markian und die Bischöfe Leo von Rom und Juvenalios von Jerusalem verantwortlich. Die untergründige antichalkedonische Literatur knüpfte an seine Schrifgut erhalten in zwei Manuskripten, die der Theologe und Orientalist Abbé F. Nau für seine Edition benutzt hat:

British Museum: Add. 14650 (bei Wright 949) und
British Museum: Add. 114631 (Wright 933).

Zacharias Rhetor:

Neben den Schriften des Johannes von Beth Rufina hat die syrische Literatur uns noch ein wichtiges Geschichtsbuch erhalten, das dem Bischof von Melitene, Zacharias dem Rhetor zugeschriebene Buch über Kirchengeschichte. Das Original dieses Werkes mochte von dem griechischen Schriftsteller namens "Zacharias" stammen, das allerdings verlorengegangen ist. Das Pseudo-Zacharias ist erhalten in einem Manuskript:

British Museum: Add. 17202 (Wright 919).

Dieses Manuskript ist zum letzten Mal ediert:

37 Historia ecclesiastica Zachariae Rhetori vulgo adscripta: ed. et interpr. E.W. Brooks, in CSCO 83.84.87.88 (syr.) 3839.41.42 (Louvain 1919/24).

Von Zacharias Rhetor sind deutsche und englische Übersetzungen gleichzeitig erschienen:

38 Die sogenannte Kirchengeschichte des Zacharias Rhetor: dtsch. Übers. v. K. Ahrens - G. Krüger (Scriptores sacri et profani 3; Leipzig 1899).

39 The Chronicle of Zachariah of Mitylene: Transl. by P. Hamilton - E.W. Brooks (London 1899).

Auf Zacharias Rhetor gehen einige bezeichnende Sprüche zurück, die in der untergründigen antichalkedonischen Literatur verbreitet wurden: Chalkedon ist die Synode, "welche die gute Ordnung der Kirche zerstört und den ungenähten Rock Christi in Myriaden von Fetzen in tausend Stücke zerriß" (Zacharias Rh. 3,1).
Der Wert seines detaillierten Berichtes über die Synode von Chalkedon wird leider durch das gelegentliche Geschwätz bei der Ausführung abgeschwächt.

Vita Dioscori:

Diese Vita ist eine der Hauptquellen der koptischen und syrischen Literatur für die Geschichte und die Lehre des Dioskoros von Alexandrien. In Wirklichkeit stellt sie keine Lebensbeschreibung des Dioskoros dar, wie man zunächst annehmen dürfte. Vielmehr behandelt die panegyrisch gehaltene Rede nur einen kurzen Abschnitt von dem Pontifikat des Dioskoros, nämlich die letzten vier Jahre seines Lebens. Sie beginnt also mit der religionspolitischen Wende, die dem Thronwechsel von 450 folgte. Dafür spricht die Vita ausführlich über die Einberufung der Synode von Chalkedon und über das Religionsgespräch von Konstantinopel, das am Hof des Kaisers Markian im September 451 stattgefunden haben muß. Der Biograph berichtet von weiteren Präliminarien der Synode von Chalkedon und wie Dioskoros die Angelegenheiten des Patriarchats von Alexandrien nach seiner Absetzung regelt. Darin liegt der Wert dieses Werkes, das bei allen Wunderlichkeiten doch in ergreifender Weise Zeugnis davon ablegt, wie es dem einsamen, von Beamten und Klerikern mißhandelten, alten Patriarchen bis zum letzten Atemzug allein darum ging, den Glauben unversehrt zu bewahren und die Wahrheit unverfälscht zu vertreten.
Der unbekannte Verfasser dieser Vita, der sich hinter dem Pseudonym Theopist, einem Diakon des Dioskoros, versteckt, muß sein Buch kurz nach Erscheinen der Plerophorien des Johannes von Beth Rufina geschrieben haben; genauerhin nach der Vertreibung des Patriarchen Severos aus Antiochien und seiner Flucht nach Ägypten. Das verrät der Bericht einer Vision, in der dem Severos gesagt wird: "Leide für Gott wie ich!" (Vgl. Theopistos 305/6). Die Vita Dioscori ist wahrscheinlich um 518 geschrieben worden, also nur 64 Jahre nach dem Tode des Dioskoros. Schon Steph. Evod. Assemani (Bibliotheca Apostolicae Vaticanae codicum manuscriptorum catalogus, Partis I tom. III (Rom, 1759; Neudruck Paris 1925, S. 497) hat die Unechtheit der Schrift erkannt. Weniger vorsichtig war F. Haase (Patriarch Dioskur I. von Alexandria nach monophysitischen Quellen, in kirchengeschichtl. Abhandlungen, ed. M. Sdralek 6 "Breslau 1908" 141/233 bes. S. 159) in seinem Urteil über die Echtheit. Er meinte, die Vita sei im Jahre 455, also unmittelbar nach dem Abscheiden des Dioskoros, entstanden. Während G. Graf (Geschichte der christlichen arabischen Literatur, Studi e Testi 118, Roma 1944, S. 416 f.) an die Angabe von F. Haase anschloß, scheinen dagegen Bardenhewen (Geschichte der altkirchlichen Literatur, IV 78 f.) und Baumstark (Geschichte der syrischen Literatur, Bonn 1922, S. 184) das Ergebnis von Haase nicht

ernst genommen zu haben. Die Vita Dioscori ist von F. Nau ediert und ins Französische übersetzt:

40 Histoire de Dioscore, patriarche d'Alexandrie, écrite par son disciple Théopiste in Journal Asiatique X = NS 1 (1903) (syr.) 1/108, (trad. franc.:) 241/310.

Nach dem von Nau veröffentlichten syrischen Text habe ich eine deutsche Übersetzung angefertigt, die ich in dieser Arbeit zitiert habe. Die französische Übersetzung von Nau habe ich dabei berücksichtigt. Die Angabe der Seitenzahl ist mit der des Journal Asiatique abgestimmt, um das Nachschlagen zu erleichtern, denn meine Übersetzung ist nicht veröffentlicht. Siegel der Biographie des Dioskoros ist hier "Theopistos".
Nau verteidigte die Echtheit der Vita, wenn er auch einige synchronistische Ungenauigkeiten festgestellt hat. Weitere Anachronismen wurden von Haase erwähnt, aber er bezeichnete sie als spätere Interpolationen. Die vollständige Version dieser Vita ist nur syrisch und arabisch erhalten; bei der koptischen Ausgabe fehlen noch einige Kapitel.
Einige Teile der syrischen Version zeigen eine deutliche Abhängigkeit von den Plorophorien des Johannes Rufus. Diese Möglichkeit vertritt auch E. Honigmann († 1950) (The Original Lists of the Nembers of the Council of Nicaea, the Robber-Synod and the Council of Chalcedon, Byzantion "International Journal of Byzantine Studies" XVI, Fasc 1 (1942/3) Boston 1944, pp. 20/80 S. 67/8 bes. Anm. 132/3; ferner: E. Honigmann, Juvenal of Jerusalem: Dumbarton Oake Papers nr. 5, (Harvard Univ. Press 1950) 265 Anm. 21):
"The fact that in the Vita we also find Panopropios, the erroneous form of the name Pamprepios, is sufficient proof of its dependence on the Plerophoriai". Aber die gemeinsame Namensform genügt nicht, um die volle Abhängigkeit des Pseudotheopistos von Johannes Rufus zu beweisen.

Doch stellen wir fest, daß der Übersetzer der Vita ins Syrische Ausführungen der Plerophorien über Dioskoros zu seiner Übersetzung aufgenommen hatte. Das verlorene Original war wahrscheinlich älter als die Plerophorien.

41 Crum, W.E., Coptic texts relating to Dioscorus of Alexandria, in Proceedings of the Society of Biblical Archeology, 25 (1903); 267/76.

Dazu sei auch hingewiesen auf:

42 Nau, F., Note sur quelques fragments coptes relatifs Dioscore, in Journal Asiatique, série X, t. II (1903) 181/4.
43 Winstedt, E.O., Some Munich Coptic fragments, in Proceedings of the Soeiety for Biblical Archeology, 28 (1906) 137/42.
44 Nau, F., in Revue de l'orient Chrétien 10 (1905) 117/23.
45 Lemm, O.v., Koptische Fragmente zur Patriarchengeschichte Alexandriens, Memoires de l'Académie impéreale des Scinces de St. Petersbourg, 1888, t. 36, No. 11, und in Bulletin 8 (1914) 732/8.

Der koptische Text ist wahrscheinlich älter als die syrische Übersetzung. Der koptische Verfasser hat die genauere Lesart des Namens von Pamprepios, Bischof von Titiopolis bewahrt (Crum, Coptic texts relating to Dioscorus of Alexandria, ebd. P. 272 'Ms. Blatt 70'; in dieser Arbeit S. 139), während der syrische Übersetzer nur die korrumpierte Form P(a)nopropios kannte, die er von Johannes Rufus abgeschrieben hatte. Es ist weniger wahrscheinlich, daß der koptische Biograph eine syrische Vorlage mit falscher Schreibweise hatte, von der er die richtige Orthographie retranskribieren konnte. Die Möglichkeit ist nicht ausgeschlossen, daß die koptische Version selbst eine erweiterte Auflage eines wahrscheinlich griechischen Originals war, das zugleich dem Rufus zugänglich war:

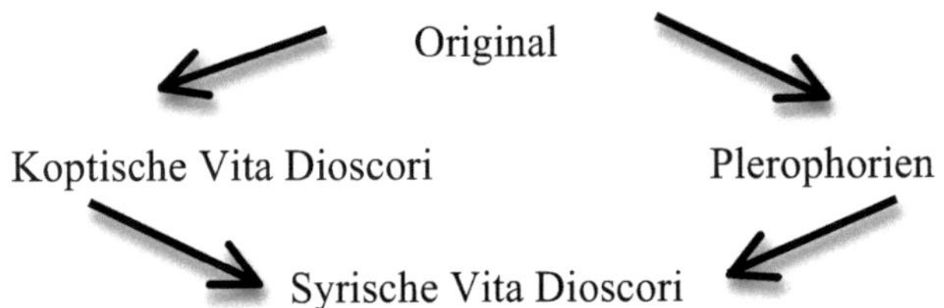

Der Archetypus mag ein Brief gewesen sein, den ein Gefolgsmann des Dioskoros geschrieben hatte. Der koptische und der syrische Redakteur haben in der Reihe ihre Zusätze hinzugefügt. In anderen zeitgenössischen Übersetzungen, wie zum Beispiel die syrischen Akten der Reichssynode von 449, kommt das Datum im Syrischen immer mit Hinweis auf die entsprechenden ägyptischen Monate vor. Aber in der syrischen Biographie des Dioskoros kommt das Datum nur in der syrischen Form vor. Dieser Umstand kann nur bedeuten, daß Teile der Biographie syrischen Originals sind, so die Schilderungen im Zusammenhang mit dem Scheiden des Dioskoros.

Überhaupt war die spätere Version der Vita vor allem darauf bedacht, den Akzent der Schrift auf das Leiden des Dioskoros zu verschieben. Der Redakteur brauchte nicht persönlich auf Gangra gewesen zu sein; aber er mochte sich auf die Berichte derjenigen Mönche, Kleriker und Kaufleute, die Dioskoros in seinem Exilort besucht hatten, gestützt haben. Die Nachrichten von dem verbannten Patriarchen lebten in der Volksüberlieferung, so daß Theopistos sie niederschreiben konnte.
Gegen die Möglichkeit, daß der Verfasser der Vita den Exilsort des Dioskoros besucht hat, wendet sich E. Honigmann. In der Tat stellt sich Poeudotheopist Gangra wie eine Insel vor, an deren Strand man Spaziergänge machen konnte (Theopistos 288). "*Gangra is as far from the sea as Paris is, and separated from it by several ranges of mountains*", schreibt Honigmann (Byzantion 16 (1944) P. 68 Anm. 133). Das Argument ist aber nicht beweiskräftig, weil Theopistos auf der gleichen Seite ausdrücklich berichtet: "Als er (Bf. Petros v. Gangra) erfuhr, daß wir den Menschen bekannt waren, die in demselben Land wohnten wie wir, nahm er uns von dort fort, um uns an einen anderen Ort zu bringen, wo man uns nicht kannte, damit man uns dort leiden ließ ... Als ich mit einem unserer Brüder an der Küste des Meeres entlangspazierte ..." (Theopistos 288). Man kann also die geographische Orientierung des Berichterstatters daraus nicht anfechten.
Der spätere Redakteur der Vita bezeugt: "Glaubt – o gläubige und orthodoxe Brüder –, daß ich diese Geschichte des heiligen mar, Dioskoros, nach einem alten Manuskript geschrieben habe" (vgl. den Hinweis von Nau auf das Oxforder Manuskript, das diesen Zusatz aufzeichnet: Theopistos 308).
Bei einer noch späteren Redaktion, nach der Zerstörung Alexandriens durch die Perser, konnten weitere Zusätze hinzugefügt werden wie etwa "... Wenn die Altäre, die es in Ägypten gibt, zerstört werden".
Der Name ΘΕΟΠΙΣΤΟΣ läßt sich interpretieren in der gleichen Weise wie der Adressat im doppel lukanischen Werk (luk. 1,3; Apg. 1,1). Theopistos, der Rechtgläubige, hielt zu Dioskoros und zu dem Glauben, für den Dioskoros leiden mußte. Dieser Diakon folge dem Patriarchen nach und begleitet ihn freiwillig in die Verbannung.
Wir wissen, daß Dioskoros sich auf seinen Reisen gern von mehreren Gefolgsmännern begleiten ließ. Diese haben nur von weitem her die Ereignisse verfolgen können. Sie waren oft nicht in der Lage, die spitzfindige Problematik der Christologie zu verfolgen; aber sie waren der festen Überzeugung, daß allein ihr Patriarch die reine Wahrheit vertrete. Die Tatsache, daß die Theopistosbiographie besonders die Periode zwischen dem Tode des Kaisers Theodosios (28. Juli 450)

und der ersten Sitzung von Chalkedon (8. Oktober 451), das ist die einzige Sitzung, an der Dioskoros teilnahm, ausführlich schildert, erhöht die Wahrscheinlichkeit, daß der Verfasser des Originals den Dioskoros tatsächlich auf der Reise nach Chalkedon begleitet hat. Der Empfang des Konvikationsschreibens in Alexandrien, der Abschied und die Abfahrt nach Konstantinopel, der Reiseweg und das Eintreffen in der Reichshauptstadt sind Momente, die Pseudotheopist genau beschreibt. Auffallend ist, daß er bei seinen Schilderungen zu den Vorgängen in Chalkedon gerade nach der ersten Sitzung aufhört, von den Sitzungen zu sprechen, und sich begnügt, die Synode nur von außen her zu kommentieren. Aber er begleitet Dioskoros zu der zweiten Audienz und anschließend in die Verbannung.

In seinem Reiseerlebnis beschreibt Theopistos Momente, die nur jemanden interessieren, der daran beteiligt war: "Ich brachte den Brief in die Versammlung"; "man zeigte auf mich und sagte: 'Da kommt der schwatzhafte Bote des Dioskoros'". (Theopistos 279) Auch Theopistos 255 u. 288 könnten aus dem verlorenen Original stammen.

Theopistos verschweigt alles, wie man von ihm erwartet, was nach seiner Ansicht der Würde seines Patriarchen nicht zukommt. Seine Überlieferung ergänzt die Berichte der Konzilsakten. Die Nachrichten der Vita Dioscori haben wir in dieser Arbeit verwendet, sofern wir die Tatsächlichkeit bzw. Wahrscheinlichkeit des Berichtes an und für sich beweisen konnten. Der Hauptinhalt der Biographie, die Absetzung und Verbannung des Dioskoros, wird dem äußeren Verlauf nach im Einklang mit den Nachrichten anderweitiger Quellen geschildert. Andere Berichte der Vita Dioscori scheinen durch ihre natürliche und einfache Schilderung glaubwürdig zu sein.

Ohnehin ist die Vita Dioscori wie der dem Dioskoros zugeschriebene Panegyrikus auf Makarios von Tko'ū ein Ausdruck der Volkstradition. Beide Schriften erwecken in uns eine Vorstellung von der Meinung, die sich bei den Anhängern des Dioskoros über ihn gebildet hat. Ihre Berichte sind ein nützlicher Beitrag zum besseren Verständnis der Geschichte und Chrstologie des Dioskoros.

Manuskripte der Vita Dioscori, die wie gesagt unvollständig Überliefert sind, befinden sich in verschiedenen Bibliotheken und Museen:

> Königliche Universitätsbibliothek zu München, Ms. Copt. Nr. 3.A.

Eine Kopie des korrumpierten Originals hat des Revières 1845 angefertigt. Das Münchner Manuskript hat Crum veröffentlicht (s.o.). Die von ihm als Gruppe B bezeichneten Texte entsprechen folgenden Abschnitten der syrischen Vita:

XCVI = Theopistos; LXX = § 13; LXXXIII = 17; LXXII = § 18; LXXI = 19.

Coptic Museum, Cairo, no. 808 '4'. Dieses Exemplar wurde im 13. Jahrhundert, aus einem aus dem 11. Jhd. stammenden Manuskript abgeschrieben.

British Museum, London, Or 35 '81' B,41.

Über weitere Angaben sei noch hingewiesen auf:

46 Zoëga, J. G., Catalogus Codicum Copticorum (Romai 1810, Neudruck 1903) 99/107.

Die syrische Version ist zu uns in einer besseren Lage im Vergleich zu der koptischen gekommen:

Bibliothèque Nationale de Paris, Cod. syr. Ms. 234, fol. 29-60. Es fehlt fol. 30/1 (Nau P. 19). Es ist geschrieben zu Antiochien im 13. Jhd. Dieses hat Nau ediert (s.o. !) und aus den unten angeführten Mss. die Varianten angemerkt:

Oxford, Ms. Hunt. 199, fol. 441/75.

Das Manuskript, von dem nur ein Blatt fehlt, ist mit dem obigen eng verwandt.

British Museum, London; hier sind zwei Mss. fragmentarisch erhalten, 14631 (A) fol. 1-12 stammt aus dem 10. Jhd. (vgl. W. Wright, Catalogue of Syriac Manuscripts in the British Museum, 1870, t. III, P. 1149, Ms. DCCCCLXXII Nr. 1, Part of life of Dioscorus 1), und 14732(B), fol. 218/221.

Eine arabische Übersetzung der Vita in syrische Transkription befindet sich in:

Rom, Ms. CCVIII, fol. 3-28 (Nau p.20, cf., Assemani Catal. Bibl. Vat. t. III, p. 497).

Neben dieser besitzen wir mehrfache arabische Übertragungen:

Coptic Museum, Kairo, 455 (1741), ff. 211r-244v; mit einigen Abweichungen ebd. 478 aus dem Jahre 1558, ff. 113r. 159v.

Vat., syr. 208, ff. 3r-28v, (karš.).

Paris, Ms. 4786: dieses arabische Manuskript ist jüngeren Datums, aus dem 19. Jhd. Es enthält eine modifizierte, abgekürzte Auffassung von der Vita Dioscori.

Die arabischen Manuskripte sind noch nicht ediert worden.

Panegyrikos des Dioskoros auf Makarios:

Die dem Patriarchen zugeteilte Gedächtnisrede auf seinen Leidensgenossen, den Märtyrer Bischof Makarios von Tko'ū (heute Qāw in Oberägypten), stellt sich in die Reihe der zahlreichen Heiligen- und Märtyrer-Gedichte (maimar) der Koptischen Kirche, die vor allem als Festpredigten an den jeweiligen Heiligentagen verlesen werden. Dieser Panegyrikus entstand im sechsten Jahrhundert, in einer Zeit, in der sich die Kopten vor der Annahme der Definition von Chalkedon zu wehren hatten.

Makarios hat den Dioskoros nach Konstantinopel im Jahre 451 begleitet und ist mit Dioskoros selbst auf der Audienz im Markianshof erschienen (hier Seite 91ff.). Aber es scheint, daß Makarios in der Reichshauptstadt schlecht angeschrieben war. Zunächst durfte der Bischof den Hof des Kaisers nicht betreten, dann wurde er auf die Bitte des Dioskoros hin doch zugelassen. Nun heißt es, man bereite auf ihn ein Attentat vor. Darauf ließ Dioskoros ihn in Begleitung der Mönche von Tabennesi nach Ägypten zurückkehren. Nach der Verbannung des Dioskoros führte Makarios die antichalkedonische Bewegung in Ägypten, was er mit dem Leben bezahlen mußte. Am 27. Babe (24. Oktober) erlitt der saʿidische Bischof das Martyrium in Alexandrien. Der grausame Tod des Bischofs löste eine scharfe Reaktion im ägyptischen Mönchstum aus. Das Anachoritenoberhaupt Paphnutios begab sich nach Gangra, dem Exilort des Dioskoros, um dem Patriarchen über die Vorgänge in Alexandrien zu berichten. Beim Hören der Nachricht soll Dioskoros in Tränen ausgebrochen sein und die ihm zugeschriebene Lobrede gehalten haben:

"Also sprach unser Vater Dioskoros in jener Zeit, in welcher ihn der chalkedonische Kaiser Markian nach der Insel Gangra verbannt hatte. Als Abbé Pepnūde (Paphnutios) ihn besucht und ihm die Nachricht überbracht hatte, daß der selige Bischof Abbé Makarios seine Lebensaufgabe vollendet und in Alexandrien die Krone des Martyriums im Zeichen des orthodoxen Glaubens erlangt hatte, hielt Abūnā Dioskoros diese Gedächtnisrede (sīra) in der Anwesenheit der Gemeinschaft von Priestern und Mönchen, die ihn im Exil besuchten. Die Diakone Petros und Theopistos haben geschrieben, was er gesagt hatte."

Der letzte Satz verrät die Herkunft des Panegyikus. Eine seiner Hauptquellen ist die dem Diakon Theopist zugeschriebene Vita Dioscori. Wie es in solchen Lobgedichten üblich ist, spielen die Wundertaten eine bevorzugte Rolle. Der Zweck der Schrift, nämlich ihre Verlesung vor der Gemeinde am Feste des heiligen Tko'ū, benötigt die periphrastische Manier, ohne dabei jedoch dunkel oder unverständlich zu wirken. Der Verfasser muß ein koptischer Mönch gewesen sein, der die Flucht des Sevoros von Antiochien nach Ägypten im Jahre 518 erlebt hat. (vgl. F. Haase, Patriarche Dioskur I von Alex. nach monophysitischen Quellen, in Kg.Abhdl., hrsg. v. M. Sralek 6 (Breslau 1908) = 172/80; L.

Duchesne, Histoire ancienne de l'Eglise, t. 3 (Paris, 1911,5) 429 Anm. 1; J. Maspero, Histoire des Patriarches d'Alexandrie depuis la mort de l'empereur Anastase jurqu'à la réconciliation des Eglises jacobites (518-516), in Bibl. d'Ecole des Hautes Etudes 237 (Paris 1923) 14; B. Bareille, in Dict. ThC 4, 1374): Die Datierung von Haase, der Panegyrikus sei um 500 verfaßt worden, ist zu früh eingesetzt.

Der Pseudograph wollte keine Fälschung begehen, als er seine Schrift dem Patriarchen zugeschrieben hat. Es ging ihm vielmehr darum, das dramatische Martyrium des Bischofs zu vergegenwärtigen. Der Panegyrikus ist somit kein historischer Bericht über Chalkedon, sondern lediglich eine Schrift mit erbaulichem Charakter. Man pflegte sie in der Koptischen Kirche am Feste des Bischofs Makarios zu verlesen. Die Häufung von Berichten und Wundertaten vermischt sich mit den geschichtlichen Tatsachen, die sich im Jahre 451 ereignet haben.

Einige sa'īdische Fragmente finden sich in:

Coptic Museums Kairo, Ms. Nr. 8084a (vgl. noch Catalogue of the Coptic and Arabic Manuscripts in the Coptic Museum, the Patriarchate, the Principal Churches of Cairo and Alexandria and the Monasteries of Egypt, 3 vol., by Marcus Simaika, Yassa 'Abd al-Masih, Cairo 1939, vol 1: 95(1), 102(20), vol. 2: 724(3), 608(9), 654(9); Catalogue générale des antiquités egyptiennes du musée du Caire; Coptic Monuments, ed. M.E,. Crum, le Caire 1902, bes, PP. 267 ff.)

Während das Original sa'īdisch geschrieben wurde, ist der bohairische Text nur eine spätere Übersetzung. Ein lückenhafter Bohairischer Text befindet sich in:

Vat. copt. 68, ff. 118r-162r.

Die arabische Überlieferung dieser Denkrede in zahlreichen arabischen Manuskripten erklärt ihre liturgische Bedeutung auch in jüngster Vergangenheit:

Ms. Göttingen ar. 114 (16. Jhd.), ff. 53r 92r.
Dair as-Surian, Ägypten, Ms 317 Mayamir.

Über die Ausgabe und zusammenhängende Literatur siehe Vat. Catal. I 507f.; Bibliotheca hagiographica orientalis (Romae 1719) 579; Le Muaéon. Revue d'études orientales (Louvain 1914) 53, 45 f.

Die Fragmente des Panegyrikus sind in einer kritischen Ausgabe mit einer ausführlichen Einleitung herausgegeben worden:

47 Amélinau, Panégyrique de Macaire de Tkôu par Dioscore d'Alexandrie, in Monuments pour servir à l'histoire de l'Egypte chrétienne au IVe et Ve siecle: Mémoires publiès par les l'Membres de la Mission Archéologique française au Caire 4,1, Paris 1883/95, 92/164 (bohairische Fragmente) 790/93 (sa'idische Fragmente).

Der sa'idische Text ist in zwei Rezensionen veröffentlicht worden:

48 Pierpont Morgan Collection, Bd. 18,1 und 19.

Die bohairische Version der Pseudo-Dioskoros Denkrede ist ediert:

49 Revillout, E. Récits de Dioscore, exilé à Gangres, sur le concile de Chalcédoine, in Revue Egyptologique 1 (1881) 187/9; 2 (1882) 21/25; 3 (1883) 17/24.

Die arabische Übersetzung den Panegyrikus auf Makarios hat Dair as-Surian herausgegeben nach einem arabischen Manuskript, das in der eigenen Klosterbibliothek aufbewahrt ist (Ms. 317 Mayāmir):

50 Al-Qiddīs Maqārios al-'Usquf, in Siyar Aṯ-Ṯalāṯat Maqārāt al-Qiddīsīn, ediert von Dair as-Suriān, Gizā 1962 (1678 Mr.) Diese Ausgabe wird hier abgekürzt: Aṯ-Ṭalāṯat Maqārāt.

In diesem Zusammenhang haben wir noch einen dem Vertreter des Dioskoros und seinem ersten Nachfolger, dem Timotheos Ailuros, zugeschriebenen Bericht in Koptisch, der aber nur noch sehr bruchstückhaft erhalten ist. Die neueren Forscher weisen auf die Abhängigkeit dieser Biographie ebenfalls von den obengenannten Plenophorien des Johannes Rufus, aber auch von der Vita des Petros des Iberers und von der Kirchengeschichte des Zacharias Rhetor. Es handelt sich um zwei Pergamentblätter (fol 5/6 und 11/12), die aus Wādī an-Natrūn stammen, wo sich zahlreiche Klöster befinden, von denen allerdings nur noch vier bewohnt sind:

51 White, H.G.E., W. Hauser, The History of the Monastries of Nitria and of Scetis (The Monasteries of the Wâdi en-Natrûn, t 2; New York 1932) Pl.I.

52 White, H.G.E. - G.P.G., Sobhy, New Coptic Texte from the Monastry of St. Macarius (The Monastries of the Wâdi en-Natrûn, t 1, New York 1932) 164/,7 u. Pl. VIII.

Die zwei Pergamentblätter sind im Koptischen Museum (Ms. Nr. 12) aufbewahrt.

Evagrios Scholastikos:

Im Gegensatz zu diesem Idealbild, das die Biographen des Dioskorus malen, zeigen die byzantinischen und lateinischen Geschichtsschreiber einen anderen Charakter. Der Anhänger der Reichskirche Euagrios versucht in seinem Werk, mit dem er die Historia ecclesiastica des Eusebios bis 594 fortsetzt, eine ruhige Darstellung der Ereignisse der Epoche um Chalkedon zu geben; jedoch vertritt er dabei, wie man von ihm erwartet, die Sicht der Gegner des Dioskoros. Er sieht im Reichskonzil von 449 ein Unrecht, das gesühnt worden muß:

53 Evagrius Scholast.: Historia ecclesiastica, in PG 86, 2415/886.

54 Bidez - Parnentier, The ecclesiastical History of Evagrius, London 1898. (mit Dioskoros befassen sich vor allem S. 42/50).

Die kirchengeschichtliche Abhandlung des antiochenischen Juristen ergänzt der dogmengeschichtliche Beitrag des Liberatus von Karthago, ein Drei-Kapitel-Verteidiger. Hier handelt es sich um kurze, sachliche Bemerkungen, die Liberatus Diaconus (= Lektor) in den Jahren 560/566 (vgl. B. Altaner, Patrologie, Freiburg/Br., 1950, s. 444) macht:

55 Liberatus Diaconus, Breviarium causae Nestorianorum et Eutychianorum, od. E. Schwartz, in ACO II 5, pg 98/141.

56 ders., in PL 68, 969/1052 (mit Dioskoros befassen sich besonders 1010/15).

Diese beiden Quellen neben den Konzilsakten haben das Bild des Dioskoros in der späteren Dogmengeschichtsschreibung im Abendland weitgehend bestimmt. So erklärt sich die oft einseitige Betrachtung der Rolle des Dioskoros im christologischen Streit, die bei aller Aufrichtigkeit der Forschung nicht vermieden werden konnte. Doch hat die zunehmende Erschließung der geschichtlichen, theologischen und liturgischen Quellen des Orients in den neuesten Werken wichtige Korrekturen gebracht.

Johannes von Nikiu(s):

Johannes war Bischof von Nikiu in Unterägypten (heute Pensade in Menufiyya), dann Metropolit von ganz Unterägypten. Er überlebte den Einfall der Araber in Ägypten im Jahre 640. Sein Geschichtswerk beginnt mit der Schöpfung und endet mit den arabischen Eroberungen. Besonders wichtig darin ist sein Beitrag über die Patriarchen-Geschichte von Markos dem Evangelisten bis Benjamin I. Die verhältnismäßig verspätete Veröffentlichung dieses nur im Äthiopischen überlieferten Werkes, ist der Grund dafür, daß es von der historischen Forschung ausgeschlossen geblieben ist. Die Hälfte des Werkes (11 Kapitel aus 22) ist der Eroberung Ägyptens durch die Araber gewidmet. Daher ist das Werk von Johannes die wichtigste Quelle überhaupt für dieses Thema. Die Ausführungen lassen erkennen, wie bewandert der Verfasser in der Geschichte war. Nikiūsī's Werk gewinnt dadurch eine weitere Bedeutung, daß viele Quellen, die dem Bischof zugänglich waren, völlig verloren gegangen sind. Zotenberg vertritt die Meinung, daß die Originalfassung des Werkes überwiegend griechisch war und nur die Landesnachrichten koptisch verfaßt waren. Dagegen Murad Kāmil (Tārīḫ al-Ḥaḍāra, S. 251) ist der Ansicht, das Buch sei auf Koptisch verfaßt worden, denn der koptische Bischof wandte sich mit ihm an seine Glaubensgenossen. Als Beweis dafür führt M. Kāmil die Form der Eigennamen im äthiopischen Text an, die nicht von einer griechischen, sondern von einer koptischen Schreibweise transkribiert werden sollten. Die Weltgeschichte des Johannes von Nikios ist erstmalig von Zotenberg herausgegeben und übersetzt:

57 Chronique de Jean, éveque de Nikiou: Texte éthiop. éd. et. trad. H. Zotenberg: Notices et extraits des manuscrits de la Bibl. Nationale tome XXIV,1 (Paris 1883) 125/605 (bes.472/3).

Neuere Übersetzung nach dem gleichen Text:

58 The Chronicle of John, Bishop of Nikiu, Transl. from Zotenberg's Ethiopic Text by R.H. Charles (London-Oxford 1916).

In seiner Chronik über das Pontifikat des Dioskoros vertritt Johannes von Nikios eine Tradition, die wir in den bisher erwähnten Schriften nicht kennen. So ist zum Beispiel sein Bericht über die Mission des Kaisers Theodosios an die Mönche von Šehet (siehe S. 83 in dieser Abhandlung). Das Synaxarion der Koptischen Kirche knüpft mehr an die Überlieferung der Dioskorosbiographie des Diakons Theopistos als an die Auffassung des Johannes.

Parallel zu den Ausführungen des Bischofs von Nikiu ist die griechische Chronik von Johannes Malalas: Es ist wichtig bei der Benutzung der beiden Werke, daß sie miteinander verglichen und abgestimmt werden:

59 Johannes Malalas, Chronographia, ed. L. Dindorf, in Corpus Scriptorum Historiae Byzantinae (Bonn 1831).

60 ders. in PG 97, 9/790.

In dieser Reihe ist noch Theophanes zu nennen, der uns über weitere Einzelheiten unterrichtet, die wir sonst nicht finden. So berichtet er, daß nach der Synode von Chalkedon die Anhänger des Dioskoros in Ägypten drohen, die Getreideausfuhr nach Konstantinopel zu stören:

61 Theophanes Conf., Chronographia, ed, C. de Boor (Leipzig 1883/5).

62 ders. in PG 108, 63/1010.

Synaxar

Das Synaxar ist der liturgische Kirchenkalender, der im Anschluß an die Losung aus der Praxis, als der Fortsetzung der Apostelgeschichte, in der Koptischen Kirche täglich verlesen wird. Jedes Datum ist als Gedächtnistag besetzte So gedenken die Kopten des Dioskoros an seinem Todestag, dem 7. To'ūt (17. bzw. 18. September). Zwar gibt es einige mehr oder weniger differenzierende Verfassungen dieses Buches, doch gilt sein Bericht weitgehend als maßgeblich. Heute wird in der koptischen und äthiopischen Kirche das von Bischof Michael von Atrīb-Melīg und Petros al-Gamīl, Bischof von Melīg, zusammengetragene Werk überall in den Gemeinden benutzte Es hat allerdings keinen authentischen Wortlaut, daher ist der Text nicht einheitlich in den verschiedenen Ausgaben zu lesen. Die PATROLOGIA ORIENTALIS hat kein vorbildliches Beispiel davon veröffentlicht; der Text des ganzen Jahres ist arabisch ediert und ins Französische übersetzt:

63 Synaxaire Arabe Jacobite, in PO I 3, III 3, XI 5, XVI 2, XVII 3, XX 5, ed. Basset, R.

Die erste Jahreshälfte ist deutsch herausgegeben worden:

64 Wüstenfeld, F., Synaxarium, das ist der Heiligen-Kalender der koptischen Christen (Gotha 1879).

Die älteste noch in koptischen Gemeinden benutzte (gedruckte) Auflage aus dem Synaxar:

65 As-Sādiq al-amīn fī ahbār al-qiddīsīn, 2 Bde (Kairo 1912/3).

Severos ibn al-Muqaffa'

Severos lebte in der zweiten Hälfte des 10. Jahrhunderts und in den ersten Jahren des 11. Jahrhunderts. Er war Zeitgenosse zu dem fatimidischen Kalif al-Mu'izz Li-Dīn- 'l-lāh und verkehrte noch als Bischof von Ašmūnain (auf der westlichen Seite des Nilflusses gegenüber Mallawī zwischen Minyā und Asyūt) in seinem Hof, wo Religionsgespräche zwischen Muslimen, Christen und Juden stattgefunden haben. Als Laie führte er den Namen Abū Bišr und war Sekretär. Er führte als erster den Gebrauch der arabischen Sprache in die kirchliche Literatur der Kopten ein, nachdem er feststellen mußte, daß das Koptische mehr und mehr in Vergessenheit gerict und daß weite Kreise der christlichen Bevölkerung seiner Heimat nur noch Arabisch verstanden. Severos beherrschte neben Koptisch und Arabisch auch das Griechische. Wegen seiner Sprachgewandtheit und der Vielseitigkeit seines literarischen Schaffens nimmt er eine Vorzugsstellung in der christlich-arabischen Literatur ein.

Seine Schriften verfaßte er hauptsächlich zum Zweck der religiösen Belehrung des Volkes. Am meisten berühmt geworden auch im Abendland ist Severos durch seine Geschichte der Patriarchen von Alexandrien, tārīḫ al-batārika, dem führenden Werk auf dem Gebiet der koptischen Kirchengeschichte. Die europäische Geschichtsschreibung des ägyptischen Christentums benutzte bis zum späten Mittelalter fast ausschließlich das Quellenwerk dieses Bischofs. Sein Buch ist nicht nur eine wichtige Quelle für die Geschichte der ägyptischen Nationalkirche, sondern auch der Kirche von Äthiopien und des Christentums in Nubien. Darüber hinaus ergänzt Severos mit seinen Werk das Quellenmaterial der politischen Geschichte Ägyptens.

Um den Stoff zu seinem Werk zusammenzutragen, mußte Severos von Ašmūnain acht Jahre lang zwischen den Klosterbibliotheken seiner Heimat wandern. Er stützte sich auf Material, das, wie er sagte, möglichst aus der gleichen Epoche des jeweiligen Patriarchen, dessen Geschichte er gerade schreibt, stammt. Somit ist die Patriarchengeschichte des Severos eine Zusammenfassung der alten, meist koptischen Quellen, über die Geschichte der alexandrinischen Bischöfe von Markos dem Evangelisten bis Joseb I († 849). Spätere Geschichtsschreiber haben im selben Stil seine Arbeit fortgeführt und vervollständigt, so daß sie bis zum Jahre 1740 reicht.

Gerade darin, in der Sammlung des Materials, besteht das Hauptverdienst des Severos. Die quellenanalytische Betrachtung seiner Ausführungen beweist, daß er oft nur als Übersetzer gewirkt hat, um ohne das

eigene freie Ermessen seine arabische Geschichte zustande zu bringen (vgl. Cod. Borg. CLX). Wir haben viele koptische Bruchstücke gefunden, die mit den arabischen Gegenstücken bei Severos Wort für Wort übereinstimmen.
Die Patriarchengeschichte des Severos b. al-Muqaffaʾ ist in vielen Handschriften überliefert. Das älteste heute vorhandene Manuskript stammt aus dem Jahre 1266 und befindet sich im Besitz der Hamburger Staats- und Universitätsbibliothek. Sie ist vollständiger als der gewöhnliche Text – die sogenannte Vulgata – und umfaßt die Patriarchengeschichte von dem heiligen Markos bis zu Michael I (61-764).

Die wichtigsten Ausgaben sind:

66 Historia Patriarcharum Alexandrinorum, ed. Ch.F. Seybold, in CSCO 52.59/ar.8.9. (1904/10).

67 Seybold, Ch., ed. Ibn al Moqaffa, Alexandrinische Patriarchengeschichte von S. Marcus bis Michael I. (61-767), in Veröffentlichungen der Hamburger Staats- und Universitätsbibliothek (Hamburg 1912).

68 Renaudot, E., ed., Historia Patriarcharum Alexandrinorum Jacobitarum a D. Marco usque ad findem saeculi XIII (Paris 1713).

69 Evetts, B., ed. (arabischer Text und engl. Übersetzung), History of the Patriachs of the Coptic Church of Alexandria, in PO 1 (1907) 100/214.381/518.

70 Atiya, A.S., Burmeister, Y. Abd'l-Nassih, ed. (Text und englische Übersetzung), in Textes et Documents, Société d'Archéologie Copte (Cairo 1943).

Zu der Patriarchengeschichte gehört noch das zweitwichtigste Werk des Severos über die Konzilien:

71 Severos ibn al-Muqaffaʾ, Tārīḫ al-Maǧāmi (Histoire des Conciles, Réfutation de Sa'īd ibn-Batrīq (= Eutychiūs, le Livre des Conciles), Textausgabe und französische Übersetzung von P. Chebli, in PO 3,3 (1909) 161/242 (im Zusammenhang mit unserem Thema interessieren uns vor allem 172/7).

72 Sévère ibn al-Moqaffaʾ evêque d'Aschmounain, Histoire des Conciles (second livre), ed. (arab. franz.) L. Leroy, in Po 6 (1911).

Severos Konziliengeschichte ist polemisch verfaßt, und zwar gegen die Annalen des melchitischen Patriarchen von Alexandrien Eutychios (933/40): Daher berichtet Severos in dem Buch der Konzilien ausführ-

lich über die Synode von Chalkedon; er schreibt hier umfassender als in seinem früheren Werk über die Patriarchengeschichte.
Die Ausführungen des Sevoros hat F. Haase in seiner "Altchristlichen Kirchengeschichte nach orientalischen Quellen" vornehmlich benutzt. Für seine Darstellung über die Epoche des Dioskoros hat Haase hauptsächlich die französische Übersetzung von P. Chébli des Severos Buch der Konzilien wiedergegeben (vgl. F. Haase, Altchristliche Kirchengeschichte 310/3 mit Severos, PO 3, 169/84).

73 Haase, F., Altchristliche Kirchengeschichte nach orientalischen Quellen (Leipzig 1925).

Für seine Darstellung des Lebens des Dioskoros und der Geschichte der Synoden von Ephesos (449) und Chalkedon (451) benutzte Severos b. al-Muqaffa' die Theopistos zugeschriebene Biographie des Dioskoros und den Poeudo-Dioskoros Panegyrikus auf Makarios. Aber wir stellen indes fest, daß Severos hier keine bloße Übersetzung aus den beiden koptischen Quellen vorlegt. Vielmehr gibt Sevoros eine kritischere Darstellung der Ereignisse zwischen 448 und 451 als die Nachrichten der Vita Dioscori und des Panegyrikus. Daher müssen wir eine Verarbeitung der beiden Quellen voraussetzen. (Vgl. z.B. Theopistos (263) mit Severos (Rev. de l'Or.chret 1905 pa. 119). Da wir diese Verarbeitung noch in keiner anderen als der Severos-Geschichte älteren Darstellung gefunden haben, müssen wir annehmen, daß Severos sich diese Aufgabe selbständig vorgenommen hat. Im Einklang mit unserer Annahme läßt sich der Satz bei Severos verstehen, in dem er am Anfang seiner Ausführungen über die Dioskorische Epoche schreibt, es gäbe nichts (d.h. wohl nicht vieles), auf das er seine Darstellung stützen könne.

Michael der Syrer

Dem Geschichtswerk von Severos von Ašmūnain der Bedeutung nach entsprechen die Chroniken des Patriarchen von Antiochien, Michael des Syrers.

74 Chronique de Michel le Syrien, Patriache Jacobite d'Antioche (1166-1199), éditée pour la première fois et traduite en français par J.-B. Chabot, 4 vol. Paris 1899/1910 (Neudruck Bruxelles 1963), bes. wichtig für unser Thema ist der 2. Bd.

Michael der Syrer wurde im Jahre 1126 geboren und im Alter von 40 Jahren zum Patriarchen der nonchalkedonisch orthodoxen Kirche (falsch genannt: Jakobitische) von Syrien gewählt. Seine eigentliche Bedeutung gewann er weniger durch das Bischofsamt als durch die liturgischen, theologischen und geschichtlichen Werke, mit denen er die syrische Literatur bereichert hat. Leider ist ein großer Teil seines Schaffens verloren gegangen. Die Gelehrsamkeit des antiochenischen Patriarchen entnehmen wir seinem großen Geschichtswerk. Diese Chronik ist vielleicht die wichtigste Quelle überhaupt des mittelalterlichen Christentums im mittleren Osten, besonders Syriens, Palästina und Armeniens. Sie umfaßt 21 Bücher und beginnt wie üblich mit der Schöpfung der Welt und endet mit dem Jahre 1195.
Die Bedeutung des Werkes Michaels für unser Thema liegt darin begründet, daß es sich für die Geschichtsschreibung der Zeit nach dem Konzil von Ephesos (431) auf eine Anzahl syrischer Schriften stützt, von denen nur wenige erhalten geblieben sind (vgl. Kard. Tisserant, Art. Michel le Syrien, in Dictionair de Théologie catholique). Neben vieler anderer Literatur von geringerer Bedeutung benutzte Michael die Werke von Zacharias Scholastikus für die Zeit bis 565, Kyrros von Batna für die Epoche bis 582, Dionysios von Tellmahre bis 842, Ignatios von Melitene für die Periode bis 1118 und Basilios von Edesse, der das letzte bis 1143 fortführte.
Der bedeutende Text den Michael des Syrers ist erst seit kurzer Zeit in seiner ursprünglichen Sprache, dem Syrischen, bekannt. Wir besitzen ihn bisher nur in einem einzigen Manuskript, das im Jahre 1886 in Orfa (Edessa) von Mg. Ignac Ephrem Rahmani entdeckt worden ist. Die Textausgabe und die französische Übersetzung von Abbé Chabot sind schätzenswert.

Gregorios ibn al-ʿIbrī:

Von den späteren syrischen nonchalkedonischen Historikern ist noch Barhebraeus (ar. G. ibn al-ʿIbrī, 1225-1286), der berühmteste Schriftsteller seiner Nation, zu nennen. Er ist der Verfasser von zwei syrischen Chroniken: "*Chronicon syriacum*" und "*Chronicon ecclesiasticum*". Barhebraeus erweist sich mehr kirchen- als prophangeschichtlich interessiert. Seine literarisch hervorragenden Werke sind für uns nur wenig interessant. Seine Ausführungen über Dioskoros und die Synoden seiner Zeit sind nicht mehr als die Zusammenfassung der Chronik von Michael des Syrers. Aber seine Schriften sind besser überliefert als die von Michael. Die beiden syrischen Chroniken besitzen wir in zahlreichen Manuskripten, die allerdings noch nicht in einer uns befriedigenden Weise ediert sind.

75 Chronicon syriacum, ed. (ohne Übersetzung) P. Bedjan, (1890)
76 Gregorii Barhebraei, Chronicon ecclesiasticum, ed. J.B. Abbeloos - Th. J. Lamy, 3 vol. (Louvain 1872/74/77).

Wichtiger für uns ist seine arabisch verfaßte Weltgeschichte. Die Erwähnung von Chalkedon beginnt mit der Diffamierung der Pulcheria welche die eigentliche Ursache für das Unheil, die Störung des Kirchenfriedens ist (vgl. G. Graf, Chr. arab. Lit. 2, 274/5):

77 Ibn al-ʿIibrī, Tārīḫ muḫtaṣar ad-duwal, ed. A. Ṣaliḥānī (Beirut 1890).

Andere Historiker:

Die späteren koptischen Geschichtsschreiber benutzen weitgehend die Patriarchen- und Konziliengeschichte des Sevoros b. al-Muqaffa'. So finden wir bei ihnen nichts wesentlich Neues über die Christologie und Kirchenpolitik des Dioskoros:

78 Al-Makīn Girgie ibn al-'Amīd (1205-1273), Weltgeschichte: Paris, Ms. 4524, bes. Fol. 213,220 (verfaßt zwischen 1262 und 1268) (vgl. F. Nau, in RevOrChr 10 (1905) 123/4, G. Graf, Chr. arab. Lit. 2, 348/51).

Hier betont al-Makīn den Widerstand das Patriarchen Dioskoros gegen den Kaiser Markian, der ihm die Definition von Chalkedon aufzwingen wollte, und die Mißhandlungen, die Dioskoros deswegen zu erleiden hatte.

79 Abū'l-Barakāt Š. ibn Kabar († 1324), miṣbāḥ aẓ-Ẓulma fī iḍāḥ al-ḫidma (Leuchter der Finsternis, eine Erklärung des göttlichen Dienstes), (Pariser Ms.ar. 203, das in meiner Arbeit benutzt wurde.)

80 Livre des Ténèbres et de l'exposition (Lumineuse) du Service (de l'Eglise) par Abû'l-Barakât connu sous le nom d'Ibn Kabar, Texte arabe édité et traduite: Tisserant, G. Wiet, in PO 20,4,729/33.

Der durch sein enzyklopädieähnliches Werk berühmt gewordene Presbyter Abu'l Barakat verteidigt die Haltung des Dioskoros und macht den Kaiser Markian verantwortlich für das Schisma von Chalkedon.
Die Patriarchenliste von Abū'l-Barakāt (Pariser Ms. ar. 283a) datiert die Inthonisierung des Dioskoros im koptischen Monat Mesori (August 444); die Jahresangabe dagegen bedarf, korrigiert zu werden.
Das anonyme Chronicon orientale aus der zweiten Hälfte den 13. Jahrhunderts, früher zu Unrecht dem Šākir ibn Buṭrus ar-Rāhib zugeschrieben, befaßt sich ebenfalls mit Dioskoros und den Synoden von 449 und 451 und der byzantinischen Religionspolitik unter Markian. Besonders interessant ist, daß der koptische Verfasser erklärte "Dieses Konzil (Ephesos 449) wird nicht unter die allgemeinen Konzilien gezählt."

81 Cheikho, L., ed., in CSCO ara. ser. 3, t 1, text (pg. 48.113/4; vers. pg 53.121/2).

Der den Kopten wohlgesonnene muslimische Schriftsteller al-Maqrīzī (1364-1442) benutzte das eben genannte Werk al-Makīns als Hauptquelle für seine Geographie und Geschichte Ägyptens: al-Ḫiṭaṭ wal-aṯār; In großen Teilen behandelt al-Maqrīzī allein die Geschichte der christlichen Ägypter:

82 Ahmad b. ʿAlī Taqiyy ad-Dīn al-Maqrīzī, Geschichte der Kopten, arab. Text und deutsche Übersetzung: ed. F. Wüstenfeld, in: Abhandlungen der Gesellschaft der Wissenschaften zu Göttingen (AbhGöttGw) Hist.-philol.Kl. 3 (1845).

Hier widmet Maqrīzī der Geschichte des Dioskoros ein Kapitel, dessen Stoff er allerdings hauptsächlich aus den Geschichtswerken des Sevoros bzw. aus der Weltgeschichte des Makīn schöpft (S. 39/4 0 = Ḫiṭaṭ II p. 489).

83 An Maqrīzī knüpft Qalqašandī mit seinem Subḥ al-Aʿšā, XIII 818ff. an.

Die Rückübersetzung der wichtigsten christologischen Termini im Arabischen folgt also:

جوهر	gawhar	οὐσία	essentia substantia	Wesen Substanz
أقنوم	Uqnūm	πρόσωπον	persona	Person
قنوم	Qunūm			
فرصوف	farsūf	πρόσωπον	prosopon	Prosopon
شحص	šaḫs	πρόσωπον		
أقنوم	Uqnūm			
قنوم	Qunum	ὑπόστασις	hypostase	Hypostase
طبيعة	tabīʿa	φύσις	natura	Natur
مشيئة	Mašīʾa	θέλημα		Wille
فعل	fiʿl	ἐνέργεια		Tätigkeit

Das Arabische benutzt leider oft Qunūm bzw. ʾUqnūm für beide Begriffe, πρόσωπον und ὑπόστασις was die Rückübertragung manchmal erschwert.

Schenute von Atripe:

Weitere Auf- und Rückschlüsse über Dioskoros, seine Theologie und nationale Bedeutung finden wir auch in anderen Schriften, die sich nicht direkt mit ihm beschäftigen. Hier wollen wir hauptsächlich die Schriften seines Zeitgenossen und Freundes, das Archimandriten Schenute von Atripe († 451) erwähnen. Für unser Thema interessieren uns weniger die bedeutsamen Mönchsregeln des Abtes des Weißen Klosters als seine zahlreichen Reden und Briefe. Diese sind zwar gut erhalten, doch leider bei weitem noch nicht alle veröffentlicht, obwohl die literarische und theologische Bedeutung dieses Erbes nicht zu verkennen ist. Der Verfasser überragt als Schriftsteller weitaus alle übrigen koptischen Schreibenden. Aus seinen Schriften erfahren wir, welche Bedeutung Dioskoros für die nationale Bewegung des ägyptischen Volkes hatte. Schenute, der allerseits Verehrung und großen Einfluß auf die damalige Christenheit genoß, betont immer wieder die Frömmigkeit und die Führungsstellung des Dioskoros, der "allein seinem Vater (dem hl. Kyrillos) gleiche".

Ebenso wichtig für die Erforschung der Geschichte beider Persönlichkeiten ist die Biographie des Schenute, die wahrscheinlich vom Schüler und Nachfolger des Schenute, Besa, stammt:

84 Leipoldt, J., Schenute von Atripe und die Entstehung des nationalägyptischen Christentums, in Texten und Untersuchungen, hrsg. Harnack und Gebhardt, NF 10,1 (Leipzig 1903).

85 Bessa: Sinuthii, Vita bohair, ed. Wiesmann 6.

Dioskoros in der modernen historischen und dogmengeschichtlichen Forschung:

In der modernen Kirchen- und Dogmengeschichtsschreibung läßt sich eine zunehmende Aufmerksamkeit beobachten, die die Historiker der Persönlichkeit und der Christologie des Dioskoros widmen. Man will dennoch in Dioskoros keine bestimmende Kraft erkennen, die im Werden und in der Weitergestaltung der christlichen Kirche ihre ausschlaggebende Bedeutung hatte. Ebenso verkannte man den eigentlichen Inhalt der Theologie des Dioskoros. Das Verhältnis zwischen Ethik und Macht in der Kirchenpolitik des alexandrinischen Bischofs ist dabei ungeklärt geblieben.
Um die Jahrhundertwende haben bedeutende Theologen und Orientalisten dafür gesorgt, daß die wichtigsten Werke der nonchalkedonischen Kirchen ediert und übersetzt wurden. Die zunehmende Erschließung der geschichtlichen, liturgischen und dogmatischen Quellenwerke den Orients hat wichtige Korrekturen zu der Geschichtsschreibung im Abendland gebracht.
Die bisher besprochene Literatur zeigt, wie schwierig es ist, aus den widersprüchlichen Quellen chalkedonischer und nonchalkedonischer Herkunft ein getreues Bild über Dioskoros herauszuarbeiten. Hinzu kommt, daß viele Texte leider noch nicht erschlossen waren. Abgesehen davon, daß weitaus alle Texte noch nicht veröffentlicht sind, sind die bisherigen Ausgaben zu wenig bearbeitet und historisch ausgeschöpft worden, um die Geschichte zuverlässig darzustellen. So blieb das Urteil über die chalkedonische Opposition weithin von den althergebrachten Vorstellungen und von den Nachrichten der byzantinischen und lateinischen Quellen bestimmt.
Hier wollen wir vor allem drei Werke aus unserem Jahrhundert besprechen, die zur Aufhellung der Kirchengeschichte des fünften Jahrhunderts im Zusammenhang mit Dioskoros und der Entstehung der Nationalkirche von Ägypten beigetragen haben:

86 Haase, F., Patriarch Dioskur I. von Alexandrien, nach monophysitischen Quellen, in Kirchengeschichtlichen Abhandlungen, hrsg. von M. Sdralek, 6 (Breslau 1908) 141/236.

Unmittelbar nachdem die Vita Dioscori und der Pseudo-Dioskoros Panegyrikon auf Makarios neben einer Reihe koptischer, syrischer, arabischer und äthiopischer Quellen veröffentlicht wurden, schrieb F. Haase seine Dissertation: “Patriarch Dioskoros I. von Alexandrien nach monophysitischen Quellen". Ihm ging es hier vor allem darum, das Bild des Dioskoros in der antichalkedonischen Kirchenliteratur im Gegensatz zu der abendländischen Überlieferung hervorzuheben. Aber dem damaligen Doktoranden stand nicht genug Material zur Verfügung, um Dioskoros und seinem Thema gerecht zu worden.

In einigen Momenten des Lebens des Dioskoros versucht Haase eine Synthese zwischen den prodioskorischen Darstellungen und der byzantinischen und lateinischen Geschichtsschreibung herzustellen.

F. Haase hat seiner Abhandlung die Überschrift gegeben: "Patriarch Dioskur I. von Alexandrien nach monophysitischen Quellen"; jedoch beschränkt sich der Inhalt seiner Arbeit lediglich auf die Haltung des Dioskoros gegenüber der Synode von Chalkedon. Mit anderen Worten, er folgt dem Bericht der Vita Dioscori und des Panegyrikus. So behandelt er das Pontifikat des Dioskoros, der in erster Linie Oberhirte der Jurisdiktion von Alexandrien ist, also die vorchalkedonische Periode, überhaupt nicht. Ebenfalls schweigt Haase über die Rolle des Dioskoros im christologischen Streit unter Theodosios II. Vom Ephesinum II (449) spricht er kein Wort. Es ist erstaunlich, daß F. Haase trotz der Benutzung der von ihm genannten monophysitischen Quellen zu Ergebnissen kommt, die im großen und ganzen das bisherige Geschichtsbild von Chalkedon bestätigen, so z.B. seine Skizzierung des Prozesses des Dioskoros.

Nur hinsichtlich seiner Bemerkungen zur Christologie des Dioskoros, die von ihm sehr knapp behandelt wird, versuchte er, den Patriarchen in einigen christologischen Anhaltspunkten zu rechtfertigen. Die besonderen Termini des Dioskoros hat er jedoch nicht bewertet. Darüber hinaus ist er zu dem gesamten Rahmen der Theologie des Dioskoros nicht gekommen. Oft hat er die Christologie des Dioskoros in nicht entsprechenden Termini wiedergegeben, die Haase vornehmlich aus der diphysitischen Sprache holte. Bei den Ausführungen hier werden die wichtigen Ergebnisse bei F. Haase zum Vergleich auch berücksichtigt.

Es kann hier aber nicht verschwiegen werden, daß F. Haase in seiner Arbeit die Haltung Leos und der römischen Legaten im völligen Gegensatz zu den Quellen, die er benutzt hatte, unbegründet rechtfertigt. Haase schreibt: "… daß Dioskoros nicht nur nicht mit vorgefertigtem Willen, sondern sogar gegen die Neigung und Absicht des Papstes abgesetzt wurde".

Ein Versuch auf diesem Gebiet ähnlicher Thematik, doch mit anderen Voraussetzungen, war das Buch eines koptischen Theologen, das für die Laien der Gemeinde bestimmt ist. Es enthält eine theologische und kirchenrechtliche Rechtfertigung des Dioskoros und verteidigt seine Haltung in Ephesos (449) und in Chalkedon (451):

87 Al-Bermāwī, A.H.Š., baṭal al-orthdoxiyya al-ʿaẓīm Diosqūros al-batriark al-ḫāmis wal-ʿišrīn (Kairo 1654 Ms., 1938 A.D.) Dioskoros, Hort der Orthodoxie, der 25. Patriarch).

Außer den arabischen Quellen der koptischen Kirche benutzte der Verfasser, Higumenos Armanlos Habašī Šatā al-Bermāwī, eine arabische Übersetzung des Protokolls der ersten Sitzung von Chalkedon aus dem Jahre 1694 (s.o.). Als erbauliches Werk, legte al-Bermāwī, wie es auch aus ähnlichen Büchern nicht zu erwarten ist, keinen großen Wert darauf, einzelne Stellen seiner Argumentationen zu belegen. Das Buch von al-Bermāwī enthält manche autoritären Dokumente der koptischen Kirche über Dioskoros und die chalkedonische Frage. Daher kann man anhand dieses Buches eine gute Vorstellung von der Haltung und Meinung der koptischen Kirche zu diesem Thema erlangen.

Schließlich ist noch das Sammelwerk zu nennen:

88 Grillmeier, A., H. Bacht (Herausgeber), Das Konzil von Chalkedon in Geschichte und Gegenwart, 3 Bde., Würzburg 1951/3/4)

Das Werk, daß anläßlich der 1500-Jahr-Feier der Synode von Chalkedon erschienen ist, vertritt im allgemeinen die Sicht der römisch-katholischen Kirche und insofern, soweit ich beobachten kann, wurde es ausschließlich von katholischen Theologen verfaßt. Die einzelnen Details sind unterschiedlich zu beurteilen. Während manche Verfasser bemüht waren, den Kampf der Parteien um Chalkedon gerecht darzustellen, vertreten andere nur die chalkedonische Auffassung. Einige Forscher des dreibändigen Sammelwerkes versuchten im Lichte der neuesten Quellenforschung, den Standpunkt der Gegner der großen Synode, darunter Anhänger des Dioskoros, objektiv wiederzugeben.

“Dioskoros von Alexandrien, Theologie und Kirchenpolitik”

In der vorliegenden Arbeit geht es auch darum, weitere Quellen zu erschließen, besonders aus den koptischen, syrischen, äthiopischen, arabischen und armenischen Sprachen, deren historische Überlieferung in der modernen Geschichtsschreibung noch nicht vollständig berücksichtigt ist. Durch die quellenanalytischen Vergleiche soll der Inhalt byzantinischer und lateinischer Geschichtsschreibung überprüft werden. Mit Hilfe der Gegenüberstellung der Quellenwerke des Abend- und Morgenlandes wollen wir das historische Bild der Ereignisse, an denen Dioskoros beteiligt war, wie auch die Theologie des Dioskoros zuverlässig darstellen.

Andere Bibliographie

Abel, F.M., Le patriarche Juvenal de Jérusalem d'apres sa plus récente monographie (vgl.u.E.Honigmann,Juvenal), in ProcheOrChr 1 (1951) 305/17.

Adam, K., Christus unser Bruder, Seele- Bücher 6 (Regensburg 1930).

Agapios (Mahbub, melchitischer Bischof von Manbig 'Hierapolis'). in PO 8,3.

Alés, A. d', La lettre de Theodoret aux moines d'Orient (ep.151), in EphThLov 8 (1931) 413/21.

Amelli, A., San Leone magno e il primato del romano pontefice in oriente (Montecassino 1890).

(Dioskoros von Alexandrien) Anaphora Dioscori Prima et Secunda, in Anaphorae Syriacae, Vol.I-Fasc.3 (Romae 1944), pg 272/99, 306/21.

Assemani, J.S., Bibliotheca Orientalis Clementino-Vaticana (Rom 1719/ 28).

Bacht, H., Die Rolle des orientalischen Mönchtums in den kirchenpolitischen Auseinandersetzungen um Chalkedon (431-519), in: Grillmeier- Bacht, Das Konzil von Chalkedon 2 (Würzburg 1953).

Barceile, G., Dioscore, in DictThC 4b, (1924) 1369/75.

Bardenhewer, O., Geschichte der Altkirchlichen Literatur, 5 Bde. (Freiburg i.B. 1902/32).

Bardy, G., Le patriotisme éyptien dans la tradition patristique, in RHE 54 (1905) 5/24.

Bardy, G., La rivalité d'Alexandrie et de Constantinople au Ve siécle, in FranceFr 19 (1936) 5/19.

Battifat, La litterature Grecque.

Bell, H. I., Egypt from Alexander the Great to the Arab Conquest (Oxford 1948).

Bindley, T.H., The Oecumenical Documents of Taith. The Chalcedonian Definition, ed. F.W. Green (London 1950; 4.Aufl.).

Braun, C., Der Begriff `Person` in seiner Anwendung auf die Lehre der Trinität und Incarnation (Mainz 1876).

Camelot, Th., De Nestorios à Eutychès: l'opposition de deux christologies, in Chalkedon 1, 213/42.

Caspar, E., Geschichte des Papsttums, 2 Bde. (Tübingen 1930/33)

Chevalier, U., Répertoire de sources historiques du Moyen Age. Bio-Bibliographie 1.Bd. (Paris 1905).

Chronicam in ora: ed. I. Guidi- E. W. Brooks - J.B. Chabot, in CSCO 1-6/ syr. 1-6 (1903/7).
Conybeare, F.C., The Patristic 'Testimonia´ of Timotheus Aelurus, in JThSt 15 (1914) 432 ff.
Cramer, M., H. Bacht, Der anti-chalkedonische Aspekt im historisch-biographischen Schrifttum der koptischen Monophysiten (6.- 7. Jahrhundert), in Chalk. 2,315/38.
Crum, W. E., in Journal of Theological Studies 1924) XXV.
Crum, W. E., Der Papyruscodex saec. VI- VII der Phillips-Bibliothek in Cheltenham. Koptische theologische Schriften, hsg. u. übs., in Schriften d. Wiss. Ges. in Strassburg 18 (Strassburg 1915).
Debouhtay, P., Rome et l'Orient au Ve siécle, in: Irenicon Collection 2,8 (Amay-sur-Meuse 1927).
Deissman, A., Bibelstudien 1895).
Devreesse, R., Le patriarcat d'Antioche depuis la paix de l´Eglise jusqu´à la conquête arabe (Paris 1945).
Diamantopulos, A. N., Ἡ τετάρτη οἰκουμενικὴ σύνοδος ἐν Χαλκηδόνι (451) in: Theol 14 (1936, Athen) 208/24.297/309; 15 (1937) 113/27.208/26.349/56; 16 (1938) 32/47.127/34.208/20.308/22. 17 (1939) 38/52. 176/82.
Dictionnaire d`Archéologie Chrétienne et de Liturgie, ed. F. Carbol-H. Leclercq (Paris 1907 ff.)(cit.: DictAl).
Dictionnaire de Histoire et de Géographie Ecclesiastique, ed. A. Baudrillart (Paris 1912 ff.)(cit.: DictHistGéogr).
Dictionnaire de Théologie Catholique, ed. A. Vacant- E. Mangenot- E. Amann (Paris 1930/ 1950)(DictThC).
Dictionary of Christian Biography, ed. Smith- Wace (cit.: DChB).
Didache (Ausgabe der Koptisch-Orthodoxen Kirche:) Ad-Dasqūliyya (aw) taʿāllīm ar-Rusul, hsg. v. Ḥafiẓ Dawwūd (Kairo 1656 Mr.-1940 A.D.).
Dioskoros I. von Alexandrien: Anaphora Dioscori Alexandrini Prima et Secunda. in: Anaphora-e syriacae, Vol.I- Fasc.3 (Romae 1944), pp. 272/99, 306/21.
Dioskoros I. von Alerandrien: (Ethiopic) Anaphora of St. Dioscorus, transl. by Mercer, in: Journal of the Society of Oriental Research 2 (1918) pp. 83/6.
Draguet, R. Julien d'Halicarnasse et sa controverse avec Sévère d'Antioche sur l'incorruptaibilité du corps du Christ (Louvain 1924).
Draguet, R., La Christologie d'Eutychès d´après les Actes du Synode de Flavian (448), in Byzn 6 (1931) 441/57.
Duchesne, L., Histoire ancienne de l´Eglise (Paris 1906 ff.).

Emmi, B., Leone et Eutiche in Angel 19 (1952) 3/42.
Engberding, H., Das chalkedonische Christusbild und die Liturgien der monophysitischen Kirchengemeinschaften, in Chalk. 2,697/733.
Ensslin, W., (Art.) Marcian, in Pauly- Wissowa, RE.klass.Altertumsw. 1.R. 14,1514/29.
Eusebios (Bischof von Kaisareia), Historia ecclesiastica.
Eutychios von Alexandrien (melchitischer Patriarch), ed. L. Cheikho, in CSCO arab.ser. 3,t 6; latein. v. E. Pococke in PG 111.
Fliche, A., - V. Martin, (ed.), Histoire de l'Eglise (Bde- 3-6; Paris 1936/39).
Funk, F.X., Der römische Stuhl und die allgemeinen Synoden des christlichen Altertums, in Theolog. Quartalsschrift (1882) nr. 64, 87/121; u. 1901 (vgl. auch: kirchengeschichtliche Abhandlungen, 3. Bd., Nachtrag 406/439).
Gelasius, I., De duabus naturis in Christo adv. Eutychem et Nestorium, Testimonia veterum, ed. E. Schwartz, in publizistische Sammlungen zum Acacianischen Schisma (AbhMünchAk, Philos.- hist.Abt. NF 10 (1934) 85/106.
Gelasius, I., Gesta de nomine Acacii (sive Breviculus historiae Eutychianorum): ed. 0. Günther, in CSEL 35,440/53.
Gelzer, H, Der Streit über den Titel des ökumenischen Patriarchen, in: Jahrbücher für protestantische Theologie, 13.Jg. (Leipzig 1887).
Gelzer, H., Das Verhältnis von Staat und Kirche in Byzanz, in H. Gelzer: Ausgewählte Kleine Schriften (Leipzig 1907) 57/141.
Gluschke, V., Die Unfehlbarkeit des Papstes bei Leo dem Grossen und seinen Zeitgenossen nach der Korrespondenz Leos in Sachen des Monophysitismus (Diss.; Rom 1938)
Goemans, M., Chalkedon als "Allgemeines Konzil", in Chalk. I 251/289.
Goubert, F., Le rôle de Sainte-Pulchérie et de l´eunuque Chrysaphios, in Chalk. I, 303/21.
Graf, G., Chalkedon in der Überlieferung drv christlichen arabischen Literatur, in Chalk. 1,749/68.
Grébaut, S., Vie de Barsoma le Syrien, in: RevOrChr 13 (1908) 337/45; 14 (1909) 135/42, 264/75; 401/16.
Grumel, V., Les Regestes des Actes du patriarcat de Constantinople, Bd. 1, sér.I (Chalcédoine 1932 ff.).
Güldenpenning, A., Geschichte des oströmischen Reiches unter den Kaisern Arkadius und Theodosius II. (Halle 1885).

Günther, K., Theodoret von Cyrus und die Kämpfe in der orientalischen Kirche vom Tode Cyrills bis zur Einberufung des sogenannten Räuberkonzils (Aschaffenburg 1913).
Haase, F., (art.) Julian, in LThK V 710.
Hahn, A., Bibliothek err Symbole und Glaubensregeln der alten Kirche Breslau 1897).
Hahn, I., Theodoretus Cyrus und die früh- byzantinische Besteuerung, in Acta Antiqua Academiae Scientiarum Hungariae, Tom.X., Fasc. 1-3 (1962).
Haler, J., Das Papsttum. Idee und Wirklichkeit (Stuttgart-Berlin 1934/39; Bd.1 neubearb. Urach-Stuttgart 1950).
Hammerschmidt, E., Studies in the Ethiopic Anaphoras, in: Berliner Byzantinische Arbeiten, Bd.25 (Berlin 1961).
Harden, J. M., The Anaphoras of the Ethiopic Liturgy (London 1928).
Hefele, C.J. v. Conziliengeschichte, 9 Bde. (Freiburg 1855/90)(2.Aufl. 1875 ff.).
Hefele, C.J. v.- H. Leclercq, Histoire des Conciles. Traduction sur la 2e édition allemande, 16 Bde., (Paris 1907 ff.).
Honigmann, E., Le Couvent de Barsauma, et le Patriarcat Jacobite d'Antioche et de Syrie, in: CSCO, vol. 146 Sub.Tome 7 (Louvain 1954)
Honigmann, E., Evéques et évêchés monophysites d´Asie antérieure au VIe siécle, in: CSCO 127, subsidia 2, (Louvain 1951).
Honigmann, Juvenal of Jerusalem in Dumbarton Oaks Papers nr 5 (Cambridge/ Mass. 1950) 211/79.
Honigmann, E., Pierre l`Ibérien et les écrits du Pseudo-Denis l'Aréopagite, in Acad. R. de Belg., Cl. des Lettres … 47,3 (Bruxelles 1952).
Honigmann, E., Sur les listes des évêques participant aux conciles de Nicée, de Constantinople et de Chalcédoine, in Byzn 12 (1937) 323 ff.
Honigmann, E., The original lists of the Members of the Council of Nicaea, the Robber-Synod and the Council of Chalcedon,
Ibas (Bischof von Edessa): Epistula ad Marim Persam, ed. E. Schwartz, in ACO II 1,3, pe 32/4.
Janin, R., Constantinople byzantine. Dévelopment urbain répertoire topographique (Paris 1950).
Johannes v. Skythopolis, Balthasar, H.U.v., Johannes von Skythopolis, in Schol 15 (1940) 16/38.
Jugie, K., La terminologie christologique de saint Cyrille d'Alexandrie, in EchOr 15 (1924) 12/27.

Kāmil, M., Min Diokledianus ilā diḫūl al-ʿarab (Von Diokletian bis zur arabischen Eroberung), in: Tārīḫ al-Ḥadāra al-miṣriyya, (Kairo 1963) 2.Bd. 4,5, S. 197/320.

Khella, K.N., Die koptischen Märtyrer nach dem Schisma von Chalcedon, in: Bekenntnisse lutherisch-orthodoxer Begegnung, hsg. v. d. Ev. Akademie (Schleswig 1959/60) 62ff.

Khella, K.N., Pharaonen der Kirche, in der Zeitschrift: Das Wort in der Welt, 1 (Hamburg 1961)

Koptische Kunst, Christenheit an Nil (Katalog zur Austellung in Villa-Hügel e.V., Essen-Bredeney, mit informativen Beiträgen) (1963).

Kratz, W., Koptische Akten zum Ephesinischen Konzil: TU NF 11,2 (Leipzig 1904)

Kraft, H., Kaiser Konstantins religiöse Entwicklung (Tübingen 1955): Beiträge zur Historischen Theologie, Hrsg. v. G.Ebeling, 20.

Kraft H., Kaiser Konstantin und das Bischofsamt, in Saeculum VIII,1.

Krüger, P., Monophysiten im Zusammenhang mit der Reichspolitik.

Kuhn, Ph., Die Christologie Leos I. des Großen in systematischer Darstellung (Würzburg 1894)

Kyrillos v. Alexandrien, Apologeticus XII capitulorum contra Theodoretum, ed E. Schwartz, in ACO 1,6, pg 107/46 (gr.); I 5, pg 142/65 (lat.).

Kyrillos v. Alexandrien, Apologeticus XII capitulorum contra Orientales ed. E. Schwartz, in ACO I 1,7, pg 35/65 (gr.); I 5, pg 116/42.

Kyrillos v. Alexandrien, Explicatio XII anathematismen, ed E. Schwartz, in ACO I 1, pg 15/25.

Kyrillos v. Alexandrien, Cyrillus Al., Opera, in pg 68-77.

Langmead Casserley, J.N., Nature in Early und Mediaeval Christian Thought, in ChurchQRev 149 (1950) 138/51.

Laurent, V., Le nonbre des Péres de la Section historique 26 (Bucarest 1924) 33/47.

Laurent, V., Le nombre des Péres du concile de Chalcédoine (451), in Acad-Roum., Bull de la Sect.Hist. 26,1 (Bucuresti 1945) 33/46.

Lebon, J., Autor du cas de Dioscore d'Alexandrie, dans le Museon 59 (1946) 515/28.

Lebon, J., La christologie du monophysisme syrien, in Chalk. 425/580.

Lebon, J., La chrislologie de Timothée Elure d'après les sources syriaques in- écites, in Revue d'Histoire Ecclésiastique (RHE) 9 (Louvain 1908) 677/702.

Lebon, J., Le monophysisme sévérien. Etude historique, littéraire et théologique sur la résistance monophysite au concile de Chalcédoine jusqu'à la consistution de l'Eglise jacobite (Louvain 1909).

Leo, M., Tomus ad Flavianum episcopum Constantinopolitanum (ep. 28) cum Testimoniis Patrum et epistula ad Leonem I imp. (ep.165), ed. E. Schwartz., in ACO II 2,1, pg 24/33 (lat.); II 1,1, pg 10/20 (gr.); ferner ed. C. Silva-Tarouca (TD ser.theol. 9; Rom 1932).

Leo, M., Epistolae contra Eutychis haeresim. I Epistolae concilio pramissae. II Epistolae post concilium datae, ed. C. Silva-Tarouca, in TD ser.theol. 15.20 (Rom 1934/5).

Leo, M., Die Lehrschreiben des hl. Papstes Leo des Großen über die Menschwerdung Christi, ed.u.übs. L.A. Winterswyl, in Zeugen des Wortes 9 (Freiburg 1938).

Leo I. papa, Epistularum Collectiones, ed. E. Schwartz, in ACO II 4; ferner ed. F.F. Ballerini, in PL 54, 593/1218.

Le Quien, M., Oriens christianus in quatuor patriachatus digestus, 3 Bde (Paris 1740; Neudruck 1958).

Löfgren, O., - S. Euringer, Dioscorusanaphora, in Le Monde Oriental 26/27 (1932/33) 229/255.

Loofs, F., Art. Eutyches, in J. Herzog - Al Hauck, Realencyklopädie für protest.Theol. und Kirche (Leipzig 1896 ff.), 5 635/47 (Abk.: E.Loofs, in Herzog-Hauck, RE. prot.Theol.).

Lübek, Reichseinteilung und kirchliche Hierarchie des Orients bis zum Außgang des 4. Jhdts., in Kirchenpolit.Studien V 4 (Münster/W. 1901).

Maaßen, F., Geschichte der Quellen und Literatur des canonischen Rechts im Abendlande bis zum Ausgang des Mittelalters, Bd.1 (Graz 1870).

Madoz, J., El decreto Efesino sobre la inviolabilidad del Simbolo, según el cardinal Cesarini, in RazonFe (1932) 168/78.

Mahé, J., Les anathématisme de S. Cyrille et les évêques orienteaux d'Antioche, in: Revue d'histoire ecclesiastique, t.VII (Louvain 1906).

Manbiöī, Agapios Maḥūb, Kitāb al-ʿUnwān: Histoire Universelle, éd A. Vasilien (Paris 1912).

Manbiöī, Agapios M., Geschichte der Konzilien (s. K. al-ʿUnwān).

Du Manoir, H., Dogme et spiritualité chez Saint Cyrille d'Alexandrie (Paris 1944).

Marcellinus Comes, Chronicon ed. Th. Momsen, in MonGHist Auct.ant. 11, 60/104.

Marin, E., Les moines de Constantinople dapuis la fondation de la Ville jusqu'à la mort de Photius (Paris 1897).

Martyrologes orientaux, in PO 10 (für Dioskoros siehe 5. 45,82,85 u.123).
Maspero, J., Histoire des patriarches d'Alexandrie depuis la mort de l'empereur Anastase jusqu'à la réconciliation des églises jacobites (518-616), in: Bibliothlque de l'ecole des Hautes Etudes, Sciences hist. et philol. 237, (Paris 1923).
Ménologes coptes arabes, in PO 10 (f. Dioskoros s. 23/59).
Moberg, A., On some Syriac Fragments of the Book of Timotheos Ailuros against the Synod of Chalcedon(Lund 1928)
Monceaux, P., Histoire Littéraire de l'Afrique Chrétienne, depuis les Origines jusqu'a l'Invasion Arabe (Paris 1951; Neudruck Bruxelles 1963).
Mouterde, P., Le concile de Chalcédoine d'apres les historiens monophysites de langue syriaque, in Chalk. 1,581/602.
Nau, F., Le Livre d'héraclide, ed. F. Nau (s. Nestor) (Paris 1910).
Nestorios, L iber heraclidis: Le livre d'Héraclide de Damas, Trad frc. p. F. Nau (Paris 1910).
ders., ed, P. Bedjan (Paris 1910).
ders., The Bazaar of Heracleides, transl. G. Driver - L. Hodgson (Oxford 1925).
Nédoncelle, M., Prosopon et Persona dans l'antiquité classique. Essai de bilan linguistigue, in RevScRel 22 (1948) 277/99.
Nicephorus Callistus Canthopulus, Historiae ecclesiasticae lb.XVIII, in PG 145,549/1331; 146; 147,1/632(cit.: Niceph.).
Opitz, H.G., Theodoretos (1.), in Pauly- Wissowa, RE.dklass.Altertumsw.II 5 (1934) 1791/801.
Pargoire, J., Alexandrie (Eglise d'), in DictThC 1a (1923) 796/801.
Parthey, G. (ed.), Nili Doxopatrii Notitia patriarchatuum (Berlin 1866).
Patrologiae Cursus, series graeca: ed. J.P. Migne (161 Bde.; Paris 1857/66; Neudruck einiger Bände 1886/1904) (cit.: PG).
Patrologiae Cursus, series Latina, ed. J.P. Migne (217 Bde; Paris 1844/55; Neudruck 1879/91, Indices 4 Bde.; 1862/4) (cit.: PL).
Patrologia Orientalis ed. R. Graffin - F. Nau (Paris 1903 ff.).
Petros Mongos - Lettres d'Acace et de Pierre Monge, éd, E. Amélineau, in MémArchéolFr 4,1.
Philips Born, A., La compagnie d'ambulanciers "parabalani" d'Alexandrie, in Byzn 20 (1950) 185/90.
Piganoli, A., L'empire chrétien (1947).
Quatremére, Recherches sur l'Egypte, in: Memoire geógr. sur l'Egypte.
Al-Quddasāt aṯ-Ṯalāṯa (2. Aufl.; Kairo 1936).

Raabe, R., Petrus der Iberer, Ein Charakterbild zur Kirchen- und Sittengeschichte des 5. Jahrhunderts, syr.Übs.e. um 500 vf. griech. Biogr., ins Deutsche übs. (Leipzig 1895).
Rahner, H., Leo der Große, der Papst des Konzils, in Chalk. 1,323/339.
Ralis - Potlis σύνταγμα κανόνων.
Rehrmann, Die Christologie des hl. Cyrillus von Alexandrien (Hildesheim 1902).
Renaudot, Collectio liturg.orient (Parisiis 1716) bes. II 285.
Richard, M., Le pape saint Leon le Grand el les Scholia de incarnatione Unigenti de saint Cyrille d'Alexandrie, in RecScRel 4O (1952) 116/28.
Rodwell, J.M., The Anaphora of St. Dioscorus, in Journal of Literature … etc. Vol. IV NS. 1863/64) 368 ff.
Rivers Recio, J.F., San León Magno y la herejía de Eutiques desde el sinodo de Constantinopla hasta la merte de Teodosio II, in Revista Española de Theologia (Madrid 1949) 31/58.
Rucker I., Cyrillus von Alexandrien und Timotheus Aelurus in der alten armenischen Christenheit, in Handes Amsorya 41 (1927) 699/712.
Ruiz - Goyo, J., El "Tomus" de San Léon Magno (a. 449), in Estudios Eclesiasticos (Madrid 1935) 244/56.
Seek, O., Regesten der Kaiser und Päpste für die Jahre 311/476 (Stuttgart 1919).
Sellers R.V., Two Ancient Christologies, A Study in the Christological Thought of the School of Alexandria and Antioch in the Early History of Christian Doctrine (London 1940).
Severos v. Antiochien: A Collection of Severus of Antioch, ed. E.W. Brooks, in PO 12,2 (1919); 14,1 (1920).
Siegmund, A., Überlieferung der griechischen christlichen Literatur in der lateinischen Kirche bis zum 12. Jahrhundert, in Abhandlungen der Bayrischen Benediktiner-Akademie 5 (München 1949).
Silva-Tarouca, C., in: Nuovi Studi sulle anticke Lettere dei papi (Rom 1932) 150 ff.
Simaika, Marcus Simaika Pasha, Catalogue of the Coptic and Arabic Manuscripts in the Coptic Museum, the Patriarchate, the Principal Chumches of Cairo and Alexandria and the Monasteries of Egygt in 3 Vol. (Cairo 1939).
Simon R., Histoire critique des dogmes, des controverses, des coutumes et des céremonies des chrétiens orientaux (Francfort 1693).
Socrates Scholast.: Historia ecclesiastica, ed. R. Hussay (3 Bde.; Oxford 1853).

ders., ed. W. Bright (Oxford 1878).
ders. in: PG 67,29/872.
Sozomenus, Salam.; Historia ecclesiastica, ed. R. Hussey (Oxford 1859).
ders., in: PG 67,8431630.
Spuler, B., Die Morgenländischen Kirchen, in: Handbuch der Orientalistik, 1. Abtl., Bd. VIII, Absch. 2 (Leiden/Köln 1961).
Schiktanz, M., Die Hilariusfragments (Breslau 1905).
Schiwietz (Siwiec), St., Das morgenländische Mönchtum, (3 Bde.; Mainz 1904/13; Mödlingen - Wien 1938).
Schwartz, E., Codex Vaticanus gr. 1431, eine antichalkedonische Sammlung aus der Zeit Kaiser Zenos, in AbhMünchAk, Philos. - philol. u. hist. KL. 32,6 (1927).
Schwartz, E., (ed.) Kyrillos von Skythopolis; Vita Sabae, in TU 49,2 (Leipzig 1993).
Schwartz, E., Der Prozeß des Eutyches, in SB München Ak phil.-hist-Kl.H.5 (München 1929).
Schwartz, E., Über die Reichskonzilien von Theodosius bis Justinian, in: Gesammelte Schriften (:GS) (Berlin 1960) Bd.4, 111/158.
Schwartz, E., Zur Geschichte des Athanasius, GS 3 (Berlin 1959).
Schwartz, E., Der 6. nicänische Kanon auf der Synode von Chalkedon, in SBBerlAk Phil.-hist.Abt. 27 (1930) 611/40.
Stein, E., Le dévolopment du siège de Constantinople junqu'au concile de Chalcédoine, in Le Monde Slave 3 (1926) 80/108.
Stein, E., Geschichte des spätrömischen Reiches, Bd. 1: Vom römischen zum byzantinischen Staate (284-476 n.Chr.) (Wien 1928).
Stockmeier, P., Leo I. des Großen Beurteilung der kaiserlichen Religionspolitik (München 1959)
Theodoret (v. Kyrrhos), Kirchengeschichte: ed. L-Parmentier (GCS 19; Leipzig 1911).
ders., übs. A. Seider (BKV 51; Kempten 1926).
ders., in: PG 82,881/1280.
Theodorus lector, (Frgn. 14) ed. A. Papadopulos - Kerameus, in Zurnal Ministerstva Narodnago Prosvestsenija, Otd.Klass.Phil. t.333 (St. Petersburg 1901) 11.
Thompson, E.A. The foreign Policies of Theodosius II and Marcian, in Hermathena 76 (1950) 58/75.
Tillesmont, L.S. Lenain de. Histoire des empereurs et autres princes qui ont régné dans les six premiers siècles deu l'Eglise (6 Bde.; Paris 1690/1738; Neudruck Bruxelles 1707/39; 1732 ff.).

Tillesmont, L.S. Lenain de. Mémoires pour sérvir à l'histoire ecclésiastique des six premiers siècles (16 Bde., Paris 1693/1712; Neudruck Venezia 1732).

Timotheos Ailuros: Timotheus Aelurus; des Patriarchen von Alexandrien, Widerlegung der auf der Synode zu Chalkedon festgesetzten Lehre: ed. K.Ter-Mekertschian - E.Ter-Minassiantz (armen. Text).

ders., ed. F. Nau, in PO 13,2 (1919) 218/36.

ders., Cod.syr.: Brit.Mus. Abd. 12156 fol- 39/61a.

Vansleb (s. Wansleben), Histoire de l'Eglise d'Alexandrie (über Dioskoros s. p. 200).

Urbina. I.G. de, Das Symbol von Chalkedon, sein Text, sein Werden, seine dogmatische Bedeutung, in Chalk. 1, 389/418.

Wansleben, J.M., Lexicon Aethiopico-Latinum and Grammation Aethiopica (Londini 1616): "Liturgia S. Dioscori, Patriarchae Alexandrini, in vetusto Liturgiaram Aethiop.Cod. Cl. Dn. D. Edw. Pocokii reperta. Nunc vero impressa, et Latinitate donata a J.M.W. Erffurtensi."

Wille, A., Bischof Julian von Kios, der Nunzios Leos des Großen in Konstantinopel, Diss. Würzburg 1910 (Kempten und München 1909).

Zosimus, Chron. 5,18, ed. J.Bekker, in CSHistByz (Bonn 1837).

Siegelverzeichnis

Die in dieser Arbeit verwendeten Abkürzungen für Werke, Zeitschriften u.ä. sind im allgemeinen ersichtlich. Dieses Verzeichnis enthält diejenigen Abkürzungen, die nicht ohne weiteres erkennbar sind. Die jeweiligen Abkürzungen werden außerdem in der Bibliographie im Anschluß an jedes Werk erwähnt. Es wurden in der Regel möglichst übliche Formen benutzt, so daß ihre Identifizierung erleichtert wird.

AbhGöttGW: Abhandlungen der Gesellschaft der Wissenschaften zu Göttingen, Philos.-histor. Klasse (Göttingen 1838 ff).

AbhMünchAk: Abhandlungen der Bayrischen Akademie der Wissenschaften zu München, philos.- philol. u. histor. Klasse (München 1833 ff.).

ACO: Acta Conciliorum Oecumenicorum ed. E. Schwartz (Straßburg 1914; Berlin-Leipzig 1922/40), t I: Conc. Ephesinum (431), vol 1-5; t II: Conc. Chalcedonense (451), vol 1-6; t III: Collectio sabbaitica: synodus Constantinopolitana et Hierosolymitana (536); t IV: Conc. C´politanum (553), vol 2.

Angel.: Angelicum (Roma 1924 ff.).

Byzn: Byzantion (Bruxelles-Paris 1924 ff.).

Chalk.: Das Konzil von Chalkedon. Geschichte und Gegenwart, Hsg. v. A. Grillmeier - H. Bacht (Würzburg 1951/3/4) 3 Bde.

ChurchQRev: The Church Quarterly Review (London 1875 f.)

Cod, Theod.: Codex Theodosianus.

CSCO: Corpus Scriptorum Christionorum Orientalium (Paris-Leipzig-Louvain-Rom 1903 ff.).

CSEL: Corpus Scriptorum Ecclesiasticum Latinorum (Wien 1866 ff).

CSHistByz: Corpus Scriptorum Historial Byzantinal (Bonn 1828/97).

Dict Al: 13, 1574/8 Dictionnaire d'Archhéologie Chrétienne et de Liturgie, ed. F Cabrol- H. Leclercq (Paris 1907 ff.)

DictHictGéogr: Dictionnaire d'Histoire et de Géographie Ecclesiastique, ed. A. Baudrillart (Paris 1912 ff.).

DictThC: Dictionnaire de Théologie Catholique, éd. A.Vacant - E.Mangenot - E.Amann (Paris 1909; 3. Aufl. 1930/50).

DChB: Dictionary of Christian Biography, ed. Smith - Wace (Oxford 1912).

EchOr: Echos d'Orient (Paris - Constantinoplis 1897 ff.).

EphThLov: Ephemerides Theologicae Lovanienses (Louvain 1924 ff.).

GS: Gesamselte Schriften

Hardouin: J. Hardouin, Acta Conciliorum et Epistolae decretales ac Constitutiones Summorum Pontificum ab a.34 ad a.1714 (Paris 1714 ff.).
Hermathena: A Series of Papers on Literature, Science und Philosophy (Dublin-London 1874 ff.).
Jaffé: Ph. Jaffé, Regesta Pontificum Romanorum (ad.1.1198 (Leipzig 1885/88).
Isis: Quarterly Organ of the History of Science Soc. and of the Internat. Committee of the history of Science (Bruges-Cambridge/Mass. 1913 ff.).
Labbe: Ph. Labbe - G. Cossart, Sacrosancta Concilia ad regiam editionem exacta (17 Bde.; Paris 1672).
LThK: Lexikon für Theologie und Kirche, ed. K. Buchberger (10 Bde.; Freiburg/Br. 1930-38).
Mansi: J.D. Mansi Sacr. Conciliorum Nova Collectio (31 Bde. Firenz 1759 ff.; Venezia 1769; Neudruck u. Forts. 53 Bde.; Paris-Leipzig 1901-1927).
MélScRel: Mélanges de Science Religieuse (Lille 1944 ff.).
MémMArchéolFr: Mémoires publieés par les Membres de la Mission Archéologique Française au Caire (Paris 1881/1900).
MonGHist: Monumenta Germaniae Historica inde ab a.5000 usq.ad a.1500 (Hannover-Berlin 1826 ff.).
Nachr.: Nachrichten der Gesellschaft der Wissenschaften zu Göttingen, Phil.histor.Klasse (Göttingen 1865 ff.).
OriensChr(ist): Oriens Christianus (Leipzig 1901-1941; Wiesbaden 1953 ff.).
PG: Patrologiae Cursus, series graeca, ed. J.P. Migne (161 Bde.; Paris 1857/66; Neudruck einiger Bände 1886/1904).
PL: Patrologiae Cursus, series latina, ed. J.P. Migne (217 Bde.; Paris 1844/55; Neudruck 1879/91; Indices 4 Bde; 1862/64).
PO: Patrologia Orientalis: ed. R. Graffin - F. Nau (Paris 1903 ff.).
PSBA: Proceedings of the Society for Biblical Archaeology (London 1878 ff.).
PSBiblArch: Proceedings of the Society for Biblical Archaeology (London 1878 ff.).
ProcheOrChr: Proche-Orient Chrétien (Jérusalem 1951 ff.).
RechScRel: Recherches de Science Religieuse (Paris 1910 ff.).
RevQHist: Revue des Questions Historiques (Parie 1866 ff.).
Revue des Sciences Religieuses (Straßburg-Paris 1921 ff.).
RHE: Revue d'Histoire, Ecclésiastique (Louvain 1900 ff.).
SBMünchAk: Sitzungsberichte der Bayrischen Akademie der Wissenschaften, Philos.-histor.Klasse (München 1860 ff.).

TD: Textus et Documenta, series theologica (Roma 1932 ff.).
Theol: Θεολογία (Athen 1923 ff.).
TU: Texte und Untersuchungen zur Geschichte der altchristlichen Literatur: begr. v. O.v. Gerhardt - A.V. Harnack (Leipzig 1882 ff.).

Vorbemerkungen

1. Die biblischen Zitates die in der vorliegenden Arbeit nach koptischen oder syrischen Quellen angeführt sind, sehen oft auf nicht mehr erhaltene griechische Version zurück, was ihre Abweichung von den üblichen Formen erklärt. Wo es nötig ist, werden diese textkritisch besprochen.

2. Griechische Stücke aus der koptischen Liturgie wurden hier in der üblichen Form zitierte, wie sie in den koptischen Meßbüchern vorkommen, um ihre Eigentümlichkeit nicht zu beeinträchtigen.

3. Die Anmerkungen sind nicht am Ende einer jeden Seite, sondern im Anschluß an die Arbeit fortlaufend angeführt, so daß es ermöglicht ist, ergänzende Ausführungen, die sich über mehrere Seiten erstrecken, darzulegen. Diese sind einem besonderem Verzeichnis zu entnehmen: "Verzeichnis besonderer Ausführungen im Anhang", das anschließt an das allgemeine Inhaltsverzeichnis der Arbeit.

4. Wörter aus dem Arabischen, Syrischen und anderen Sprachen sind nach den Umschriftsregeln der deutschen Morgenländischen Gesellschaft transkribiert, ausgenommen Namen, die in der deutschen Literatur bereits in verdeutschter Form geläufig sind (z.B. Schenute, nicht Šenūde).

I. Kapitel
PERSÖNLICHKEIT, LEBEN UND UMWELT DES DIOSKOROS

Seit dem Anfang des dritten Jahrhunderts haben viele bedeutende Persönlichkeiten den Bischofsthron von Alexandrien bestiegen. Sie haben es verstanden, beständig Macht und Ansehen ihres Amtes zu steigern. Auch der unmittelbare Vorgänger des Dioskoros, der große Bischof Kyrillos, setzte diese Reihe würdig fort. Er ist einer der bedeutendsten Bischöfe, die es in den Zeiten der alten Kirche gegeben hat. Unter seiner Leitung erlangt die Kirche eine einzigartige Stellung, vor allem die Freiheit von allen nichtkirchlichen Größen einschließlich des Staates. Gleichzeitig verstand er es aber auch, die innerkirchliche Bedeutung seines Patriarchats zu heben. Unter Kyrill hat sich Alexandrien zum bedeutendsten Bischofssitz im ganzen Osten des Reiches entwickelt. Das war der Preis, den der Sieg im nestorianischen Streit ihm gebracht hatte; Kyrillos erlangt durch diesen Sieg eine so unbestrittene Führerstellung, daß er als ungekrönter Herrscher des ganzen Ostens erscheinen konnte. Dennoch bedeutete dieser Sieg, so glänzend er war, nicht das Ende des Kampfes. Die Rivalität zwischen den Patriarchaten des Ostens und den von ihnen vertretenen Theologien bestand weiter. Auch in der Folgezeit neigten Konstantinopel und Antiochien dem Dyophysitismus zu, während man in Ägypten eher miaphysitisch dachte.[1] So ist auch das Schicksal des Dioskoros durch diesen Gegensatz bestimmt.

Über Abstammung, Geburt und Kindheit des Dioskoros unterrichten uns keine Quellen.[2] Wahrscheinlich ist, daß er aus wohlhabendem

---

1 Allein der Begriff 'Dyophysitismus' im Gegensatz zu 'Monophysitismus' ist antik; aber beide Begriffe werden auch in neuerer Literatur in unterschiedlicher Interpretation gebraucht, was nicht zu Irrtümern führen darf. Vigilius von Thapsus ist in der Tat der erste, der erkannt hat, daß verschiedene Christologien gleichlautende Formeln haben: Ctr. Eutych. II 10: PL 62, 110 A/ 112/A. Von da an begann die Unterscheidung zwischen Verbal- und Real-Monophysitismus bzw. Verbal- und Real-Nestorianismus: vgl. auch J. Lebon, in Chalkedon I, 578. Beide Begriffe sind hier nur da verwendet, wo sie methodisch nötig sind: Die Ausführungen über die Christologie im dritten Kapitel sollen u.a. die Formeln im einzelnen erklären.

2 Es ist oft schwierig, überhaupt genealogische Forschung über Persönlichkeiten der Kirchengeschichte Ägyptens zu treiben; denn der Biograph interessiert sich weder für die Abstammung des Heiligen noch für alles, was dieser vor dem Erhalt seines Auftrages getan hat. Die wenigen Berichte, die uns über Kindheitstage mancher Kirchenmänner oder Asketen überliefert wurden, sind legendär gefärbt oder aitologisch verfaßt (in der Tendenz der alttestamentlichen Schriften). Sie schildern kaum die sozialen Verhältnisse oder die wirtschaftliche Lage und übersehen im allgemeinen die Lebenssphäre vor dem Antritt des mönchischen Or-

christlichen Elternhaus[3] griechischer Sprache stammte.[4] Das vulgärgriechisch Alexandriens dürfte seine Muttersprache gewesen sein.[5] Unbekannt ist, ob er koptisch konnte. Selbst wenn er eine gewisse Kenntnis dieser Sprache mit ihren verschiedenen Dialekten besessen haben sollte, so kann sie doch nur gering gewesen sein.[6] Wir wissen jedenfalls, daß er sich bei seinen schriftlichen Mitteilungen, synodalen Reden und theologischen Gesprächen nur des Griechischen bedient hat.

Vor seiner Ordination zum Bischof trug Dioskoros den Namen Jakob ('Ιακὼβ).[i][7] Der Name erlaubt keinen Rückschluß auf seine Nationalität.[8] Dioskoros hat ihn sehr geliebt und immer an ihm festgehalten.

---

dens oder des klerikalen Amtes. Diese Auffassung geht von einer theologisch asketischen Anschauung aus, die den "alten Menschen" für gestorben erklärt und an seine Stelle den neuen Mann Gottes hervorhebt. Die Hagiographien im allgemeinen und die koptischen insbesondere bestätigen diese Auffassung.

3 Auf seinem Sterbelager spricht Dioskoros das Gebet: "O leuchtender Ruhm allen meinen Vorvätern und der Brust, die mich gesäugt hat". Theopistos: 307. Sollte Dioskoros den Namen "Jakob" von Kindheit an geführt haben, so bietet dies einen weiteren Beweis für seine christliche Abstammung.

4 Alexandrien war geteilt in ein ägyptisches, zwei griechische und zwei jüdische Viertel: Dioskoros stammt wahrscheinlich aus dem griechisch sprechenden Stadtviertel. Das bedeutet aber nicht, daß die Familie selbst griechischer Abstammung war. Ebensowenig wie eine koptische Familie, die in der Gegenwart Arabisch spricht, doch keineswegs arabischer Abstammung ist. Dioskoros stammt also aus einer koptischen Familie, die das griechische Viertel von Alexandrien bewohnt hatte.

5 Crum, in "Journal of Theological Studies" (1924), p. 430. In Alexandrien wurde das klassische Griechisch nie gesprochen. Vielmehr sprach man hier das hellenistische Griechisch, das seit dem Siegeszug Alexanders des Großen die allgemein übliche (=Koine) Weltsprache wurde. Das alexandrinische "Patois" dieses Griechischen, dessen man sich zur Zeit des Dioskoros als Umgangssprache bediente, war sicher die Muttersprache des Dioskoros. Die Bürger des hellenistischen Alexandriens haben im allgemeinen Griechisch gesprochen, ohne sich dabei nach nationaler Herkunft zu unterscheiden: Ägypter, Griechen, Juden (A. Deismann, Bibelstudien '1895' 72) und Christen. Daher ist aus der Muttersprache des Dioskoros kein Rückschluß auf seine Nationalität zu ziehen.

6 Bischof Makarios von Tko'u (Τκῶου = Antakopolis, heute ادكو), der Dioskoros nach Konstantinopel (im Jahre 451 begleitet hat, sprach nur Koptisch. Dioskoros berichtet, daß er sich mit ihm nicht hätte verständigen können, wenn des Patriarchen Archidiakon Petros, der beide Sprachen, Koptisch und Griechisch beherrschte, nicht verdolmetscht hätte: Eugène Revillout, Récite de Dioscore exilé à Gangres sur le Concile de Chalcédoine in: Revue Egyptologique, 2, p. 21 (Paris 1882). Siehe die entsprechende arabische Stelle: aṯ-Ṭalāṯat Maqārāt p. 178.

7 Römisch nummerierte Fußnoten siehe Ende des Textes ab Seite 202.

8 Hier verweise ich noch einmal auf die obige Anmerkung, daß die Ägypter sich im hellenistischen Alexandrien griechische Lebensformen, Sprache (s.o. Anmerkung 5) und Personennamen aneigneten. Daher ist es unrichtig, allein aus der Namensform oder der Muttersprache des einen oder des anderen Bischofs von Alexandrien Schlüsse über seine Nationalität zu ziehen. Die Kopten haben nach der Eroberung durch die Araber vielfach arabische Namen getragen, ohne sich dabei zum Arabertum bekannt zu haben. Leben und Kampf des Dioskoros sprechen mehr dafür, daß er aus dem Milieu der ägyptischen Aristokratie von Alexandri-

Man kann darin einen Ausdruck seiner persönlichen Bescheidenheit sehen.[9] Gerade in den letzten Jahren seines Lebens hat er ihn mit einer gewissen Betonung geführt. So berichtet Maqrīzī[10] er habe aus der Verbannung an seine Anhänger geschriebene "sie sollten an dem Glauben des armen, verbannten Jakob festhalten".[11]

Die theologischen Schriften des Dioskoros zeigen in ihrer christologischen Polemik, daß er die Bildungsmöglichkeiten eifrig benutzt hatte, die Alexandrien ihm bot. Offensichtlich hat er nicht nur die griechisch schreibenden Väter studiert; man kann viel mehr erkennen, daß er auch die westlichen Autoritäten, vor allem die römischen Bischöfe Julius, Felix, Coelestin, Liberius und Innozenz I gelesen und sich mit ihrem Denken auseinandergesetzt hat.[12] Im fünften Jahrhundert hatte die Geschichte des Mönchtums einen Höhepunkt erreicht. Man kann dies unmittelbar an dem großen Einfluß erkennen, den die Wüstenväter damals auf die Kirche erlangt hatten. Die führenden Bischöfe haben durchweg eine langjährige asketische Erziehung mitgemacht.

---

en hervorgegangen ist. Er vertrat den ägyptischen Nationalstolz, der sich in der Gegnerschaft mit Byzanz äußerte. Bischof Petros von Gangra kommentiert auf Dioskoros spottend: "Dies sind die Worte eines schwatzhaften Alexandriners" (Theopistos 287). Darin findet sich ein weiterer Aufschluß über die ägyptische Herkunft des Dioskoros, der dunkelhäutiger als die Griechen ausgesehen haben soll.

9 Theodoretos, Bischof von Kyrrhos, dessen Zeugnis auf Seiten des Dioskoros nicht verdächtigt werden kann, schreibt an ihn anläßlich seiner Ordination zum Bischof von Alexandrien: "Der Ruf der Tugend des Dioskoros, besonders seine Bescheidenheit und Demut habe sich in der ganzen Welt verbreitet": Mansi V, 1008/12.

10 Macrizie's Geschichte der Kopten, ediert und übersetzt von Ferd. Wüstenfeld, Göttingen 1845, Arab. S. 16, Deutsch S. 41.

11 Hier kann ein weiterer Grund für die spätere Bezeichnung "Jakobiten" liegen; denn die Konfession kann nicht nach einem einzigen Kirchenvater genannt werden, vielmehr weil "Jakob" der Name vieler Kirchenväter war, die den dogmatischen Kampf im gleichgesinnten Ägypten und Syrien ausfochten. Vor allem nennen wir Jakob, den späteren Patriarchen Dioskoros I., Ya'qub Baradai, Ya'qub Surugi und Jakob, den Bruder des Patriarchen Benjamin I. von Alexandrien. Auch die gleichnamigen Heiligen des Alten und Neuen Testaments haben dazu beigetragen. Besonders Jakob, von dem Mose in der Genesis berichtet, gilt durch sein Leben als Zeichen für die Verbundenheit der Syrer und Ägypter. Vgl. hier noch Macrizie's Geschichte der Kopten, ebd.; El-Makīn, Paris, Ms. 4524, Fol. 213, 220. Für das Zustandekommen der Bezeichnung "Jakobiten" und Bibliographie vgl. ferner: J. Maspero, Histoire des Patriarches d'Alexandrie, Paris 1923, p. 188f.

12 Dioskoros war über das Gut der abendländischen Theologie durchaus gut orientiert. Man sieht wie sehr ihm daran lag, den Vertretern des Westens und dem Kaiser Markian, der offensichtlich die römische Theologie begünstigte, zu zeigen, daß seine Lehre auch bei römischen Autoritäten seine Wurzeln hat. Pseudotheopist führte Stellen an, in denen Dioskoros vor dem Kaiser in Konstantinopel römische Päpste zitiert. Diese Zitate stimmen weitgehend mit den noch erhaltenen Schriften der entsprechenden Väter über ein: Für Dioskoros ausführliche Zitate von Coelestin, Liberius und Innozenz siehe Theopistos § 7 S. 265/5. Vgl. auch hierzu Dioskoros-Selbstzeugnis: Theopistos 263. Ferner auf der ersten Sitzung von Chalkedon verweist Dioskoros in seiner christologischen Polemik mit den Anhängern des Tomus Leonis dauernd auf diese und andere Bischöfe von Rom.

Nach dem Vorbild des Kyrillos verbrachte auch Dioskoros in seiner Jugend längere Zeit bei den berühmten Einsiedlern und den Vätern des ägyptischen Mönchstum.[13] Seine Ethik zeigt, wie stark diese Periode in seinem Leben nachgewirkt hat.
Die Ausbildung für die theologischen Aufgaben seines späteren Amtes dürfte er als Archidiakon des Kyrillos erhalten haben. Der persönliche Umgang bot ihm dazu zweifellos reichlich Gelegenheit. Aus der Tatsache, daß er den Kyrillos zum Konzil nach Ephesos begleiten durfte, läßt sich ersehen, daß ihn damals schon theologische Begabung und religiöser Eifer vor anderen ausgezeichnet haben. Kyrillos hatte den Sieg den er in Ephesos errang, sorgfältig vorbereitet. Man erinnert sich unwillkürlich, daß Athanasios auf dem Konzil von Nikaia noch ein unbekannter junger Kleriker war, aber dazu wegen seines auf dem Konzil bewiesenen Eifers für die Rechtgläubigkeit zum Bischof aufrückte. Darum liegt die Vermutung nahe, Dioskoros habe sich in Ephesos auf ähnliche Weise ausgezeichnet. Möglicherweise war also der Eifer, den Dioskoros in Ephesos bewies, der Grund dafür, daß er dem Kyrillos als geeignete Persönlichkeit für seine Nachfolge erschien.

Das waren die Jahre, in denen die Christologie den Dioskoros ihre entscheidende Prägung erhielt. Ausgehend von der alexandrinischen Theologie errang sich Dioskoros eine christologische Anschauung, die seine Abhängigkeit von Kyrillos nicht verkennen läßt.

Kyrillos starb am 20 Pa'ōne 160 Mr.[14], das heißt am 25. Juni 444. Es war kirchliche Gewohnheit, daß ihm sein Archidiakon im Amt folg-

---

13 So sind auch die Nachfolger des Dioskoros in der Regel aus den Klöstern stammend oder haben dort wenigstens eine Schulung durchgemacht: der Stellvertreter des Dioskoros, Timotheos Ailurus, ist selbst ein Priestermönch gewesen: vgl. R. H. Charles, The Chronicle of John, Bishop of Nikiu, translated from Zotenberg's Ethiopic Text (London-Oxford 1916) 110.

14 Die Jahreszählung nach dem koptischen Märtyrerkalender Χρόνος μαρτύρων beginnt mit dem Regierungsantritt Diokletians am 20. VIII. 284 (29. August 284 = 1. Tho'ut des Jahres X Mr.) Daher hieß die Zeitrechnung auch Ära Diokletians ΑΠΟ ΔΙΟΚΛΗΤΙΑΝΟΥ Bis zur gregorianischen Kalenderreform vom Okt. 1582 fiel der 1. Tho'ut mit dem 29. August, nach einem koptischen Schaltjahr mit dem 30. August zusammen. Nach der Kalenderreform fällt der Beginn des koptischen Jahres mit dem 11. bzw. 12. September zusammen. So berechnet sich das Todesjahr des hl. Kyrillos wie folgt:

	160	(Todesjahr Kyrills nach dem koptischen Märtyrerkalender)
+	284	(Regierungsantritt Diokletians)
=	444	A.D.

Für weitere Zusammenhänge des koptischen Märtyrerkalenders siehe K. Khella, Die koptischen Märtyrer nach dem Schisma von Chalcedon, in: Bekenntnisse lutherisch-orthodoxer Begegnung, hrsg. v.d. Ev. Akademie, Schleswig (1959/60, S. 627).

te.[15] “Die enge Verbindung zwischen Diakonat und Episkopat, die bereits die allerältesten Quellen über das Bischofsamt bezeugen, hatte früh schon dazu geführt, daß der Bischof die Helfer bei seinen Amtsgeschäften vorzugsweise dem Stand der Diakone entnahm. Besondere Bedeutung hatte dabei der Archidiakon erlangt. Er war zur rechten Hand des Bischofs geworden und entlastete ihn von den ermüdenden und kleinlichen Verwaltungsaufgaben. Darum war es naheliegend, daß der Bischof die Persönlichkeit, die er für seine Nachfolge als besonders geeignet ansah, zum Archidiakon berief, um ihn mit den Aufgaben des bischöflichen Amtes vertraut zu machen”.[16] In dieser Weise hatte auch Kyrillos sich den Dioskoros als Archidiakon und Nachfolger ausersehen. Er konnte darauf vertrauen, daß Dioskoros die ägyptische Kirche nach den selben Grundsätzen führen werde, die auch ihn geleitet hatten. Dieser Hoffnung gaben dann auch die Amtsbrüder, der Klerus und das Volk durch ihre Wahl Ausdruck. Dioskoros war von Anfang an bestrebt, die kirchenpolitische Linie des Kyrillos weiter zu verfolgen.

In den Akten der Synode von Chalcedon ist eine Eingabe protokolliert, die Wert auf die Tatsache legt, daß Dioskoros von zwei – “nur

---

15 Zu diesem Zeitpunkt dürfte Dioskoros nicht mehr ein junger Mann gewesen sein. Es spricht sehr viel dafür, daß er sich schon in den ersten Jahren des Pontifikats Kyrills in dessen Dienst gestellt hat. Kyrillos regierte dreißig Jahre lang. Dioskoros mag also um die fünfzig Jahre alt gewesen sein, als er inthronisiert wurde. Diese Schätzung stimmt mit dem Porträt überein, das Pseudotheopist dem Dioskoros (im Jahre 451) gibt: “Als man unseren Vater sah, fragte man mich: ‘Wer ist dieser ehrwürdige Greis, und wer sind seine Begleiter?’ Ich antwortete: ‘Das ist der heilige Dioskoros, Erzbischof von Alexandrien’” (Theopistos 261).
Die Briefe, die Dioskoros anläßlich seiner Thronbesteigung von Bischöfen des Ostens und des Westens erhalten hat, geben uns den Eindruck, daß er dem Episkopat der Gesamtkirche ziemlich gut bekannt war (vgl. z.B. die Epistel Leos und Theodorets in Mansi 1008/12). Wir dürfen daher annehmen, daß Dioskoros schon vor seinem Pontifikat eine verantwortungsvolle Stellung in der Kirche innehatte. Wenn wir seine persönliche, gute und einflußreiche Beziehung zu dem Hof, dessen Senat, zu dem Klerus und den Mönchen von Konstantinopel in Betracht nehmen, möchte man zu der Feststellung kommen, Dioskoros müßte sich selber in der Reichshauptstadt aufgehalten haben. Vielleicht war er als Apokrisiarios des Kyrillos in K’pel tätig. Er konnte genauso gut Leiter des auswärtigen Ausschusses im alexandrinischen Patriarchat gewesen sein. In dieser Eigenschaft würde er den Patriarchen in vielen Auslandsmissionen vertreten haben können. Dafür spricht die Annahme, er habe schon früh den Dienst des langen Pontifikates Kyrills angetreten. In seinen letzten Jahren konnte der Patriarch sich durch seinen vertrauten Mitarbeiter von vielen Aufgaben entlasten, so daß Dioskoros nach und nach de facto der Sprecher des Patriarchats war. Dadurch erklärt sich auch die schnelle Nachfolge des Dioskoros auf dem Patriarchenstuhl.
Dioskoros wurde wohl in den ersten Augusttagen, das heißt gemäß der koptischen Gewohnheit am ersten Sonntag nach Ablauf der vierzig Trauertage um den verstorbenen Bischof, zum Bischof ordiniert: أبو البركات شمس الرياسة بن كبر، و حبع الظلمة من إيضاع الخدمة Ibn Kabar (Leuchte der Finsternis), Paris, Ms. ar. 203, Synaxarium unter dem 7. To’ut: Synaxaire Arabe Jacobite, 22ff.

16 Eine persönliche Mitteilung meines verehrten Lehrers, Herrn Prof. D. Heinrich Kraft.

zwei” müssen wir interpretieren – Bischöfen ordiniert worden sei.[17] Mit der Ordination durch zwei Bischöfe waren die kanonischen Vorschriften erfüllt.[18] Die Nachricht will entweder andeuten, Dioskoros sei gegen die Meinung der Mehrheit der ägyptischen Bischöfe auf den Thron von Alexandrien gekommen, oder sie soll besagen, er habe übereilt von zwei rasch herbeigeholten, gefügigen Amtsbrüdern die Ordination empfangen. Der Vorwurf ist stereotyp; ursprünglich hatten ihn die Melitianer[19] gegen Athanasios erhoben[20], und dann ist er anläßlich des Streites um diesen Bischof wieder aufgenommen worden. Dies nimmt Wunder, daß man Überhaupt so argumentieren konnte, obwohl den kanonischen Vorschriften zweifellos Genüge getan worden war[21] Der Grund dafür wird wohl darin zu suchen sein, daß man meinte, auf diese Weise sei die Möglichkeit ausgeschlossen, daß der Heilige Geist die Wahl geleitet habe.[22] Denn eine Bischofswahl mit der Zustimmung des Heiligen Geistes hätte sich in einer Akklamation durch eine große Wahlversammlung und das wartende Volk gezeigt, die ihre einmütige Freude durch das weit hallende “Axios” geäußert hätte. Die Herkunft der Nachricht spricht dafür, daß sie böswillig entstellt ist.[23] Im Gegensatz zu ihr ist viel wahrscheinlicher, daß die Wahl in den üblichen Formen ohne alle Anstöße vonstatten gegangen ist. Wenn es wirklich Formfehler oder Verstöße bei der Bischofswahl des Dioskoros gegeben hätte, dann wären diese spätestens bei seiner Absetzung zur Sprache gebracht und als mitwirkende Gründe dafür benannt worden.

---

17 Mansi VII, 603, ACO II, 5 pg 82.

18 Das Apostolicum §§ 1,2, bedingt, daß mindestens zwei Bischöfe einen dritten zum Bischof ordinieren können. Didache, Kap. 34.

19 Der Vorgänger des Athanasios, Alexander, führte den Modus ein, daß der Bischof von Alexandrien nicht wie bisher durch die alexandrinischen Presbyter, sondern durch die ägyptischen Bischöfe gewählt wird: Vgl. Nachr. 1908, 350. Dieser Akt wurde von dem “unabhängigen” Presbyterkollegium von Alexandrien nicht leicht genommen. Bis zu dem Pontifikat des Dioskoros hin versuchten die Presbyter, die Rechtmäßigkeit der Ordination anzufechten. Den Widerstand benutzten die Melitianer bei ihren Anklagen gegen Athanasios im Jahre 330, wie wir aus dem Kephalaion des Athanasios zu Ostern 331 erfahren. Über die Wahl des Athanasios berichtet am besten das Exzerpt, das Sozomenos 2, 17, ‘4’ aus den Akten der tyrischen Synode mitteilt; es stimmt überein mit Philostorgius 2, 11; ferner das Zitat aus dem Schreiben der orientalischen Bischöfe an die drei Kaiser (337) in dem ägyptischen Synodalschreiben Athanasios apol. 6; vgl. E. Schwartz, Zur Geschichte des Athanasius, Berlin 1959, S. 192 u. 212. Die Anklage gegen Dioskoros kann in analoger Weise verstanden werden.

20 Siehe Anm. 18.

21 Diese Interpretation verdanke ich einem Hinweis von Herrn Prof. Kraft.

22 Die Eingaben werden unten im einzelnen behandelt und textkritisch analysiert.

23 Maqrīzī schreibt: “Hierauf setzte Theodosios, Kaiser von Griechenland, im zweiten Jahre seiner Regierung den Dioskoros zum Patriarchen von Alexandrien ein”. (Macrizie’s Geschichte der Kopten, ebd. Arab. S. 14, Deutsch S. 38).

Die Ordination wurde dem Kaiser Theodosios II. angezeigt und von ihm genehmigt, wie der Bericht Maqrīzī's wohl zu verstehen ist.[24] Möglicherweise hat man sich vorher darüber vergewissert, daß die Wahl dem Kaiser genehm war. "An sich war die kaiserliche Zustimmung kein Erfordernis, zumindest nicht in Alexandrien. Doch hat die Entwicklung des vierten Jahrhunderts dahin geführt, daß der Kaiser in wichtigen Fällen ein Mitspracherecht praktisch in Anspruch nahm".[25] Für den Kaiser war die Zustimmung zur Ordination des Bischofs von Alexandrien sicher mehr als eine Formalität. Dieser Papst[26] war einer der mächtigsten Männer im Reich. Bereite in geographischer Hinsicht umschlossen die Grenzen seines Sprengels ein größeres Gebiet, als irgendein anderer Bischof zu verwalten hatte. Nach der alten, seit dem dritten Jahrhundert nachweisbaren Gewohnheit[27] hatte der Bischof der Stadt Alexandrien die Jurisdiktion über "Ganz"-Ägypten, Libyen und die Kyrenäische Pentapolis.[28] Der 6. Kanon von Nikaia[29] bestätigte

---

24 Für diese Ergänzung sei Prof. D. H. Kraft gedankt.

25 Die alexandrinischen Bischöfe wurden spätestens seit der Mitte des dritten Jahrhunderts παπα (Pápas ʿBaba بابا) tituliert; es ist möglich, diesen Titel bis zum Heräkies (232-247) zu verfolgen: Eutyches, pg, CXI, 982 und 993D, 983A, Ibn Rahib, C.S.C.O., ar., syr. III. t. I, P. 108; cfr. Maqrizi, GdK, ar. S. 8, dt. S 24; Hitat. II, S. 484; Gelzer, Der Streit über den Titel des ökumenischen Patriarchen, in: Jahrbücher für protestantische Theologie, XIII. Jg. Leipzig, 1887, S. 263, ff. ; Harnack, in: Berlin Sitzb. 1900/991. Beispiele dafür sind folgende zu zitieren: Athanasios, (Lambu VIII, 451): τοῦ Ἁγίου Ἀθανασίου πάπα Ἀλεξανδρείας περὶ τοῦ μὴ κοινωνῆσαι ἀνετάστως τοῖς θείοις μυστηρίοις. Kyrillos (Mansi IV. 892): ἴσον ἐπιστολῆς Νεσορίου πρὸς τὸν πάπαν Κύριλλον.
Joann. Moschi prat. apir. cp. 146 u. 148, s.a. opera ed. Combef II, 183 für Johannes Eleemon.
H. Kraft stellt fest, Kaiser Konstantin redet alle Bischöfe mit "Bruder" an, nimmt jedoch Bischof Alexander von Alexandrien aus und redet ihn "Vater" an (Kaiser Konstantin und das Bischofsamt, in: Saeculum VIII, 1) (cfr. Gelasius, H. e. 3, 15, 15). Der Grund dieser Ausnahme ist wohl darin zu suchen, daß der Bischof von Alexandrien immer noch als einziger den Titel "Papa (Vater der Väter)" führte. Der gewöhnliche Titel des alexandrinischen Bischofs vom 7. Jhd. an besteht aus der Komposition και Πατριαρχηζ; erst Johannes Eleemon (610-616) heißt offiziell Papst und Patriarch: Vgl. Eutyches pg CXI 982 ff.
Natürlich wird der Bischof von Alexandrien wie die Bischöfe von Rom, Konstantinopel, Antiochien und Jerusalem mit dem allgemeinen Bischofstitel ἐπισκόπς angeredet. Die Reichskanzlei adressiert Κυρίλλῳ ἐπισκόπῳ 227 (Mansi IV, 1 109) und Διοσκόρῳ ἐπισκόπῳ (Mansi VI, 600)

26 Es ist möglich, diese Tradition bis Dioiysios († 264/65) zurückzuführen: vgl. Sokrat. 1,9 '4'; Athanas. epist. ad. episc. Aeg. et Lib. 7. 19 Hist. Arian. 65; Feltos (1904) P. 91 ff; Lübeck, Reichseinteilung und kirchl. Hierarchie, 121ff. E. Schwartz, Zur Geschichte des Athanasius, S. 108.

27 Es handelte sich neben Alexandrien um die drei ägyptischen Provinzen: Aegyptus Lovia, Aegyptus Herculia und Thebais, die im Gegensatz zu Alexandrien χωρα hießen, und um die beiden libyschen Provinzen: Libyen und Pentapolis (letztere ist gleich Libya secunda oder Oberlibyen).

28 Τὰ ἀρχαῖα ἔθη κρατείτω τὰ ἐν Αἰγύπτῳ καὶ Λιβύῃ καὶ Πενταπόλει ὥστε τὸν ἐν Ἀλεξανδρείᾳ ἐπίσκοπον πάντων τούτων ἔχειν τὴν ἐξουσίαν, ἐπειδὴ καὶ τῷ ἐν τῇ Ρώμῃ ἐπισκόπῳ τοῦτο σύνηθὲς ἔστιν.

diese Verhältnisse[30] und verlieh dem Bischof von Alexandrien den zweiten Rang unter den Patriarchen.[31] Im fünften Jahrhundert dehnen sich die Grenzen des alexandrinischen Patriarchates noch weiter aus. In einer Zeit, in der das Reich und die Kirche im allgemeinen keine Expansionskraft mehr entwickelten, verbreitet sich von Ägypten aus das Christentum auf dem Wege der Mission, des Ausbaues der Organisation und der geistigen Auseinandersetzung. Nachdem Frumentios kurz vor 370 n. Chr. zum Bischof von Abessinien ordiniert worden war[32], gehörte auch dieses große Gebiet zur alexandrinischen Jurisdiktion. Auch damit machte die Ausdehnung nicht halt. Die Halbinsel Arabien im Osten[33], Libyen und die Cyrenaica im Westen[34] erkannten

[29] Der Kanon bezeugt ausdrücklich, daß sie nicht erst durch das Konzil von Nikaia geschaffen, sondern von ihr nur bestätigt ist. Das Besondere in der Suprematie des alexandrinischen Bischofs besteht darin, daß seine Gerichtsbarkeit sich über mehrere politische Provinzen ausdehnt: Vgl. E. Schwartz, Zur Geschichte des Athanasius, S. 107; Lübeck, Reichseinteilung und kirchliche Hierarchie 110ff.

[30] Also in der Reihenfolge: Rom, Alexandrien, Konstantinopel und Antiochien. Dieser Beschluß wurde von den römischen Päpsten unterschiedlich beurteilt. Noch im 7. Jhd. wollten Päpste ihn nicht wahr haben: Bonifati I ep. ad. Rufinum Thess. (Lequien I, 18); Leonis I Ep. 106, ad. Anatolium PL, LIV, 1001-1010); Greg. Iqp. VIII, 30 (PL, LXXVII, 9333).

[31] Von dieser Zeit an werden die Metropoliten angewiesen, ihn so zu titulieren: παναγιώτατε δέσποτά μου, πάπα [καὶ πατριάρχα] Ἀλεξανδρείας καὶ πάσης Αἰγύπτου, Πενταπόλεως, Λιβύης καὶ Αἰθιοπίας κτλ. Ralis und Potlis; σύνταγμα κανόνων. V, p. 502; ferner: Gelzer, Der Streit um den Titel des ökumenischen Patriarchen, in Jahrbücher f. prot. Theol. XIII. Jhg. (Leipzig 1887).

Das Christentum erreichte die Bewohner der Oasen der Westwüste (westlich des Nilstromes), seitdem Christen im 3. Jhd. dorthin verbannt worden waren. Spätestens in der Zeit der Diokletianischen Verfolgung gab es im südlichen Teil der Oase Kharge Priester, die für christliche Gemeinden zu sorgen hatten, wie die neuesten Ausgrabungen in Bagawat bezeugen (M. Krause, in Koptische Kunst S. 63).

[32] Vor allem der lateinische Geschichtsschreiber berichtet über Einzelheiten der Christianisierung Äthiopiens und der Bekehrung ihres Königs Ezanas; denn Rufinus begegnete persönlich in Rom in den ersten Jahren des 5. Jhds. einem der beiden Männer, denen diese Christianisierung zu verdanken ist, dem Tyrier Aedesius; sein Gefährte war Frumentios, der von Athanasios zum ersten Bischof von Äthiopien ordiniert worden war. Daß Ezanas König von Äthiopien war, wissen wir nicht durch Rufinus, sondern durch einen Brief des Kaisers Konstantin, in dem er Ezana und dessen Bruder Selazana bittet, Frumentios nach Alexandrien kommen zu lassen, damit er sich von der Rechtgläubigkeit des Bischofs überzeugen könne; vgl. J. Leroy, Geschichte Äthiopiens in christlicher Zeit, 1963, S. 183f.

[33] Im Anschluß an das Ephesinum II hat Dioskoros die nordarabischen Gebiete östlich Jordaniens zu Gunsten des Jerusalemer Bischofs Juvenalios überlassen als Anerkennung für seine Verdienste in der Alexandrinischen Orthodoxie, worin sich auch zeigt, daß ursprünglich nicht Antiochien die absolute Jurisdiktion über die gesamten arabischen Gebiete ausgeübt hatte: Südarabien unterlag dem Bischof von Alexandrien; zu Nordarabien hat er kirchenpolitische Beziehungen gehabt. Für den Vertrag zwischen Juvenal von Jerusalem und Maximos von Antiochien über die Jurisdiktion siehe ACO II, 2,2, pg 20/1. – Nach der Absetzung des Dioskoros hätten die Christen von Nagran ihm weiterhin die Treue gehalten. Anastasios von Sina (Hod. S. 296) zählt die Ναγρου Υται zu den Anhängern des Julian von Halikarnasse (cf. Jean Maspero, Histoire des Patriarches d'Alexandrie depuis la mort de L'empereur Anastase jusqu'à la réconciliation des Eglises jacobites (518-616), Paris 1923, P. 38).

die Autorität des alexandrinischen Bischofs an, und vielfach reichte sie bis über die Reichsgrenzen hinaus.[35]
Dieser Größe des äußeren Einflußbereiches entspricht eine fast absolute Nacht im inneren. Demetrios von Alexandrien, der rund von 187-230 regierte[36], hat das "Eparchia"-Wesen in Ägypten gegründet.[37] Dank seiner genialen Kirchenpolitik war der neue ägyptische Episkopat entlang dem Niltal von dem apostolischen Stuhl in Alexandrien voll abhängig. Demetrios behielt sich nämlich das ausschließliche Recht der Ordination und die höchste Jurisdiktion vor. Herakles (231-247) nahm das hierarchische System seines Vorgängers, Demetrios, energisch auf. Damit gewann es traditionelle Kraft und historische Bedeutung. Als es unter Diokletian zu den heftigen Aufständen gekommen wir, die er mit Mühe niederschlagen konnte, löste der Kaiser das von Augustus geschaffene Vizekönigtum auf: Ägypten wurde dreigeteilt, um samt Libyen[38] der Diözese oriens unterstellt zu werden. Die Nachfolger des Apostels Markos reagierten nicht darauf und setzten die zähe Kirchenpolitik von Demetrios und Herakles fort. Die

---

34 Die äußerste westliche Grenze des alexandrinischen Patriarchats können wir nicht bestimmen. Selbst der Teil, der unter dem römischen Bischof stand, gehörte gelegentlich zu Alexandrien, so Tripolitanien bis zum Septemschloß (heute Tanger) Ǧabal Ṭāriq (Gibraltar). Eine Notiz melchitischer Herkunft aus dem 7. Jhd. zählt sogar Karthago zu den Metropoliten des Patriarchats (H. Gelzer in Byzantin. Zeitschrift II, S. 22 ff). Zusammenfassend ordnet man 'Afrika und die Tripolitanien' zu den Gebieten Alexandrien (Parthey, Notit. Episc., 5, p. 138). Michael der Syrer (II,. 414) bezeichnet Afrika und die Tripolitanien bzw. 'Ganz-Afrika' als 'Nilus Doxepatrius'. Diese Tradition, die auch Vansleb (Wansleben) im 17. Jhd. lebendig gefunden hat, nimmt der koptische Patriarch noch heute für sich in Anspruch: "Papst von Alexandrien und Patriarch des ganzen Gebietes, das dem apostolischen Stuhl des Markos untersteht: Ägypten, Libyen, die fünf westlichen Städte, Nubien, Sudan, Äthiopien und Jerusalem". Der Osterbrief des Koptischen Patriarchen vom 6. Parmude 1679 Mr. (14. April 1963) lautet an:
"من كيرلس السادس بتهمة من الله بابا وبطريرك الاسكندرية، وأورشليم والنوبة والخمس مدنالمدن العربية وسائر أقاليم الكرازة المرقسية..."

35 Diese weit ausgedehnte Gerichtsbarkeit des alexandrinischen Bischofs war in entsprechend viele Diozösen aufgeteilt. Schon Alexander und Athanasios konnten Synoden mit 100 ägyptischen und libyschen Bischöfen berufen: vgl. Alexander in der καθαίρεσις Ἀρείου (Athanasas, t.1. p.399 'd' = Opitz III 1, S.8; Athanas. Apol. 1, 71. epist.ad. Afros 10; E. Schwartz, Zur Geschichte des Athanasius, S. 110.
Dioskoros ließt sich nach Ephesos II von zwanzig ägyptischen Suffraganbischöfen begleiten: E. Honigmann, The Original Lists of the Members of the Council of Nicaea, the Robbersynod and the Council of Chalcedon, in Byzn 16 (1944) 20/80, besonders 34/37.

36 Vgl. Euseb. KG 6, 26; Harnack, Chronol. 1 (1897). Nach der Zählung der koptischen Patriarchenliste kommt Demetrios an die 12. Stelle. Er ist aber der erste historisch greifbare Bischof von Alexandrien.

37 Vgl. Le Quien, Oriens Christianus, 2 (19740), 342; E. Schwartz, 3, 110. Demetrios ist nach dem jetzigen Stand der Forschung der erste, der in den ägyptischen Provinzen Bischöfe eingesetzt hat. Sein System, das er geschaffen hat, ist ebenfalls die Grundlage des jetzigen Episkopatswesens in Ägypten.

38 Ägypten wurde also so geteilt: Aegyptus Iovia, Aegyptus Herculia und Thebais. Libyen bestand aus Unter- und Oberlibyen oder Libya secunda (Pentapolis) (s. Anmerkung 5,527)

Emanzipationsbewegung unter der Führung der Melitianer von Lykopolis, die die Absonderung der χώρα[39] von Alexandrien wollte, scheiterte endgültig, als Konstantin auf Seiten des Alexandros und Athanasios stand. Auf diese Weise erstreckte sich die Autorität des alexandrinischen Bischofs mit unumschränkter Machtfülle über den ganzen von ihm beanspruchten Sprengel. Athanasios konnte in seiner Hand mehr Macht vereinigen, als jeder andere Bischof. Konstantios und Valens versuchten vergeblich, die absolute Gewalt und den straffen Zentralismus in der Verwaltung seines Kirchenstaates zu sprengen. Das wiederholte Exils, das Athanasios und sein Nachfolger Petron II. deswegen leiden mußten und schließlich erfolgreich überstehen konnten, kam ihren Nachfolgern zugute: ihr Prestige wuchs zu einem an Umfang und Geschlossenheit unübertrefflichen Machtbereich. Nachdem es den Bischöfen von Alexandrien gelungen war, die Abhängigkeit der Provinzen vom Episkopat zu wahren, konnte ihre Stellung sich mittelbar in der einheimischen Bevölkerung verwurzeln. Durch ihre pastorale Unterweisung haben die Kopten nicht nur die christliche Lehre in sich aufgenommen, sondern sind sie sich auch des Druckes durch die griechisch-römische Oberschicht bewußt geworden. Das ägyptische Volk neigte dazu, in ihrem Oberhirten den eigentlichen Vertreter gegenüber dem fremden Herrscher zu sehen, der mit dem Land nicht verbunden war und es durch seine Beamten aussaugte. Nationale und religiöse Impulse wirkten hier zusammen, daß in dem Bischof von Alexandrien die Hoheit der Pharaonen zu neuem Leben erwachte. Es ist nicht nur Spott, wenn Leo von Rom und andere Bischöfe Dioskoros als neuen Pharao von Ägypten bezeichnen.[40] Das erwachende Nationalgefühl bot dem Patriarchen einen sicheren Rückhalt, auf den er seine Kirchenpolitik und dogmatischen Auseinandersetzungen stützen konnte.

Die Bedeutung dieses ägyptischen Nationalbewußtseins für die Stellung des Dioskoros läßt sich begreiflicherweise nicht durch ausdrückliche Quellenzitate belegen. Man muß sich vergegenwärtigen, wie sehr nationale Empfindungen beim Aufschwung des ägyptischen Mönchstums beteiligt waren, um zu verstehen, daß solche auch für die Verbindung von Kirche und Mönchstum eine Rolle spielten. Wenn

---

39 So hieß das Land Ägypten im Gegensatz zu Alexandrien: vgl. E. Schwartz, 4, 117.

40 Ep. 120 (CXX ad Theodoretum Cyri, 2): ACO II 4 S. 79; Socr. Hist. eccl., VII, 7, 11, 13. Diese Bezeichnung verbreitete sich unter den Bischöfen des Orients, die sie später in seiner Stunde der Not gegen Dioskoros gebraucht haben (Mansi VI, 744); damit will man wohl, wie Prof. Kraft hierzu vermerkt, zwischen Dioskoros, dem neuen Pharao, und dem Pharao, der im Roten Meer ertrunken ist, eine Verbindung machen.

sich die Bischöfe spätestens seit Petros I († 24. November 311)[41] auf diese Seite der Bewegung gestellt haben, dann wollten sie nationale Frömmigkeit und griechische Bildung miteinander verbinden. Die engen Beziehungen, die Dioskoros mit dem Archimandriten Schenute von Atripe unterhalten hat, versteht man erst dann richtig, wenn man Schenute nicht nur als großen Vertreter des Mönchstums, sondern auch als Führer einer nationalen religiösen Freiheitsbewegung deutet.[42]

Das Mönchstum schlechthin war einer der wichtigsten Faktoren, die den Bischof von Alexandrien bei der Erlangung seiner hervorragenden Machtposition unterstützt haben. Ägypten ist das Ursprungsland der mönchischen Idee. Als diese sich in machtvoller Bewegung in den anderen Ländern der Ökumene ausbreitete, blieb das christliche Mönchstum überall mit seiner eigentlichen Heimat verbunden. Der tatkräftige Anteil der Mönche in der dogmatischen Auseinandersetzung und die enge Verknüpfung ihrer Gemeinschaften mit den kirchenpolitischen Ereignissen, besonders seit dem Ephesinum I, erscheint auf den ersten Blick als ein Widerspruch zum Wesen des Mönchstums. Wenn man daran denkt, daß diese Bewegung zwar eine "Flucht" von der Welt mit ihrem anstößigen Leben darstellte, ohne dabei jedoch die Verbundenheit des Glaubens mit der Kirche zu verlieren, so versteht sich die Beziehung zwischen ihr und dem hierarchen Amt. Es lag dem Mönch, als einem gläubigen Christen, alles daran, daß die Orthodoxie unversehrt erhalten bleibt. Um so mehr waren die Bischöfe daran interessiert, diese populären und einflußreichen, "gottesfürchtigen Männer" auf ihre Seite zu gewinnen. Die charismatische Bedeutung der mönchischen Führung war ein gewichtiges Argument in der Auseinandersetzung um den Glauben. Athanasios

41 Er ist der letzte Bischof von Alexandrien, der den Märtyrertod erlitten hat, daher erhielt er den Beinamen ΙΕΡΟΜΑΡΤΥΡΟΣ. خاتم الشهداء. Die Bezeichnung bezieht sich auf die vorkonstantinische Zeit.

42 Ehe es zu dem Endgültigen Bruch zwischen Alexandrien und der offiziellen Reichskirche kam, hatte Schenute schon einen entscheidenden Beitrag für die Begründung einer staatsfreien Kirche geleistet. Siehe hier die besondere Literatur über Schenute; es sei hier besonders vermerkt die Untersuchung von J. Leipoldt, Schenute von Atripe und die Entstehung des national ägyptischen Christentums, Leipzig 1903, 36. Texte und Untersuchungen. Hrsg. Harnack und Gebhardt, N.F.X 1.
Die sich immer mehr steigernde Animosität des ägyptischen Volkes gegen die Anmaßung der griechischen Aristokratie im Lande bildete den bedeutenden Faktor in der ägyptischen Emanzipationsbewegung jener Zeit. – Die Verbundenheit des ägyptischen Volkes zum Dioskoros kann man aus der Erklärung der 13 ägyptischen Bischöfe in Chalkedon, sie sollen mit Lebensgefahr rechnen, wenn sie ohne Dioskoros nach Ägypten zurückkehren, schließen. Vgl. ACO II 1, 2 pg 112/3 nr 48, 49, 54.

bezeugte diese Aufgabe der christlichen Einsiedler mit in der Vita Antonii: in seinem Auftrage kam der heilige Antonios im Jahre 338 für drei Tage in die Hauptstadt. Von nun an galt der alexandrinische Bischof als geistlicher Vater des Mönchstums. Diese Tradition nahm vor allem Kyrillos wahr, der von Alexandrien aus Verbindung zu den Mönchen des ganzen Ostens anknüpfte[43], so daß er die antiochenischen und orientalischen Mönche auf seine Seite gegen ihre eigenen Bischöfe gewinnen konnte. Diese Bedeutung asketischer Kreise für die Hierarchie gilt interessanterweise besondere für das Pontifikat des Dioskoros.[44] Die Wahlverwandtschaft zwischen den mönchischen Idealen und der alexandrinischen Christologie führte dazu, daß mönchische Gruppen in Ägypten, im Orient und in Konstantinopel sich konsequent für Dioskoros entschieden, ihr Anteil und ihre Wirkung in dem Ringen um die Ereignisse in Ephesos und Chalkedon sind nicht zu übersehen.[45] Die Treue der Mönche zu Dioskoros nach dem Konzil zu Chalkedon hat ihnen schwere Verfolgungen gebracht.[46] Außerhalb seines Sprengels genoß Dioskoros nicht nur bei den Mönchen und bei dem Klerus der orientalischen und byzantinischen Kirche Popularität. Man kann in diesem Zusammenhang aber auch an das Ansehen erinnern, das Dioskoros über die Grenzen Ägyptens hinaus im ganzen Ostreich als Gegner der Fremdherrschaft des byzantinischen Kaisers und der Korruption seiner Beamten genoß. Die Bevölkerung von Edessa, die seit Jahr und Tag ihre Unzufriedenheit mit den kaiserlichen Beamten und ihrem eigenen Bischof durch Volkserhebung zum Ausdruck gebracht hatte[47], wandte sich flehend an Dioskoros und die rechtgläubige Stadt Alexandrien. Dabei brachte sie ihren Zorn auf die tyrannischen byzantinischen Beamten zum Ausdruck. Dioskoros erscheint dabei in gleicher Weise als Hört der Orthodoxie und als Beschützer der Unterdrückten gegenüber dem Staat.[48]

---

43 Über die Verbindung des Kyrillos zu dem Weltmönchstum vgl. Ep. 1.19.56: pg 77, 9-40, 320.
Vgl. G. Bardy in Fliche-Martin, H.de l'Egl., 4, 186-90: Bacht, in Chalk. II 197f.

44 Für die Bedeutung des Mönchstums für Dioskoros vgl. E. Schwartz, Prozeß 55; F. Loofs, Art. Eutyches in J. Herzog-A. Hauck, Realencyklopädie für protest. Theol. und Kirche (Leipzig 1896 ff), 5, 635/47. L. Duchesne, Hist. anc. de l'Egl. betont die Verbindung des Dioskoros mit den Mönchen in den verschiedenen Ländern.

45 Es sei hier erinnert an die Mönchsaufstände, zu denen es im Anschluß an die Absetzung des Dioskoros gekommen ist. Siehe unten Seite 131.

46 K. Khella. Die koptischen Märtyrer nach dem Schisma von Chalkedon, in Bekenntnisse lutherisch-orthodoxer Begegnung, hrsg. v.d. Ev. Akademie, Schleswig (1959/60, S. 627).

47 J. Flemming, Ephes. Syn. 449 pg 13 '26-36', 15 '38', 17 '34', 21 '27-28' usw.

48 ebd. 17 (45) 19 '18'; vgl. Liberitus, Brev. 11: ACO II 5, pg 117 (14-16).

Unter den Machtmitteln, auf die sich der Bischof stützt, spielen die sozialen Organisationen der Kirche eine erhebliche Rolle. In dieser dekadenten Zeit war es allmählich üblich geworden, daß sich die Großen des Reiches, vor allem die Großgrundbesitzer, nach dem Maß ihres Vermögens mit einer Leibgarde oder Privatarmee umgaben. Der Bischof tat ähnliches. Er griff auf seine Krankenpfleger[49], und Totengräber zurück, deren Zahl er trotz verschiedener kaiserlicher Verordnungen, die ihm Beschränkungen auferlegten, immer wieder zu vermehren wußte. Bedenkt man nun noch, daß er von Amts wegen mit erheblicher richterlicher Vollmacht ausgestattet war, so versteht man wohl, daß niemand in Ägypten, auch nicht die kaiserlichen Beamten, ihm in seiner Machtfülle widerstehen konnten. Bei seiner Absetzung kam mancherlei zur Sprache, was im einzelnen übertrieben, boshaft entstellt oder erlogen sein mag, und was doch geeignet ist, seine unumschränkte Macht zu beleuchten. Dafür seien zwei Beispiele angeführt.

Ein gewisser Sophronios, wie aus seiner Eingabe[50] hervorzugehen scheint, ein hoher Beamter der byzantinischen Regierung in Alexandrien, erhob in Konstantinopel in der Reichshauptstadt Anklage gegen jemanden, der seiner Familie Unrecht getan habe. Es gelang ihm, ein kaiserliches Dekret (θεῖοι τύποι), ein Urteil (ἀποφάσεις) gegen seine Gegner zu erreichen. Ferner wurde ein Exekutor beauftragt, ihn nach Ägypten zu begleiten, um das Urteil zu vollziehen. Aber der alexandrinische Bischof wollte diesen Eingriff in seine Gerichtsbarkeit nicht hinnehmen. Sophronios berichtet, Dioskoros habe die Ausführung jenes kaiserlichen Befehls verhindert und ihn dadurch um die Abstellung jenes großen Unrechts gebracht. Denn der Bischof zwang den offiziellen Exekutor zur Rückkehr, ohne ihm die Ausführung seiner Mission zu gestatten. Ja, nach der Behauptung des Sophronios, habe Dioskoros seine Kleider und sein Vermögen weggenommen und ihn gezwungen zu fliehen, um sein Leben zu retten. "Als ob das Land ihm

---

49 Diese waren organisierte Truppen, die Ärzte, Ambulanz und Parabalanen eingeschlossen hatte. Die Parabalanen (weniger richtig Parabulanen) waren Gruppen von Krankenträgern, die zur Verfügung des alexandrinischen Bischofs standen: E. Caspar, Papsttum 1, 484; Cod. Theod. XVI, 43: ed. Th. Mommsen-P.M. Meyer (Berolini 1895) 851: "*Parabalani, qui ad curanda debilium aegra corpora deputantur, quigeritos esse ante praecepimus. Sod quia hos minus sufficere in praesenti vognovimus, pro quingentis sescentos constitui praecipimus, ita ut pro arbitrio viri reverentissimi antistitis Alexandrinae urbis de his ... elegantur ... ita ut hi sescenti viri reverentissimi sacerdotis praeceptis ac dispositionibus ob secundent et sub eius consistant ...*": vgl. Dict. Al 13, 1574/8. Zur Etymologie des Namens und zur näheren Bestimmung ihrer Aufgabe vgl. A. Philips Born, La compagnie d'ambulanciers "*parabalani*" d'Alexandrie, in Byzn 20 (1950) 185/90; vgl. H. Bacht, in Chalk. 2, 227, Anm.40.

50 Eingabe des Sophronios: Mansi VI 1029-1033; ACO II 1,2, 23 '64'.

eher als dem Souverän gehörte"; "das Land gehört mir mehr als euern Kaisern"[51] pflege Dioskoros zu sagen. Sophronios läßt es damit noch nicht genug sein. In seinem gefährlichen Libell behauptet er, der Patriarch habe den Empfang der kaiserlichen Bilder anläßlich der Krönung des neuen Herrscherpaaren Pulcheria und Markian abgelehnt. Schließlich stellte er fest, Dioskoros habe in Ägypten die Autorität über den kirchlichen und weltlichen Bereich gehabt und an der Spitze einer eigenen theokratischen Regierung gestanden.[52]

Ein ähnliches Beispiel liefert uns auch die Eingabe eines Diakons Ischyrion aus Alexandrien[53], der als Sänger Kyrills von Dioskoros verfolgt worden sein will. Ähnlich wie der Bericht des Sophronios ist auch dieser durch Leidenschaft gefärbt und übertrieben; so wird man ihm auch keinen Glauben schenken. Man kann ihm aber entnehmen, wie groß Autorität und Macht des Dioskoros waren. Ischyrion behauptete Dioskoros habe von Ödland Besitz ergriffen; er habe Weizen, den die Regierung in Konstantinopel für Libyen bestimmt habe, zunächst selber aufgekauft und ihn dann zu höherem Preis nach Libyen weiterverkauft.[54] Diese Beschuldigungen hatten dazu geführte, daß die zuständigen Beamten auch Anklagen gegen Dioskoros ausgearbeitet hatten. Wahrscheinlich ist es jedoch niemals zu einem Gerichtsverfahren gekommen. Das läßt sich nicht im einzelnen nachprüfen. Es ist jedoch bezeichnend für die Meinung, die man in Alexandrien von der Autorität und der Macht des Dioskoros hatte.[55]

Die Lage Ägyptens am Rande des Römerreiches und die wachsende Schwäche des Staatsoberhauptes haben dazu geführte, daß Dioskoros eine souveräne Stellung erreichte, die das Prestige des Kaisers bedrohte und gefährdete. Es war darum sehr konsequent, daß nach dem Thronwechsel von 450 Pulcheria und Markian zur Festigung der zent-

---

51 ebd. ἑαυτοῦ τὴν χώραν μᾶλλον ἢ τῶν κρατούντων εἶναι λέγων.

52 ebd. ἑαυτὸν γὰρ μᾶλλον βασιλεύειν ἤθελεν τῆς αἰγυπτιακῆς διοικήσεως.

53 Eingabe des Ischyrion: Mansi VI 1011-1019; ACO II, 1,2, p. 17 '49-50'.

54 Mansi ebd. 1013.
Die Kornschiffer hielten immer zu dem Bischof von Alexandrien; unter denen befanden sich Mönche aus den Pachomios-Klöstern. vgl. ferner E. Schwartz, G.S. 4. 212 f.

55 Cf. Maspero, Histoire des Patriarches d'Alexandrie, p. 63. Beschuldigungen dieser Art sind wohl stereotyp. Die Kirchengeschichte kennt zahlreiche Parallelen dazu. Die Absetzung des hl. Athanasios durch die Synode von Cyros ist im Grunde genommen nicht anders verlaufen. Relativ belanglose Verdächtigungen konnten von seinen Gegnern in dem Augenblick ausgenutzt werden, in dem die politische Situation dafür geeignet war. Auch die Revision des Verfahrens gegen ihn, die ihm der Kaiser zunächst zugesagt hatte, wurde durch politische Verdächtigungen hintertrieben; man wies den Kaiser nachdrücklich auf die gefährliche Macht des Bischofs hin.

ralen Nacht zunächst einmal daran gehen mußten, diesen starken und unabhängigen Kirchenfürsten zu beseitigen.

Das ägyptische Volk hat dem Dioskoros auch nach seiner Absetzung die Treue gehalten. Zwar zeigte es sich dann, daß der Patriarch auch Feinde in seinem Lande gehabt hatte, die nun ihre Abneigung unverhohlen zum Ausdruck bringen konnten. Aber dabei handelte es sich doch nur um einzelne. Das Volk, der Klerus und die Mönche wollten keinen anderen Bischof nach Dioskoros anerkennen und haben ihm zuliebe alle möglichen kaiserlichen Zwangsmaßnahmen erduldet.

Unter den Mitteln, mit denen Dioskoros die Bedeutung seines Amtes steigerte und seine politischen Ziele verfolgte, spielt die Fürsorge für gute Beziehungen zum Kaiserhof eine erhebliche Rolle. Ein ägyptischer Bischof – Anatolios – sollte als Apokrisiarios (Nuntius) den Patriarchen am Hof vertreten und Verhandlungen in seinem Namen führen.[56] Dieser Anatolios hat sich offensichtlich bei seiner Aufgabe bewährt, Dioskoros zeichnete ihn auf dem zweiten Ephesinischen Konzil aus und ernannte ihn zum Bischof der Hauptstadt. Die wichtigste Beziehung unter diesen Beziehungen zum Hof und zum Kabinett des Kaisers war die zu Chrysaphios, dem praepositus sacri cubiculi (Oberkämmerer), denn das war der wichtigste Mann im ganzen Reich. Schon seit etwa 440 hatte sich der Kaiser ganz unter den Einfluß seines Oberkämmerers begeben.

Die Gewinnung des Chrysaphios versetzte Dioskoros erst in die Lage, seine politischen Ziele so ungehemmt zu verwirklichen. Erst dem Chrysaphios gelang es, die Schwester des Kaisers, Pulcheria, auszuschalten und Theodosios II. für sich zu gewinnen.[57] Es entsprach dem guten Einvernehmen zwischen Chrysaphios und Dioskoros, daß der Minister auf den Bischof Flavian, der 446 den Bischofsstuhl der

---

[56] Die Aufnahme solcher "diplomatischer" Beziehungen ist ein wichtiger Fortschritt im kirchlichen Bewußtsein überhaupt. Es bedeutet, daß der alexandrinische Bischof die Regierungspolitik des Kaisers beeinflussen konnte, oder auch, sich ihr anzupassen hatte. Wir wissen noch nicht, wann das Amt eines Nuntius in Konstantinopel angefangen hat. Sicher ist, daß nur der Bischof von Alexandrien dieses Privileg hatte. Einen ähnlichen Schritt unternahm erst der römische Bischof in der Regierungszeit Markians, der dadurch die Bedeutung Alexandriens schwächen wollte. Der erste ständige Gesandte des römischen Bischofs am Hof von Konstantinopel war Julian von Kos, der Leo I. vertreten sollte; vgl. F. Haase, "Julian", in :LThK V 710; A. Wille, Bischof Julian von Klos, der Nunzius Leos des Großen in Konstantinopel, Kempten und München 1909; P. Stockmeier, Leo I. des Großen Beurteilung der kaiserlichen Religionspolitik, München 1959, S. 9/10.

[57] Vgl. P. Goubert, S.J. Le rôle de Sainte-Pulchérie et de l'eunuque Chrysaphios, in Chalkedon I, 303/21.

Reichshauptstadt bestiegen hatte, schlecht zu sprechen war. Dioskoros hat wahrscheinlich die Methode seines Lehrers Kyrillos fortgesetzt und das Kabinett durch Geschenk- und Interessenaustausch stets auf seiner Seite gehalten. Die enge Verbindung wird aus einer Bitte des Chrysaphios an Dioskoros besonders deutlich; Chrysaphios versprach bei dieser Gelegenheit, den Dioskoros "in all seinen Plänen" zu unterstützen, wenn er sich für Eutyches einsetzen würde.[58]

Mit dieser Fülle von Faktoren war Dioskoros entschlossen, das Erbe einer jahrhundertelangen machtvollen Kirchenpolitik, die seine Vorgänger seit Demetrios begonnen hatten, auszubauen und die Vorrangstellung Alexandriens[59] und dessen Orthodoxie zu behaupten.

---

58 Niceph XIV 47.

59 Alexandrien hatte von seiner Gründung an eine erhebliche kulturelle und wirtschaftliche Bedeutung gewonnen, und diese hat dann dazu geführt, daß auch der politische Einfluß der Stadt zu keiner Zeit ihres Bestehens als gering angesehen werden darf. Kulturelle, wirtschaftliche und politische Bedeutung sind die Voraussetzung für die überragende kirchliche Bedeutung, die der Bischof von Alexandrien seit dem Ende des 4. Jahrh. erhält. Man kann etwa daran denken, daß die Gegner des großen Athanasios Kaiser Konstantin gegen ihn dadurch aufbrachten, daß sie behaupteten, Athanasios habe gedroht, er werde die ägyptische Kornflotte am Auslaufen hindern. Die Verleumdung war darum so erfolgreich, weil ein beim Volk beliebter Bischof zu einem derartigen Schritt, der den Thron zum Wanken bringen konnte, durchaus in der Lage war. – Zu den genannten Gründen für die Bedeutung des alexandrinischen Bischofs kommt noch ein weiterer: er besteht in der Verkirchlichung des öffentlichen Lebens, die unter Konstantin begonnen und unter Theodosios II. vollendet wurde, und die gerade in der ersten Hälfte des 5. Jahrhunderts. unter dem tatkräftigen Pontifikat von Männern wie Theophilos, Kyrillos und Dioskoros dem Bischof eine nach innen und außen unbestrittene Führerstellung gab.

II. Kapitel
DIOSKOROS IM CHRISTOLOGISCHEN STREIT

Der Streit zwischen den Anhängern Kyrills und den Anhängern des Nestorios

Dioskoros war noch Archidiakon im Dienste Kyrills, als nach langem Kampf die Einigung des Jahres 433 zwischen den Antiochenern und den Alexandrinern zustande kam. Der Friede war mühsam errungen. Sollte er von Dauer sein, so kam alles darauf an, daß es gelang, auch die einstweilen in Opposition verharrenden Gegner der Union, die Johannes von Antiochien und Kyrill von Alexandrien geschlossen hatten, zur Zustimmung zu bewegen. Darunter hat man sich in erster Linie die Anhänger des verbannten Nestorios vorzustellen, also extreme Dyophysiten. Daneben existierten aber auch noch extreme Monophysiten, die sich ebenfalls fernhielten. In diesen einander feindlich und der Union mißtrauisch gegenüberstehenden Gruppen sind die Kräfte verkörpert, die die Ereignisse wieder in Bewegung brachten.

Besondere Bedeutung kommt dabei dem Bischof Theodoret von Kyrrhos in der Euphratesia (423/460) zu. Er trat bewußt die geistige Nachfolge des Nestorios an und lehnte aus Gründen seiner Dyophysitischen Theologie die Unionsformel ab. Seine überragende Gelehrsamkeit machte ihn zum Wortführer der antiochenischen Partei. Als es schließlich nach langen Bemühungen gelungen war, ihn zur Aufgabe seiner oppositionellen Haltung zu bewegen, da folgten viele Bischöfe seinem Beispiel. Mit der Unterschrift Theodorets unter die Unionsformel hörte die antiochenische Opposition praktisch zu bestehen auf. Das Mißtrauen freilich blieb.[60] Was es wachhielt, war weniger die Unionspartei, als vielmehr die Gruppe des anderen Extrems, die entschlossenen Monophysiten.
Darunter verstehen wir eine Theologie, die die ausschließlich göttliche Existenz des inkarnierten Logos behauptet. Diese Christologie versuchte ebenfalls sich an der Tradition zu orientieren. Sie wird uns aber erst dann verständlich, wenn wir die asketischen Anliegen ihrer Vertreter mit in Betracht ziehen. Denn das Ziel dieser Askese ist die Befreiung von den Fesseln des Leibes; aus der die Menschheit überwindenden Kraft der Gottheit Christi leiteten sie die Hoffnung ab, daß ihre eigene asketische Bemühung sinnvoll sei. Dieser frühe extreme Monophysitismus war theologisch der Unionsvereinbarung nicht gewachsen. Er wäre mit seinen Vertretern, die still in ihren Mönchszellen lebten, wohl ausgestorben, wenn nun nicht wieder das Mißtrauen

[60] Vgl. G. Bardy in Fliche-Martin, Hist. de L.Egl. 4, 205/6; R. Devreesse. Patr. d'Antioche 54; E. Schwartz, Der Prozeß des Eutyches, SB München Ak phil.-hist.Kl.H. 5. (München 1929).

gegen das andere Extrem bestanden hätte, gegen die dyophysitischen Gegner der Union. So hielt ein Mißtrauen das andere wach. Der wichtigste Vertreter jenes mönchischen Monophysitismuß war ein Archimandrit aus Konstantinopel, Eutyches. Welches eigentlich seine Theologie war, ist uns nicht genau überliefert. Es sieht aber so aus, als habe er einen absoluten Monophysitismus vertreten, derart also angenommen, Maria habe einen göttlichen Jesus geboren. Da er kein Bischof war, brauchte er die Unionsformel von 433 auch nicht zu unterschreiben; er soll sich jedoch gelegentlich unbefriedigt über die Formel geäußert haben.

Dieses gegenseitige Mißtrauen der Extreme ist die Ursache dafür, daß der ungestörte Kirchenfriede der Jahre 438 bis 447 doch nur die Ruhe vor dem Sturm war. In diesen Jahren wurden die Männer, die die Union geschlossen hatten, oder ihr wenigstens beigetreten waren, und die sich müde gekämpft hatten, durch Jüngere mit noch ungebrochener Kampfeslust abgelöst.[61]

Theodoret, der dann den Streit wieder in Gang brachte, war allerdings kein Vertreter dieser jüngeren Generation. – Im Jahre 444 war Kyrill gestorben und Dioskoros an seine Stelle getreten. Seine Versuche, die Vorrangstellung des alexandrinischen Stuhles, die seine Vorgänger erobert hatten, weiter zu sichern, mögen das gewesen sein, was Theodoret zu seinem neuen Vorgehen unmittelbar veranlaßt hatte. Dessen Verhältnis war bereits zu Kyrill nicht gerade herzlich gewesen. Doch hatte es nicht in Kyrills Macht gestanden, die Absetzung des Theodoret und seines Gesinnungsgenossen Ibas von Edessa zu erreichen[62]; zumindest dann nicht, wenn er gleichzeitig sich für das Zustandekommen der Union einsetzen wollte. Dioskoros hatte also diese Feindschaft geerbt[63] und es dauerte auch nicht allzu lange, bis sie ausbrach. Ob auch Dioskoros durch eine monophysitisch klingende Äu-

---

61 E. Schwartz, ebd.

62 Theodoret hat schon zu Lebzeiten Kyrills eine scharfe Kritik an der Christologie der "Zwölf Kapitel" ausgeübt. Kyrillos antwortete darauf mit seinem "Apologeticus contra Theodoretum". ACO I 1,6, pg. 107/46.
Wiederum war Theodoret von seinem Patriarchen Johannes beauftragt worden, die scharfen Angriffe Kyrills im Jahre 438 gegen Diodor und Theodor abzuwehren, so daß Kyrillos nachgeben mußte und die Orientalen dadurch gestärkt wurden: vgl. M. Richard, in MélScRel 3 (1946) 154.

63 Es scheint allerdings, daß Theodoret den Wechsel in Alexandrien wahrnehmen wollte, um bessere Beziehungen herzustellen. So schreibt er an Dioskoros bald nach dessen Weihe in einem freundlichen, respektvollen Ton, wie es aus seinem eben erwähnten Brief (Ep. 60) hervorgeht. Dazu vgl. S. 2, 5. Der Ruf der Tugend des Dioskoros, besonders seiner Bescheidenheit und Demut, habe sich weit verbreitet (Ep. 60.).

ßerung mitgeholfen hat, den Streit wieder in Gang zu setzen, ist nicht ganz sicher auszumachen. Man könnte dies aus dem Angriff schließen, dem er sich von Seiten Theodorets ausgesetzt sah. Im Jahre 447 hatte Theodoret eine Schrift "Eranistes" veröffentlicht und darin eine Auffassung der Inkarnation bekämpft, die einen Wesensunterschied zwischen der Menschheit Christi und dem Menschengeschlecht annahm.[64] Dieser extreme Monophysitismus kann nicht die Meinung des Dioskoros gewesen sein, und Theodoret war nicht so weit gegangen, Namen zu nennen. Gerade dadurch war es aber möglich, daß man sich in Alexandrien unmittelbar angegriffen fühlte.

Nun bewährten sich die guten Verbindungen, die zwischen Dioskoros und dem kaiserlichen Hof bestanden. Am 18. Februar 448 erneuerte der Kaiser das Dekret gegen alle "Nestorianer". Der Kaiser ordnete unter anderem die Verbrennung aller Schriften an, die mit der Lehre der großen Konzilien und der Kyrills nicht übereinstimmten.[65] Irenaeus von Tyros, der Freund des Nestorius, wurde abgesetzt.[66] Auch Theodoret wurde gemaßregelt[67], weil er es gewagt hatte, zur selben Zeit, am Weißen Sonntag dieses Jahres 448, eine Predigt zu halten, die nestorianische Anschauungen verteidigte.[68] Zu den Angegriffenen gehörte ferner Ibas von Edessa. Auch er war als Nestorianer verdächtigt. Gegen ihn und Theodoret regte sich Widerstand in den eigenen Diözesen der Bischöfe. Dieser Widerstand ging vor allem von den Mönchen aus. Sie dürften es wohl gewesen sein, die eine Volkserhebung in der Osrhoene gegen Ibas in Gang gebracht hatten.[69] Es steht im Zusammenhang mit dieser Volksbewegung, daß nun auch eine Abordnung von antiochenischen Mönchen bei Dioskoros in Alexandrien erschien und Stimmung gegen jene beiden orientalischen

---

64 Das Werk besteht aus drei in Dialogform gehaltenen Teilen. Zur Datierung und polemischen Ausrichtung des Eranistes vgl. R. Devreesse, Patr. d'Antioche 56.

65 ACO I 1, 4, pg. 66 '19-211.

66 Mansi V, 417.

67 Theodoret, Ep. 82: PG 83, 1264 BC.

68 Theodoret, Ep. 86: PG 83, 1277 B; Ep. 82: PG 83, 1264 D; vgl. den Libellus des Priesters Pelagios gegen Theodoret in Ephesos 449; J. Flemming, Ephes. Syn. 449, pg. 87 '24-39', 131 '32-40', 143; '31-36'.

69 Vgl. die Anklage der orientalischen Mönche beim Kaiser Theodosios: der Nestorianismus sei im Osten wieder aufgelebt: ACO II 1,3, pg. 379 Nr. 37; Theodoret, Ep. 111: PG 83, 1308 f.; J. Flemming (Hrsg.) Akten der ephesinischen Synode vom Jahre 469 (Syrisch) in: Abh. Gött GWNS 15, Nr. 1 (1917) pg. 39, 36ff. Ferner ebd., pg. 87 '32-40', 131 '33); E. Caspar, Geschichte des Papsttums, Stuttgart 1930/33, 1, 465; E. Stein, Geschichte des spätrömischen Reiches 1 (Wien 1928) 459; E. Schwartz, Prozeß 61-63.

Bischöfe machte.[70] Dioskoros ließ sie gern gewähren. Die Entwicklung der Dinge konnte nur gelegen sein.

Er hatte, wie gesagt, den Kampf gegen den Nestorianismus als Erbe von Kyrill übernommen und sah seine Sendung darin, diese Häresie aus der Kirche ein für alle mal auszufegen. Die Unruhe, die diese Mönche verursachten, bot ihm die erwünschte Gelegenheit, selber gegen Theodoret vorzugehen. Er stützte sich dabei auf die Behauptung der Mönche, Theodoret habe bei seinen Predigten in Antiochien nestorianische Lehren vertreten. Indem er sich auf diese in Alexandrien bekannte Tatsache berief, schrieb er im Jahr 447 an Domnos, den Patriarchen von Antiochien und forderte die Absetzung des Theodoret. Zugleich verlangte er von Domnos, er solle ausdrücklich die "Zwölf Kapitel" Kyrills anerkennen. Unter Berufung auf die Unionsformel des Jahres 433 lehnte Domnos beides ab.[71] Auch Theodoret wehrte sich. Er richtete einen Brief an Dioskoros, in dem er zunächst die Verleumdungen der Mönche zurückwies und anschließend ein Bekenntnis seiner eigenen Rechtgläubigkeit ablegte.[72] Er schloß dieses Schreiben[73] mit einem Anathema über diejenigen, die der heiligen Jungfrau das Prädikat Theotokos absprächen, Jesus als bloßen Menschen bezeichneten, oder den Sohn in zwei teilten.

Damit hätte sich Dioskoros zufrieden geben können, denn Theodoret hatte durch seine Briefe bewiesen, daß er nicht nestorianisch dachte. Aber er wollte keinen Frieden. Theodorets Bekenntnis zur Rechtgläubigkeit schien ihm geheuchelt zu sein. So erklärte er in feierlichster Form Theodoret für abgesetzt und exkommunizierte ihn.[74] Von seinem Vorgehen machte er nicht nur den Betroffenen Mitteilung, sondern er schickte gleichzeitig eine Bischofsdelegation nach der Hauptstadt; die sollte dort den Theodoret wegen Häresie vor dem Kaiser verklagen.[75] Auf diese Weise brachte er den Kampf zum Ausbruch.

---

[70] Vgl. den Bericht der Ereignisse, den Theodoret im Namen des Domnos an Flavian sandte: Ep. 86: PG 83, 1280 AD. In den auf Syrisch erhaltenen Akten des Ephesinums II weist der Brief auffallende Varianten auf: hier ist Domnos der Absender; vgl. J. Flemming, Eph. Syn. 449, pg. 119/21, vgl. noch 133/9 und den zweiten Brief des Domnos an Dioskoros, ebd. 145/147.

[71] Diese Korrespondenz wurde auf der Sitzung vom 22. August 449 verlesen – die Weigerung des Domnos, die "zwölf Kapitel" von Kyrillos anzunehmen, wurde in der Begründung seiner Verurteilung aufgeführt; J. Flemming, ebd. 131/47, vor allem 147 – '35-38' 147/51 – Siehe auch Seite 64 ff.

[72] Vgl. hierfür Leo Epistole 83.

[73] Theodoret Ep 86.

[74] Vgl. wieder den Brief des Domnos (bzw. Theodoret) an Flavian, siehe Seite 65.

[75] Vgl. den gleichen Brief des Domnos, ebd.

Die Antiochener wußten, daß dieser Angriff gegen ihren führenden Theologen ihnen allen galt. Sie verkannten nicht den Ernst der Lage. Auch Domnos sandte nun eine Bischofsdelegation aus der Diözese Orients nach Konstantinopel, und Theodoret gab ihr eine Reihe von Briefen an einflußreiche Persönlichkeiten der Hauptstadt mit.[76] Denn es war klar, daß der eigentliche Kampf sich in Konstantinopel abspielen müsse.

Hier saß Flavian auf dem Patriarchenthron. Er war alles andere als streitlustig, und so versuchte er zunächst, sich aus dem Kampf herauszuhalten. Indessen mußte er bald einsehen, daß ihm dies nicht möglich sein werde. Dioskoros hatte auch ihn als Gegner ausersehen. So blieb ihm nichts anderes übrig, als mit den Antiochenern zu gehen, denen er ohnehin theologisch verbunden war.[77]

Flavian war nicht der einzige, den der Kampfplatz Konstantinopel in den Streit hineinzog. Viel mehr noch war das bei der Persönlichkeit der Fall, die im Mittelpunkt der ersten Phase der Streitigkeiten steht, dem Archimandriten Eutyches. Eutyches war von jeher ein Parteigänger des Bischofs von Alexandrien gewesen. Er griff nun ein und begann, gegen Bischof Flavian zu agitieren. Eutyches war in doppelter Hinsicht wichtig. Einerseits war er das moralische Haupt einer großen Mönchsgruppe; zum anderen war er geistlicher Berater der angesehensten Persönlichkeiten des öffentlichen Lebens. Es ist kennzeichnend, daß der Oberkämmerer Chrysaphios den Dioskoros nur unter der Bedingung unterstützen wollte, daß dieser die Sache des Eutyches vertrat.[78]

Von Eutyches hören wir, daß er schon seit Jahrzehnten[79] in einem großen Kloster nahe der Hauptstadt lebte. Nicetas Choniates[80] zufolge

---

76 Theodoret, Ep. 86; PG 83 1280 B; Ep 85: ebd. 1277; J. Flemming, Eph. Syn. 449, pg. 21 '38-41'! Zu dieser Korrespondenz gehören auch die Briefe Theodorets nr. 92-96, 99, 100, 103, 104, 106; vgl. E. Schwartz, Prozeß 60f. Die Delegation der antiochenischen Bischöfe ist sicher erst nach der Verurteilung des Eutyches in Konstantinopel eingetroffen: vgl. Th. Camelot, De Nestorius à Eutychès: in Chalkedon I, 234.

77 E. Caspar, Papsttum 1, 466/7.

78 s.o. Seite 15.

79 Fliche-Martin, Hist. de l'Egl. 4,212 schätzen die mönchische Periode im Leben des Eutyches mit 70 Jahren zu lang. Er starb im Alter von 72 Jahren (450/1) und war nach Selbstzeugnis um die 70 Jahre alt, als die Auseinandersetzungen zwischen 448 und 451 ausbrachen: ACO II 2,1, pg. 35 '140', II 4, pg. 144 '37'. Nach der lateinischen Übersetzung des verlorengegangenen griechischen Originals schreibt Eutyches an Leo: ACO II 4, pg. 144 '37', daß er "*in continentia et omni castitate septuaginta annos*" verbracht habe, vgl. ferner ACO II 2,1, pg. 34 '29-30'.

lag das Kloster in Hebdomon[81], nahe bei der Kirche des heiligen Mokios.[82] Aus den Akten der Zweiten Ephessinischen Synode erfahren wir, daß es sich bei diesem Kloster um eine stattliche Anlage gehandelt hat, die über 300 Mönche beherbergte.[83] Wenn Eutyches sich seit seiner frühen Jugend darin aufgehalten hat[84], so muß es sich um eine der ersten Klostergründungen der Hauptstadt gehandelt haben. Denn aus den Untersuchungen von J. Pargoire wissen wir, daß wir erst seit Theodosios I. in Konstantinopel in größeren Klöstern rechnen können.[85] Im Einklang damit steht eine Bemerkung des Liberatus, Eutyches habe einem "hochberühmten Kloster" in Konstantinopel vorgestanden.[86] Eutyches war Presbyter; seit wann wissen wir nicht. Zwei syrische Chroniken berichten, er habe seit langem in Kreisen der Hofbeamten und des Klerus in hohem Ansehen gestanden.
Ähnliches bezeugt auch der Patriarch Flavian, der selber aus dem Klerus der Hauptstadt hervorgegangen war, wenn er den Abgesandten des Eutyches erwidert: "er möge getrost herkommen, er wird zu Vätern und zu Brüdern kommen, nicht zu Leuten, denen er unbekannt ist, sondern zu solchen, die bis zur Stunde in Freundschaft zu ihm halten".[87] Wir können annehmen, daß dieses hohe Ansehen des Eutyches noch weiter stieg, als um das Jahr 440 der Archimandrit Dalmatios starb, der bis dahin unstreitig die Führung der mönchischen Kreise in und um Konstantinopel innegehabt hatte.

Eutyches gab sich gern als weltabgewandten Mönch. Nichtsdestoweniger hatte er seit Jahrzehnten am kirchenpolitischen Geschehen regen Anteil genommen.[88] Ebenso entschieden, wie er einst gegen Johannes Chrysostomos aufgetreten war, bekämpfte er dann den Nestorios. Als

---

80 Ex lb. IX Thesauri orthodoxas fidei: Pg.. 140, 37 B: vgl. zur Bestätigung des Niketas das Fragment wohl von Theodosius Lector (Frgm. 14/ ed. A. Papadopulos-Kerameus, in Zhurnal Ministerstva Narodnago Prosvestsenija, Otd. klass. philol. (St. Petersburg 1901) 11) – nach E. Honigmann.

81 Hebdomon, der Strand von Konstantinopel, war die Sommerresidenz des Kaisers; vgl. A.M. Schneider; Strassen und Quartiere Konstantinopels, in Mitteilgn. d.Dtsch.Archäol.Inst. (,Berlin 1950) 68/79; L'Hebdomon de Constantinople, in Echor 21 (1922) 31/44. R. Janin, C'ple byz. 408/II; (Bacht in Chalk. II, 207).

82 Etwa 4,5 km von Hebdomon entfernt: Bacht, in Chalk. II, S. 207, Anm.

83 Die Mönche des Eutyches in ihrem Libellus "300 an der Zahl": ACO II 1,2, pg. 106 '28'.

84 Eutyches muß sein mönchisches Leben bereits in der frühen Jugendzeit begonnen haben, wie aus seinem Libellus an die Synode von 449 hervorgeht: ACO II 2,1 pg. 90 '21'.

85 Siehe J. Pargoire, Les débuts 67/143; dagegen E. Marin, Les moins de Constantinople depuis la fondation de la ville jusqu'à la mort de Photius (Paris 1897).

86 Liberatus, Breviar. 11; ACO II 5, pg. 113 '34'.

87 ACO II 1, 1 pg. 130 nr. 417.

88 Dies entnehmen wir aus einer scharfen, spöttischen Kritik Nestorios an Eutyches: La Livre d'Héraclide, ed. F. Nau (Paris 1910) 294.

Dalmatios mit den Mönchen vor dem Kaiserpalast demonstrierte, war Eutyches dabei.[89] Doch rechnete er damals noch nicht zu den eigentlichen Mönchsautoritäten; das ist durchaus daraus zu schließen, daß sein Name in der Korrespondenz zwischen der Synode von Ephesos und den Mönchen in der Hauptstadt nicht genannt wird. Dennoch muß sein Einfluß damals schon so groß gewesen sein, daß Kyrill von Alexandrien ihn nicht nur als willkommenen Mitstreiter gegen Nestorios, sondern auch als einen Mann mit kirchenpolitischer Zukunft ansah. Darum wird er ihm wohl das Protokoll des Ephesinums übersandt haben.[90] Daß Kyrill ihn für verläßlich hielt, geht daraus hervor, daß er den Nachfolger des Nestorios, den Bischof Maximanos durch seinen Synkellos Epiphanios riet, die Bundesgenossenschaft des Eutyches weiter zu pflegen: "*roga et sanctum Eutychen ut concertet pro nobis*".[91]

Auch in den folgenden Jahren steht Eutyches unentwegt auf alexandrinischer Seite. Das war darum so wichtig, weil die durch die Gleichheit ihrer dogmatischen Interessen verbundenen Mönche zusammenhielten.[92] Seine Bedeutung nahm weiter zu, als er Taufpate des Chrysaphios geworden war. Von seiner Rührigkeit gibt es mancherlei Zeugnisse. Durch den Bischof Uranios von Himeria intrigierte er gegen Ibas in Edessa.[93] Er hatte Beziehungen zu dem Mönch Maximos, der sich im Bereich von Antiochien eifrig gegen Diodor von Tarsus, gegen Theodor von Mopsuestia und gegen Theodoret von Kyros einsetzte. Wahrscheinlich unterhielt er auch Beziehungen zu Barsumas und seinen syrischen Mönchen[94], die mit Domnos und Theodoret im Kampf lagen. Angesichts dieser Bedeutung des Eutyches ist es wohl glaublich, daß er es war, den Theodoret mit seinen "*aeranistes*" treffen wollte, wie viele Forscher annehmen.[95] Auch Domnos von Antiochien ist wahrscheinlich gegen ihn vorgegangen. Nach einer Nachricht, die Facundus von Hermiane überliefert, war er der erste, der den

[89] Daran erinnert ihn Patr. Flavian: ACO II 1,1 pg. 130 nr. 417; vgl. E. Schwartz, Prozeß 75 Anm.2; Eutyches selbst: ACO II 1,1, pg. 90 nr. 155. Vgl. Eutyches rühmt es vor der Reichssynode von 449: ACO II 1,1, pg. 90 nr. 155; pg. 130 nr. 417.

[90] Wir erfahren es durch Eutyches selbst: ACO II 1,1, pg. 91 nr. 157. Vgl. Zacharias Rh., H. eccl. 2,2 ed. Brooks 1, 85 f.

[91] ACO I 4, pg. 223 '23-26'.

[92] E. Loofs, in Herzog-Hauck, RE. prot. Theol. 5(3), 638.

[93] Vgl. J. Flemming, Ephes. Syn. 449, pg. 7 '13'; L. Duchesne, Hist. anc de l'Egl. 398.

[94] Die Gegnerschaft zwischen Eutyches und Maximos auf der einen Seite und Diodor, Theodor und Theodoret auf der anderen Seite war der Öffentlichkeit nicht lange verborgen geblieben. J. Flemming, ebd. 133 '6-9', vgl. L. Duchesne, Hist. anc. de l'Egl. 3, 398/9.

[95] Cf. G. Bardy, in Fliche-Martin, Hist. de l'Egl. 4, 214.

Eutyches bei Kaiser Theodosios des Apollinarismus beschuldigte.[96] Ein weiteres Zeugnis für die Aktivität des Eutyches ist ein Brief Leos des Großen vom 1. Juni 448, eine Antwort auf ein Schreiben, in dem Eutyches den Papst vom Neuaufleben des Nestorianismus unterrichtet hatte.[97]

Eutyches war nun Vertreter einer unklaren, aber entschlossenen monophysitischen Christologie.[98] Weit radikaler als Kyrill hatte er zwar dessen Formel, aber ohne ihre Sicherungen und Einschränkungen aufgenommen. Darum lehnt er die Unionsformel von 433 ab[99]; aus einem Brief Leos des Großen erfahren wir, Eutyches habe schon früher gelegentlich den Unionisten den Vorwurf des Nestorianismus gemacht.[100]

---

96 Facundus Hermian., Pro defensione trium capit. 12.5: PL 67, 862 A: "*Domnus ... Eutychi Apollinaris haeresiarchie impietatem renovare tentanti, et ob hoc Diodorum et Theodosium scribens*" vgl. ebd. 8,5: PL 67, 723 C: E. Caspar, Papsttum 1, 464, Anm.2 Dieser Brief ist verlorengegangen: Bacht, in Chalk. II 209.

97 Leo M. Ep. 20 ad Eutych.: ACO II 4, pg. 3; vgl. dazu E. Schwartz, Prozeß 76 und Anm.2.

98 Vgl. den Beitrag von Th. Camelot, De Nestorius à Eutychès: L'opposition de deux christologies: in Chalkedonon I. 213/42; R. Draguet, La christologie d'Eutychès d'après les Actes du Synode de Flavian (448): Byzn 6 (1931) 441/57.
Die theologische Bildung des Eutyches muß allerdings so ungenügend gewesen sein, daß Leo ihn "*imperitus senex*" nennen konnte: Leo M. Ep. 47, ACO II 4, pg. 22 '23'; vgl. Ep 29, ebd. 9 '21-22'; Ep. 30, ebd. pg. 10 '13-14'; Ep 31, ebd pg. 12 '29'; Ep 34, ebd. pg. 16 '25'; siehe noch F. Loofs, in Herzog-Hauck, RE, prot. Theol. 5 '3', 641.

99 Flavian in seinem Brief an Leo: ACO II 3,1, pg. 8 '14-15'.

100 Leo Ep 20.

Die Synodos endemousa des Jahres 448 und die Verurteilung des Eutyches

Aus dem allen versteht man, warum Eutyches besonders geeignet war, als Ziel für den antiochenischen Gegenschlag zu dienen.[101] Er hatte nicht nur beständig auf alexandrinischer Seite gekämpft und hatte nicht nur auf eigene Faust gegen die Antiochener gearbeitet; er hatte vor allem mit seinem radikalen Monophysitismus sich am weitesten exponiert. So erhob Eusebios von Dorylaion vor der Synodos endemousa des Jahres 448 in Konstantinopel gegen ihn Anklage wegen Häresie, und die Synode nahm die Klage an.[102] Eusebios ließ in der Sitzung vom 12. November zwei entscheidende Dokumente als Ausdruck der Orthodoxie verlesen, nämlich den zweiten Brief Kyrills an Nestorios (vom Januar/Februar 430)[103] und den Brief Kyrills an Johannes von Antiochien, welcher die Unionsformel vom Jahre 433 enthielt (Laetentur-Brief).[104]
Dadurch sollte eine Norm für die weitere Verhandlung geschaffen werden. Dementsprechend forderte Eusebios die Richter auf, sich durch ihre "*Depositiones*" zu diesen Dokumenten zu bekennen, und alle, an der Spitze Flavian, folgten dieser Aufforderung.[105]

Die Prozeßordnung sah vor, daß die Ladung vor ein Synodalgericht dreimal erfolgen mußte, um gültig zu sein.[106] Davon machte Eutyches ausgiebig Gebrauch. In der dritten Sitzung vom 15. November berich-

---

101 Es sei hier wiederum auf den oben genannten Brief des Domnos an Kaiser Theodosios hingewiesen, der allerdings kein Echo fand.

102 Über den Verlauf der Sitzungen der Synode Endemousa sind wir gut unterrichtet, da das Protokoll des Verfahrens sowohl in Ephesos 449 wie auch in Chalkedon 451 zu den Akten aufgenommen wurde. Der Antrag des Eusebios an die Synodos endemousa wurde schon auf der ersten Sitzung vom 8. November 448 angenommen: ACO II 2,1 pg. 3 '19-22'. Eusebios habe versucht, Eutyches ohne das Kirchengericht von seinem Irrtum zu bekehren: ACO II 1,1, pg. 102 nr. 232/234. Es scheint, daß Eusebios kurz nach Anlauf des Prozesses eingesehen hat, wie unklug sein Schritt war; auf der Sitzung vom 22. November sprach er davon sehr besorgt: ACO II 1,1, pg. 140 nr. 481. Auch das Urteil Flavians über Eusebios ist nicht unbedingt positiv zu verstehen: "Ihr kennt den Eifer des Anklägers, für den selbst das Feuer noch kalt zu sein scheint": ACO II 1,1, pg. 131 nr. 419, Caspar, Papsttum I, 467. Flavian versuchte vergeblich, den Prozeß abzuwehren, in dem Ankläger und Angeklagter sich verständigten: ACO II 1,1, pg. 102 nr. 231/233; siehe auch Duchesne, Hist. anc. de l'Egl. 3,402. Für das unkontrollierte Temperament des Eusebios und seine Voreiligkeit siehe E. Schwartz, Prozeß 80 f. Man darf sich fragen, ob sich Eusebios, ein stürmischer Fanatiker, der Bedeutung seines Unterfangens bewußt gewesen ist: Bacht, in Chalk. II, 210.

103 ACO II 1,1, pg. 104/6; ebd. I 1,1 pg. 25/8.

104 ACO II 1,1 pg. 107/11 bzw. I 1,1, pg. 15/23.

105 H. Bacht, in Chalk. II 211, vgl. auch die folgenden Ausführungen.

106 Vgl. Matt 18, 15-17.

teten die Boten über die erfolglose erste Ladung des Beklagten.[107] Eutyches hatte sich auf seine Mönchssitten berufen. Er erklärte, er habe sich nach dem Vorbild der ersten ägyptischen Einsiedler zum Gesetz gemacht, nirgends mehr hinzugehen, sondern in seiner Zelle wie in einem Grab zu leben.[108] Nun ließ ihm die Synode auseinandersetzen, daß er auch als Mönch sich bei Glaubensfragen dem Gericht zu stellen habe. Jetzt beruft er sich auf eine Erkrankung und auf sein hohes Alter, um die großen Anstrengungen des Weges und der Gerichtsverhandlung für unzumutbar zu erklären.[109] Daraufhin beschließt die Synode die definitive Ladung für den übernächsten Tag.[110]

Was konnte Eutyches mit dieser Taktik erreichen? Er nutzte die Zeit, die er auf diese Weise gewonnen hatte, so gut er konnte. Das heißt, daß er sich nach Bundesgenossen umsah, und daß er solche zunächst unter seinesgleichen suchte. Eusebios von Dorylaion teilte der Synode in ihrer Sitzung vom 15. November mit, Eutyches habe an die Klöster der Stadt und der Umgebung ein Libellus gesandt und darin versucht, die Mönche zum Widerstand gegen den Patriarchen aufzuwiegeln.[111] Tatsächlich bezeugte der Presbyter Abramios, der an einem Martyrion in Hebdomon Dienst tat, der Presbyter und Archimandrit Manuel habe ihm mitgeteilt, Eutyches habe einen τόμος περὶ τῆς πίστεως zur Unterschrift vorlegen lassen.[112] Daraufhin beantragte Eusebios, daß bei verschiedenen Klöstern der Stadt, des Vorortes Sykai (auf der entgegengesetzten Seite des Goldenen Horns) und in Chalkedon[113] Nachforschungen angestellt wurden.

Dabei stellte sich heraus, daß Eutyches sehr aktiv geworden war. Der Presbyter und Archimandrit Martinos erklärte, Eutyches habe ihn am Freitag dem 12. November um seine Unterschrift gebeten. Er habe diese Bitte aber nicht erfüllt, weil er der Meinung sei, derartige Unterschriften zu geben sei eine Sache der Bischöfe. Darauf sei der Abgesandte des Eutyches mit der Bemerkung abgezogen: "Wenn Ihr nicht zu mir haltet, wird der Bischof mich demütigen, und am Ende wird er

107 ACO II 1,1 pg. 123 '20'.
108 Ebd. pg. 124 '15-17'.
109 Ebd. pg. 127/9.
110 Ebd. pg. 129 '31'.
111 Ebd. pg. 126 nr. 381.
112 Ebd. pg. 127 nr. 392.
113 Chalkedon muß besonders reich an Klöstern gewesen sein, da es im Jahre 536 vierzig Monasterien zählte (Mansi VIII 1014/8, of Art. Chalcédoine: Dict. Hist. Géogr. 12, 274)

sich auch an Euch heranmachen".[114] Der Satz sagt deutlich genug, daß die Spaltung zwischen Eutyches und Flavian eine allgemein bekannte Tatsache war, und daß Eutyches dabei als der eigentliche Vertreter des Mönchtums gegen die Hierarchie erschien. Die Boten des Eutyches waren auch zu dem Presbyter und Archimandriten Faustos gekommen. Sie hatten hier aber mit demselben Bescheid sich begnügen müssen. Offensichtlich gab es auch eine Mönchsgruppe, die gegen Eutyches eingestellt war. Faustos hatte bezeichnenderweise die Synodalboten mit den Worten verabschiedet: "Wir sind Kinder der Kirche und haben nach Gott nur einen Vater, den Erzbischof".[115] Wenn Eutyches, wie oben angedeutet, versuchte, eine Spaltung zwischen Mönchstum und Hierarchie herbeizuführen, so ist verständlich, daß manche Mönche sich dabei auch auf die Seite der Bischöfe stellten. Das bestätigt ein anderer Klosterleiter namens Job, der auf Befragen aussagte, er habe wohl keinen τόμος erhalten; Eutyches habe ihn aber wissen lassen, der Erzbischof werde in diesen Tagen seinerseits ein Dokument zur Unterschrift vorlegen, und er solle ihm dann nicht zu Willen sein.[116]

Das Synodalgericht war am 16. November zu seiner vierten Sitzung zusammengetreten. Hier erschienen (auf die zweite Ladung hin) als Vertreter des Angeklagten der Presbyter und Archimandrit Abramios samt drei Diakonen aus dem Kloster des Eutyches. Abramios erklärte, er wolle an Stelle des Beklagten Rede und Antwort stehen.[117] Natürlich lehnte Flavian das Angebot ab. Er erklärte, er sei bereit, noch einige Tage Aufschub zu geben, bis Eutyches wieder gesund sei. Dabei fiel die oben erwähnte Versicherung, Eutyches solle voller Vertrauen herkommen, weil die Väter und Brüder ihm bis zur Stunde freundschaftlich verbunden seien.

Man wird dieses gute Zureden und dieses Aufschubsangebot an einen Angeklagten, dem nichts so sehr fehlte wie Zeit, völlig ernst zu nehmen haben. Flavian wollte den Eutyches sichtlich eine Freundlichkeit erweisen, die freilich mehr seinem mächtigen Protektor gegolten haben wird, als ihm selber.[118]

---

114 ACO II 1,1, pg. 133 nr. 436. – H. Bacht (Chalk. II, 212) vermerkt hierzu: bei der späteren Revision der Akten der Synodos endemousa (8.April 449) suchte der Bote des Eutyches dieses Wort abzustreiten: ebd. pg. 164 nr. 685.

115 ACO II 1,1 pg. 133 nr. 440.

116 ACO II 1,1 pg. 134 nr. 440, vgl. auch Bacht, in Chalk. II, 212.

117 ACO II 1,1 pg. 130/1 nr. 407.

118 ACO II 1,1 pg. 131 nr. 419.

An diesem selben Tag, dem 16. November, erfolgte die dritte offizielle Vorladung. Über das Ereignis berichteten die Synodalboten in der fünften Sitzung am 17. November. Eutyches hatte auch diesmal wieder auszuweichen versucht. Da er die Möglichkeiten der Prozeßordnung ausgenutzt hatte, machte er von dem Aufschubangebot Gebrauch und erklärte, er werde kommen, wenn man ihm noch eine Woche Zeit lassen wolle. Er sei bereit, am folgenden Montag persönlich zu erscheinen.[119] Der feste Termin, zu dem er sein Kommen zusagte, läßt vermuten, daß er vorher noch eine bestimmte Aufgabe lösen wollte. Vielleicht hoffte er, noch irgendeinen Helfer – möglicherweise sogar Chrysaphios – mobilisieren zu können.

Der Ankläger Eusebios versuchte zunächst, die Verurteilung des Eutychos dadurch zu erreichen, daß das Verhör sich nur auf frühere Äußerungen des Angeklagten bezog. Andernfalls, fürchtet er, Eutyches werde sich durch Abgabe einer vieldeutigen Glaubensformel der Situation entziehen.[120] Aber dann machte er selber den Fehler, der dem Angeklagten diese Möglichkeit gab. Er beschuldigte Eutyches, daß er bis zur Stunde die Unionsformel (mit ihrer Lehre von den zwei Naturen) nicht annehme. Zwar wurde er sich sofort seines Fehlers bewußt und versuchte, zu seiner alten Taktik zurückzukehren. Flavian aber machte nicht mit. "Und wenn Du auch", erwiderte er dem Eusebios, "tausendmal darauf bestehst" (daß Eutyches nur über die Vergangenheit befragt werden sollte), "wir werden dennoch nichts der Wahrheit vorziehen".[121] Der kaiserliche Kommissar Florentios stimmte dem bei, und so mußte Eusebios mit verdrossenem Vorbehalt nachgeben.

Damit war der Fall eingetreten, den Eusebios unter allen Umständen hatte vermeiden wollen. Eutyches überreichte nun ein Schriftstück, in dem er seinen Glauben formuliert hatte.[122] Er bat, man möge den Inhalt zu den Akten nehmen. Man kann vermuten, daß es sich dabei um die Erklärung gehandelt hat, die er bei der ersten Vorladung dem Synodalboten hatte mitgeben wollen, und die er auch an die verschiedenen Klöster zur Unterschrift gesandt hatte.[123] In diesem Fall wäre die

119 Ebd. pg. 132 nr. 427.

120 vgl. E. Schwartz, Prozeß 80/1.

121 ACO ebd. pg.. 140 nr. 482.

122 Inzwischen bewehren sich die Beziehungen des Eutyches zu den Beamten und Soldaten des Gardepräfekten. Er betrat nicht eher die Sitzung, bis er nicht ihr Versprechen bekam, dafür zu sorgen, sie heil wieder verlassen zu können: Mansi VI, 744, 41; ACO II 1,1, pg. 138 nr. 464; auch sein Libellus an Leo: ACO II 4 pg. 143 vgl. E. Schwartz, Prozeß 79.

123 ACO II 4, pg. 145 nr. 109 bzw. II 2,1 pg. 34 nr. 7; vgl. II 1,1 pg. 128 nr. 387; 126 nr. 38; 127 nr. 392; 133 nr. 436-440.

Synode genötigt gewesen, offiziell zur Rechtgläubigkeit dieses Glaubensbekenntnisses Stellung zu nehmen. E. Schwartz hat gesehen, daß sie damit in ein gefährliches Dilemma geraten wäre.[124] Entweder hätte sie das Bekenntnis für rechtgläubig erkennen müssen; dann wäre sie genötigt gewesen, den Eutyches freizusprechen und dem Ankläger Eusebios einen Verleumdungsprozeß zu machen. Andernfalls hätte sie das Bekenntnis auch für häretisch erklären können, weil es nichts über die Unionsformel enthielt. Das hätte sie sogar gemußt. Aber gerade dieser Konsequenz wollte Flavian ausweichen. Er hatte Angst vor dem Anhang des Eutyches in Alexandrien und in der Hauptstadt. Flavian half sich so, daß er verlangte, Eutyches sollte das Dokument selber vorlesen, statt daß es vom Synodalsekretär amtlich verlesen wurde.[125] In diesem Fall blieb es die private Meinungsäußerung des Angeklagten, über die nicht amtlich verhandelt zu werden brauchte.

Eutyches weigerte sich aber. Er beschränkte sich darauf, seine Rechtgläubigkeit zu beteuern.[126] Damit konnte sich aber Flavian nicht zufrieden geben. Sosehr er auch zum Entgegenkommen bereit war, so mußte er doch die Möglichkeit haben, den Glauben des Angeklagten an den Normen der Rechtgläubigkeit zu messen, auf die das Gericht festgelegt war. Er verlangte ein Bekenntnis zur Unionsformel.[127] Das heißt, daß auch Eutyches die beiden Naturen Christi bekennen sollte, und die Wesensgleichheit der von Christus genommenen menschlichen Natur mit der unsrigen.

Eutyches wand sich, so gut er konnte. Er spielte den Überraschten, aber unterwürfigen Laien. Bis dahin habe er nichts derartiges gehört und oder gelernt, sei aber bereit, sich dem Urteil der anwesenden Bischöfe zu fügen. Der Satz enthielt eine Spitze, die Flavian nicht übersah: "Wir führen keine Neuerungen ein, sondern unsere Väter haben dies so dargelegt".[128] Der Angriff des Eutyches hatte ihn verärgert, und nun drang er energisch auf ein klares Bekenntnis zu den beiden Naturen. Auch Florentios forderte dies. Wenn er auch gekommen war, den Angeklagten zu decken[129], so wollte er doch nicht die Geltung der Unionsformel gefährden. Als er erklärte: "Wer nicht 'aus zwei Naturen' und 'die zwei Naturen' bekennt, hat nicht den rechten Glauben",

[124] E. Schwartz, Prozeß 82.
[125] Vgl. dagegen den ähnlichen Akt in Ephesos II: ACO II 1,1 pg. 90 nr. 155-156.
[126] Ebd. pg. 141 498-505.
[127] ACO II 1,1 pg. 143 nr. 525.
[128] Ebd.
[129] Vergl. dazu ebd. pg. 144 nr. 541, 543.

da stimmten ihm die Bischöfe begeistert mit ihrem Beifall zu. Die Stellungnahme des Patriarchen machte Flavian Mut. So wagte es die Synode, ein Urteil zu fällen. Sie nahm die Beschuldigung des Eusebios an, daß Eutyches die apolenaristische Häresie dadurch wieder ins Leben gerufen habe, daß er die Vollständigkeit und Wahrhaftigkeit der menschlichen Natur Christi verleugne. Der Prozeß endete am 22. November mit der Verurteilung des Eutyches als "Lästerer Christi".[130] Eutyches wurde seiner Ämter enthoben und exkommuniziert. "Gleichfalls sollte exkommuniziert werden, wer weiterhin mit ihm Verkehr halten werde".[131]
Der Patriarch Flavian hatte sich, wie gesagt, nur zögernd bereit gefunden, gegen Eutyches vorzugehen. Er hatte gewartet, bis der kaiserliche Kommissar sich gegen Eutyches ausgesprochen hatte, bevor er selber gegen den Angeklagten Stellung zu nehmen wagte. Unter solchen Umständen ist es erstaunlich, daß die Verhandlung überhaupt diesen für Eutyches so ungünstigen Verlauf genommen hat. Es ist darum nötigt einen Blick auf die Gegner des Eutyches zu werfen.

Der Ankläger, Eusebios von Dorylaion, hatte sich früher schon einen Namen als Ketzerbekämpfer gemacht. Noch als Laie hatte er in Wort und Schrift gegen Nestorios polemisiert. Schon damals hatte er sich durch die Maßlosigkeit seines Auftretens hervorgetan. Aber bei dem Kampf gegen Nestorios hatte er mit Eutyches gemeinsame Sache gemacht. Von da an scheint er Beziehungen zu ihm aufrecht erhalten zu haben. Er erwies sich als wohlunterrichtet über seine Ansichten und behauptete in der Versammlung vom 8. November 448, daß er wiederholt versucht habe, Eutyches von seinem Irrtum zu bekehren. Was ihn eigentlich in die Gegnerschaft zu diesem gebracht hat, wissen wir nicht. Es ist unwahrscheinlich, anzunehmen, er habe plötzlich seine theologischen Ansichten gewandelt, so daß er aus einem Feind des Nestorios zu einem Anhänger der antiochenischen Theologie geworden sei. Viel eher wird man an einen Anschluß des Eusebios an jene antieutychianische Mönchsgruppe zu denken haben, von der gleich zu reden sein wird. Da hinter dieser Mönchsgruppe die Gestalt Leos des Großen sichtbar wird, so wird man vielleicht annehmen dürfen, daß Leo auch Eusebios von Dorylaion zu seinem Vorgehen gegen Eutyches ermuntert habe, und daß er dabei die alten kleinasiatischen Beziehungen Roms, wie sie seit Markell von Ankyra bestanden, reakti-

130 Mansi VI 748, ACO II 1,1 pg. 144/5 nr. 546.
131 ACO II 1,1 pg. 145 nr. 549-551; vgl. edb. pg. 95 '20'-96 '1' (Appellation des Eutyches an die Synode von Ephesos 449). Vgl. auch Bacht in Chalk. II, 216.

viert habe. Jedenfalls erscheint der Parteiwechsel des Eusebios als eine genaue Parallele zu dem Parteiwechsel des römischen Bischofs und ist gemeinsam mit diesem zu erklären.

Flavian kann man hier eigentlich nicht unter den Gegnern des Eutyches nennen. Seine Prozeßführung zeigte deutlich, wie er versucht hatte, eine Verurteilung des Eutyches zu vermeiden. Mindestens zweimal ermahnte er den Kläger, doch es noch einmal zu versuchen, daß er in Güte mit Eutyches auskomme. Wenn es ihm darauf angekommen wäre, eine Verurteilung des Eutyches durchzusetzen, so hätte er auch erheblich mehr Eile in der ganzen Sache gezeigt. So war es mehr der Gang der Dinge, der ihm gegen seine eigenen Wünsche die Stellungnahme gegen Eutyches aufzwang. Das der Presbyter und Archimandrit Faustos die Abgesandten des Eutyches leer zurückgeschickt hatte, war kein Zufall gewesen. Er spielt eine führende Rolle unter den Gegnern des Eutyches. Allem Anschein nach fungierte er als Verbindungsmann zwischen Rom und der Mönchsgruppe in Konstantinopel, die oben erwähnt wurde. Sein Name erscheint in Briefen Leos des Großen, die an Mönche in Konstantinopel gerichtet sind, häufig an erster Stelle.[132] Möglicherweise spielt bei der Feindschaft zwischen Faustos und Eutyches eine alte Rivalität ihre Rolle. Die führende Rolle, die Faustos innerhalb der monastischen Kreise hat, läßt die Vermutung zu, daß es sich bei ihm um den Sohn und Erben des "*pater monasteriorum*" Dalmatios handelt, der einst mit einem Sohn Faustos in das Kloster des heiligen Isaak eingetreten war und später, auch zusammen mit ihm in der Kirche des heiligen Mokios verehrt wurde. Man wird dabei berücksichtigen, daß die Bezeichnung als "Sohn" nicht immer auf eine leibliche Verwandtschaft deutet, sondern auch eine geistliche Verwandtschaft ausdrücken kann. Damit ließe sich vielleicht hinweisen auf verwandtschaftliche Beziehungen zwischen dem Archimandriten Faustos und Dalmatios.[133]

Aus den Akten über die Nachforschungen der Synode, die er wegen der Agitationes des Eutyches anstellen ließ, entnehmen wir, daß Eutychos weitere Mönchshäupter zu Feinden hatte. Diese Feindschaft ist nicht nur persönlich zu verstehen, vielmehr ist sie auf die kirchenpolitische Gruppierung der Mönche zurückzuführen. Aus den Briefen Leos von Rom an Martinos, Faustos und andere bedeutende Archi-

[132] Leo, Ep 32, 51, 71, 75.

[133] Vgl. Nicetas Chon., Ex lb. IX Thesauri orthod. fidei: PG 140. 37D; auch U. Chevalier, Répertoire des sources historiques du Moyen Age. Bio-Bibliographie (Paris 1905) 1, 1464, setzt die Verschiedenheit der beiden Faustos voraus; H. Bacht, in Chalk. II 218.

mandriten[134] erfahren wir, daß er derjenige war, der sich hinter die den Eutyches feindliche Partei gestellt hatte. Daß Leo eine Opposition gegen Eutychos[135] schuf, muß im Zusammenhang mit seinen Plänen verstanden werden. Auch "die kaiserliche Nonne"[136] Pulcheria, war an diesen Machenschaften beteiligt. Ihre Rolle dabei wird verständlich, wenn man an ihre Feindschaft mit Chrysaphios[137], der zu Eutyches hielt, denkt. Man kann daher annehme, daß die Abgesandten des Eutyches einen schwerwiegenden Fehler begangen hatten, als sie den Manuel (= Emmanuhel), in dessen Kloster Pulcheria wahrscheinlich in Zurückgezogenheit lebte, für ihren Auftraggeber zu gewinnen versuchten. Dieser unterzeichnete mit den anderen Archimandriten für Flavian gegen Eutyches. Mit dieser, dem Eutyches feindlichen Mönchspartei verband sich Theodoretos von Kyrros.[138] Bedeutsamer aber ist für uns die Feststellung, daß sich die Gegner des Eutyches mit Leo und auch mit Pulcheria identifizieren. Die Gegnerschaft zwischen den beiden großen kirchenpolitischen Richtungen unter den Mönchen von Konstantinopel hatte ihre nicht zu unterschätzenden Auswirkungen in den folgenden Auseinandersetzungen um Ephesos und Chalkedon, auf die wir noch zu sprechen kommen.

Aus alledem geht hervor, daß Leo von Rom sich die Methode der Alexandriner, Kyrillos und Dioskoros aneignen wollte, um also einen Rückhalt bei den "Mönchen" der Hauptstadt zu finden.

---

[134] Leo. Ep 74 ad Martinum; ACO II 4, pg. 32/3; Ep. 32. 61. 75; ebd. pg. 11. 28. 32. EP. 51 ad Faustum etc.: ebd. pg. 25/26; Ep 71; ebd pg. 31/2.

[135] vgl. ACO II 1,1 pg.. 146 nr. 552.

[136] vgl. Livre d'Héraclide, ed. Nau 363; Chron. min. III ed. Chabot 303.

[137] E. Schwartz, Prozeß 56 mit Anm.1.

[138] vgl. die vor Chalkedon geschriebenen Briefe Theodorets, Ep. 141, 142; PG 83, 1365/8.

Die Ereignisse zwischen den Synoden von 448 und 449

Der Prozeß des Eutyches hatte als vordergründige Ursache die Rivalität zweier Mönchsparteien aufgedeckt. Diese Feindschaft läßt sich nicht ohne weiteres auf den Gegensatz zwischen Alexandrien und Antiochien in der christologischen Frage zurückführen. Noch weniger genügt der Machtkampf zwischen den Patriarchaten des Ostens als Erklärung für den Streit und seinen vorläufigen Ausgang. Vielmehr hatten, zunächst unsichtbar, mancherlei Mächte bereits in den Streit eingegriffen, die in den folgenden Jahren sichtbar in Erscheinung traten. Die wichtigsten davon sind der römische Bischof und die Parteien des Kaiserhofes. Ebenso wenig hatte das Mönchstum als Ganzes sich bereits auf eine Partei festgelegt.[139] In dieser Situation ist es natürlich, daß die in ihrer Gegnerschaft bereits festgelegten Kämpfer um die Bundesgenossenschaft der noch nicht festgelegten Kämpfer werben. Dabei war es charakteristisch, daß die Bischöfe Flavian und Eusebios sich mit ihrer Werbung in erster Linie an die Mönche wandten. Von Konstantinopel bis weit nach Syrien hinein gingen ihre Boten und sammelten Unterschriften, wie Eutyches in einer Eingabe an die Synode von Ephesos glaubhaft behauptet hat.[140] Eutyches, der Mönch, wandte sich an die Patriarchen in Rom[141] und Alexandrien[142] – der von Antiochien war in seinen Augen Nestorianer und schied darum aus – und beklagte sich über das Unrecht, das ihn Flavian und seine Synode angetan habe. Natürlich ließ er es damit nicht genug sein. Es ist interessant, daß er durch Plakate sich an das Volk wandte und hier ebenfalls das Unrecht beklagte, das man ihm angetan habe. Darin stellte er sich als einen Märtyrer der Orthodoxie hin, der darum verurteilt worden sei, weil er treu zu Nikaia und Ephesos halte, und die Unveränderlichkeit des Glaubenssymbols verteidige. Man habe ihn verleumdet; er

---

139 Die Bedeutung der Mönche als Machtfaktor für die Hierarchie in der Kirchenpolitik ist ausführlich bearbeitet worden von Heinrich Bacht, S.J. in: Grillmeier und Bacht, Das Konzil von Chalkedon, "Die Rolle des orientalischen Mönchstums in den kirchenpolitischen Auseinandersetzungen um Chalkedon (431-519)".

140 ACO II 1,1, pg. 96 '1-3'; zur Bestätigung vergleiche noch die Aussage Jakobs des Archimandriten ebd. pg. 147 '17'.

141 Ep. Leo 21.

142 Es sei hier vermerkt, daß daraus nicht zu folgern ist, Eutyches habe die Christologie des Dioskoros vertreten, wenn auch beide Christologien sich dem Schein nach ähnelten. Eutyches hat wohl die Kirchenpolitik Alexandriens vertreten, die Christologie Alexandriens jedoch ungenügend verstanden und in verfälschter Form vertreten (siehe unten!). Daher kann die Meinung von Heinrich Bacht (Chalk. II 221) nicht stimmen, sofern er die Christologie des Eutyches der von Dioskoros gleichsetzt.

habe nie gelehrt, “daß das Fleisch unseres Herrn Jesus Christus vom Himmel herabgekommen sei”.[143]

Allmählich – die Zeit war relativ lang – gelang es ihm auch, den Kaiser für seine Sache zu interessieren. Dabei behauptete er, seine Berufung an die Thronoi des Westens und Ostens sei nicht angenommen worden, und darum müsse er sich zur Wiedergutmachung des ihm angetanen Unrechts an den Kaiser wenden. Theodosios, der solange zugesehen hatte, nahm jetzt energisch für ihn Partei. Er sandte einen Brief an den römischen Bischof, darin trat er für Eutyches ein und beschuldigte dessen Ankläger des Nestorianismus.[144] Von seinem Patriarchen Flavian forderte er ein eigenhändig geschriebenes Glaubensbekenntnis; offensichtlich war dieser des Nestorianismus bezichtigt worden.[145] Vor allem befahl der Kaiser aber, daß die Urteilsfindung der Synode nachgeprüft werden müsse. Eutyches hatte behauptet, die Akten der Synode seien von Anfang an verfälscht worden.[146] Insbesondere sei das Urteil schon vor der Sitzung geschrieben gewesen.[147] Dem entsprechend beauftragte der Kaiser mit der Nachprüfung eine Bischofskommission, die am 8. April 449 zusammentrat. Bei dieser ersten Sitzung waren weder Flavian, noch der durch eine Mönchsdelegation vertretene Eutychos zugegen; nur die Synodalbischöfe und -boten und die Notarii waren zugegen.

Bis dahin sah es so aus, als solle der Revisionsversuch das Eutychos Erfolg haben. Aber in der zweiten Sitzung, die am 13. April stattfand, hatte sich die Lage geändert. Genau wie bei der Synode, die den Eutyches verurteilt hatte, konnte Patriarch Flavian zusammen mit dem kaiserlichen Kommissar, dem Patricius Florentios den Vorsitz einnehmen und die Verhandlungen führen.[148] Wir können heute nicht mehr entscheiden, ob die überprüften Gerichtsakten wirklich verfälscht worden waren oder nicht. Allerdings haben manche Bischöfe bestritten, die Äußerungen getan zu haben, die von ihnen protokollarisch festgehalten worden waren. Doch muß, angesichts des offiziellen

[143] Der Text ist nur noch in lateinischer Version erhalten. Flavian befahl natürlich, alle Anschläge von den Mauern zu entfernen, worüber Eutyches sich bei Leo beklagt: ACO II 2, pg. 144 ‘25-26’. Eutyches hat die Plakate wieder anschlagen können, nachdem sich der Kaiser auf seine Seite gegen den Bischof gestellt hatte: vergl. E. Schwartz, Prozeß 80 f.

[144] Den Inhalt des Kaiserbriefes entnehmen wir aus der Antwort Leos vom 18. März 449; Ep 24: ACO II 4, pg. 3/4; vgl. E. Caspar, Papsttum 1, 472.

[145] Vgl. ACO II 1,1, pg. 35 nr. 1; vergl. ferner Liberatus, Brev. 12: ACO II 5, pg. 216/7.

[146] Wortlaut der Eingabe an den Kaiser: ACO II 1,1 pg. 152/3 nr. 572.

[147] Ebd. pg. 151 nr. 560-567.

[148] Ebd. pg. 148 nr. 555.

Ergebnisses der Überprüfung, mit der Möglichkeit gerechnet werden, daß sie ihre früheren Aussagen nur aus Angst verleugnet haben. Wahrscheinlich war diese Revisionsinstanz in ihrer Urteilsfindung dadurch bestimmt, daß sie den Eutyches nicht als rechtgläubig ansah. Denn diese Synode legte ein Glaubensbekenntnis ab, in welchem von "zwei Naturen nach der Vereinigung" die Rede war, das heißt also, ein anti-eutychianisches Bekenntnis.

Das Verhalten des kaiserlichen Kommissars Florentios erklärt man sich am besten so, daß er unter dem Eindruck sich widersprechender Direktiven des Hofes gestanden habe. Er ließ die Versammlung zwar, wie gesagt, ihren Glauben, aber nicht das Ergebnis ihrer Untersuchung formulieren: doch sollte der Befund dem Kaiser mitgeteilt werden. Allerdings ist es anzunehmen, daß keine Beweise für eine wesentliche Verfälschung der Akten gefunden worden sind.[149]

Eutyches war mit dem Ergebnis der Untersuchung begreiflicherweise unzufrieden. Unmittelbar nach der Auflösung der Versammlung am 22. November 448 erklärte er dem Florentios, er werde jetzt an die Patriarchen von Rom, Ägypten und Jerusalem appellieren. Das tat er auch.[150] Von den Briefen, die er dazu schrieb, ist der an Leo I. erhalten.[151] Dieser Brief ist erstaunlich primitiv geschrieben. Eutyches spielt dabei die Rolle des schlichten, treuherzigen, literarisch ungewandten Mönchs. Er beschuldigt den Eusebios, daß er es nicht nur auf sein Verderben, sondern auch auf die Störung der Kirchen Gottes abgesehen habe. Trotz schwerer Krankheit und hohen Alters hätten ihn seine Feinde vor ihr Tribunal gezwungen. Er habe einen Libellus fidei überreichen wollen, aber den hätten sie nicht zu den Akten nehmen wollen.[152] Er aber habe, angesichts des Neuerwachens der nestoriani-

---

149 E. Schwartz, Prozeß 28, 89. Daß Florentios auf ein abschließendes Urteil verzichtet hatte, gab dem Archimandriten Eutyches die Möglichkeit, später noch einmal gegen die Exaktheit der Akten Einwände zu machen: ACO II 1,1, pg. 176 nr. 826; pg.. 95 22-24; ebenso während der Verhandlungen in Ephesos II: ebd. pg. 181 nr. 865.

150 Patricius Florentios hat den Bischof Flavian davon verständigt: ACO II 1,1 pg. 185 nr. 819.

151 Zwei lateinische Versionen des verlorengegangenen Originals sind noch erhalten: ACO II 4, pg. 143 nr. 108, und II 2,1, pg. 33f. nr. 6. Eutyches muß an weitere einflußreiche Männer geschrieben haben, wie z.B. an den Bischof von Thessalonich, ferner an Petrus Chrysologus von Ravenna, wie wir aus dessen zurückhaltender Antwort an Eutyches verstehen: ACO II 1,2, pg. 45/6 bzw. 3,1, pg. 6.

152 Ebenfalls in seinem Brief an die Reichssynode von 449 beklagt sich Eutyches, daß seine Appellation an die Bischöfe von Rom, Alexandrien und Jerusalem während der Sitzung (22. November 448) nicht in die Akten aufgenommen worden war: ACO II 1,1, pg. 95 '15-26'; E. Schwartz (Prozeß 88 Anm.3) meint, Eutyches habe entgegen seiner späteren Behauptung seine Appellation während der Verhandlungen gar nicht vorgebracht. Es ist aber nicht aus-

schen Häresie, es nicht verantworten gekonnt, die zwei Naturen zu bekennen, wie man es von ihm verlangt habe; vielmehr habe er sich weigern müssen, etwas zu den Beschlüssen von Nikaia und Ephesos hinzuzufügen. Vielmehr habe er gefordert, daß der römische Bischof diese Frage entscheiden müsse. Darauf sei man aber nicht eingegangen, sondern habe ein längst fertiges Urteil verlesen.[153] Ja, er sei sogar in Lebensgefahr gewesen, und sei ihr nur durch die Gebete des Adressaten und die Hilfe der Soldaten heil entronnen. Schließlich wiederholt er seine Bitte, Leo möge die Angelegenheit entscheiden und ihn vor den Verleumdungen seiner Gegner schützen.

Dieser Brief an Leo stellte eine förmliche Appellation dar. Als Beweismaterial fügte Eutyches die Klageschrift Eusebs, seinen eigenen Libellus fidei, dessen Annahme Flavian verweigert hatte, und vor allem eine Sammlung von Väterstellen bei. Von diesem Florilegium wissen wir, daß es zum großen Teil apillinaristische Fälschungen enthielt[154], wie sie damals in den Kreisen der Kyrillianer umgingen.[155] Neuere Forschungen haben ergeben, daß Kyrill der erste war, der den dogmatischen Väterbeweis in die Auseinandersetzungen eingeführt hat.

Wie weit Leo diesen Brief für bare Münze genommen hat, wissen wir nicht; er hatte aber jedenfalls keine Ursache, eine Appellation an seinen Stuhl zurückzuweisen. Eutyches jedenfalls erhielt am 1. Juni 449 eine freundliche Antwort.[156] Auch Flavian hatte an ihn geschrieben und ihm einen kurzen Bericht über die Erlebnisse der von ihm geleiteten Synode übermittelt. Infolgedessen hatte Leo immer noch keine Ursache, sich jetzt schon festzulegen, sondern wartete ab. Daß Eutyches bereit war, ihn als Appellationsinstanz anzuerkennen, wenn er ihm beistehen würde, war ohnehin selbstverständlich. Er dürfte außerdem gewußt haben, daß er nicht der einzige war, den Eutyches in dieser Weise angerufen hatte.

---

geschlossen, daß die Stimme des Eutyches im Trubel gegen das Ende der erfolglosen Verhandlung untergegangen ist.

153 Vgl. dazu noch die Eingabe des Eutyches an das Ephesinum II: ACO II 1,1, pg. 181 nr. 834. Auch der Silentiarios Magnos bestätigte die diesbezügliche Petition des Eutyches an den Kaiser, in der er vor dem magister sacrorum officiorum Martialis ein dahingehendes Zeugnis ablegt: ACO II 1,1 pg. 178 nr. 838.

154 Die Fälschungen bestritt Flavian in seinem Brief an Leo: ACO II 1,1 pg. 28/30.

155 Vgl. ACO II 2,1 pg. 34/42 nr. 7-13: ferner E. Schwartz Prozeß 88.

156 Leo Ep. 24 ad Theodosium: ACO II 4, pg. 3/4.

Dagegen hatte die Appellation des Eutyches in Alexandrien[157] mehr Erfolg. Nach einem weitverbreiteten Irrtum der dogmengeschichtlichen Betrachtung ist die Parteinahme dem Dioskoros auf die Verwandtschaft zwischen der Alexandrinischen Christologie und den Ansichten des Eutyches zurückzuführen. Vielmehr wußte Eutyches sehr wohl, daß seine Auffassung sich von der des Dioskoros grundsätzlich unterschied. Man sieht das, wenn man die Formeln, die er auf dem zweiten Konzil von Ephesos dem Dioskoros vorlegte, mit seinen sonstigen Bekenntnissen vergleicht. Damit steht es in völligen Einklang, daß Dioskoros auf dem Konzil von Chalkedon die Lehre des Eutyches ausdrücklich verwarf, weil dieser eine Verschmelzung der beiden Naturen lehre. Der Apollinarismus galt in Alexandrien genauso wenig als rechtgläubig wie der Nestorianismus.

Für den Erfolg, den Eutyches mit seiner Appellation bei Dioskoros erzielte, wird man also nicht seine zweifelhafte Christologie als Ursache angeben können. Es sind vielmehr zwei andere Gründe zu nennen. Der eine liegt darin, daß schon seit der Synode von Konstantinopel 381 die Rangordnung der Patriarchate zu einem Problem geworden war. Antiochien war dabei freilich völlig ins Hintertreffen geraten. Aber der absolute Vorrang Roms stand damals noch keineswegs fest, wie man schon daran sieht, daß Dioskoros den Titel Richter der Ökumene in Anspruch nehmen konnte.[158] Völlig unentschieden war aber

[157] Über den Brief des Eutyches an Dioskoros, den wir verloren haben, berichtet uns Liberatus Lektor in seinem Breviarium (Patrologia Latina, 65, 1010/15), Eutyches schrieb an Dioskoros und bat ihn, "seine Angelegenheit (causa) zu prüfen" (C 12).

[158] Der Titel "Richter der Kirche" oder besser "Richter der Welt" κριτὴς τῆς οἰκουμενικῆς kommt häufiger als Ehrentitel des Alexandriner Patriarchen vor. Wahrscheinlich ist er in Folge des 1.Ephesinum, präsidiert durch Kyrillos von Alex., in Gebrauch gekommen (Theodoret Balsamon über Nomocanon, PG, CIV, 1083) Die Stellung der alexandrinischen Bischöfe in den ökumenischen Konzilien ist sicherlich ein Grund für diese Bezeichnung: Alexandros und Athanasios in Nikaia 325, Thimotheos in Konstantinopel 381, Kyrillos in Ephesos 431 und Dioskoros in Ephesos 449. Es gelang den alexandrinischen Bischöfen, die Bischöfe von Konstantinopel und Antiochien abzusetzen und ihre Stühle mit neuen Bischöfen zu besetzen, wie im Falle Johannes Chrysostomos durch Theophilos, Nestorios durch Kyrillos, Flavian und Domnos durch Dioskoros. So ist es zu begreifen, daß auf dem Ephesinum II Olympios von Euaza den Dioskoros bezeichnet als sanctissimus pater noster et universalis οἰκουμενικὸς) archiepiscopus Dioscorus magnae Alexandrinae civitatis (Mansi VI, 855). Die Annotatio Rustici lautet: Nota universi archiepiescopus mundi. Als erster wurde der Bischof von Alexandrien so tituliert. Im Anschluß an das Chalcedonensum ist den Präsentationen Alexandriens definitiv ein Riegel vorgeschoben worden. Damit wandert der Titel von Alexandrien nach Konstantinopel, wo wir ihm im Jahre 518 zum ersten Mal wieder begegnen: vgl. Gelzer, Der Streit über den Titel des ökumenischen Patriarchen in: Jahrbücher f. prot. Theol. XIII Jhg. (Leipzig 1887), S.567 f.
Nicht zuletzt entstand die Bezeichnung auf Grund des Rechtes des Bischofs von Alexandrien, den Termin der beweglichen Feste und Fastenzeiten jedes Jahr für die ganze Kirche festzulegen. Aus diesem Anlaß gab er den alljährlichen Osterbrief heraus, der die entscheiden-

die Rangfrage zwischen Konstantinopel und Alexandrien.[159] Da aber die Rangansprüche Konstantinopels darauf begründet waren, daß es Reichshauptstadt und kaiserliche Residenz war, so geht es in diesem Kampf auch, wenigstens unter der Oberfläche, um die Freiheit der Kirche vom Staat. Alexandrien, das weder Reichshauptstadt war, noch die Gründung seiner Gemeinde durch Petros und Paulos in Anspruch nehmen konnte, konnte nur einen Ruhmestitel für sich in Anspruch nehmen: die Hochburg der Orthodoxie zu sein. Doch das war nicht wenig. Es genügte, den größeren Teil der orientalischen Mönche für Alexandrien zu mobilisieren, und es genügte auch, die religiöse mit der nationalen Begeisterung zu vermischen und aufs äußerste zu steigern.[160]

Die Flaviansynode hat den Beschluß von 381 wieder ins Leben gerufen und damit dem Ephesinum I. widersprochen. Nach dem 3. Kanon der Synode endemouse kommt Konstantinopel an die zweite Stelle der Rangordnung der apostilischen Stühle und wird mit Alt-Rom gleichberechtigt. Das hat den Bischof von Alexandrien empfindlich verletzt.

Der andere Grund liegt darin, daß der Patron des Eutyches, der Oberkämmerer Chrysaphios, inzwischen dazu übergegangen war, sich auch öffentlich für seinen Schützling zu verwenden. Er schrieb an Dioskoros und versprach, ihn in allen seinen Plänen zu unterstützen, wenn dieser die Angelegenheiten des Eutyches gegen Flavian betreiben wollte.[161]

Dioskoros konnte zwischen den Zeilen dieses Briefes die Anweisung lesen, er solle sich nun direkt an den Kaiser wenden, weil die Zeit dafür reif sei.[162] In diesem Sinn schrieb er an den Kaiser und bat ihn,

---

den dogmatischen Beschlüsse des vorigen Jahres enthielt. So ist nach einer freundlichen Mitteilung von Herrn Prof. Heinrich Greeven das erste offizielle Dokument mit einem Verzeichnis des Kanons im letzten Osterbrief des Athanasios († 274) versehen.

159 So verschieden in ihrem Beschluß sind in diesem Punkt die Kanones von Nikaia (6.Kanon), von Konstantinopel I, von Ephesos I, von der Synode endemousa von 448 (3.Kanon), von Ephesos II und von Chalkedon (28.Kanon).

160 Diese Deutung verdanke ich einer freundlichen Mitteilung von Herrn Prof. H. Kraft.

161 Niceph. XIV 47. Die Idee einer Reichssynode ist wohl von Eutyches ausgegangen, wie aus seinem Libellus an das Ephesinum II anzunehmen ist: ACO II 2,1, pg. 96 '6-8'. Für das kirchenpolitische Einvernehmen zwischen Dioskoros und Eutyches über die Konzilfrage vgl. Liberatus, Brevir. 12: ACO II 5, pg. 117: "... *agebat (Eutyches) apud principem universale fieri synodum*".

162 Den Konzilsgedanken muß der Apokrisiarios des Dioskoros in Konstantinopel, Anatolios, dem Kaiser persönlich unterbreitet haben.

ein allgemeines Konzil einzuberufen, das den Streit zwischen Eutyches und Flavian untersuchen solle.

Der Kaiser folgte diesem Wunsch. Die Einladungen[163] zu der von Dioskoros vorgeschlagenen Reichssynode ergingen auf den 1. August des Jahres 449 nach Ephesos. Schon die Ortswahl zeigt, daß man an das Konzil von 431 anzuknüpfen bedacht war. Die Väter von 449 sollten die Sitzungen von 431 fortsetzen.

---

[163] Die Einladungen wurden auf den 30. März 449 datiert.

Die Einberufung der Reichssynode nach Ephesos

In seinem Namen und im Namen seines Mitkaisers schreibt Theodosios an Dioskoros: "Einem jeden ist bekannt, daß die Ordnung unserer Regierung und all unsere menschlichen Dinge in der Furcht Gottes gegründet sind und festen Halt haben, und, wenn Gott gnädig ist, die Angelegenheiten sich leicht nach unserem Willen leiten lassen und ihren Fortgang nehmen. So wir also von der göttlichen Vorsehung zu herrschen eingesetzt werden, so tragen wir notwendig große Sorge um die Ruhe und den Frieden der Untertanen, daß auch unser wahrer Gottesdienst und unser Lebenswandel in aller Gottesfurcht fest gegründet sind und erstrahlen".[164]

Die Rehabilitation eines Archimandriten wäre kein hinreichender Grund gewesen, den gewaltigen und kostspieligen Apparat der Reichssynode in Gang zu setzen. Es lag dem Kaiser, oder vielmehr dem Dioskoros, der von nun an die Ereignisse dirigierte, daran, die nestorionische Häresie endgültig zu vernichten und durch diesen Triumph der Orthodoxie Alexandriens an den ihm zukommenden Platz zu rücken: "Also auch jetzt, da plötzlich eine Streitfrage aufgetaucht ist wegen der apostolischen Lehre von der Bewahrung unseres orthodoxen Glaubens[165], welche vielleicht, indem sie zu verschiedenen Ansichten hinlenkt, die Empfindungen und die Seelen der Menschen verwirrt und aufregt, haben wir es nicht für gut gehalten, eine solche Verwirrung bestehen zu lassen … und darum haben wir befohlen, daß, wenn sich die heiligen und gottliebenden Männer versammeln, damit … der unnütze Streit geschlichtet werden soll, der wahre, rechte und Gott wohlgefällige Glaube aber gefestigt werde.
Deine Heiligkeit möge also sowohl zehn heilige Metropoliten aus derselben Provinz mit sich nehmen als auch zehn andere ehrwürdige Bischöfe[166], und sich zu den Kalenden[167] des August, der nahe bevorsteht, nach Ephesos begeben".[168] Der Kaiser stand in vollem Einvernehmen mit Dioskoros über die Frage des Abschlusses der Dogmatisierung für alle Zeiten und ihre Bewährung gegen etwaige Neuerun-

---

[164] J. Flemming, Akten der Ephesinischen Synode v. 449, Berlin 1917; S.2 '1-12'; vgl. Mansi VI 588, ACO II 1,1, pg. 68/9 nr. 24; pg. 71 nr. 47. 48; Labbé-Cossart IV 99; Hardouin II 72.

[165] εἰς τὴν τοῦ ἀποστολικοῦ δόγματος τῆς ἡμετέρας ὀρθοδόξου πίστεως παραφυλακήν.

[166] J. Flemming, ebd. 3 '12-40', 5 '5-9'.
G. Hoffmann weist auf andere Übersetzungen der Theodosios-Briefe an Dioskoros, die weitere ergänzende Manuskripte des Britischen Museums beinhalten: J. Flemming, ebd. S.163.

[167] καλανδῶν.

[168] J. Flemming, ebd. 3 '26-28'.

gen: "Die Lehre des rechten und wahren Christus, unseres Heilands, erleuchte und werde zur Gewohnheit gefestigt in wohlgefälligem Glauben, den alle Menschen für spätere Zeiten unerschüttert bewahren sollen, so wird Gott sich deswegen gnädig erweisen".[169]

In Vorwegnahme der Ergebnisse wurde Dioskoros, wie er es gewünscht hatte, vom Kaiser zum Vorsitzenden des Konzils bestellt.[170] Da Dioskoros hier so unverhüllt seine Wünsche gezeigt hatte, wundert es uns nicht, daß auch seine anderen Maßnahmen ihre Ziele offen zu erkennen gaben: "Weil es nun aber möglich ist, daß einige von denen, die der Ansicht des Nestorios sind, sich für diesen bemühen, daß er unter allen Umständen zur heiligen Synode komme, darum haben wir notwendigerweise erwogen, uns dieses oberherrlichen Schreibens an deine Frömmigkeit zu bedienen". Der fromme Grundsatz des Kaisers Theodosios, die Synode sich selbst zu überlassen und höchstens für die äußere Ordnung zu sorgen, stützt sich auf die rechte Weisung der Kirche: "In dem wir uns an die Kanones der heiligen Väter halten, übertragen wir deiner Frömmigkeit den Vorsitz und die höchste Gewalt (αὐθεντία), und nicht nur betreffs Theodorets, sondern auch über alles andere, was die heilige, jetzt versammelte Synode angeht".[171] Dioskoros hat allerdings das Präsidium nicht allein auszuüben: "Wir sind wahrhaftig überzeugt, daß auch die gottliebenden Erzbischöfe

---

169 J. Flemming, ebd. 5 '13-16'.

170 Dioskoros und der Vorsitz des Ephesinums.
Vgl. den Brief an den comes sacri consistoril: ACO II 1,1, pg. 72 '21-23'; vgl. ferner den syrisch erhaltenen Brief an Dioskoros vom 6. August 449: J. Flemming, Ephes. Syn. 449, pg. 5 '25-28'.
Nachdem Alexandros von Alexandrien und sein Archidiakon Athanasios auf dem Nicaenum (325) die theologische Führung in Händen gehabt hatten, fiel die Leitung der allgemeinen Konzile bis zur Reichssynode von 449 in die Hand des alexandrinischen Bischofs. So sollte Timotheos das Konstantinopolitanum (381) leiten (kam jedoch zu spät in Konstantinopel an). Kyrillos führte den Vorsitz auf dem Ephesinum I. (431). Auch Dioskoros hatte bereits 447 einer Synode vorgestanden. Kaiser Theodosios II. wollte offensichtlich (siehe Einberufungsdekret) das Ephesinum II als Fortsetzung des Ephesinum I einberufen und so auch den Dioskoros als Nachfolger des verstorbenen Vorsitzenden und Symbol der Orthodoxie mit dem Präsidium beauftragen. Auch die Synodalen sahen in Dioskoros und Kyrillos eine Person: vgl. die Zurufe im Anschluß an die Sitzung der Reichssynode (Mansi VI 54,56 = ACO II 1,1, pg. 101 '226'). Dioskoros hatte sozusagen das Konzil ex officio leiten sollen.)
Die Belege und Vorgänge zeigen somit, dan der Vorsitz dem Dioskoros in der rechtmäßigen und sonst gültigen Weise vom Kaiser übertragen worden war. Der Vorwurf, Dioskoros habe sich den Vorsitz angemaßt, ist damit hinfällig: vgl. Maaßen, l.o.92. Funk, Der römische Stuhl und die allgemeinen Synoden des christlichen Altertums. Theol. Quartalsschrift 1882 und 1901. Kirchengeschichtliche Abhandlungen und Untersuchungen, 3 Bd., Nachtrag (S.406-439); Haase 219/20. Außer Dioskoros gehörten noch Juvenalios und Talassios zum Präsidium (s.o.); Lib. 607; E. Honigmann, Juvenal 232.

171 Nach der syrischen Übersetzung: "und zwar indem kein anderer außer denen, die befohlen sind, die heilige Synode belästigen darf" (J. Flemming, ebd. 3 '28-29').

Juvenalios und Thalasios mit deiner Heiligkeit ... einer Meinung sein werden".[172]

Die weiteren Schritte, die der Kaiser hinsichtlich des Konzils unternahm, zeigen seine besondere Sympathie zu den Mönchen. "Das in Ephesos bestätigte Nicaenum soll keinen Zusatz und keine Minderung erfahren, sondern wir wollen vielmehr, daß die, die sich nicht daran halten, unter eurem Gericht stehen".[173]

Am 14. Mai schrieb er an den Presbyter und Archimandriten Barsumas und lud ihn ebenfalls zu der Synode ein.[174] Tags darauf ging ein kaiserlicher Brief an Dioskoros als den Vorsitzenden der Synode und bat ihn darum, den frommen Archimandriten Barsumas bei der Synode zuzulassen.[175] Daß ein Mönch eigens zur Teilnahme an einer Reichssynode aufgefordert wurde, war eine völlige Neuerung.[176] Barsumas sollte dabei das Mönchstum als Ganzes vertreten. Was man sich von der Teilnahme des Barsumas versprach, geht aus dem kaiserlichen Schreiben hervor: ... es sei ihm wohlbekannt, in welchem Kampf für den orthodoxen Glauben die frommen und heiligen Archimandriten in den orientalischen Gebieten stünden, und daß sie keine Gemeinschaft mit gewissen Bischöfen haben wollten, die von der Häresie des Nestorios befallen seien. Das gläubige Volk stehe dabei auf Seiten der Archimandriten. Da Barsumas in diesem Kampf sich besonders ausgezeichnet habe, so solle er an Stelle aller Archimandriten des Orients auf der Synode erscheinen und mit den anderen heiligen Vätern die Dinge ordnen.[177]

---

172 Ebd. 5 '18-25'.

173 Ebd., 5 '28-35'. (Die syrischen Akten ordnen die Briefe des Kaisers anders als die griechischen!)

174 Wortlaut des Einladungsschreibens in ACO II 1,1, pg. 68 nr. 24; pg. 71 nr. 48. – Für Leben und Persönlichkeit des Barsumas sei hingewiesen auf F. Nau, in: Dict. The. C 2, 434/5; S. Grébaut, Vie de Barsoma le Syrien, in Rev.OrChr 13 (1908) 337/45; 14 (1909) 135/42. 264/75. 401/16. – E. Honigmann, Le Couvent de Barsauma et le Patriarcat Jacobite, in CSCO 146, 7, Louvain 1954.

175 ACO II 1,1 pg. 71 nr. 48.

176 Vgl. E. Stein, Spätrom. Reich 1, 463. – Das Novum, einen Mönch zu einem Konzil einzuladen, ist wohl auf die steigende Bedeutung des Mönchstums zurückzuführen, wie es auch H. Bacht in Chalk. 2, 225 darstellt.

177 Barsumas nahm tatsächlich in dieser Eigenschaft an der Synode teil, so daß sein Name bei den Unterschriften der wichtigsten Beschlüsse der Synode erschien (z.B. der Rehabilitation des Eutyches und Absetzung des Flavianos). Für weitere Einladungen an Archimandriten vgl. J. Flemming, Ephes. Syn. 449, pg. 13/4.

Auch der dritte Brief, den der Kaiser an Dioskoros schrieb[178], durfte von diesem suggeriert gewesen sein. Er ordnete nämlich an, daß der gefährlichste seiner Gegner, Theodoret, dem Konzil fernzubleiben habe[179]: "Wir haben unser kaiserliches Antlitz von ihm abgewandt, weil er sich erdreistet hat, Schriften zu verfassen wider die, die Kyrillos, heiligen Andenkens, geschrieben hat".[180] Um ganz sicher zu gehen, wurde dabei auch befohlen, daß nur die ausdrücklich eingeladenen Bischöfe auf der Synode erscheinen dürften.[181] Damit waren alle unvorhergesehenen Möglichkeiten ausgeschlossen[182] und ein Verlauf der Verhandlungen nach den Wünschen des Dioskoros garantiert.[183]

Der römische Bischof dürfte von Kaiser mit der allgemeinen Einladung vom 30. März bedacht worden sein. Leo antwortete am 19. April. Die Antwort ist zurückhaltend. Der Papst lobt, wie sich das gehört, den kaiserlichen Glaubenseifer und berichtet, daß ihm der Grund der Zwietracht zwischen Eutyches und Flavian unbekannt sei. Eutyches habe sich über Flavian bei ihm beklagt, und Flavian habe ihm einen kurzen Bericht gegeben, der ihm keinen hinreichenden Aufschluß verschafft habe; darum habe er diesen um nähere Auskunft gebeten. Diese Angaben werden wohl – sieht man davon ab, daß der Papst erheblich besser orientiert Gewesen sein dürfte, denn er hatte bereits seine Hände im Spiel – zutreffend gewesen sein, vor allem darin, daß Flavian noch nicht ausführlich geschrieben hatte. Von diesen kamen nun bald nacheinander zwei Briefe an.[184] Der erste enthält den angeforderten ausführlichen Bericht über die Synode; der zweite bittet um die Unterstützung des Papstes dafür, daß der Konzilsplan vereitelt werde; Eutyches habe die Lehren Valentins und Apollinarios erneuert, und der römische Bischof möge doch dessen Häresien seinen Bischö-

178 J. Flemming, Ephes. Syn. 449, pg. 5; ACO II 1,1, pg. '1-3'.

179 Theodoret stehe seit einem Jahr (18. Februar 448) unter dem Urteil des "*Magister militum per Orientum*", er habe seine Bischofsstadt fürderhin nicht zu verlassen: Theodoret, Ep. 82: PG 83, 1264 BC; vgl. auch S. 12: ACO II 1,1, pg. 69 '1-3'. J. Flemming, Ephes. Syn. 449, pg. 5.

180 J. Flemming, ebd.

181 J. Flemming, ebd.

182 J. Flemming, ebd.

183 J. Flemming, ebd., 5 '18-29'; ACO II 1,1 pg. 68 '23-24'.

184 ACO II 1,1, pg. 36-42; II 3, 1, pg. 7/11; unter den Briefen Leos: Ep. 22: PL 54, 724/8.

fen bekannt machen.[185] Darauf antwortete Leo mit der berühmten Epistula dogmatica ad Flavianum.[186]
Das Vorgehen des Papstes läßt keinen Zweifel daran, daß auch er in dieser Angelegenheit als Richter aufzutreten wünschte. Er hatte die genaue Darstellung der Vorgänge eigens darum angefordert, wie er angibt, um richten zu können.[187]
Gegen das Zusammentreten des Konzils, zu dem bereits eingeladen worden war, konnte natürlich auch er nichts mehr unternehmen. So schickte er den Bischof Julius (Julianos) von Puteoli, den Presbyter Renatus und den Diakon Hilarius[188] als Vertreter. Die Gesandtschaft verließ Rom an 13. Juli 449. Der Papst hatte ihr ein Sendschreiben an die Synode, das mit seiner Epistula dogmatica ad Flavianum identisch war, mitgegeben, ferner viele Briefe an einflußreiche Männer, vor allem an Mönche[189], in der Hauptstadt.
Weitere Aufträge dürfte er ihr mündlich erteilt haben. Er schrieb erst am 24. Juni an den Kaiser, um seine Legaten anzukündigen.[190] Am 15. Juli sandte er dann noch einen Brief an die Synode, um seine Vertreter zu beglaubigen.[191]

---

185 Eutyches hat wohl für seine Sache bei weiteren italienischen Autoritäten propagiert (s.o Anm. 151), daher bittet Flavian den römischen Papst, seine Bischöfe in seinem Sinne neu zu unterrichten.

186 Ep. 28, im gleichen Sinne seines Tomus an Flavian schreibt Leo am 24.Juni 448 an Julianos von Quah bei Konstantinopel. Die Epistula dogmatica mit ihrem "*duabus naturis*" bot dem Patriarchen Flavian einen ausreichenden Rückhalt, daß er als einziger die Christologie der Synodos endemousa bis zum Ende vertreten hat. Beide Christologien, Leos und Flavians, wurden berücksichtigt in Chalkedon und als orthodox anerkannt. Bei der Formulierunng des chalkedonischen Symbols spielen sie jedoch eine viel geringere Rolle, als man oft annimmt. Siehe die weiteren Ausführungen unten!

187 Anhand dieses Briefwechsels darf man keine Primatsidee oder sonstige Vorrangstellung des römischen Bischofs ableiten (wie Rahner, in Chalk. I 329); denn dieses ist "keineswegs die relatio im Sinne der römischen Doktrin, sondern eine Benachrichtigung im Sinne des alten zwischenkirchlichen Briefverkehrs" (Caspar, Papsttum 1, 473). Hier handelt es sich besonders darum, daß jede Partei der gespaltenen Kirche v. K'pel möglichst mehr Unterstützung vom Ausland gewinne.

188 Späterer Papst.

189 Leo, Ep. 32 ad Faustum et Martinum ACO II 4, pg. 11/2; der Brief an Faustos (Ep. 72 ed. pd 5/6) wird von E. Caspar, Papsttum 1, 471 Anm.3, im Anschluß an C. Silva Tarouca in das Vorjahr 448 verlegt. Leo folgte dem Beispiel Kyrills nach, vgl. Cyrill. Al., Ep. 19. 23. 26. 64.: PG 77, 125, 132. 140. 327. Es ist sonst nirgends in der Kirchengeschichte so deutlich, wie jeder Kirchenfürst versucht, die Mönche um sich zu gruppieren – wie in dem Kampf zwischen Ephesos I und Chalkedon.

190 Ep 21.

191 Der Strom von Briefen, den Leo vor der Synode über die Streitfragen herausgehen ließ, zeigt wieder, wieviel mehr Leo hier Vorbild genommen hat an Kyrill von Alexandrien als an den römischen Päpsten.

Hier ist die Feststellung wichtig, daß Leo mit seinen Briefen an den Kaiser und an die Synode und durch die Entsendung von Legaten das Konzil von vornherein anerkannt hat. Denn später, auf der ersten Sitzung von Chalkedon, hat der Papst diese Anerkennung bestritten.

Der Kaiser beauftragte Elpidios und Oulag, als seine Kommissare an den Sitzungen teilzunehmen. In der Anweisung an sie steht ausdrücklich, daß die Richter auf der Synode von Konstantinopel – damit ist Flavian gemeint – zu schweigen hätten. Fernerhin wurde Proklos, der Statthalter von Kleinasien, beauftragt, der Synode jede nötige Hilfe zu leisten.[192] Der Kaiser war der Meinung, durch dieses zweite ephesinische Konzil die christologischen Ansichten des ganzen Reiches vereinheitlichen zu können und damit die Rückstände zu beseitigen, die vom ersten Konzil noch übrig geblieben waren.[193]

Wenn Dioskoros auch auf Grund des kaiserlichen Befehls die Leitung der Synode innehatte, so teilte er sich, wie gesagt, die Aufgaben der Geschäftsführung mit anderen Amtsgenossen. Das bedeutete, daß die Vorgänge auf diesem Konzil ihm nicht allein zur Last gelegt werden können. Diesen Umstand hat auch die Synode von Chalkedon bei ihrer Revision anerkannt; sie nennt sechs Bischöfe "die Häupter der vorhergehenden Synode".[194] Dabei handelte es sich außer Dioskoros um Juvenarios von Jerusalem und um Thalassios von Kaisareia; dazu kommen drei Bischöfe von der Gegenseite, Eusebios von Ankyra, Eustachios von Berytos und Basileios von Seleukeia.

Da die Römer später behauptet haben, sie seien auf dieser Synode nicht zu Wort gekommen und diese Behauptung allgemeinen Glauben gefunden hat, muß zur Richtigstellung darauf hingewiesen werden,

---

[192] Das bedeutet unter anderem, daß auch repräsentative Truppen des Heeres sich während des Konzils um die Kirche herum aufhalten. In besonderen Fällen durften sie mit beschränkter Macht eingreifen, um Ruhe und Sicherheit zu bewahren. So war es zu jedem Konzil seit Nikaia und Ephesos I. Auch auf der Synode endemousa mußten sich Soldaten und Beamte des Gardepräfekten einschalten und haben sich erst zurückgezogen, nachdem sie das Versprechen erhalten hatten, daß Eutyches die Sitzung unverletzt verlassen konnte. Die bewaffnete Garde, die mit Eutyches auf der endemischen Synode erschien, mochte ihn auch zum Reichskonzil begleitet haben. In Chalkedon waren die Soldaten besonders aktiv (Theopistos 281). Vgl. die Schilderung der Sitzungen unten.

[193] Ebd.; vgl. oben Anm. 169.

[194] Mansi VI, 1041 ACO II 1 S.195; Vgl. die Schilderung der 1. Sitzung bei Hefele II, 405-420. Die Zeugnisse sollen gegen die allgemeine Vorstellung von der Rolle des Dioskoros in Ephesos II gehen. Es heißt zum Beispiel bei Seeburg: "Allein Dioskoros herrschte auf der Synode durch brutalen Schrecken, und fast alle ließen sich einschüchtern" (DG II 265). Bei einem Bischof wie Juvenalios, dem zweiten Vorsitzenden des Konzils, ist die Annahme, er habe seine Meinung nur abhängig von Dioskoros geäußert, unwahrscheinlich.

daß Julianus, der bischöfliche Legat, unmittelbar neben Dioskoros gesessen hat. Er hat sich an der dogmatischen wie der disziplinären Auseinandersetzung beteiligt, und wir finden nirgends in den Akten einen Hinweis dafür, daß er aus irgendeinem Grund bei irgendeiner Gelegenheit protestiert habe.

Die Zweite Ephesinische Synode von 449

Die erste Sitzung:
Die Revision der Akten der Synodos endemousa – Rehabilitierung des Eutyches und seiner Mönche – Verurteilung Flavians.

Das Konzil wurde am 8. August 449 in der Jungfrauenkirche, dem Tagungsort des vorhergehenden Konzils, unter Teilnahme von rund 140 Bischöfen[195] eröffnet. Die Sitzungsordnung war noch der Rangliste vorgenommen; auf den Vorsitzenden Dioskoros von Alexandrien folgten Julianos von Puteoli als Vertreter des römischen Bischofs, Juvenalis von Jerusalem, Domnos von Antiochien, Flavianus von Konstantinopel, Stephanos von Ephesos und Thalassios von Kaisareia in Kappadokien. Unter den übrigen Bischöfen befanden sich 20 ägyptische Suffraganbischöfe, die Dioskoros nach Anweisung des Herrschers[196] mitgebracht hatte. Von den sonstigen Teilnehmern muß der Diakon Hilarus besonders genannt werden; der dritte Legat, der Presbyter Renatus, war unterwegs gestorben. Natürlich war auch Barsumas erschienen und hatte eine große Zahl syrischer Mönche mitgebracht, die sich zu den ägyptischen Mönchen gesellten[197], die den Dioskoros außer den Parabolanen, seiner Privatarmee, begleitet hatten.[198]

Den eigentlichen Verhandlungen des Konzils ging eine Debatte um die Geschäfts- und Tagungsordnung voraus. Zunächst sprach Presby-

---

195 Vgl. E. Honigmann, The Original lists of the Members of the Council of Nicaea, the Robber-Synod and the Council of Chalcedon: Byzn 16 (1944) 20/80, vor allem 34/37.

196 J. Flemming, Akt. Ephes. Syn. 449, 5, 3 '23-24'.

197 Die Streitfragen des orientalischen Mönchstums gehörten zu den wichtigsten Punkten auf der Tagesordnung: vgl. den Brief des Kaisers an Barsumas: ACO II 1,1, pg. 71 nr. 47-48; J. Flemming, Ephes. Syn. 449, pg. 7 '17'. Das veranlaßte viele Mönche, sich zur Zeit der Synode nach Ephesos zu begeben. E. Caspar, Papsttum 1, 448. H. Bacht in seinem Beitrag "Die Rolle des orientalischen Mönchstums" in dem Werk 'Das Konzil von Chalkedon' 2, 225, ist geneigt zu glauben, daß die Streitpunkte der orientalischen Mönche erst im Laufe des Monats Mai 449 auftauchten, als das Konzil schon einberufen war, und nachträglich dem Programm hinzugefügt worden seien; er meint, daß die Daten der kaiserlichen Briefe an Barsumas (14.Mai), an Dioskoros (15.Mai) und an die Synode selbst (17.Juni) darauf hindeuten. Die "1000 fausttüchtigen Mönche" des Barsumas, von denen Häusle in Wetzer-Welte, Kirchenlexikon 1, 2046/7 spricht, sind natürlich eine Legende, die an den Ausruf der Bischöfe in Chalkedon anknüpft; vgl. ACO II 1,2, pg. 115 nr. 78; H. Bacht in Chalk. 2, 227.

198 E. Caspar, Papsttum 1, 448; vgl. Anm. 49.

ter Johannes von Alexandrien, der Hauptschriftführer[199], von dem Wunsch der Kaiser, auf dieser Synode die Lehren genau zu untersuchen und die Religion nach den Beschlüssen der Synoden von Nikaia und Ephesos zu bewahren. Danach las er die kaiserlichen Dekrete und den Brief an Dioskoros vor. Die des Griechischen kaum mächtigen römischen Legaten erklärten nun, daß sie Briefe des römischen Bischofs an die Synode mitgebracht hätten.[200] Dioskoros antwortete und sprach von seiner Bereitschaft, diese Briefe entgegenzunehmen: "Wir nehmen an, was Seine Heiligkeit, unser Bruder und Genosse im bischöflichen Amt Leo geschrieben hat." Während die Briefe vorgelegt wurden, erklärte der Hauptschriftführer, daß noch weitere kaiserliche Dekrete zu verlesen seien. So kam es, daß der Brief Leos zwar ausgehändigt, aber nicht vorgelesen wurde. Denn Juvenalios von Jerusalem griff nun ein und schlug vor, zuerst die noch ausstehenden kaiserlichen Briefe vorzulesen, damit der Gang der Verhandlung die vom Kaiser vorgeschriebene Reihenfolge einhalten könne.[201] Infolgedessen kam jetzt das Dekret des Kaisers an Dioskoros, das Barsumas betraf, zur Verlesung.[202] Juvenalios konstatierte, daß der Wunsch der frommen Kaiser den Barsumas zur Teilnahme berechtige.

Nunmehr fragte Dioskoros die kaiserlichen Kommissare, ob noch weitere Schriften des Herrschers vorlägen. Die Kommissare lasen das Dekret an die Bischöfe vor. Danach schlug Thalassios von Kaisareia vor, daß alles, was nicht das Dogma betreffe, später behandelt werden solle, und der römische Vertreter war damit einverstanden.[203]

Damit konnten die eigentlichen Verhandlungen beginnen. Dioskoros erinnerte daran, daß die Synode den vorausgegangenen Streit, daß heißt den Prozeß des Eutyches, untersuchen und beurteilen solle. Das Konzil habe also nicht die Aufgabe, das Dogma neu zu formulieren, sondern es solle untersuchen, ob die kürzlich erschienenen Glaubenserklärungen – da sind die des Flavian und des Eutyches – mit den Entscheidungen von Nikaia und Ephesos übereinstimmten. "Zwei Konzilien der Zahl nach", sagte Dioskoros, aber "eines im Glauben".[204] Die Versammlung antwortete darauf, indem sie rief, jeder sei

[199] Siehe Syrische Akten 9 '30'. Jeder Bischof hatte noch seinen eigenen Schriftführer.
[200] ACO II 1,1, pg. 90 nr. 155-156.
[201] Ebd.
[202] S.o. Anm. 175.
[203] Vgl. al-Birmāwī, Baṭal al-Orthodoxiyya al-ʿazīm, Kairo 1958, S.47 mit Berufung auf Mansi VI 625 und 908 ff. Ferner Theodoret ep. 113, 147; Nestor. Leb. Herschid p. 473 ff.
[204] Vgl. al-Birmāwī, ebd., S.58 mit Berufung auf Mansi VI 626, 628, 643; Es fällt bei Dioskoros besonders auf, daß er das Konstantinopolitanum völlig ignoriert. Vgl. u. Die Alexandri-

im Banne, der von dem Glauben der Väter etwas wegnehme oder ihm hinzufüge.[205]

Jetzt griff der kaiserliche Kommissar Elpidios ein und veranlaßte die Vorführung des Eutyches. Juvenalios begrüßte ihn und forderte ihn auf, seinen Glauben zu erklären und zu verteidigen. Eutyches übergab eine schriftliche Darlegung, die diesmal[206] vorgelesen wurde. Sie begann mit den Worten: "Ich empfehle mich dem Vater, dem Sohne und dem Heiligen Geist und eurem wahren Urteil".[207] Unter anderen anathematisiert Eutyches ausdrücklich all diejenigen, die von der Verschmelzung der Menschheit Christi mit seiner Gottheit, und diejenigen, die lehren, daß der Leib des Herrn vom Himmel herabkam ... Auch Mani, Valentinos und Apollinarios hat er namentlich verworfen.[208] Im Anschluß an die Verlesung erhob Eutyches mündlich Klage über die Angriffe durch Euseb von Dorylaion und über seine Verurteilung durch Flavian. Er versicherte, daß sein Glaube mit dem Vorgelesenen und mit der Lehre der Väter von Ephesos übereinstimme.[209]

Daraufhin beantragte Flavian, Euseb von Dorylaion solle kommen und sich zu den Vorwürfen des Eutyches äußern. Aber der kaiserliche

ner haben diese Synode bisher noch nicht anerkannt: cf. Theodoreti ad Flavianum, Ep. 86; Tim. Alex. ad Syn. Aquil (Lequien, I, 16-17), da sie Alexandrien an den dritten Rang unter den Patriarchen zurückstellte. Ebenfalls hat der römische Episkopat sie (vielleicht auch wegen Rücksichtnahme auf Alexandrien!) zunächst nicht anerkannt. Daher galt die Synode von Konstantinopel in staatlicher Sicht noch nicht als "allgemein". KaiserTheodosios spricht in seinen Dekreten nur von dem Nicaenum und dem Ephesinum. Allerdings rechnet die Koptische Kirche jetzt diese Synode zu den von ihr anerkannten vier Allgemeinen Konzilien, nämlich Nicaenum (325), Konstantinopolitanum (381), Ephesinum I (431) und Ephesinum II (449). Nach unseren bisherigen Kenntnissen wissen wir nicht, wann die koptische Autorität die Synode kanonisiert hat. Schon Severos rechnet in seiner Konzilien-Geschichte das Konstantinopolitanum als das zweite ökumenische Konzil. Auch Rom hat die zweite allgemeine Synode später (mit Chalkedon) anerkannt. Gregorius von Rom vergleicht die vier Konzilien (von 325, 381, 431 und von 451) mit den vier Evangelien.

205 Das war das Schlagwort der "Traditionalisten" im Gegensatz zu den "Revisionisten"; es wiederholt sich im Protokoll bei jeder Gelegenheit.

206 Vgl. ähnliches Verhalten des Eutyches auf der endemischen Synode von 448; s.o. S. 29.

207 Al-Birmāwī, Baṭal al-Orthodoxiyya al-ʿazīm (fortan kurz: al-Birmāwī) S. 49ff.

208 Ebd.

209 Die Frage nach der Orthodoxie war zugleich eine Frage nach der Gebundenheit an die Tradition. Es fällt dem Leser der Akten der Synoden von 448 bis 541 auf, wie es darauf ankam, ob eine Lehre als eine "Erneuerung" gilt, oder ob sie sich bei den "Vätern" nachweisen läßt. Daher versteht sich, daß Eutyches immer wieder betont, er habe nicht anders gelehrt als die Väter von Nikaia und Ephesos. Darin lag auch der Ausschlag für seine Rehabilitierung. Aus einer vergleichenden Studie der Christologie des Eutyches, die allerdings nur spärlich überliefert ist, geht deutlich hervor, daß Eutyches für seine Prozesse ein Bekenntnis (oder mehrere) ausgearbeitet hat, das sich an der Tradition orientiert, um sich der Situation anzupassen. Inwieweit sein schriftliches Bekenntnis mit seinem inneren Glauben übereinstimmt, ist eine Frage, die der Richter – menschlich gesehen – nicht nachforschen kann.

Kommissar erhob Einspruch. Er begründete ihn damit, daß nach dem Befehl des Kaisers die früheren Richter diesmal Angeklagte sein sollten.[210] Dioskoros pflichtete dem bei. Abermals forderten Loes Legaten, daß der Brief des römischen Bischofs vor den Prozeßakten verlesen werden solle. Dagegen protestierte Eutyches. Er erinnerte daran, daß die Legaten bei Flavian abgestiegen seien und darum nicht unparteiisch sein könnten, und der Synode schien diese Begründung ausreichend zu sein.[211]

Damit konnte die Verlesung der Prozeßakten einsetzen. Die Berichte geben ein deutliches Bild von der suggestiven Weise, in der Dioskoros die Ereignisse lenkte.[212] Als man beim Verlesen an eine Stelle kam, wo Basilios von Seleukia und Seleukos von Amaseia von den zwei Naturen Christi nach der Inkarnation gesprochen hatten, brach ein Sturm aus: "Laßt niemanden den Herrn nach der Vereinigung zwei heißen!" "Teile nicht den Unteilbaren!" "Das ist Nestorianismus!" "Seid einen Augenblick still!", sagte Dioskoros. "Wir wollen noch mehr Blasphemie hören. Warum werfen wir dem Nestorios allein Häresie vor? Es gibt noch viele Nestorios'!".[213]
Die Verlesung geht weiter und kommt an eine Stelle, an der Eusebios den Eutyches fragt: "Glaubst du, Archimandrit, an zwei Naturen?" Ein neuer Entrüstungssturm bricht aus: "Weg mit Eusebios, verbrennt ihn! Laßt ihn in zwei Teile geteilt werden, wie er geteilt hat!" – Nun fragt Dioskoros: "Könnt ihr es ertragen, wenn von zwei Naturen nach der Inkarnation gesprochen wird?" "Anathema sei, wer das behauptet!" "Ich brauche eure Stimme und eure Hände!", verlangt Dioskoros, und abermals erklingt das Anathema.[214] Darauf wird ein Schriftstück, das Eutyches formuliert hatte, mit Beifall gehört. "Wir nehmen dies an!", sagt Dioskoros. "Das ist der Glaube der Väter!", rufen die Bischöfe. "Von welchem Glauben sagt ihr, daß er mit dem Glauben der Väter übereinstimmt?", fragt Dioskoros. "Vom Glauben des Eutyches; Eusebios ist ein Lästerer".[215] Man kommt an einen Satz, in dem Eutyches

---

210 Mansi 685; ACO II 1,1, pg. 90/1. 94/6 nr. 157. 185; Pg. 96 nr. 189. Durch den Ausschluß von Eusebios sollen eventuelle Verwirrungen vermieden werden.

211 Dioskoros und die Konzilsväter berichtigen die Reihenfolge, in der die Akten verlesen werden sollten, entsprechend, um sich ein möglichst objektives Bild über die Ereignisse zu verschaffen. Der Brief Leos beinhaltete eine Beurteilung des Vorfalles, wie Eutyches auch mit voller Berechtigung darauf aufmerksam gemacht hat. Vgl. Mansi VI, 649; ACO II 1,1, pg. 99.

212 Vgl. auch dazu noch al-Birmāwī, ebd. S.52, mit Berufung auf Mansi VI, 685.

213 Vgl. dazu al-Birmāwī, ebd. mit Berufung auf Mansi VI, 737.

214 Vgl. al-Birmāwī, ebd. mit Berufung auf Mansi VI, 740.

215 Al-Birmāwī, ebd.

sagt: "Ich bekenne, daß unser Herr aus zwei Naturen vor der Inkarnation war; aber nach der Inkarnation bekenne ich nur eine Natur". "Wir sind alle damit einverstanden", sagt Dioskoros, und "wir sind einverstanden", antwortet das Konzil.[216]

Die Stimmung wurde immer erregter. Man kam nun an einen Satz des Basileios von Seleukeia, in dem er erklärt, die Behauptung, beide Naturen seien nach der Inkarnation vereinigt, sei gleichwertig mit der Behauptung, die beiden Naturen seien vermischt oder verschmolzen.[217] Darauf sprang ein Bischof auf und rief: "Das stürzt die ganze Kirche!" Die Ägypter und die syrischen Mönche schrien: "Teilt den in zwei Teile, der zwei Naturen sagt! Er ist ein Nestorianer!".[218] Der Angegriffene Basileios versucht noch einmal, zur sachlichen Diskussion zurückzulenken. Er ist unsicher, ob die Worte in der verlesenen Form überhaupt von ihm gesagt worden seien. Jedenfalls habe er gemeint, daß die Zufügung des Wortes "inkarniert" zu dem Begriff "Natur" nach der Art den Kyrillos bedeutet, daß die Formel "eine Natur" eine Verschmelzung aussagt. Juvenalios fragte ihn, ob seine Äußerungen in den Akten falsch wiedergegeben seien. Basileios antwortete: "Ich kann mich nicht mehr darauf besinnen."[219]

Man kann verstehen, daß Basileios es mit der Angst zu tun bekommen hatte. Als das Konzil von Chalkedon zwei Jahre später tagte, da konnte Basileios seine alte Formel von 448 hervorholen und erklären, daß er in Ephesos zur Zurücknahme gezwungen worden sei. Doch war es die allgemeine Stimmung gewesen, die ihn gezwungen hatte; der Zwang war nicht von einem einzelnen ausgegangen. In Ephesos erklärte er jedenfalls: "Ich glaube an den Glauben der heiligen Väter von Nikaia, der vom Ephesinischen Konzil wieder erneuert wurde; ich widerspreche jedem, der nicht wie die von Nikaia oder Ephesos festgelegte Formel versteht, und ich verdamme jeden, der den einen Christus in zwei Naturen, zwei Wesen oder zwei Personen nach der Vereinigung teilt. Ich bereue meine Aussage und mein Bekenntnis, das ich in Konstantinopel vorgebracht habe, und ich bete die eine Natur der Gottheit des eingeborenen Sohnes an, der Mensch wurde durch die Inkarnation".[220]

---

216 Vgl. al-Birmāwī, ebd, mit Berufung auf Mansi VI, 744.
217 ACO II 1,1, pg. 179, 181 '7-12'; vgl. auch 93 '17-39'.
218 Ebd.
219 Vgl. al-Birmāwī, ebd. 52/53 mit Berufung auf Mansi VI, 748.
220 Vgl. al-Birmāwī, ebd. mit Berufung auf Mansi VI, 828.

Dem Bischof Seleukos von Amaseia ging es nicht besser. Auch er mußte sein früheres Bekenntnis zurücknehmen und sich rückhaltlos für die eine Natur nach der Vereinigung aussprechen und jeden anders Denkenden verfluchen.[221] Es war verständlich, daß nach diesen Vorgängen niemand mehr Lust hatte, gegen Eutyches aufzutreten; auch Flavian nicht. Der Patriarch war völlig in die Defensive gedrängt und beschränkte sich darauf, sein Bekenntnis als rechtgläubig und das des Eutyches als falsch zu bezeichnen, weigerte sich aber, an der Sachdiskussion teilzunehmen, sondern verwies immer wieder auf die Diskrepanz zwischen den jetzigen Aussagen des Eutyches und den Prozeßakten. "Die Akten sind genau untersucht worden, und man hat keine Fälschung gefunden; die beiden Bischöfe Thalassios und Eusebios wissen es." Thalassios wollte aber nicht in die Katastrophe hineingezogen werden. Er sprang auf und rief dem Flavian erregt zu: "Keiner hat dich am Reden gehindert. Wenn du etwas weißt, was deine Ansicht unterstützt, dann sprich jetzt".[222]

Es ließ sich vorhersehen, daß Flavian beabsichtigte, den Spruch des Konzils anzufechten, über dessen Inhalt kein Zweifel sein konnte; zu diesem Zweck wollte er sich sichtlich auf die Behauptung stützen, man habe ihm nicht gestattet, sich zu verteidigen. Infolgedessen wurde er von Dioskoros, der dies ebenfalls vorhersah, geradezu bedrängt, er solle sich doch verteidigen. Aber Flavian beantwortete die wiederholten Aufforderungen durch Dioskoros und das Konzil lediglich mit dem Hinweis auf das frühere Bekenntnis, dessen Grundlage er nicht diskutieren wolle. Seine Lehre sei orthodox, sagte er, er wiche vom rechten Glauben nicht ab und werde seinen Glauben auch nicht ändern. Auch in jenem Prozeß habe er den rechten Glauben bewahrt.[223]

Es war völlig klar, daß bei dieser Verhandlung niemand als Ankläger des Eutyches auftreten werde. Dennoch war dieser vorsichtig. Er trug nicht etwa seine eigenen christologischen Anschauungen vor, derentwegen man ihn in Konstantinopel verurteilt hatte, sondern er unter-

221 Al-Birmāwī 53.

222 Natürlich war Flavian von dessen Meinung überzeugt. Er konnte aber auch nicht übersehen, daß sie eine Revision der Tradition bedeutete, was bereits zwischen ihm und Eutyches zur Sprache gekommen war (s.o. S. 30). Nun sieht Flavian, daß die Reichssynode eine Kritik an der Lehre der Väter nicht erdulden wird. Flavian hielt die Termini des Kyrillos, d.h. des Dioskoros, für orthodox nach seinen eigenen Aussagen auf der Synode von 448. Damals meinte Flavian, daß eine Modifikation gegenüber der Christologie Kyrills erforderlich sei, um die Auslegung des Eutyches von vornherein auszuschalten. Das ist eine theologische Haltung, die dem Prinzip der Traditionalisten widerspricht.

223 Vgl. al-Birmāwī 53/62.

schrieb eine an die Christologie des Dioskoros angelehnte Formel. Nun wer kein Grund, seine Rehabilitation noch länger aufzuschieben. Dioskoros fragte die Väter, was sie von dem Glauben des Eutyches hielten. Als erster gab Juvenalios seine Stimme für die völlige Rechtgläubigkeit des Eutyches ab.[224] "... auf Grund seiner Aussage erkenne ich seine Orthodoxie an. Er soll seinen Grad behalten und sein Amt in Kloster weiter versehen". Das Konzil stimmte zu: "Das ist ein gerechtes Urteil".[225] Und jetzt sah man, wie auch die antiochenisch orientierten Bischöfe, in der Hoffnung sich retten zu können, den Eutyches für orthodox erklärten. Domnos selber bedauerte ausdrücklich, daß er der Verurteilung des Eutyches auf Grund eines Briefes (wahrscheinlich Flavians) zugestimmt habe.[226] Stephanos von Ephesos erklärte: "Auf Grund der Verlesung der Konzilsakten und der von Eutyches vorgelegten Glaubenserklärung ist mir die Rechtgläubigkeit des Archimandriten und sein Festhalten am Glauben der 318 (vor Nikaia) klar geworden; darum halte ich ihn würdig für das Priestertum und das Leitungsamt".[227] Und so sprachen sich auch Thalassios von Kaisareia in Kappadokien und Basileios von Seleukia und die anderen für Eutyches aus. Als letzter gab auch Dioskoros seine Meinung ab.[228]

111 von 135 Bischöfen hatten den Eutyches für rechtgläubig und übereinstimmend in der Lehre mit den Vätern erkannt. So wurde er resituiert als Presbyter und Abt.[229]

Das Konzil war übrigens gerecht genug, daß es sich nicht durch die Nachgiebigkeit der Gegner des Eutyches beeindrucken lies. Ohne Rücksicht darauf, daß sie Eutyches freigesprochen hatten, wurden später die meisten von ihnen exkommuniziert, darunter Stephanos von Ephesos. Im Anschluß an die Rehabilitation des Eutyches wurde eine Eingabe seiner Mönche behandelt, die um eine Bestätigung ihrer

---

224 Vgl. ACO II 1,1, pg. 182 '11-15'.

225 Ebd.

226 Vgl. al-Birmāwī, ebd, S.55 mit Berufung auf Mansi VI, 836.

227 Al-Birmāwī, ebd. 56.

228 Mansi VI, 861 bzw. ACO II 1,1, pg. 182/6 nr. 884. H. Bacht (in Chalkedon II 223) will aus der Anklageschrift der Gesandten Leos in Chalkedon (ACO II 1,2, pg. 224 nr. 94) herauslegen, daß Dioskoros den Eutyches schon in die Kirchengemeinschaft aufgenommen hatte, noch ehe die Synode von Ephesos II zusammentrat. Diese Deutung ist nicht richtig. Der Libellus der Eutyches-Mönche sagt deutlich, daß Eutyches bis zur Stunde des Konzils unter dem Bann gestanden hatte (: ACO II 1,1, pg. 186/8 nr. 887-888): "Seitdem Flavian uns die Hirten genommen hat, sei der Altar leer vom heiligen Opfer ..." usw. Dioskoros hat den Beschluß der Synode endemousa durchaus respektiert, bis dieser kirchenrechtlich durch ein Konzil aufgehoben worden war.

229 ACO II ebd.

Rechtgläubigkeit baten, da auch sie auf der Synode in Konstantinopel verurteilt worden waren. Diese Mönche berichteten in rührenden Worten, wie schlecht es ihnen seit der Maßregelung des Eutyches ergangen sei. Sie hätten einst im Vertrauen auf die Verheißungen Gottes das mönchische Leben erwählt und, 300 an Zahl unter der Leitung des Eutyches in Frömmigkeit und Gehorsam ihren Dienst getan. Die meisten von ihnen gehörten dem Kloster schon seit 30 Jahren an. Flavian habe ihnen den Hirten genommen, und seither sei der Altar leer vom heiligen Opfer; manche von ihnen seien seitdem gestorben. Zwar hätten sie die Übungen der Askese der Gewohnheit gemäß verrichtet, nicht aber die Liturgie. So sei Weihnachten unter Tränen dahingegangen, auch Epiphanias, Karfreitag und die Osternacht. Neun Monate seien schon so verflossen. Jetzt möchte man ihnen doch wieder die Liturgie gestatten.[230] Die Schrift ist mit 35 Namen unterzeichnet, darunter ein Priester und zehn Diakone und Subdiakone.

Die Mönche wurden vorgeladen und von der Synode verhört. Der ganze Auftritt war dazu angelegt, die Bosheit des Flavian darzutun, der so harmlose und rechtgläubige Männer mit seinem Haß verfolge. Auf die Fragen des Dioskoros antwortete der Mönch und Diakon Lukianos; er erklärte ihren Glauben, genau wie Eutyches, für identisch mit dem Glauben der 318 Väter von Nikaia und der Väter von Ephesos. Dioskoros konnte sich nicht genug tun, die Szene auszudehnen; sie zeigte ja so deutlich, wer die Rechtgläubigkeit vertrat, und worin sie bestand. So fragte er die Mönche weiter, ob sie die Menschwerdung des Erlösers so verstünden wie Athanasios, Kyrillos, Gregorios von Nazianz und alle orthodoxen Bischöfe. Lukian bejahte. Schließlich fragte er sie ob sie das schriftliche Bekenntnis des Eutyches im Ganzen und ohne Änderung annähmen. "Ja" antwortete Lukianos. Abermals machte sich Juvenalios zum Sprecher der ihm zustimmenden Synode und setzte sich für die Rechtgläubigkeit der Mönchsgruppe ein. Die ausführlichen Fragen nach dem rechtgläubigen Verständnis der Einigung der beiden Naturen hatten allen Konzilsteilnehmern die noch möglicherweise notwendige Gelegenheit verschafft, ihre dogmatischen Ansichten den Erfordernissen der Stunde anzupassen. Als Dioskoros nun die Synodalen fragt, wie die Mönche zu beurteilen seien, da erhalten diese nicht nur widerspruchslos die Rekonziliation, sondern damit wird gleich noch ein Anathema

230 Text der Bittschrift: ACO II 1.1, pg. 168/8 nr. 887-888. Das Dokument ist sehr wichtig für das Verständnis des Kirchenrechts der alten Kirche, vor allem bezüglich der Verbindlichkeit einer lokalen Synode, deren Beschlüsse erst durch eine allgemeine Synode außer Kraft gesetzt werden können. Zum anderen sieht man aus dem Libellus, daß die Anerkennung der Rechtgläubigkeit die Voraussetzung für die Kirchen- und Abendmahlsgemeinschaft ist.

verbunden über jeden, der nach der Menschwerdung noch von zwei Naturen spricht.[231]
Mit der eutychianischen Angelegenheit war der eigentliche Zweck der Synode erledigt; aus diesem Anlaß war sie zusammengerufen worden. Aber Dioskoros hatte viel weitergehende Wünsche. Er ließ zunächst die Lehrentscheidungen von der 1. und 6. Sitzung des Ephesinischen Konzils (431) verlesen. Entsprechend der bisher schon mehrfach geäußerten Meinung sollten diese Beschlüsse zusammen mit denen von Nikaia als unveränderlicher Ausdruck der Rechtgläubigkeit anerkannt werden.[232] Wer eine andere Meinung habe und vortrete, solle gebannt sein. Viele Konzilsväter erklärten ihre Zustimmung.[233] Der Diakon Hilarus sah wieder einmal eine Gelegenheit, die Rede auf den Brief Leos zu bringen. Er bezeugte, daß der apostolische Stuhl diese Beschlüsse anerkenne und daß der Brief, sollte er vorgelesen worden, dies auch beweisen werde. Aber Dioskoros hatte begreiflicherweise wenig Lust dazu; daß in diesem Augenblick der Verhandlungen noch eine andere Autorität als die der Väter und seine eigene weisungsberechtigt erscheinen solle.[234]

[231] Vgl. al-Birmāwī 56-58.

[232] Al-Birmāwī 56 ff.

[233] Ebd.

[234] **Das Nichtzustandekommen der Verlesung des Tomus Leonis:**
Somit ist die Verlesung des Briefes von Leo zum dritten Mal aufgeschoben worden. Beim ersten und zweiten Aufschub kann man nicht von einer prinzipiellen Ablehnung des Briefes sprechen, denn das Argument der Väter war sachlich und rechtlich überzeugend. Nun wird die Verlesung des Briefes von den römischen Legaten wiederum gefordert. Wäre die Synode ihrem Wunsch jetzt nachgekommen, so bedeutet es, daß sie offiziell zu der Rechtgläubigkeit des Tomus als einer Glaubenserklärung hätte Stellung nehmen müssen. Es war kein Geheimnis mehr, daß der Inhalt des Schreibens von Leo an die Synode mit dessen epistula dogmatica ad Flavianum identisch ist, also eine Revision der Väter bedeutete. Das Ephesinum II will den Abschluß der Dogmatisierung verkünden, der im Jahre 431 erreicht worden war. Der Inhalt des Leo-Briefes jedoch widerspricht der Theologie der Synode. Die Verlesung des Briefes in absencia seines Verfassers hätte Dioskoros vor ein gefährliches Dilemma gestellt: entweder ihn für nicht übereinstimmend mit der Lehre der großen Konzilien und des Kyrillos zu erklären und damit den römischen Bischof zu exkommunizieren, oder den Tomus für rechtgläubig zu erklären und damit die Exkommunikation Flavians und Eusebs rückgängig zu machen. Beides war unmöglich: die erste aus kirchenpolitischen, die zweite aus theologischen Gründen. Es blieb dem Dioskoros also nichts übrig, als die Verlesung des Briefes zu vermeiden. Geschriebene Glaubenserklärungen wurden auf den Synoden immer mit Skepsis behandelt. Die Synode endemousa lehnte es ab, daß das Bekenntnis des Eutyches von den Synodalsekretären verlesen werde, auch nicht in Anwesenheit des Verfassers selbst. (s.o. S. 29 f.). Der Vorfall mit dem Brief Leos hätte also anders verlaufen können, wenn Leo in persona der Synode beigewohnt hätte. Man hätte dann den Ausweg finden können, daß Leo seinen Brief selbst verlese, so bliebe diese Erklärung eine private Meinungsäußerung des Verfassers, über die nicht verhandelt zu werden brauchte. So ist seine epistula dogmatica in Chalkedon trotz allen Einflußes des römischen Bischofs lediglich als eine Quelle der Formulierung des Glaubens angenommen, in der man viele Stellen berücksichtigen mußte. Leo hatte das Gefühl, daß er bei der Berufung des Konzils übergangen

Die Vorlesung dieses Briefes hätte eine Anerkennung der Jurisdiktion Leos durch das Konzil zur Folge gehabt. Und nicht nur das; sie hätte auch den Dioskoros an der Erreichung seines nächsten Zieles verhindert, der Absetzung Flavians. Denn Flavian hätte sich auf Leo als Zeugen berufen können für seine eigene Rechtgläubigkeit, so daß dem Konzil nichts anderes übrig geblieben wäre, als Leo und Flavian gemeinsam anzuerkennen oder gemeinsam zu exkommunizieren. Auch so war es nicht ganz einfach, den Ketzerprozeß gegen Flavian zu motivieren. Denn dieser weigerte sich, seine theologischen Auffassungen zu formulieren. Man fand schließlich den Grund darin, daß Eusebios von Dorylaion und Flavian gegen einen Beschluß des ersten Konzils von Ephesus verstoßen hätten, der die Formulierung eines anderen Bekenntnisses als des Nicaenums mit Strafen bedrohte. Dioskoros forderte einige Sekretäre auf, ein Urteil gegen Flavian und Eusebios vorzubereiten, in dem beider Absetzung ausgesprochen würde wegen Verstoßes gegen die Bestimmungen des Konzils von Ephesos, wonach niemand der Glaubensformel von Nikaia etwas beifügen oder wegnehmen dürfe.[235]

Es folgen nun jene turbulenten Ereignisse, die sich heute nicht mehr genau rekonstruieren und damit auch nicht mehr beurteilen lassen. Was darüber von der Synode von Chalkedon ermittelt wurde, läßt sehr stark die Tendenz erkennen, nur den Dioskoros zum Sündenbock zu machen und ihm die alleinige Verantwortung zuzuschieben. Die Bischöfe sprangen von ihren Sitzen auf, einige von ihnen, darunter Onesiphoros von Ikonium[236] gingen auf Dioskoros zu und baten ihn kniefällig, er möchte sich nicht soweit hinreißen lassen. Soldaten, Parabolanen und Mönche[237] drangen ein und bedrängten die Konzilsväter. Dem Dioskoros wird vor allem vorgeworfen, daß er mit einer wütenden Handbewegung gedroht habe: "Wer nicht unterschreiben will, soll mit mir rechnen". Offensichtlich gab es auch eine nennenswerte Opposition gegen die Absetzung des Flavian.[238] Nach dem Bericht von

---

worden war (s.o. Seite 44): So auch Leos Legaten auf der ersten Sitzung in Chalkedon: "der römische Stuhl wäre nicht einverstanden mit der Berufung des Konzils" (S.u. S. 106). – Mit der Zusendung seines Briefes an das Konzil von 449 wollte er dem Dioskoros eine äußerst schwierige Alternative stellen. So haben die kaiserlichen Kommissare und die Vorsitzenden des Konzils, vor allem Dioskoros und Juvenalios, die Verlesung mit diplomatischem Geschick vermieden.

235 Mansi VI, 907; ACO II 1,1, pg. 191 nr. 962.

236 Für weitere Vermittlungstätigkeiten des Onesiphoros vgl. J. Flemming, Akt. Ephes. Syn. 449. S.11 120-241.

237 Die Akten berichten, daß die Mönche diejenigen Bischöfe, die nicht unterschreiben wollten, für Häretiker erklärt haben: Mansi VII 68; ACO II 1,2, pg. 116.

238 In diesem Zusamenhang mochte der römische Diakon Hilarus etwas auf Lateinisch oder in gebrochenem Griechisch gesagt haben, ohne daß er dabei die Aufmerksamkeit der Konzils-

Chalkedon wurden die opponierenden Bischöfe, da sie die Absetzung nicht unterschreiben wollten, genötigt, ihre Namen auf unbeschriebenes Papier zu setzen[239], also das Absetzungs-Urteil blanko zu unterschreiben.[240] Doch kann es leicht sein, daß diese Nachricht nur einen notdürftigen Rechtfertigungsversuch für die tatsächlich geleisteten Unterschriften darstellt. Denn die Bischöfe waren sich ja völlig im klaren darüber, zu welchem Zweck sie ihre Unterschriften abgaben. Die förmliche Ausfertigung des Urteils erfolgte in jedem Fall erst nachträglich durch die Kanzler.

Völlig unklar ist, wer eigentlich den Tod Flavians verschuldet hat. Es ist sicher, daß der Patriarch sofort nach der Sitzung vom 8. August ins Gefängnis gebracht und anschließend ins Exil geschickt wurde.[241] Sicher ist ferner, daß er am 11. August 449, drei Tage nach der Verurteilung, gestorben ist.[242] Dementsprechend ist es auch wahrscheinlich, daß jene turbulenten Ereignisse die unmittelbare Todesursache darstellen; es ist wohl möglich, daß er an den Folgen von Mißhandlungen gestorben ist, die er dabei erlitten hat.[243] Wer diese aber begangen hat, ist heute nicht mehr auszumachen. Daß es Dioskoros gewesen sei, ist unwahrscheinlich. Da Flavian in seiner Appellation an Leo[244], zu der er noch Gelegenheit hatte[245], nur allgemein von einem Insipiens et furiosum concilium spricht[246], so könnte man auch geneigt sein, die Schuld bei einer anonymen Menge zu suchen.

---

väter auf sich lenken konnte: ACO II 1,1, pg. 191 nr. 964. Im übrigen darf man aus ihrer Berichterstattung in Rom und Chalkedon entnehmen, daß sie den Verhandlungen in Ephesos nicht gut folgen konnten.

239 Siehe Al-Birmāwī mit Berufung auf Mansi VI, 601, 625. 637. 988.

240 Sehr übertrieben sind hierzu die Worte des Akakios von Ariaratheia auf der Synode von Chalkedon: ACO II 1,1, pg. 88 nr. 134; Liberatus, Breviar. 12: ACO 5, pg. 118 '15-16'. Tillemont (XV 571; cf Mansi VI, 601) bemerkt: "Die Ägypter, die gern unterzeichnet haben, taten es, nachdem man die anderen unterschreiben lassen hatte".

241 Das Reichskonzil hatte entweder gleich am Anschluß an die erste Sitzung die betreffenden Beschlüsse an den Kaiser geschickt, der sie sofort bestätigte und vollstreckte, oder die Synodalen hatten selbst die exekutive Autorität.

242 Vgl. L. Duchesne, Hist. anc. de l'Egl. 3, 422, Anm.2 über die Umstände des Todes Flavians.

243 Liberatus, brev. 19; Evagr. I,1; Niceph. XIV. 47; vgl. Dictionary of Christian Biography 267.

244 Leo Ep. 43; Tillemont XV 374. vgl. Amelinau "Appellationsschrift Flavians an Leo", Leone Magno e l'Orient, Roma 1882, p.46. Flavian wandte sich – wohlgemerkt – nicht nur an Leo allein, sondern auch an alle westlichen Bischöfe, d.h. an alle, die noch nicht in das Spannungsfeld geraten waren. Die Hoffnung Flavians auf Unterstützung von Rom begründete sich auf die epistula dogmatica. Flavian überreichte seine beschwörende Appellation den römischen Legaten. Dies war die letzte Handlung Flavians.

245 Vgl. F. Haase, Patriarch Dioskoros I von Alexandrien nach monophysitischen Quellen, S.219/20. Das Argumentum e silentio bildet einen vollgültigen Beweis für die Unschuld des Dioskoros an dem Schicksal seines Konstantinopler Amtsbruder.

246 Amelinau, ebd. 48.

Auch wiegt es schwer, daß Euseb von Dorylaion in seiner Appellation nichts dergleichen erwähnt.[247] Denn Euseb hatte zu deren Abfassung viel mehr Zeit; so konnte er alle Einwände gegen das Konzil machen, deren Vorbringen ihm sinnvoll erschien. Da diese Appellationen Maßnahmen gegen Dioskoros herbeiführen sollten, ist aus dem Fehlen des Vorwurfs der Schluß wahrscheinlich, daß ihm eben die Mißhandlungen Flavians nicht vorgeworfen worden konnten.
Auch dem Barsumas hat man die Schuld am Tode Flavians gegeben. Doch muß man hier ebenfalls vorsichtig sein. Es ist kein Zweifel, daß Barsumas ein erbitterter Feind Flavians war. Die Tatsache, daß er in Chalkedon mit Zurufen empfangen wurde, die ihn als den Mörder Flavians bezeichneten[248], spricht immerhin dafür, daß zwei Jahre später manche ihn dafür hielten. Man wird aber doch daran denken müssen, daß der Staat damals keine Veranlassung oder Möglichkeit sah, den Barsumas wegen Flavians Tod zur Verantwortung zu ziehen. Wenn man bedenkt, wie oft es unmöglich ist, einen politischen Mord unmittelbar nach der Tat aufzuklären, so wird man die Hoffnung, daß Flavians Tod sich heute noch aufklären lassen, kaum festzuhalten wagen.
Im Kreise derer, denen die Schuld für Flavians Tod möglicherweise zuzuschreiben ist, ist noch eine weitere Gestalt zu nennen. Liberatus macht den Kaiser verantwortlich: "Dies tat dem Flavian an Theodosios, der Sohn des Herrschers Arkadios, der Enkel des größeren Theodosios".[249] Natürlich nicht der Kaiser in Person. Liberatus will dem Kaiser als den für die öffentliche Ordnung Verantwortlichen die Schuld zuschieben: "Und man wisse, in seinen Zeiten haben sich diese Skandale ereignet".[250] Aber man kann doch nicht umhin, sich der traditionellen Feindschaft zwischen dem Hof und den Patriarchen[251] zu erinnern, man denkt daran, daß Eutyches der vergötterte Liebling des Hofes war. Die Eile, mit der Flavian abtransportiert wurde, läßt immerhin die Möglichkeit offen, daß Polizeiorgane in seinem raschen Tod eine Maßnahme sahen, die geeignet war, die öffentliche Ruhe und Ordnung wieder herzustellen.[252] Wie dem auch sei, für Dioskoros war Flavians Tod jedenfalls eher ein Unglück als ein Erfolg. Bei den späteren Verhandlungen gegen ihn hat es sich jedenfalls für die allgemeine Stimmung recht ungünstig ausgewirkt, daß das Zweinaturendogma seinen Märtyrer hatte.

---

247 ACO II 1,2 pg. 115 nr. 77.

248 ACO II 1,2, pg. 116: Bf. Diogenes v. Kyzikos behauptete, Barsumas habe in Ephesos geschrieben: "σφάξον".

249 Liberatus, Brev. 12: ACO II 5, pg. 119 '29'ff. Evagrius spricht von keinem Mord.

250 Liberatus, ebd.

251 Seit Johannes Chrysostomos: vgl. unten S. 130.

252 Wir erinnern hier noch einmal an die Verbindung des Eutyches zu den Hofsoldaten: vgl. o. S. 37.

Die letzte Sitzung:

Die Absetzung der Bischöfe Ibas von Edessa, Theodoretos von Kyrros, Domnos von Antiochien und anderer. Weitere Verhandlungen

Die Aktensammlung des Ephesinischen Konzils von 449, die uns der unmittelbare Nachfolger des Dioskoros, Timotheos II., Ailuros, in seinem Werk gegen die Synode von Chalkedon[253] erhalten hat, ermöglicht uns, das bisherige Bild von dem Ephesinum zu korrigieren. Die Angelegenheit des Eutyches war sicher der direkte Anlaß, die Synode von 449 einzuberufen, nicht aber deren einzige oder gar wichtigste Aufgabe. Der erzwungene Frieden zwischen Kyrillos von Alexandrien und Johannes von Antiochien konnte sich nur während deren Lebenszeit behaupten. Mit den neuen Bischöfen begann der Kampf zwischen dem traditionalistischen Alexandrien und dem rationalistischen Antiochien von neuem. Als erster wurde – auf kaiserlichen Befehl – Ibas von Edessa unter Anklage gestellt. Ibas galt neben Theodoret als Hauptvertreter des Nestorianismus. Man hatte schon im April dieses Jahres in Berytos und Tyros gegen ihn verhandelt[254], aber er war freigesprochen worden.[255] Jetzt forderte der Kaiser ein erneutes Verfahren gegen ihn, um, wie er es noch eindeutiger ausdrückte, die Stadt Edessa "von solchen Lästerungen zu befreien und einen Mann darin zum Bischof zu bestellen, der von ehrenwerterem Lebenswandel und hervorragender Rechtgläubigkeit ist; ... denn sind die, welche an der Spitze der Metropolstädte stehen, rechtgläubig, so folgen notwendigerweise auch die übrigen ihrer Lehre."[256] Theodosios berief sich in seinem Schreiben "an die in der Metropolis Ephesos versammelten heiligen Synode" auf die dort abgefaßten Akten und schließlich auf die Beschwerden, die "von vielen ehrwürdigen Klerikern und gottesfürchtigen Archimandriten und Großwürdenträgern, kurz, von dem ganzen Stadtvolk" von Edessa gegen Ibas bei ihm vorgetragen worden

[253] Hrsg. v. J. Flemming, "Akten der ephesinischen Synode vom Jahre 449, Syrisch, in Abhdl. d.Königl. Gesell.d.Wissenschaften zu Gött., phil. hist. Kl. Bd. XV, Berlin, 1917. Vgl. die Vorbemerkung v. H. Lietzmann: vgl. die Quellenbesprechung oben.

[254] J. Flemming, Ephes. Syn. 449, pg 4-7, vgl. auch pg 17 '31'; Fliche-Martin, Hist. de l'Egl. 4, 218.

[255] J. Flemming, ebd.

[256] ebd. pg 4-7.

seien.[257] Als Zeugen gegen ihn nannte der Kaiser Photios von Tyros, Eustathios von Berytos und Uranios Himeria. Der Beginn der Verhandlung zog sich etwas hinaus, da weder die römischen Gesandten noch der antiochenische Bischof Domnos erschienen waren.[258] Die Synodalen warteten einige Zeit, begannen dann aber, weil sie, wie sie angaben, die anwesenden Mönche durch Verzögerung nicht belästigen wollten[259] und weil der Christus liebende König den Ausgang der Verhandlungen erwartete, um zu wissen, welche Maßregeln zu erwarten seien.[260] Als Ankläger traten zwölf teils geweihte Mönche aus Edessa auf[261]; sie legten eine Klageschrift[262] vor samt einem kaiserlichen Ermächtigungsschreiben.[263] In der Klageschrift berichteten sie von der Unzufriedenheit der Mönche und der Bevölkerung von Edessa, die bereits durch eine Volkserhebung ihren Ausdruck gefunden hatte. Der Synode wurde von Ausrufen bei der Volkserhebung von Edessa berichtet, die amtlich notiert waren. Darin werden Ibas über die theologischen Verdächtigungen hinaus noch schwerwiegende moralische vorgeworfen: Der Bischof hätte das Geld, das für die Armen und für den Freikauf christlicher Gefangener bestimmt war (in den Händen der Araber[264]), für sich und seine Verwandten unterschlagen, außerdem hätte er die Kirchen geplündert und Gewalttätigkeit unterstützt.[265]

Das Stadtvolk verlangte, daß Ibas das gleiche Urteil träfe wie Nestorios und ein neuer Bischof seine Stelle einnehmen sollte. "Solange nicht ein orthodoxer Bischof die Stadt betreut, wird keiner es wagen, offen über Ibas auszusagen.[266] Vierzehn Jahre lang hat Ibas diese Christenstadt irregeführt". Ferner wurde der Bericht von Florentios, dem Consul ordinarius von Edessa, über die Aufstände in seiner Stadt vorgelesen: Der ganze Klerus, die Häupter der Mönche, die Gelehrten und Lehrer, die hohen und niedrigen Beamten, Großgrundbesitzer, Bauern und Vertreter aller Volksschichten, die ganze Stadt kam in Scharen zu ihm und beteuerte unter Eidschwüren, ihre Stimmen und Anklagen

---

[257] ebd. pg 5 '44', 6, '1'.
[258] ebd. pg 11 '23-25, 42-46', 13 '1-2'.
[259] ebd. pg 13 '4-5'.
[260] ebd. pg 11 '40-42'.
[261] Für ihre Namen siehe J. Flemming, ebd. 12/5.
[262] Text des Schreibens: J. Flemming, ebd. 13 '26-36'.
[263] Das Schreiben des Kaisers deckt sich mit seinen beiden Briefen an Barsumas und Dioskoros vom 14. und 15. Mai des Jahres (s.o. S. 43).
[264] ebd. pg 59 '28.38'.
[265] ebd. pg 15-21.
[266] ebd. pg 19, 48-49.

dem Kaiser und der heiligen Synode zu überbringen. Das Volk verlangte, daß Ibas (als Kriminalverbrecher) gerichtet werde.[267] Ähnliches fand sich in den Akten des früheren Lokalprozesses des Ibas mit weiteren Unterschriften der Vertreter von Armeniern, Persern und Syrern.[268] Weitere Eingaben berichten von den häretischen Predigten des Ibas, die während der Gottesdienste einen Tumult unter dem Volk entfachten, so daß die Römer, das heißt das Militär, eingreifen mußten. Weiterhin wurde berichtet von den täglichen Delegationen zu dem Komes, die ihn baten, ihre Beschwerden an die höheren kirchlichen und staatlichen Instanzen weiterzuleiten.[269]

Als die Akten über Ibas nun verlesen worden waren, sagte Dioskoros: "Wenn Ibas sagt: 'ich beneide Christum nicht, daß er Gott geworden', so hat er damit gesagt, daß Gott nicht Gott war". Die heilige Synode sprach[270]: "Die Dämonen selbst haben Christus Gott anerkannt! Ibas hat ihn nicht anerkannt."[271] Das Urteil sprach zunächst Dioskoros aus: "Indem wir in allen Angelegenheiten der Gottesfurcht folgen, entscheiden wir, daß Ibas der Ehre des Bischofsamtes und der Gemeinschaft der Laien entäußert werde … ich halte es aber auch für angemessen, daß er gleichzeitig mit dem kanonisierten Absetzungsurteil, das ihn betroffen hat, der Kirche alles Gold zurückzugeben hat."[272] In gleichem Sinne sprechen sich Juvenalios von Jerusalem, Thalassios von Kaisareia, Stephanos von Ephesos, Eusebios von Ankyra, Justathios von Berytus, Seleukos von Amasea und die übrigen Bischöfe aus. Die Verhandlung über Ibas endete mit seiner Verurteilung; da er dasselbe lehre wie Nestorios, sei er seines Amtes zu entheben. Die heilige Synode sprach: "Wir alle haben den mit Gott Streitenden abgesetzt."[273]

Auf Grund moralischer Beschuldigungen wurde Daniel, Bischof von Harran, der Neffe des Ibas, im Anschluß an das Verfahren seines Onkels abgesetzt, nachdem dieser, bereits seine Absetzung vorausahnend, ihr zuvorgekommen war, indem er freiwillig auf die Bischofswürde verzichtet hatte.[274]

Als dritter wurde Eirenaios, Bischof von Tyros, abgesetzt. In einzelnen Akklamationen und in allgemeinen Zurufen bestätigte die Synode

---

267 vgl. pg 26, Anm.
268 ebd. pg 25, 31-35.
269 ebd. pg 33-55.
270 ebd. pg 57, '3-6'.
271 ebd. pg 55, '34'.
272 ebd. pg 60, '11-19' u. pg 61, '15-27'.
273 ebd. pg 60-69.
274 ebd. pg 60-69.

den Urteilsspruch des Dioskoros über Eirenaios: "Welcher zweimal ein Weib genommen hat, ein Lästerer ist und keine Art des Frevels unterläßt, den schließe ich zuerst aus von allen Ehren des Priesteramtes und von der Gemeinschaft der Laien."[275]
Aus guten Gründen wurde anschließend Akylinos, Bischof von Biblos, abgesetzt.[276]

Das Verfahren gegen Theodoret von Kyros verlief in Abwesenheit, da der Kaiser ihm die Teilnahme ja verboten hatte. Die Verhandlung über ihn eröffnete der Presbyter Pelagios, ein gelehrter Mönch aus Antiochien[277], mit einem Libell: Pelagios wurde wegen seiner alexandrinischen Gesinnung auf einer Ortssynode in Antiochien unter dem Vorsitz vom Domnos verurteilt. Auf jener Synode hat Theodoret ihm (dem Pelagios) gesagt: "Du magst die Abhandlungen Platons, Aristoteles und der Ärzte auslegen, aber die Schriften darfst du nicht antasten." Pelagios sei ohne Verhör verurteilt und sogar von der Synode gezwungen worden, sein eigenes Urteil zu unterschreiben. Dabei mußte er schriftlich bekennen, er habe dies freiwillig getan. Pelagios klagt seinen Patriarchen und Theodoret an, daß sie "die Briefe der Kirche von Alexandrien und des Hauptes dieser heiligen Synode (Dioskoros), die den Glauben besprechen, verschwiegen habe, obgleich sie ihnen durch Überbringer gesandt worden waren, die sie daran erinnert hatten, die Briefe in der Kirche verlesen zu lassen".[278] Als Beweismaterial gegen Theodoret wurden dogmatische Ausschnitte vorgelesen, die Theodoret gegen das Ephesinum I. und gegen Kyrillos gerichtet hatte.[279] Die Polemik der Schriften hat die jetzt versammelte Reichssynode unter Dioskoros empfindlich verletzt. Seine Angriffe gegen die alexandrinische Orthodoxie waren mehr als unverzeihlich. Schon nachdem der Hauptnotar das erste Stück verlesen hatte, unterbrach die Synode: "Dies reicht aus zu seiner Absetzung."[280] Im Anschluß an die Verlesung eröffnete Dioskoros die Richtsprüche: "Der nach wie vor

275 ebd. pg 73-77.
276 ebd. pg 76-79.
277 ebd. pg 85 '30'.
278 Text der Eingabe: ebd. pg 84 '22'-91 '16'.
Dem Libellus des Pelagios gegen Theodoret lag der Brief des Theodoret an die Mönche von Osrho'ine, Syrien, Palästina und Kilikien bei, in welchem Theodoret sich um die Gunst der orientalischen Mönche bemüht.
Vgl. J. Flemming, ebd. pg 91/105; Theodoret, Ep. 151 in pg 83, 1416/33, die wohl um 432 geschrieben wurde, nämlich "*ante ecclesiae pacem*: Brev. 12 in ACO II, 5 pg 118". Für die Verurteilung aller drei: Theodoret, Ibas und Andreas siehe Theodoret, Chronographie, pg 8, 261.
279 J. Flemming, ebd. pg 90 ff, 104 ff.
280 ebd. pg 105 '17'.

frevelhafte Theodoret hat das Verderben unzähliger Seelen verschuldet, ferner alle Kirchen des Orients verwirkt, den Samen der Schlechtgläubigkeit gesät und gewagt, das Gegenteil von Kyrillos zu denken und zu schreiben. Deswegen sei er sämtlicher Dienste des Priesteramtes enthoben und aus der Gemeinschaft der Laien ausgeschlossen … , die Notare aber müssen sofort zu dem Gott liebenden Domnos, Bischof von Antiochien, gehen und ihm alles, was heute verhandelt worden ist, verlesen, damit er auch öffentlich kundgebe, welche Gesinnung er dem Verhandelten gegenüber einnehme."[281] "Dieses ist ein richtiges Urteil", entgegnete die heilige Synode.[282] Die anderen Bischöfe mit Juvenalios, Thalassios und Eusebios an der Spitze sprachen im gleichen Sinne ihre eigenen Urteilssprüche. Zum Schluß sprach die heilige Synode noch einmal: "Der Absetzung des Theodorets stimmen wir alle zu."[283]

Domnos ahnte die weiteren Schritte der Synode. Er resignierte. Die Synodal-Notare bezeugen, daß es ihm tatsächlich schlecht ging; sie legten der Synode seine Entschuldigung schriftlich vor: "Wenn mein gesundheitlicher Zustand es zugelassen hätte, wäre ich mit großer Freude zu der Versammlung gekommen, um in Einheit mit eurer Heiligkeit alles, was über Ibas, Daniel, Eirenaios, Akylinos und Theodoretos verhandelt wurde, persönlich zu bestätigen. Da ich nun durch die große Kraftlosigkeit verhindert wurde, an eurer heiligen Synode leiblich teilzunehmen, schien es eurer Frömmigkeit notwendig, daß ich von eurer Rechtsprechung erfahre und von allem, was die Synode seit ihrem Beginn zu Recht behandelt hat, ihr Heiligen. Nachdem ich alle eure heiligen Befehle und eure rechtmäßigen Beschlüsse über jeden einzelnen von ihnen mit großem Beifall kennengelernt habe, bin ich in allen Punkten eurer Ansicht und beschließe alles mit euch. Ich schließe mich euren Verordnungen hinsichtlich all derer, die mit Recht von euch abgesetzt sind, an, so daß ich mich in keinem Punkt von den Verhandlungen trenne oder unterscheide, sondern sie mit meiner ganzen Bereitwilligkeit bestätige und allem, was eure Seligkeit apostolisch verhandelt und beschlossen hat, beistimme."[284]
Nachdem so die Haupttheologen der antiochenischen Partei verurteilt worden waren, ging die Synode auch gegen Domnos selbst, den antiochenischen Bischof, vor. Domnos hatte versucht, durch Gefügigkeit

281 ebd. pg 109 '43-461.
282 ebd. pg '47'.
283 ebd. pg 113 '21-22'. Zur Absetzung Theodorets vgl. ferner: Liberatus Brev. 12: ACO II 5, pg 118 '17-25'.
284 ebd. actio VIII, pg 112 '20-32', pg 113 '25-40'.

Schonung für sich zu erreichen. Er hatte nichts unternommen, um die Katastrophe Flavians aufzuhalten, und sein einziger Protest gegen die Absetzung seiner eigenen Bischöfe Theodoret und Ibas bestand darin, daß er an den Verhandlungen nicht teilnahm. Aber Dioskoros hatte keinen Grund, ihn zu schonen.[ii] Als Bischof von Antiochien hat Domnos allein die Verantwortung zu tragen, das der Nestorianismus im Orient wieder verstärkt wurde. Am schwerwiegendsten sprach gegen ihn die Gunst, die Theodoret bei ihm gefunden hatte. Zunächst wurde ein Libell vom Presbyter Kyriakos verlesen: Domnos, Bischof von Antiochien, unterhielte von Anfang an enge Freundschaft zu Theodoret, Bischof der Stadt Kyrros. Anstatt Gott zu fürchten, wirkte er an dessen Frevel öffentlich mit. Das Schlimmste sei, daß Domnos in vollem Ornat fortwährend in die Hände klatschte, als er die Lästerungen Theodorets beim Predigen in der Kirche gehört habe. Ja, Domnos habe ein Haus in der Kirche errichtet, damit Theodoret anstatt in seiner Stadt dort wohne. Ferner: Domnos habe den Befehl des Kaisers, Eirenaios abzusetzen, nicht ausgeführt. Er habe seine Gleichgesinnten um sich herum gesammelt. Wider die gesetzgebenden heiligen Väter stellte er neue Aussagen, die den Glauben befleckt haben. Seine Haltung führte zur Erschütterung der Kirchen, zur Verwirrung der Gemeinden, Belästigung der Priester und zum Umsturz des ganzen Erdkreises.[285] Anschließend wurden Auszüge aus Domnos Predigten verlesen: Am großen Mittwoch soll man den Domnos den Katechumenen, die zu Ostern getauft werden sollten, predigen gehört haben: "Gestalt und – Gestalt! Weder Gottes Gestalt verwandelt sich in die Knechtsgestalt, noch verwandelt sich die Knechtsgestalt in Gottes Gestalt. Diese aß, diese aß nicht; diese ward müde, diese ermüdete nicht; diese schlief, diese schlief nicht; diese ging, diese ging nicht."[286] Danach wurde ein Brief des Domnos an Flavian verlesen, der auf die Vorgänge hinweist, welche zu der Auseinandersetzung zwischen Alexandrien und Antiochien geführt haben: Nachdem Mönche aus dem Orient sich gegen Domnos bei Dioskoros ausgesprochen hatten, habe Dioskoros an Domnos einen Brief geschrieben, "wie ihn der nicht hätte schreiben sollen, der gelernt hat, daß der Gott des Alls gesagt hat: 'Nimm kein eitles Gerücht auf!' Er erklärte nämlich die Aussagen über uns für wahr, als ob er jede einzelne davon genau untersucht und längst deren Wahrheit erkannt hätte und rügte uns ebenso."[287] Domnos berief sich auf die Kanones von Nikaia und Ephesos I., welche ver-

[285] Text der Eingabe des Presbyters Kyriatos: J. Flemming, Ephes. Syn. 449 pg 113.
[286] ebd. pg 118, 119.
[287] Text des Briefes ebd. pg 118/123. – Vgl. oben.

warfen, “daß man aus einer Diözese in eine andere gehe. Der Bischof von Alexandrien soll nur die Diözese Ägyptens und so auch jeder seine eigene Diözese verwalten. Allein dieser (Dioskoros), wie die Verhandlungen gezeigt haben, will mit diesen Verboten nicht im Einklang bleiben. Vielmehr verweist er uns ununterbrochen auf den Stuhl des seligen Markos, obschon er sich klar bewußt ist, daß die Großstadt Antiochien den Stuhl Petros hat, welcher sogar der Lehrer des seligen Markos und obendrein aller ersten Apostel insgesamt und ihr Haupt gewesen ist.”[288] Hier unterbrach die Synode: “Eifersüchtig bist du (Domnos) auf den rechtgläubigen Herrn (Dioskoros) gewesen! Auch die Wurzel (d.h. den Patriarchen von Antiochien) schneid ab, Rechtgläubiger! Kein Rest blcibc von Nestorios! Die da schweigen, sind Ketzer!”[289]

Weitere Presbyter und Mönche traten gegen Domnos als Kläger auf.[290] Dogmatische und disziplinarische Beschuldigungen kamen zur Sprache. Überall habe Domnos unwürdige Männer in die Kirchenleitung schleichen lassen, die Unheil über alle Gemeinden brachten. Darüber hinaus habe Domnos die orthodoxen Bischöfe und den Klerus abgesetzt und vertrieben[291]; diese hat das Ephesinum II. zum Teil rehabilitiert. Ein Diakon Heliodoros griff selbst die Ordination des Domnos als unkanonisch an: Domnos sei ohne Wahl und ohne Bischöfe in der zehnten Stunde ohne gottesdienstliche Versammlung und ohne Kommunion der Sakramente ordiniert worden, “auf daß sich die Unordnung schon von da an zeigen sollte.”[292]
Entscheidend für die Verhandlungen über Domnos war der Briefwechsel zwischen Alexandrien und Antiochien aus den Jahren 447-448. Dioskoros wies darin auf die Mißstände im Orient hin: “… Diejenigen, welche das Priesteramt und Lehramt übernommen haben, haben zu dem Rechten keinerlei Beziehung: weder ihre Gedanken noch ihre Reden seien orthodox. Dieser Zustand ist zwar jeglichen Makels und Spottes wert, wer aber wird die Zähren derer lindern, die daran Anstoß nehmen, wenn sich in der großen Kirche von Antiochien eine ganze Menge von Laien versammelt und Worte der Lästerung geredet werden, als ob es niemanden gäbe, der sie zurechtweist? Oder wer ist, der es nicht als Last und Schmerz empfindet, wenn er an dem Orte der Heilung, wo er genesen sollte, gerade dort krank gemacht

288 J. Flemming, ebd.
289 ebd. pg 123 ‘19-21’; E. Honigmann, Juvenal 235.
290 J. Flemming, ebd. pg 123 ff.
291 ebd. pg 127 ‘30 ff’.
292 ebd. ‘21-22’.

wird ? … auch habe ich mit Erstaunen erfahren, daß, als sich dort in der Kirche eine Menge befand und der weise Bischof von Kyrrhos Erlaubnis zum Sprechen erhalten hatte, wie weiß ich nicht – noch dazu in Gegenwart deiner Vollkommenheit, dieser nicht gezittert hat, den Immanuel zu spalten, indem er sprach: 'Der bloße Mensch ist für sich von Thomas berührt, und Gott für sich angebetet worden.'" Dioskoros wandte sich im gleichen Brief gegen jeden Dyophysitismus und betonte die Einheit der Gottheit und Menschheit Christi durch Bibel- und Väterbeweise: "Halbiere unseren einen Herrn Jesum Christum nicht in zwei Söhne; denn obgleich er dem Fleisch nach von einem Weibe geworden ist, so blieb er doch auch in der Annahme des mit Vernunft beseelten Fleisches das, was er gewesen war, d.h. aber: Gott. Dazu hör' den Philosophen Paulos dich fragen und sprechen: 'Hat sich denn Christus halbiert'?[293] Du kannst 'Nein' als Antwort geben, nur in dem Fall, wenn du nicht zwei Söhne und zwei Christusse und zwei Herren annimmst … Dies haben uns diejenigen überliefert, welche von Anfang an Zuschauer und Diener des Wortes waren; dies sind die Lehren der alten und der neuen Synode".[294] Dioskoros betont darin, daß seine Lehranforderungen nichts anderes als die Unionsvereinbarungen sind: "Diesem hat mit uns Johannes, guten Andenkens, der vor deiner Gottesfurcht Bischof gewesen war, vollkommen zugestimmt."[295] "Außer dem Gesagten betrübt uns und die ägyptische Synode noch folgendes: denn indem ich an deine Frömmigkeit schreibe, muß ich mit Freimut und Liebe, wie sie Brüdern ziemt, jedes offen und zweifelsfrei darlegen." Die Bestimmungen des Kaisers seien nämlich im Orient nicht eingehalten worden, welche die Schriften des Porphyrios und Nestorios, der ihnen Gleichgesinnten und ähnlich redenden (lies: Theodoret) verbieten und nur die Lehre zuläßt, "welche die beiden großen und alleinigen Synoden, das sind die in Nikaia und Ephesos, beschlossen haben."[296] Dioskoros verlangte die Absetzung aller heterodoxen Bischöfe und namentlich "den Lästerer und zweimal verheirateten Eirenaios, der ein Frevler, ein Unreiner und Teilhaber der verderblichen Ansicht des Nestorios ist."[297]

In seiner zurückhaltenden Antwort ging Domnos nicht auf die Aufforderungen des Dioskoros ein und unterschlug unter den Höflichkeitsformen des Briefes die Tatsache, daß er de facto die nestorianisch

---

293 I. Kor. 1, 13.

294 Text des Briefes des Dioskoros an Domnos: J. Flemming, ebd. 132 '18' bis 139 '25'.

295 ebd. pg 137 '4-6'.

296 ebd. '39 ff', Porphyrios ist Areios, siehe G. Hoffmann's Anmerkung S. 178 (137, 44) bei J. Flemming, ebd.

297 ebd. pg 137 '46-49'.

lehrenden Bischöfe gewähren ließ: “Haben wir doch diejenigen, die den Lehren der Wahrheit widersprechen, aufgefordert, sie möchten von eurer Frömmigkeit lernen und zustimmen dem in Nikaia von den heiligen und seligen Vätern festgesetzten Glauben, welchen der ganze Erdkreis und die in Ephesos versammelt gewesenen heiligen Bischöfe gepriesen und gelobt haben.”[298] Nicht die Lehre des Dioskoros, sondern die Lehre des Domnos steht auf dem Boden der Union von 433: “Selbige Lehren würden wir doch nicht gefördert noch dafür gesorgt haben, daß auch andere sie zu ihrer Ansicht machten, wenn wir nicht an ihnen als den richtigen und wahren festhielten.”[299] Kurz gesagt: die Briefe des Dioskoros haben in Antiochien nichts erreichen können. Die Antwort des Domnos veranlaßte Dioskoros um so deutlicher, noch einmal an den antiochenischen Bischof zu schreiben. Er könne die Angelegenheit nicht vernachlässigen, denn die Schäden seien nicht zu übersehen. “Ich wünschte nun zwar, allezeit Worte der Liebe zu schreiben, mich friedlicher Briefe zu bedienen und eben solchen zu begegnen – dies war bislang ja ein Zeichen der Einmütigkeit der Kirchen und der katholischen Glaubensgesinnung. Auch diesmal komme ich dazu, deine Frömmigkeit aufzufordern, daß sie gewissen von den dortigen Lehrern einen Zaum anlege, die vielleicht sogar gut zu reden wähnen und darum so hochmütig sind: allein die, wisse wohl, der Menge Ärgernis geben und mit Recht verlacht werden als solches die nicht wissen, was sie reden und über wen sie Definitionen aufstellen.[300] … Die Aufgabe deiner Frömmigkeit ist es nun, sich zu überlegen, in was für Bestürzung auch wir uns befinden, endlich, unseren Brief (in dem Dioskoros unter anderem die Anerkennung der “Zwölf Kapitel” des Kyrillos und die Absetzung des Theodoret fordert) in der Gemeindeversammlung vorzulesen.”[301] Damit stellte Dioskoros seinen antiochenischen Amtsgenossen vor die Wahl zwischen zwei Bösen: entweder nachzugeben, also gegen die orientalische Synode, gegen seine eigenen Bischöfe vorzugehen, oder alsdann den Krieg mit Dioskoros offen zu erklären. So versucht Domnos in seiner Antwort, Dioskoros auf die Gefahren seines Verlangens aufmerksam zu machen und fordert ihn hingegen auf, den von Johannes und Kyrillos schwer errungenen Frieden zu wahren. Gegen dieses fromme Anliegen des Domnos ist nichts einzuwenden. Dioskoros hat aber suggestiv die Synode auf seine Seite gelenkt. Als sein zweiter Brief an Domnos verlesen worden war, sagte er: “Diese heilige und große Synode hat

[298] Text des Antwortschreibens des Domnos: J. Flemming: ebd. 138 ‘18’ bis 141 ‘15’.
[299] ebd. 139 ‘46-48’.
[300] Text des zweiten Briefes des Dioskoros an Domnos: ebd. 140 ‘12’ bis 143 ‘43’.
[301] ebd. 143 ‘36-39’.

vernommen, was ich an den gottesfürchtigen Bischof Domnos geschrieben habe, da ich den Frieden der Kirchen überall unerschüttert erhalten wollte. Darin werdet ihr mir bezeugen, daß ich nichts Pflichtwidriges gelobt habe. Möge eure Gottesfurcht beurkunden, ob ich anderes als die richtige Rede geschrieben habe."[302] "Diese Worte stimmen mit denen der Väter überein", lautete die Antwort der Synode; "diese sind Aussprache der Väter, diese stimmen mit dem richtigen Glauben und mit den beiden Synoden überein. Wer diese Briefe geheim hielt, ist kein Rechtgläubiger! Wer diese nicht vor aller Augen gelesen, verleumdet oder Entgegengesetztes geschrieben hat, ist kein Rechtgläubiger!"[303]

Bevor aber der Notar die letzte Antwort des Domnos an Dioskoros mit ihrem Mahnruf, den Kirchenfrieden zu erhalten, vorlas, schickte Dioskoros voraus: "An eurer Gottesfurcht haben wir auch den göttlichen Eifer erkannt, der in eure Herzen gelegt ist. Geruhet nun noch anzuhören, was von ihm an mich geschrieben wurde:[304] Anlässen zu Frieden in Gott von allen Seiten nachzujagen, solche zu Zwietracht und Streit gern zu vereiteln, ist rechtschaffen. Nun ist sich deine Frömmigkeit deutlich bewußt der früher dagewesenen Anlässe zu jenem Streit, der beinahe die Enden des Erdkreises erreichte und erst mit Mühe beigelegt werden konnte dank der barmherzigen und christusfürchtenden Könige Bemühungen und auch der Weisheit derer, welche unsere Stühle zierten: denn der selige Johannes, der vor meiner Wenigkeit den Orient verwaltete, war mit ganzer Seele des Friedens beflissen, nachdem er den königlichen Kompromissen nachgegeben hatte, und der selige Kyrillos, der vor deiner Frömmigkeit Ägypten leitete, bewies ähnliche Fürsorge wie diese, und Willen für dieselbe. Nachdem er nämlich von dem in gutem Andenken ruhenden Paulos von Emesa erfahren hatte, daß denen, die im Osten wohnen, die Zwölf Kapitel gefielen, tat er zwar in dem Schreiben an den seligen Johannes derselben gar keine Erwähnung, sondern war mit den Auseinandersetzungen, die von hier über die Menschwerdung unseres Heilandes geschickt wurden, einverstanden, schrieb eine zustimmende Rückantwort, rottete die Feindschaft mit ihren Wurzeln aus und gab den heiligen Kirchen Gottes auf dem Erdkreis den Frieden wieder ... Somit hatten die Kirchen des Orients und Okzidents durch Gottes Gnade bis jetzt beständig Eintracht in Gott. Diese laß, bitte, auch uns bewahren,

302 ebd. 143 '44'-145 '3'.
303 145 '4-10'.
304 ebd. '11-13'.

und nicht zu Aufspürern andren Zwiespalts für die Kirchen werden: denn wenn die gottliebenden Bischöfe, ehrwürdigen Kleriker und gläubigen Gemeinden im Orient erfahren sollten, daß wir dieser Kapitel Erwähnung tun, so dürfte deine Frömmigkeit überzeugt sein, daß sie auch die Gemeinschaft mit mir meiden; sollten dies aber gar die christusliebenden dieser apostolischen Kirche erfahren, so wisse, Gottliebender, daß sie uns entweder offen Verachtung bezeigen oder die Kirchen veröden lassen: dermaßen werden sich alle gegen die Erwähnung dieser Kapitel sträuben. Laßt uns also, bitte, den Kirchen gegenüber nicht Aufspürer einer Störung werden, die nicht leicht wieder zur Ruhe kommt; sondern laßt uns bei den schriftlich gemachten Friedenskompromissen Halt machen und den Brief des seligen Kyrillos und den Brief des unter den Heiligen ruhenden Athanasios, den er an Epiktetos geschrieben hat, bestätigen. Denn deren Erwähnung findet sich in den Vereinbarungen über den Frieden. Freilich von denen, die aufrühren wollen und es darauf absehen, einen bekannten Namen aus den Spaltungen zu gewinnen, wollen wir uns abwenden, als von Feinden des Heils ... Ich ersuche nun darum ... daß die Anathematismen in Ruhe bleiben mögen; denn sie haben uns schon früher Ruhestörungen angestiftet. Auch haben wir deine Frömmigkeit betreffs der gottliebenden Bischöfe und ehrwürdigen Kleriker im Orient bereits hinreichend überzeugt daß sie alle dem von den seligen und heiligen Vätern in Nikaia in Bithynien auseinandergesetzten Glauben zustimmen, mit dem auch die in Ephesos versammelt gewesene Synode einverstanden zu sein bekannt hat. Diesen predigen und lehren mit jenen auch wir, ich und diese, fortwährend denen, welche sich der allerheiligsten Taufe darbieten. Für diese nehmen wir es auf uns, alles zu erleiden, und verstehen ihn ebenso, wie die folgenden seligsten Väter: Damasos, Bischof des großen Rom, Ambrosios von Mediolanon, Kyprianos die Fackel von Libyen; eure Gestirne Alexandros, Athanasios und Theophilos; der seligste Ignatios, Eustathios, der die Synode in Nikaia schmückte; Meletios, der für ihn (den Glauben) oftmals außerhalb seines Sprengels wohnte; Flavianos, der das Exarchat desselben übernahm; Basileios und Gregorios, welche in der Diözese Pontike strahlten; Johannes und Attikos, welche die Stadt des Königtums im Hohenpriesteramte verwalteten; und wenn sonst einer vorhanden ist, der geredet hat, was mit den (Worten) dieser in Einklang steht. Mit diesen (Männern) sind wir einverstanden; die (Bekenntnisse) dieser rühmen wir; diejenigen, welche Meinungen, die von diesen abweichen, haben, nennen wir der Gnade fremde. Dieses bestätigen alle gottliebenden Bischöfe des Ostens. Ich bitte nun deine Gottesfurcht für den Frieden zu sorgen, und ja keinen Anlaß zur Spaltung zu

geben. Denn, für jenen besorgte hatten auch wir das letzthin von deiner Frömmigkeit übersandte Schreiben nicht veröffentlicht, um nicht ein großes Feuer zu entzünden."[305]
Der Standpunkt des Hauptes der orientalischen Kirche ist jetzt klar zutage getreten. Domnos berief sich auf die Unionsformel, Dioskoros aber auf die Entscheidungen der großen Konzilien: Er hat ja diese Synode beschließen lassen, daß über die Bestätigung des Nicaenums durch das frühere ephesinische Konzil nicht hinausgegangen werden dürfe. Damit beschränkte er die Auslegung der Unionsformel. Die verlesene Korrespondenz zeigte, daß die Parteien über die Bedeutung der Unionsformel nicht einig waren. Der eben verlesene Brief des Domnos bezeugt, daß der Briefwechsel zwischen Johannes und Kyrillos, der die Unionsvereinbarung enthält, die Zwölf Kapitel nicht abgeschafft hat, sondern lediglich "nicht erwähnt hat". Damit führte Domnos ein Argument gegen sich selbst an. Dioskoros fragte im Anschluß an die Verlesung des Domnos-Briefes: "Was dünkt euch, sollen wir die Zwölf Kapitel unseres seligsten Vaters Kyrillos verwerfen?" "Wer diese verwirft, sei Anathema", war die Antwort der Synode, "wer diese nicht annimmt, sei anathematisiert."[306]

Bezeichnend sind die gewöhnlichen Akklamationen der Bischöfe, die übereinstimmend den Urteilsspruch enthalten. So richtet etwa Thalassios von Kaisareia: "Die jetzt uns verlesenen Briefe des heiligen Erzbischofs Dioskoros und die als Antwort an seine Heiligkeit von Domnos, Bischof von Antiochien, geschrieben, waren vordem nicht zu unserer Kenntnis gekommen. Da wir aber nun, nachdem ihre Verlesung geschehen ist, die Bedeutung derselben erfahren und erkannt haben, daß sie mit der heiligen, vormals hier konstituierten Synode hadern, so erachten wir Domnos dem Dienst der Hohenpriesterwürde fremd."[307] Domnos wurde verurteilt, weil er "von der Frevelhaftigkeit des Nestorios angesteckt ist", "die Zwölf Kapitel abgelehnt hat"[308], "Ansichten gehegt, die entgegenstehen den Lehren Kyrills[309] und der Väter und im Widerspruch zu Nikaia und Ephesos."[310]

305 Text des zweiten Antwortschreibens des Domnos: J. Flemming, ebd. 144/147. Besonders der Stil dieses Schreibens deckt sich weitgehend mit dem Briefstil Theodorets.
306 J. Flemming, ebd. 147 '35-38'.
307 ebd. 149 '3-8'.
308 ebd. 149 / 151.
309 ebd. 149 '23'.
310 ebd. '40-47, '23-25'. Zur Absetzung des Domnos vgl. ferner Hefele-Leclercq, Hist. des Conciles, II (I), pg 614.

Besonders aktiv an seiner Absetzung wirkte Juvenalios, der Bischof von Jerusalem, der die Gelegenheit benutzte, die Freiheit seines Bistums von der antiochenischen Jurisdiktion anzustreben.[311]

Nach Domnos wurden noch zwei weitere syrische Bischöfe abgesetzt: der Nestorianer Andreas von Samosata und Basileios von Seleukeia (Isauria) auf Grund seiner Vergangenheit in Konstantinopel (448).[312] Dioskoros sorgte noch dafür, daß die freigewordenen Stellen mit Anhängern besetzt wurden.[313] Damit endete das Konzil von 449[314] mit einem vollen Sieg des Dioskoros. Die Ereignisse wurden darüber hinaus als der ewige und endgültige Sieg der Orthodoxie empfunden. Wie die Stimmung war, kann man den Akklamationen entnehmen: "Kyrillos unsterblich!" und "Bestehen bleibe Alexandrien, die Stadt der

---

[311] Jerusalem und Palästina gehörten der Jurisdiktion von Antiochien an, wurden jedoch de facto langsam zu einem autonomen Erzbistum innerhalb Syriens. Das Bestreben der Bischöfe von Jerusalem, selbständig zu sein, wurde von Alexandrien unterstützt. Der Konzilienkampf zeigte, daß die palästinensischen Bischöfe eher alexandrinische Theologie und Kirchenpolitik als antiochenische vertreten haben. So stand Kyrillos von Alexandrien und Juvenalios von Jerusalem Hand in Hand gegen die Nestorianer (vgl. Theopistos 271) . Im Anschluß an das Ephesinum II setzte Juvenalios sich für die Anerkennung dessen Beschlüsse in seiner Provinz ein. Diese Aufgabe hatte er ohne große Schwierigkeiten bewältigen können, nicht nur wegen der Sympathie der Bischöfe Palästinas zu Alexandriens, sondern auch dank der Unterstützung der Kaiserin Eudokia, die kurz vor dem Tode des heiligen Kyrillos (444) in Jerusalem eingetroffen war und seitdem getrennt von ihrem Gemahl, Kaiser Theodosios, lebte (vgl. E. Schwartz, Kyrillos v. Skyth. 363 u. Anm. 2; Honigmann, Juvenal 230). Dioskoros wußte die Bemühungen Juvenals einzuschätzen und erfüllte seinen Wunsch, die völlige Freiheit dieses Stuhles von Antiochien zu gewähren (vgl. Honigmann, Juvenal 237). Darüber hinaus erwirkte Dioskoros einen kaiserlichen Erlaß, daß Juvenalios die Jurisdiktion über die phönikischen Provinzen bekam (Juvenal, ebd. 238). Außerdem übergab Dioskoros ihm Nordarabien (vgl. o. Anm. 33).
Aber dieser Bischof zeigte in Chalkedon, daß er immer nur auf der Seite des starken Mannes sei. Dioskoros war durch den Verrat seines Freundes besonders enttäuscht. Schon am Anfang seiner Vita schreibt Pseudo-Theopist: "Die Partei der Orthodoxen rechnete noch auf den Feind Gottes Juvenalios von Jerusalem, der in jener Epoche Kyrillos half, den Nestorios zu verjagen, obwohl er hier in seiner Torheit die Kirche und die Orthodoxie angegriffen und das zerstört hatte, was er vorher mit dem heiligen Kyrillos aufgebaut hatte" Thp. 1, vgl. auch Thp. 285).

[312] Mansi VI 737, 832 ff, ACO II 1,1 , pg 140, 181 f.

[313] Der ägyptische Priester und bisherige Apokrisiarios des Dioskoros in Konstantinopel wird um die Jahreswende zum Bischof der Reichshauptstadt ernannt (vgl. o. Anm. 56): ACO II, 5, pg 118 '30'; Liberat. 12; Leo ep 53. Die ägyptischen Bischöfe reden an (Mansi VII 531): "Sanctissimo et Dei amantissimo archiepiscopo Constantinopolitanae et catholicae ecclesiae Anatolio episcopi Aegyptiacae dioecesis". E. Honigmann (Juvenal 237/8) schätzt die Ernennung des Anatolios auf die Zeit zwischen November 449 und April 450.

[314] Die genaue Zahl der Sitzungen ist unbekannt: vgl. I. Rücker, in LTHK 8,650. Für den Inhalt der Sitzungen sind wir vor allem auf die Revision der ersten Sitzung in Chalkedon (ACO II 1, 3, pg 16-37) und auf die syrischen Akten der letzten Sitzung angewiesen.

Orthodoxem!"[315] und "Der ganze Erdball hat deinen Glauben erkannt, du in der Welt einziger Dioskoros!"[316]

Die Beschlüsse wurden dem Kaiser mitgeteilt samt einem Schreiben der ganzen Synode. Die Rechtgläubigkeit und das Seelenheil sei nicht weniger wichtig als die Sicherheit vor den Feinden des Landes: "... Euch liegt nicht allein die Sorge ob, daß das Menschengeschlecht von dem Kriege der Barbaren errettet werde, sondern auch, daß es vollständig unbehelligt bleibe und bewahrt werde vor der Einführung neuer Ausdrücke seitens Andersdenkender, die da Frevel wie tödliches Gift auf einen Pfeil streichen und gegen die Seelen Ungelehrter einen verderbenbringenden Schuß senden, der dem Körper zwar kein Loch, aber dauernden Tod über die Seele bringt ..."[317] Der Brief spiegelt die "Theologie" der Synode wieder, und betont seine Gebundenheit an das Nicaenum und Ephesinum, denn diese beiden Konzilien "durch das Hinzukommen des Heiligen Geistes bestimmte: 'Es solle niemandem erlaubt sein, einen anderen Glauben neben dem in Nikaia anerkannten zu verfassen, geschweige aufzusuchen oder zu erneuern oder nicht zu erschütternde Dinge auf irgend welche Weise zu erschüttern; dagegen sollen die, welche es tun, ausgeschlossen werden: Bischöfe von der Bischofswürde, Kleriker vom Klerus, Laien von der Gemeinschaft der heiligen Mysterien, denn da sie (die Synode) ja durch den Geist redete und erfüllt war mit Menschen, die mit der Rede untadelhafter Lehre reich begabt waren ... Nun, mögen diese (welche wegen ihres Verstoßes gegen Nikaia und Ephesos I. von der jetzigen Synode (449) verurteilt sind) die Früchte ihrer Wege essen und von ihrem Frevel satt werden[318], wie geschrieben steht'." Zum Schluß legt das Synodalschreiben ein Zeugnis für die Orthodoxie der versammelten Väter ab und bittet den Herrscher, die nötigen Vorbereitungen für die Rückreise der Väter treffen zu lassen: "... wir aber haben festgesetzt, in betreff unseres richtigen und heiligen Glaubens nur das festzuhalten, was die früher in Nikaia und die vor kurzem in Ephesos versammelt gewesenen Väter beschlossen haben, da wir aus der göttlichen Schrift jenes erlernt haben; 'Verrücke nicht die uralten Grenzen, welche deine Väter gesetzt haben'[319]: denn man darf zu ihnen nichts hinzusetzen noch darf man von ihnen etwas wegnehmen. Nunmehr bitten wir eure unbesiegbare Macht: ihr wolltet Mitleid haben mit den Lei-

315 Mansi VI, 654; ACO II, 1,1, pg 102, J. Flemming, Akt. Ephes. Syn. 449, pg 19 '18/9'.
316 Mansi VI 656, ACO ebd.
317 J. Flemming, ebd. pg 160.
318 ebd. pg 161 f.
319 ebd. pg 162 '26-30'.

bern von uns, die Greise geworden, und durch die Fahrt auf langem Wege und Gefahr auf dem Meere angestrengt, krank und niedergeworfen sind, zumal durch die schlechte Mischung der Luft in Ephesos; und sie wolle befehlen, daß wir von hier schleunig abreisen, besonders wegen der Zeitversäumnisse, damit ein jeder in seine Kirche und Stadt zurück gelange und für eure lautere und christusliebende Königswürde Gebete darbringe."[320]

"Und es unterschrieben alle."[321]

Als nun Kaiser Theodosios die Beschlüsse zur Kenntnis genommen hatte, hat er sie genehmigt, gelobt und in Kraft gesetzt.[322] Er schrieb an Dioskoros "Wir fordern deine Frömmigkeit auf, indem wir ihr Dank wissen und sie wie einen Vater ehren, und dabei ihre Arbeit als unsere eigene betrachten: sie möge ein Rundschreiben anfertigen, welches enthält dieses unser gottliebendes Gesetz, die Auseinandersetzung unseres heiligen Glaubens und die Bestimmung der beiden erwähnten Synoden: 'auch daß niemand diesem (dem Glauben) auch nur ein Wort hinzusetze oder wegnehme, noch sich unterfange, ihn auszulegen, sintemal er sich selber Ausleger und jedermann verständlich ist'. Hiervon möge deine Gottesfurcht Abschriften machen und zu den ehrwürdigen Bischöfen schicken: zu dem der Stadt des Königtums Konstantinopel, zu dem von Jerusalem und den übrigen Metropoliten, damit sowohl sie selber als auch alle ihnen untergebenen Bischöfe unterschreiben und mit ihren Briefen hiervon Anzeige an uns senden, und damit andererseits ein jeder der Bischöfe, welcher eine Abschrift hat, dieselbe dem ganzen Volke in seiner Kirche vorlese; dabei aber möge vor allen Dingen deine Ehrwürdigkeit nebst allen ihr untertanen Bischöfen unterschreiben und die Unterschrift zu unserer Serenität Gehör hinaufbefördern. Endlich, so oft deine Frömmigkeit von Büchern irgendeines Verfassers erfährt, welche vordem oder jetzt gegen die Orthodoxie geschrieben sind oder in welchen zum Schaden der Menschen die nichtsnutzige Lehre des Nestorios enthalten ist und welche, weil wir davon nichts wußten, nicht in unser Gesetz hineingesetzt wurden: so soll sie befehlen, daß dieselben durch gottesfürchtige Bischöfe abverlangt und dem Feuer überliefert werden mögen, entsprechend dem von uns bestimmten Gesetz: daß alles, was unserem

320 ebd. '31-38'.
321 ebd. '38'.
322 Vgl. Severos, ediert und übersetzt von F. Chébli, in PO 3, pg 169.

heiligen Glauben zuwider ist, von Grund auf soll verdorben werden."[323]

Ähnliches schrieb Theodosios an Juvenalios von Jerusalem.[324]

Dioskoros hatte ein Rundschreiben an die Bischöfe im Sinne des Kaisers abgefaßt: "... Die Bücher des Nestorios und seiner abgesetzten Gesinnungsgenossen sollen vernichtet werden, damit wir nicht das Land durch ihre Veranlassung und den Willen derselben verlieren; auch in dem Fall, daß die unrichtig gesagten Worte mit anderen Verfassernamen geschmückt werden: indem es bekannt sein soll, daß sämtliche die Gottesfurcht betreffenden Sätze der seligen und rechtgläubigen Väter, welche wegen ihrer Rechtgläubigkeit Beifall fanden und welche in beiden heiligen (ephesinischen) Synoden festgesetzt wurden, auf ewig zu gelten haben ... Deine Frömmigkeit ist verpflichtet, alles dies den ihr untertanen Metropoliten bekannt zu machen und du möchtest von ihnen die unterschriebenen Stimmabgaben zurückverlangen in der Weise, wie wir diese hiermit übersenden ..."[325]
Solche Formulare, die die Bischöfe zu unterschreiben hatten, sahen so aus: "Ich, PP, Bischof der Stadt NN, habe das in diesem Gesetz oben Geschriebene unterzeichnet, vertrete es alles und bin einverstanden, jegliches zu beobachten, was in diesem Brief geschrieben steht, ohne etwas hinzuzusetzen oder von dem in demselben Eingesetzten wegzulassen."[326]

Gemessen an den Maßstäben seiner Zeit, kann man dem alexandrinischen Bischof kaum einen Vorwurf machen, Schon auf der ersten Sitzung haben er und die Synodalen dem Ephesinum II. den Titel "heilige und allgemeine Synode"[327] verliehen. Heiligkeit und Allgemeinverbindlichkeit konnten sie ihrer Versammlung nur gewähren, wenn sie die alexandrinisch-kyrillische Christologie zur Herrschaft brachten. Sie wollten kein neues Dogma. Vielmehr erklärten sie den Abschluß der Dogmatisierung mit dem Ephesinum I. als erfüllt; diesen Abschluß sollte ihr Konzil nur beglaubigen. Alle, von denen man vermutete, sie hegten in irgendeiner Weise Bedenken gegen die ephesinische Orthodoxie, das heißt, sie seien Nestorianer, sollten nicht mehr die Kirche leiten dürfen. Die Hoffnung auf eine friedliche Zeit

---

323 J. Flemming, ebd. pg 152 '24' bis 155 '7'.
324 ebd. pg 155 '8-18'.
325 Text des Schreibens des Dioskoros: ebd. pg 154/7.
326 ebd. pg 157 '12-18' bzw. (Syrisch) 156 '8-13'.
327 Vgl. z.B. ebd. 11 '1'.

im Anschluß an das Ephesinum und dessen Bemühungen haben die abschließende Korrespondenz – wie erwähnt – deutlich zum Ausdruck gebracht. Auch später wandte sich Kaiser Theodosios gegen jede Kritik an der Reichssynode und wies jeden Einspruch an seine Katholizität und Verbindlichkeit zurück. Der Glaube an das Zweite Ephesinische Konzil und die Meinung, dessen Anhänger spiegeln sich in einer Schrift des Presbyters Pelagios von Antiochien: "Gott und Jesus Christus haben diese eure göttliche, selige und ökumenische Synode zusammentreten lassen, denn hier ist der Glaube von Nikaia und von Ephesos vereint – so versammle sich diese dritte ökumenische Synode am Ende der Äonen. Und diese ist, wie ich glaube, die letzte aller Synoden durch den Heiligen Geist, da der Heilige Geist ... selbst sie eigens dazu, die letzte zu sein, versammelt hat."[328]

[328] Text der Eingabe des Pelagios: J. Flemming, ebd. pg 85 '36-38'; vgl. E. Honigmann, Juvenal 238. Die syrischen Mönche haben einen regen Anteil an der Durchsetzung der Beschlüsse des zweiten Ephesinums in Syrien genommen. Die von Barsumas geleiteten Mönche kamen deswegen mit ihren Bischöfen öfter in Konflikt: vgl. ACO II 1,2, pg 116 nr. 78. Ebenfalls bemühte sich Kaiserin Eudokia, das Ephesinum II in Syrien allgemein verbindlich zu machen : E. Honigmann, ebd. 235/7.; vgl. o. Anm. 311.

Von Ephesos 449 bis Chalkedon 451

Der Versuch Leos, die Einberufung eines Gegenkonzils nach Italien zu erwirken

Mit dem Konzil waren weder die abgesetzten Bischöfe[329] noch Leo zufrieden.[330] Der römische Bischof beanspruchte zwar die Jurisdiktion über die gesamte Kirche, aber Dioskoros hatte gezeigt, daß er sie faktisch besaß. Der Diakon Hilarus kehrte nach Rom zurück.[331] Unter den Berichten, die er Leo überbrachte, befand sich auch die Appellation Flavians.[332] Hier findet sich bereits der Gedanke, daß die Beschlüsse von Ephesos auf einer neuen Synode korrigiert werden müßten. Leo möge dafür sorgen, daß eine Synode abgehalten werde, auf der die Väter des Westens und des Ostens zusammenkommen sollten, um die Einheit des Glaubens und die Übereinstimmung mit der Überlieferung zu wahren. Was an Schlechtem geschehen sei, solle außer Kraft gesetzt und aufgelöst werden. Da das Übel sich fast über die ganze Welt verbreitet habe, so müsse ein ebenso allgemeines, umfassendes Heilmittel gefunden werden. Leo solle den Kaiser, den Klerus und die Mönche von Konstantinopel durch Briefe ansprechen.[333] – Auch Eusebios[334] und Theodoret[335] appellierten an Rom. Man wird in diesen Appellationen freilich nicht mit Rahner einen Beweis dafür sehen können, daß die Idee des römischen Primates sich auch im Osten

---

[329] Dem Liberatus entnimmt man die Bildung eine anti-ephesinische Partei, deren Gänger "orientales, Pontici et Asiani" waren: Brev. 12; ACO II 5, pg 119, '1-3'

[330] Es ist Leo, der in seinem 95. Brief, den er an die Kaiserin Pulcheria richtete, der Synode von 449 den ungerechten Namen "Latrocinium" gab (ACO II, 4, pg 51 '4'): "*nec opus est epistulari pagina conprehendi quidquid in illo Epheseno non iudicio, sed latrocinio potuit perpetrari (denn diese Synode sei kein Gericht, sondern eine Versammlung von Räubern gewesen*" (ACO II 4, pg 51 13-51). Leo hat die Bezeichnung von den Griechen übernommen, so bei Kyrillos von Skythopolis, Vita Euthymii 27; ders. Vita Sabae 56, ed. E. Schwartz, pg 41 '16' , 149 '13-14'. So blieb diese Synode in der Kirchengeschichte in unangenehmer Erinnerung. Aber verglichen mit dem Ephesinum I und dem Chalcedonensium ist die Reichssynode von 449 nicht sehr unterschiedlich verlaufen.

[331] Es sei hier noch einmal vermerkt, daß der Diakon dem Papst kein getreues Bild über die Ereignisse in Ephesos vermitteln konnte, einfach weil er das Griechische kaum verstanden hat.

[332] Die lateinische Übersetzung ist in den Akten der Synode von Chalkedon erhalten: ACO II 2,1 pg 77/9. Text und Kommentar der beiden Appellationen Flavians und Eusebios sind veröffentlicht in der kritischen Ausgabe von P. Debouxhtay: Irénico-Collection 2 (Amaysur Meuse 1927) Nr. 8.

[333] ACO II 2,1, pg 79.

[334] Text seiner Appellation siehe ACO ebd. pg. 81.

[335] Text des Theodoret von Kyrros, Ep. 113: PG 83, 1312/7; unter Leos Briefen Ep. 52: PL 54 848/54.

durchgesetzt habe.[336] Daß der römische Bischof die Jurisdiktion über die Gesamtkirche beanspruchte, war auch im Osten bekannt. Infolgedessen war die Appellation an ihn[337] der nächstliegende, um nicht zu sagen der einzige Weg, den die abgesetzten Bischöfe gehen konnten, um ihre Restitution zu betreiben. Bemerkenswert ist im übrigen, daß Domnos sich mit seinem Schicksal abfinden wollte. Er war einst aus einer mönchischen Gemeinschaft hervorgegangen, aus der Laura des heiligen Euthymios.[338] Dieser hatte ihm seinerzeit bei seiner Ordination zum antiochenischen Bischof den Rat gegeben, das Eremitenleben nicht aufzugeben.[339] So folgte er jetzt diesem Rat.[340] Damit wird es zusammenhängen, daß die Synode von Chalkedon nicht mehr auf seine Angelegenheit zurückkam. Es war wohl sein erklärter Wunsch, ein Gedanke, der dadurch noch wahrscheinlicher wird, daß die Laura, zu der Domnos gehörte, die einzige in Palästina war, die die Dekrete des Konzils von 449 nicht angenommen hat.[341]

Die Appellationen, die Leo erreichten, gaben ihm den erwünschten Vorwand, die Angelegenheiten des Konzils von Ephesos als unabgeschlossen zu behandeln.[342] Bereits am 11. Oktober 449, 50 Tage nach dem Abschluß des Konzils, schrieb er an den Kaiser und forderte die Suspension der ephesinischen Beschlüsse. Er fordert sie im Blick auf ein ökumenisches Konzil – dabei bringt er unausgesprochen zum Ausdruck, daß er die Synode von 449 nicht als ökumenisch ansehen werde – dessen Berufung er dem Kaiser nahelegt. Der Kaiser möge Befehl zur Abhaltung einer besonderen Synode in Italien geben, damit alle Uneinigkeit ausgeschlossen oder ausgeglichen werde und keine Schiefheit oder Zweideutigkeit in Glaubensdingen herrsche.[343] – Zwei Tage später schrieb Leo an die Kaiserin Pulcheria und bat sie um Vermittlung.[344] Gleichzeitig gingen eine Reihe von weiteren Briefen an führende Persönlichkeiten in Konstantinopel ab. Besonders wichtig

---

336 L.C. Hugo Rahner, S.J., Leo der Große, der Papst des Konzils, in Chalkedon I, S. 329.

337 Genauer genommen waren die Appellationen an alle westlichen Bischöfe gerichtet.

338 Kyrillos von Skythopolis, Vita Euthymii 20, 35 '25-28'; vgl. ACO II 3,3, pg 5/6. Wenn Domnos den Rest seines Lebens in dieser Laura verbracht hat, dann ist das der Grund, daß sein Nachfolger, Maximos, sich für den Lebensunterhalt des abgesetzten Patriarchen nicht zu bemühen brauchte: vgl. E. Schwartz, Kyrill. v. Skyth. 262 sub.ub. "Domnos"; ACO II 2,2, pg 19/21; siehe hierzu noch die vergleichende Anmerkung von H. Bacht, in Chalk. II 232.

339 E. Schwartz, TU (Leipzig 1939) 33 '10-28'; E. Honigmann, Juvenal of Jerusalem, Dumbarteon Oake Papers nr. 5 (Cambridge/Mass. 1950) 225.

340 L. Duchense, Hist. anc. de l'Egl. 3, 382.

341 Vita Euthymii 27, ed. E. Schwartz 21.

342 Über die Haltung Leos gegenüber der Christologie und Kirchenpolitik des Ephesinums II geben vor allem EP. 50, 51, 67, 68, 69 Aufschluß.

343 ACO II 1,1, pg 4; PL 54, 823 A/B.

344 ACO II 4, pg 23/5 nr. 23; PL 54, 855/6.

für uns ist davon der griechisch und lateinisch erhaltene Brief an die vier Mönchshäupter Faustos, Martinos, Petros und Emmanuhel[345], an die der Papst schon vor Beginn des Konzils geschrieben hatte. Der Brief zeigt, daß auch Leo es verstand, Stimmung zu machen. Er mahnt die Mönche zur Treue gegen ihren unglücklichen, eben verstorbenen Bischof und zur Geduld in der Verfolgung. Im übrigen sollen die Mönche dafür sorgen, daß der Inhalt des Briefes allen Christen bekannt wird.[346]

Der Kaiser ließ Leos Briefe unbeantwortet. Aber der Papst ruhte nicht. Am Weihnachtsfest dieses Jahres wiederholte er die Vorschläge[347], die er in seinem ersten Brief gemacht hatte. Die Eile, mit der seine Reklamation erfolgte, zeigt, wie ungeduldig er war.[348]

Dementsprechend nahm er auch die erste Gelegenheit wahr, bei der er die Angehörigen des Kaiserhauses für seine Sache interessieren konnte. Die ergab sich am 22. Februar 450. Die Kaiserin Pulcheria und Eudokia, die Schwester des Kaisers, kamen zum Fest Petri Stuhlfeier nach Rom, und Leo ließ es nicht an szenischen und dramatischen Mitteln fehlen, um die Familie des westlichen Kaisers und ihre hohen Gäste zu beeindrucken. Liberatus berichtet, wie der Fortissimus Leo – das Wortspiel mit dem Namen ist beabsichtigt – auf die Knie niedergefallen[349] sei und vor Traurigkeit[350] kaum habe sprechen können.[351]

Das Schauspiel verfehlte seine Wirkung nicht. Unter dem Einfluß der kaiserlichen Frauen[352] schrieb Valentinian III., der westliche Kaiser, an seinen östlichen Amtsgenossen Theodosios II.: "... Damit der vorgenannte (römische) Bischof sein Urteil ausspreche, nachdem er auch die anderen Bischöfe der ganzen Welt in Italien zusammengebracht

345 Lateinisch: ACO II 4, pg 25/6, Griechisch: ACO II 1,1 pg 51/2. Unter den Briefen Leos: ep. 51.
346 ebd.
347 ACO II 4, pg 11; PL 54, 855/6.
348 Vgl. Leo Ep. 62-64.
349 Liberatus, Brev. 12: ACO II 5, pg 119 '18-20'.
350 Leo Ep. 56: PL 54. 862/A.
351 Leo EP. 58: PL 54, 866/A.
352 Eudokia, selbst eine Anhängerin des Ephesinums II, mochte unter den Einfluß des römischen Bischofs geraten sein. Nachdem die Gemahlen des Theodosios, Eudokia, mit ihrer Schwägerin, Pulcheria, zum gleichen Feste Petri nach Rom gekommen ist, habe sie im Sinne Leos an ihren Bruder geschrieben, wie Michael der Syrer es andeutet: Michel le Syrien, Chron. 8,6, ed. Chabot V 2, syr. 183/4, trd. 35, vgl. noch Chron. 1234. Michael konnte allerdings die Namen der kaiserlichen Pilger vertauscht haben: H. Rahner, in Chalk. I 588/9.

habe ...".[353] Auch Galla Placidia, Valentinians Mutter, unterstützte ebenfalls diese Bitte und schrieb an den Kaiser Theodosios, die Glaubensangelegenheit "möge dem Urteil einer Synode und des Apostolischen Stuhles überlassen werden".[354] Desgleichen wandte sich Eudoxia, die Gemahlin des Valentinian und Tochter des Theodosios, brieflich an ihren Vater und suchte ebenfalls, ihn für den Plan eines ökumenischen Konzils in Italien zu erwärmen.[355] Auch sonst war, wer irgend Rang und Ansehen im Kaiserhaus hatte, aufgeboten, sich am Zustandekommen dieser Briefflut nach Konstantinopel zu beteiligen.[356] Sie zwang dem Theodosios wenigstens eine Erklärung ab. Der Ton der kaiserlichen Antwort ist ganz auf Caesaropapismus gestimmt. Er will keine Einwände gegen das Konzil zulassen. Die Geltung beruht seiner Meinung nach darauf, daß es ein allgemeines Konzil war, dessen Sitzungen ordnungsgemäß verlaufen sind. Es sei als eine Fortsetzung des Konzils von 431 anzusehen, das in derselben Stadt zusammengerufen worden war. "Er habe befohlen, daß die Synode von Ephesos sich noch einmal versammeln solle." In den Augen des Theodosios legitimiert das erste Ephesinum das zweite. Der Nachweis der Katholizität läßt sich in den Augen des Kaisers auch für das Konzil von 449 führen; die Synode sei durch den Willen Gottes zusammengekommen in dem wahrhaftigen und orthodoxen Glauben, und sie weiche nicht im entferntesten von den Beschlüssen der Väter ab.[357] Er selber habe die Aufsicht über alles gründlich geführt. "Ihr tätet besser daran, euch mit diesen Dingen nicht zu beschäftigen".[358]

Der Kaiser muß bald nach Pulcherias Rückkehr nach Konstantinopel geschrieben haben. Etwa zur selben Zeit, in den ersten Märztagen, erhielt Leo Briefe von dieser und zwei der oben genannten Archimandriten.[359] Dadurch wurde er veranlaßt, sich Mitte März 450 in einem ausführlichen Brief an Klerus und Volk von Konstantinopel zu wenden. Er regt den Versuch an, das Volk für den Konzilsgedanken zu gewinnen: "Interim ... des operam, quantum potest, vestra dilectio

[353] ACO II 3,1, pg 14 nr. 19; PL 54, 859.

[354] ACO, ebd. pg 15 nr. 20; PL 54, 861/B.

[355] ACO, ebd. pg 15 nr. 21: PL 54, 863.

[356] Vgl. ACO II 3,1, pg 15 nr. 21: PL 54, 863; E. Caspar, Papsttum 1, 497 schildert die Situation, aus der die Briefe stammen. Diese Briefe sind fast die ältesten Zeugnisse, die dem römischen Bischof eine autoritäre Vorrangstellung zuschreiben wollen. Das stammt weniger aus einer Tradition des römischen Stuhles als aus der Persönlichkeit Leos selbst.

[357] ACO II 3,1, pg 14 nr 19; PL 54, 859.

[358] Michel de Syr., Chron. 8,6, éd. Chabot V 2, syr. 183/4, trd. en franc. 35.

[359] Leo Ep. 61; ACO II 4 pg 28. "Martinus" und "Faustus", mit denen Leo sich besonders verständigen konnte, könnten eigentlich Landesleute des römischen Bischofs gewesen sein.

ut omnibus ecclesiae filiis innotescat quid contra impium sensum secundum doctrinam evangelicam et apostolicam praedicemus ...".[360] Gleichzeitig schrieb er an Pulcheria, um ihren Eifer für seine Sache wachzuhalten (am 17. März 450).[361]

Die Exkommunikation Leos durch Dioskoros

Während Leo derart eifrig für das Zustandekommen eines Revisionskonziles wirkte, reiste Dioskoros sehr gemächlich zurück. Er dürfte die Reise dazu benutzt haben, um seine Stellung an allen wichtigeren Orten noch weiter zu befestigen und um neue Verbindungen anzuknüpfen. Wahrscheinlich ist er erst im Laufe des Jahres 450 in Alexandrien eingetroffen.[362] In diesem Augenblick waren die Maßnahmen Leos kein Geheimnis mehr. Dioskoros erfuhr nicht nur von den Versuchen des römischen Bischofs, ein ökumenisches Konzil in Italien zustande zu bringen; noch mehr mußte es ihn betreffen, daß Leo die Urteile der Synode von 449 nicht anerkannte, enge Beziehungen zu den dort Gemaßregelten unterhielt und sichtlich bemüht war, eine große Koalition gegen Dioskoros zustande zu bringen. Als besondere Unfreundlichkeit mußte er die Freundschaft empfinden, die Leo mit Theodoret unterhielt, dem alten Feind des Kyrillos. Eine unerhörte Anmaßung sah er aber darin, daß Leo das Recht in Anspruch nahm, die Verhandlungen des Konzils zu untersuchen und zu beurteilen.[363] Das ökumenische Konzil ist in seinen Augen die höchste kirchliche Instanz und steht darum auch über Rom. Die durch Leo geschaffenen Tatsachen und das gesteigerte Machtbewußtsein veranlaßten den Dioskoros, sich nunmehr auch gegen den römischen Bischof zu wenden. Er berief die ägyptischen Bischöfe zur Synode nach Alexandrien und sprach dort über Leo den Bann aus. Das Urteil wurde dogmatisch und rechtlich begrüßt: "Leo führe Neuerungen im Glauben ein, wenn er mit Flavian einverstanden sei, der von zwei Naturen nach der Vereinigung spreche, und er halte Gemeinschaft mit abgesetzten und gebannten Bischöfen".[364] Anschließend begab er sich sofort wieder auf die Reise zum Hof, vermutlich um persönlich die so wichtige und gefährliche Frage zu erörtern, welche Schritte gegen Leo ergriffen werden könnten. Die Veröffentlichung des Synodalurteils hatte er zunächst

---

360 ACO II 4, pg 38; PL 54, 872.

361 Leo ep. ad. Pulcheriam: ACO II 4, pg 29 nr. 28; PL 54, 873/4.

362 Vgl. al. Bermāwī S. 65.

363 ebd. 66.

364 ebd.

zurückgestellt, vermutlich um sich der Zustimmung des Hofes zu vergewissern. Dann entschloß er sich aber doch noch, es bereits auf der Reise bekanntzugeben[365]; wir wissen nicht, ob ein aufwallender Zorn ihn dazu veranlaßt hat oder die Sorge, die Waffe könnte durch Nichtgebrauch ihre Schärfe einbüßen.
Damit war der Krieg offen erklärt. Leo nahm die Exkommunikation durch Dioskoros keineswegs auf die leichte Schulter. Dazu hatte er angesichts der gewaltigen Macht, die Dioskoros in Ephesos demonstriert hatte, auch gar keine Ursache. Wie gefährlich ihm die Maßnahme schien, ist aus einem Brief zu schließen, den er kurz danach an die Bischöfe gerichtet hat.[366] Obwohl dieser Brief sich mit der Angelegenheit befaßt, verschweigt er die Tatsache der Exkommunikation durch Dioskoros. Caspar sieht die Lage sicher richtig, wenn er meint, Leo habe die Mitteilung darum unterschlagen, um das Ansehen seines Primates nicht zu gefährden.[367] – Auch die Tatsache, daß Leo nunmehr eine Gesandtschaft an den Hof abfertigte, dürfte in erster Linie durch diese Exkommunikation verursacht gewesen sein. Die Verschärfung der Gegensätze hatte die Machtprobe der beiden Patriarchen von Alexandrien und Rom zur unvermeidlichen Folge.[iii] Somit begann das Wettrennen um die Besetzung der günstigen Ausgangspositionen. Indessen ließ sich die Angelegenheit zunächst recht ungünstig für Leo an. Seine Legaten führten erfolglose Besprechungen mit dem Kabinett. Dann wandten sie sich an den Kaiser, erreichten aber nicht, daß sie zur Audienz zugelassen wurden.[368] Im Grunde war die Situation für Leo aussichtslos. Und dann geschah die unerwartete Wendung: am 28. Juli 450 starb der 50 Jahre alte Kaiser durch einen tödlichen Sturz vom Pferd.[369]

---

[365] Mansi VI 1009, 1148, VII 104; ACO II 1,2 pg 16, 124; die Kirchengeschichte der 'Pseudo-Zacharias-Rhetor', ed. E.W. Brooks, in SCSO syr. 3 t 5,6 (1919/24).

[366] Leo Ep. 103; PL 54, 988f.

[367] E. Caspar, Papsttum 1, 527. Der Bannfluch des Dioskoros gegen Leo blieb eine ganz Zeit in übler Erinnerung bei den römischen Bischöfen: vgl. Nicolaus I., Ep. 86: PL 119, 9410.

[368] Am 16. Juli reisten die römischen Gesandten nach Konstantinopel ab; vgl. ACO II A pg 37 nr 34; PL 54, 872. Am gleichen Datum schrieb Leo an Pulcheria: vgl. ACO II 4, pg 30 nr. 29: PL 54, 894; vgl. ferner C. Silva-Tarouca, in "Nuovi Studi sulle anticke Lettere dei papi", Roma 1932, pp 150 suite. Bezeichnend für die Korrespondenz Leos in dieser Periode ist, daß sie keine Einwände, wenigstens keine direkten, gegen das Konzil von 449 enthält. Leo schrieb noch an die romfreundliche Partei unter den Mönchen von Konstantinopel: Leo Ep. 71 ad Faustum etc.: ACO II 4, pg 31/2:, vgl. E. Caspar, Papsttum 1, 500.

[369] Über das fromme Leben, christliche Erziehung und religiöse Taten des Kaisers unterrichtet uns vor allem Sozomen IX, 1,2, 16, 17; Socrates, Hist. eccl., VII 22, 4.

Die Wende: Der Thronwechsel von 450

Der Kaiser hatte an nichts weniger gedacht als an seinen Tod. Sein ganzes Planen ging in dieser Zeit darauf, einen Sohn als Thronerben zu erhalten. Dem standen Hindernisse im Wege. Die Kaiserin Eudokia, die sich seit 5 oder 6 Jahren in Jerusalem aufhielt, wurde von ihm als unfruchtbar angesehen.[370] Er hoffte aber, seinen Kinderwunsch durch eine zweite Ehe verwirklichen zu können. So sandte er nach den heiligen Mönchen von Schehet[371], um deren Fürbitte er früher bereits nachgesucht hatte und ließ sie um Rat fragen.[372] Die Mönche schickten abschlägigen Bescheid. Sie ließen dem Kaiser sagen, der Herr wolle ihm keinen Erben geben, um ihn nicht an der unheilvollen Ketzerei zu beteiligen, die nach ihm kommen und das ganze Reich durch Gotteslästerungen besudeln würde. Er müsse dafür, daß er keinen Sohn habe, die Güte Gottes preisen; Gott liebe ihn wegen seiner schönen Taten, seines orthodoxen Glaubens und seines großen Vertrauens.[373]

Die Kinderlosigkeit des Theodosios ist der Grund dafür, daß die kirchenpolitische Situation im Reich sich schlagartig umkehrte. Denn da kein Thronerbe vorhanden war, übernahm des Theodosios Schwester Pulcheria die Regierung. Daß sie dazu fähig war, hatte sie längst bewiesen. Obwohl sie nur reichliche zwei Jahre älter war als ihr Bruder, war sie einst als Vormund für diesen eingesetzt worden und hatte seine Erziehung beaufsichtigt. Im Alter von 16 Jahren hatte sie mit dem Titel der Augusta die Mitregentschaft erlangt.[374] Dem Kaiser war die Bevormundung durch die stärkere Persönlichkeit seiner Schwester keineswegs angenehm. Er suchte sich ihr zu entziehen, indem er sich

---

370 Vgl. Kyrillos von Skyth., Bemerkungen von E. Schwartz im Anschluß, S. 363.

371 Synaxarion unter dem 26. Tobe: PO 20, 5 p. 665/9 bzw. 669/703.

372 Nach Theopistos (242/3) heißt der Bote des Kaisers an die Mönche von "Skete": "Artoios"; der französische Übersetzer 'Nau' schlägt dafür 'Antonios' vor.
Reiseziel der kaiserlichen Gesandtschaft in Ägypten war wohl der heilige Johannes von Lykopolis (Juhanna alasyuti), der in die Geschichte des Mönchstums als der "Prophet von Ägypten" einging. Schon dem Kaiser Theodosios dem Großen hat Johannes die späteren Ereignisse prophezeit: vgl. Histoire lausiaque, Kap. XLIII.

373 Vgl. noch die Chronik des Johannes von Nikios, hrsg. und übers. v. Zotenberg (Notices et extraits des mss. de la Bible.Nationale, tome XXIV, Paris 1883, pp 349-350), vgl. auch die Übersetzung aus dem Äthiopischen: Charles: The Chronicle of John, Bishop of Nikiu, transl. from Zotenberg's Ethiopic Text (London-Oxford 1916); Theopistos §§ 1-3.
Es ist bezeichnend, daß Pseudo-Theopistos seine Vita mit der Sorge des Kaisers Theodosios j. um den Thronerben beginnt. Er hat richtig gesehen, daß der Thronwechsel in Konstantinopel die Ursache der Tragödie des Dioskoros ist.

374 Vgl. P. Gaubert, Le rôle de Sainte Pulchérie et de l' eunuque Chrysaphios in Chalkedon I 303/21.

auf seine Minister stützte; dadurch kam es bei der Schwäche des Kaisers zunächst einmal zu einem dauernden Wechsel der führenden Persönlichkeiten des Hofes, bis es dem Chrysaphios gelang, den Kaiser völlig für sich zu gewinnen und Pulcheria ganz auszuschalten.[375]

Aber nun wandte sich das Blatt.

Begreiflicherweise widersprechen sich die Berichte über Persönlichkeit und Charakter der Kaiserin. Während sie bei den griechischen Chronisten und Hofhistoriographen als die fromme, kluge und gottliebende Frau erscheint[376], sehen die syrischen und ägyptischen Biographen des Dioskoros in ihr das Gegenteil. Als eine neue Eva, die den Einflüsterungen des Satans sich hingegeben habe[377], wird ihr alles folgende politische Unglück zur Last gelegt. Man kann ihr aber weder geistige Bildung noch politische Fähigkeiten abstreiten, und für die Staatsangelegenheiten interessierte sie sich auch in den Zeiten ihrer Einflußlosigkeit. Der Religionspolitik schenkte sie besondere Beachtung. Während des nestorianischen Streites hatte sie für Kyrillos Partei genommen. Dieser hatte im Jahre 430 zwei Briefe an die damals noch mitregierende Kaiserin geschrieben.[378] Auch später ließ ihr Interesse nicht nach. Daß die öffentliche Meinung ihr nicht nur Interesse, sondern auch noch Einfluß zutraut, geht beispielsweise daraus hervor, daß Theodoret im Jahre 445 sich in einer Steuerangelegenheit seiner Stadt Kyrrhos an sie gewandt hatte, oder aus einem Schreiben des ephesinischen Klerus aus dem Jahre 448, das das Episkopat des Bassianus betraf.[379] Wie ungern sie das Aufhören ihres politischen Einflusses auf ihren Bruder ertragen hatte, kann man aus einer ihrer ersten Regierungshandlungen ersehen. Sie ließ den Chrysaphios umbringen.[380] Damit war der völlig neue Kurs ihrer Regierung sichergestellt.

Pulcheria hatte früher ein Ehelosigkeitsgelübde abgelegt.[381] Das konnte sie jetzt nicht mehr halten. Sie vermählte sich sofort mit dem wenig älteren General Markian, mit dem sie bereits zu Lebzeiten ihres Bru-

---

375 S.o. S. 15.

376 Vgl. Soz. Hist. eccl. IV.I; Evagrius, Hist. eccl. II 1.

377 Theopistos 245.

378 Mansi IV, 618-883.

379 I. Hahn, Theodoretus Cyrus und die frühbyzantinische Besteuerung, in Acta Antiqua Academiae Scientiarum Hungaricae, Tom. X.Fasc. 1-3 (1962) pp 123/130.

380 Über das Ende des Chrysaphios siehe P. Goubert- Le rôle de Sainte Pulchérie et de l'eunuque Chrysaphios, in Chalkedon I 315/8.

381 Vgl. Theopistos 245; E. Schwartz, Über die Reichskonzilien von Theodosius bis Justinian, in GS S. 139 f; vgl. o. S. 32.

ders heimliche Liebesbeziehungen unterhalten haben soll.[382] Am 25. August, knapp einen Monat nach dem Tode ihres Bruders, ließ Pulcheria den Markian zum Kaiser ausrufen.[383]

In Alexandrien war man sich durchaus darüber im klaren, daß mit dem Regierungswechsel auch ein Wechsel der kaiserlichen Religionspolitik verbunden sein werde. Man erwartete, daß Pulcheria die kirchenpolitischen Ideen ihres Vorfahren, Theodosios I., wieder aufgreifen werde. Während Theodosios II., den die Rechtgläubigkeit und die Mönchsfrömmigkeit vertretenden Patriarchen von Alexandrien unterstützt hatte, mußte jetzt wieder der Hauptstädtische Patriarch an Bedeutung gewinnen, durch den der Staat unmittelbar auf die Kirche Einfluß nahm. Die Abneigung gegen die neue Kaiserin zeigte sich in Alexandrien dadurch, daß man ihr den Bruch ihres Ehelosigkeitsgelübdes besonders übelnahm. So konnte Sophronios später behaupten, Dioskoros habe den Empfang der Bilder des neu inthronisierten Kaisers abgelehnt.[384] Wenn es nicht wahr war, so war es doch möglich. Die Regierungsproklamation kündigte mit dem Wunsche nach einer allgemeinen Synode bereits einen Schlag gegen Alexandrien an. Der Diakon des Patriarchen beurteilte das Schreiben mit den Worten des Prophetenjüngers: "Der Tod ist in diesem Brief, O Mann Gottes!"[385] Und Dioskoros erklärte, der heilige Kyrillos habe ihm einst geweissagt: "Ruhe Geist und Körper unter Theodosios aus, weil nach ihm die zweite Eva mit dem Namen Pulcheria den Tod hervorrufen wird, die durch ihre sündhafte Begierde ihre Augen auf Markian gelenkt, dadurch die wahre Frömmigkeit erschüttert und den orthodoxen Glauben verdorben hat".[386]

---

382 Michel le Syrien, Chronic. ed. Chabot, II (Paris 1900/04) ; Theopistos (245) : "Satan, die verfluchte Schlange, begann seinen alten Kampf mit der Frau von neuem." "Thedosios hat Markian deswegen (also wegen seiner heimlichen Liebesbeziehung zu Pulcheria) nach Thebaide exiliert".

383 Vgl. W. Enßlin, Art. Marcian, in Pauly-Wissowa, RE. klass. Altertumsw. 1. R. 14, 1514/29.

384 ACO II 1, 2, 23, '64'; Mansi VI 1029-1033. Vgl. o. Anm. 50. Darüber hinaus war es kein Geheimnis mehr, daß Pulcheria auf Seiten Leos gegen das Ephesinum II stand. Ebenfalls war die nestorianische Neigung Markians längst in Alexandrien bekannt: Theopistos 246.

385 4 Regum; Theopistos 250.

386 Tatsächlich war die Religionspolitik des Theodosios in ihren Einzelheiten ein unicum in der Geschichte der byzantinischen Kaiser. So E. Schwartz über Theodosios: "Er hielt es für ein Gebot der Frömmigkeit, die Kirche sich selbst zu überlassen, und glaubte den Bischöfen nicht befehlen zu dürfen" GS 4, S. 125. Kyrillos, der sich den Kaiser nicht besser als Theodosios wünschen konnte, wußte schon, was der Regierungswechsel für die Hierarchenpolitik Alexandriens bedeutet. Man hat dem Herrscher längeres Leben gehofft.
Für das Urteil der alexandrinischen Bischöfe über Pulcheria siehe Theopistos 245/46 u. 249/51.

Obwohl die neue Kirchenpolitik der Regierung einen gewaltigen dogmatischen Streit entstehen ließ, waren die eigentlichen Motive nicht dogmatischer Art. Es handelte sich vielmehr darum, die allzu selbständig gewordenen Patriarchen, vor allem den von Alexandrien, aber auch den von Rom, der kaiserlichen Kirchenleitung zu unterwerfen. Infolge der zwischen Rom und Alexandrien ausgebrochenen Feindschaft war diese Aufgebe nicht schwer. Alexandrien wurde durch Rom in dogmatischer Hinsicht und Rom durch Konstantinopel in politischer Hinsicht gedemütigt.

Den Vorwand zum Eingreifen hatte Bischof Leo von Rom der Kaiserin sogar selber mit seinem Wunsch nach einem neuen allgemeinen Konzil in die Hand gegeben.[387] Auch Leo hatte sich durch die Schnelligkeit des Thronwechsels überrumpeln lassen. Während Theodosios nur taube Ohren für die Wünsche Leos nach einem neuen Konzil hatte, brauchte Markian gar nicht erst gebeten zu werden.[388] Dieser hatte bereits in seiner Regierungsproklamation das Konzil in Aussicht gestellt (Pulcheria hatte schon vor dem Tode des Theodosios Leo ihre Unterstützung zugesagt). So mochte Leo denken, daß die Dinge nach seinen Wünschen gehen würden, als er Ende August oder Anfang September einen Brief Kaiser Markians erhielt, in dem dieser ihn bat, Gottes Beistand für den Kaiser zu erflehen, damit dieser den vollen Frieden der ganzen katholischen Kirche durch die kommende Synode vermitteln könne. Außerdem wurde der Papst um eine neue Darstellung seines Standpunktes in der Glaubensfrage gebeten.[389]

Der neue Kaiser ließ dem Papst nicht viel Zeit zu ungetrübter Siegesfreude.[390] An 22. September schrieb er bereits Leo, es sei keine Ursache, daß die Synode in Rom oder sonstwo in Italien stattfinde. Er sei vielmehr bereit, die Synode in Konstantinopel einzuberufen. Leo könne ja persönlich nach dem Osten kommen, um dort am Konzil teilzunehmen. Wenn ihm aber die weite Strecke zu beschwerlich sei, so könne er sich auch vertreten lassen.[391] In diesem Falle werde der Kaiser selber die Sache in die Hand nehmen und Briefe an den Osten, auch Thrakien und Illyrien (Gebiete, über die der Papst die Jurisdikti-

---

387 Leo M. ad Pulcheriam: ACO II 4, pg 29.

388 Siehe Markiansbrief unter Leos Briefen: Ep 23: PL 54, 900.

389 ACO II 3, 1, pg 17 nr. 27; PL 54, 899: per celebandam synodum te auctore maxima pax circa omnes episcopos fidei catholicae fiat. Vgl. ferner Theopistos 249/50.

390 Leo Ep. 74 ad Martinum: ACO II 4, pg 32/3.

391 Mangīgī, Geschichte der Konzilien. تاريخ المبانع

on beanspruchte) mit dem Befehl schicken, daß die Bischöfe sich an dem von ihm bestimmten Ort versammeln sollten, um zu definieren, was dem katholischen Glauben dienlich sei.[392] Das muß eine bittere Nachricht für den Papst gewesen sein, auch wenn sie durch den Briefschluß etwas versüßt wurde: Aufgabe des Konzils sei, dasjenige als dienlich für den katholischen Glauben zu erklären, was Leo in seinem Brief an Flavian definiert habe.[393] Daß die Jurisdiktion über die Gesamtkirche dem Kaiser und nicht dem Papst zukomme, stand völlig außer Frage.

Der Brief des Kaisers wies die jurisdiktionellen Ansprüche des Papstes zurück, unterstützte aber seine dogmatischen. Das geschah weniger, um ihm entgegenzukommen, sondern ist vielmehr als eine gegen Dioskoros gerichtete Maßnahme zu begreifen. Gegen diesen geschah viel mehr. Schon die Beseitigung des Chrysaphios war ein empfindlicher Verlust für ihn. Anatolios, der frühere Apokrisiar des Dioskoros am Kaiserhof, den dieser zum Bischof von Konstantinopel gemacht hatte, mußte auf einer Synode endemusa den Lehrbrief Leos unterschreiben und über Eutyches den Bann sprechen. Nach anfänglichem Widerstand paßte sich Anatolios der neuen Situation an.[394] Dasselbe taten auch andere Bischöfe, die in Ephesos als Parteigänger des Dioskoros aufgetreten und von diesem dafür belohnt worden waren; darunter war auch Maximos von Antiochien[395], dem Dioskoros ebenfalls diesen Bischofsstuhl verschafft hatte.[396]

Anatolios bekam den Befehl, die verbannten Bischöfe zurückzurufen. Dies betraf vor allem Theodoret[397] und Ibas[398]; die beiden hatten in Leo einen Helfer gefunden, und so schrieb nun die Kaiserin an diesen und teilte ihm die Neuigkeit mit: daß Anatolios den "orthodoxen" Glauben angenommen und die Bischöfe aus dem Exil zurückgerufen habe. Der Brief der Kaiserin war wohl eine Geste, die den empfindlich

---

[392] ACO II 3,1 pg 18 nr 28; PL 54, 90.

[393] ebd.

[394] V. Grumel, Les regestes des actes du patriarcat de Constantinople 1 (Chalcédoine 1932) 116/7. In Chalkedon unterschrieb Anatolios actio III und actio IV.

[395] Tillemon XV, pg 130 ff: Anatolios und Maximos wurden gedrängt, bis sie ihre Unterschriften auf den Lehrbrief Leos setzten.

[396] Vgl. o. S. 72.

[397] Theodoret, Ep. ad Anatolium patric.: PG 83 1360/1; ders., an Aspar und an Vincmalus: PG 83, 1361/5: Theodoret gehörte zu den frühesten Vertretern der Konzilsunternehmung: vgl. ACO I 4, pg 13. Auch Eusebios von Dorylaion mußte an Leo in diesem Sinne geschrieben haben: vgl. Evagrius, Hist. eccl. II, 2: PG 85, 2489/92; Lib. Heraclip. 519; das entnehmen wir ferner aus zwei Briefen Leos: ACO II 4, pg 41, PL 54, 918.

[398] Siehe obige Anmerkung.

getroffenen Papst veranlassen sollte, gute Miene zum bösen Spiel zu machen. In demselben Brief bat die Kaiserin ihn nämlich um Antwort auf den Wunsch Markians hinsichtlich des neu einzuberufenden Konzils und unterstreicht dabei, daß diese Dinge nach den Vorschlägen Leos beschlossen werden sollten[399] – der Papst dürfte kaum mehr als bittere Ironie darin gesehen haben.

Leo versuchte, aus der Situation das Bestmögliche zu machen. Seine Freundschaft mit den orientalischen, vom Kaiser auch aus politischen Gründen als wichtig angesehenen Bischöfen, gab ihm neues Gewicht. Dazu kam, daß die abgefallenen Parteigänger des Dioskoros, Anatolios von Konstantinopel und Maximos von Antiochien, wohl oder übel bei ihm Anlehnung suchen mußten. So ergeben sich Aussichten auf einen großen dogmatischen Sieg, der sich umso mehr eignet, die politische Niederlage auszugleichen als der Gegner, Dioskoros, einer dogmatischen und politischen Katastrophe entgegengeht.

Die Wendung der Dinge bedeutet für Leo, daß nunmehr ihm, ursprünglich dem Inspirator des neuen Konzils, nichts mehr daran gelegen ist.[400] Die Unterordnung der griechischen Bischöfe mit Ausnahme des Dioskoros hatte er ja bereits erreicht. In der sich immer mehr in den Vordergrund drängenden Frage nach der Berechtigung staatlichen Eingriffs in kirchliche Angelegenheiten war er ohnehin mit Dioskoros einer Meinung. So strebt er nach einer unauffälligen Kursänderung. Verglichen mit der Schnelligkeit, mit der er vorher geantwortet hatte, ließ er sich jetzt sehr viel Zeit. Erst am 13. April 451 antwortete er dem Osten in vier Briefen.[401] Kennzeichnenderweise schreibt er kein Wort darin über das geplante Konzil. Diese Briefe kreuzten sich mit erneuten Schreiben der Herrscher, denen der Papst jetzt nicht mehr ausweichen konnte.[402] Am 23. April antwortete er darauf folgendermaßen: "... Es sei allzu unbillig, wiederum Uneinigkeit hervorzurufen, und das wegen einiger unvernünftiger Menschen, die neue Dispute und neue Untersuchungen wollen, um zu ermitteln, ob Eutyches ketzerisch gedacht und ob Dioskoros falsch geurteilt habe.[403] Viele

---

399 ACO II, 3,1 , pg 19 nr 29; PL 54, 90.

400 Leo erklärt die beabsichtigte Synode für "inopportun"; Ep. 82, 83, 89, 90; 94.

401 Leo Ep. ad Marcianum: ACO II 4, pg 38 nr 36; PL 54, 907/91; Ep. ad Pulcheriam: ACO ebd. PL 54, 910/2; Ep. ad Anatol.: ACO, ebd. pg 38/40 nr. 37; PL 54, 913/5; Ep. ad Julian. Coeneam: ACO, ebd. pg 40/1 nr 39; PL 54, 916/7.

402 Dieser Brief ist nicht mehr erhalten.

403 Leos Urteil über die theologische Haltung des Dioskoros ist im allgemeinen positiv, wenn er auch gelegentlich Dioskoros und Eutyches in einem Atemzug nennt. In diesem Brief wirft

haben sich – wie wir wissen – bereits bekehrt, Genugtuung geleistet und bitten um Verzeihung für ihren Wankelmut und für ihre übereilten Taten. So geht es jetzt nicht mehr darum zu untersuchen, welcher Art der wahre Glaube sei, und darum werde ich nun Ew. Majestät, die sich herabgelassen hat, um die Einberufung einer Synode besorgt zu sein, durch eine Gesandtschaft, die, so Gott will, unverzüglich eintreffen wird, zu geeigneter Zeit ausführlicher wissen lassen, was nach meinem Dafürhalten zum Nutzen dieser Sache ist".[404]

Derart hatte Leo dem Kaiser nachgegeben, ohne der Synode eigentlich zuzustimmen. Da man in der Glaubensfrage nicht mehr uneinig war, so bestand eigentlich kein Grund mehr, das Konzil zusammenzurufen. Daß die Gesandtschaft eigentlich nicht die Aufgabe habe, an einem Konzil teilzunehmen, sondern dem voreiligen Kaiser oberhirtlichen Rat erteilen sollte, war recht deutlich gesagt. In der nächsten Zeit kann man beobachten, wie der Kaiser mit allem Eifer die Konzilsangelegenheit befördert, und wie der Papst ihn dabei, so gut er kann, zu bremsen versucht. Die Delegation, die er Ostern versprochen hatte, wurde erst im Juni abgeschickt. Ihr waren vier vom 9. Juni datierte Briefe mitgegeben. Der erste davon war an Markian gerichtet. Leo beglückwünschte darin den Kaiser zu dem bereits errungenen Sieg, in dem er den ganzen Osten von dem Makel der Ketzerei befreit habe. Er empfahl ihm seine Gesandten als Helfer bei der Durchführung der erforderlichen Maßnahmen. Dann fährt er fort: "Wie Ew. Majestät wohl erinnerlich sein dürfte, hatten wir auch gebeten, eine Synode abzuhalten. Allein die gegenwärtige kritische Lage bildet in jeder Hinsicht ein Hindernis für das Zusammenkommen der Bischöfe aus allen Provinzen. Denn die Provinzen, aus denen sie vor allem berufen werden sollen, werden vom Krieg heimgesucht, so daß es für sie nicht tunlich ist, daß die Bischöfe sich von ihrer Kirche entfernen. Ew. Majestät wolle deshalb befehlen, die Synode bis zu einem geeigneten Zeitpunkt zu verschieben, nämlich wenn wieder feste Sicherheit hergestellt sein wird. Über diese und andere Fragen können unsere Gesandten Ew. Majestät vollständig unterrichten".[405]

Leo allein dem Eutyches (nicht Dioskoros) Häresie vor: ... ob Eutyches ketzerisch dachte und ob Dioskoros falsch geurteilt habe.

404 ACO II 4, pg 41 nr 39; PL 54, 918.

405 ACO II 4, pg 43 nr 41; PL 54, 920/1. Leo hatte rechtzeitig die Gefahr aller Konzilien erkannt: das Schisma. Dies muß man ihm zurechnen. E. Caspar, Papsttum 1, 506/9, sieht allerdings im Rahmen seiner durchgehenden Theorie von der Entwicklung der römischen Primatsidee auch in den vorliegenden Dokumenten eine Spannung zwischen der Religionspolitik des Kaisers und der universalen Kirchenpolitik Leos. Vgl. ferner M. Goemans, Chalkedon als "Allgemeines Konzil", in Chalkedon I 251/289.

Der Papst gibt sich alle Mühe, Markian vom Konzilsunternehmen im letzten Augenblick noch abzubringen. Wegen der Ketzerei sei keine Synode mehr notwendig. Mit allem Nachdruck wird auf die Hunnengefahr hingewiesen. Damit ist erklärt, warum aus dem Westen keine Bischöfe teilnehmen können.[406] Das wäre ein Grund, das Konzil zu verschieben; zweifellos versprach Leo sich von einem aufgeschobenen ein ausgefallenes Konzil. Der zweite von diesen Briefen war an Pulcheria gerichtet[407]; vom Konzil ist gar nicht die Rede darin. Im selben Sinn gingen der dritte Brief an Anatolios[408] und der vierte an Julian von Kos.[409]

Die Berufung eines neuen Konzils nach Nikaia

Dem Eifer des Kaisers waren die diplomatischen Künste Leos nicht gewachsen. Die Legaten waren kaum unterwegs, da traf auch schon das Einberufungsschreiben (vom 17. Mai) in Rom ein. Der Kaiser hatte in seinem und im Namen seines Mitkaisers die Synode einberufen. Die Konvokationsschreiben waren an die Metropoliten gerichtet – das heißt, daß sie über den staatlichen Verwaltungsweg gelaufen waren – und es bringt die Entschlossenheit des Kaisers, die kirchliche Hoheit auszuüben, deutlich zum Ausdruck. "Allen Dingen sind die religiösen Fragen voranzustellen. Denn wenn der allmächtige Gott uns gnädig ist, dann haben wir die Hoffnung, auch unser Reich gut zu verwalten und zu verbessern. Da nun einige Zweifel über unseren wahren Glauben aufgekommen zu sein scheinen, wie auch der Brief Leos, des gottgeliebten Erzbischofs von Rom darstellt (!), so haben wir beschlossen, daß eine heilige Synode sich zu Nikaia in Bithynien versammle. Dort soll sich in gemeinsamer Überlegung und durch Erforschung der ganzen Wahrheit und ohne Leidenschaft der rechte Glaube erkennen lassen, so daß in Zukunft keinerlei Zweifel oder Uneinigkeit mehr stattfinden kann. Daher möge Eure Heiligkeit mit einer beliebigen Anzahl von gottgeliebten, Euch untergebenen und orthodox gesinnten Bischöfen sich am 1. September in Nikaia einfinden. Eure Heiligkeit möge wissen, daß wir selbst auch der ehrwürdi-

406 ACO II, ebd.

407 Ad Pulcheriam: ACO II 4, pg 43/4 nr. 42; PL 54, 921/2.

408 Ad. Anatol.: ACO II 4, pg 44: 5 nr 43; PL 54, +22/4.

409 Ad Julian. Vertreter Leos in Konstantinopel (s.o. Anm. 56): ACO II ebd., nr. 40 PL 54, 924/5.

gen Synode persönlich beiwohnen werden, wenn uns nicht zufällig das öffentliche Wohl durch Kriegszüge daran hindern wird".[410]

Natürlich war Dioskoros noch unzufriedener mit dem Wechsel der Dinge. Seine Befürchtungen, die er bei Empfang der Wahlanzeige Markians geäußert hatte, verdichteten sich schnell. Ein Hofbeamter, Prokop, erschien als Flüchtling in Alexandrien, aus der Hauptstadt wegen alexandrinischer Gesinnung vertrieben. Durch ihn erfuhr Dioskoros, daß der Kaiser die Ansichten Leos angenommen habe, wie sie in dessen Lehrbrief aufgezeichnet waren. Dioskoros soll über die Nachricht in Tränen ausgebrochen sein.[411] Auch er richtete nun ein Schreiben an den Kaiser, um etwas gegen dessen Konzilspläne zu unternehmen.[412] Aber er kann nicht darüber schweigen, daß er die Christologie Leos für ketzerisch hält. Dieser habe gewagt, "seinen Mund zu öffnen und den Allerhöchstens zu lästern, indem er sagte, wir müßten im Messias zwei Naturen, zwei Eigenheiten und zwei Wirkungen bekennen; indessen bekennt die heilige Kirche eine Natur Gottes, verkörpert, ohne Verwechslung und Veränderung, und daß die Gottheit des Herrn nicht einen Augenblick lang getrennt worden ist von seiner Menschheit. Leo aber … wollte die Seele vom Körper des Herrn trennen".[413] Damit zieht sich Dioskoros auf die Zwölf Kapitel Kyrills als alleinige Lehre des wahren Glaubens zurück.[414]

Auch Dioskoros konnte den Kaiser nicht in seinen Plänen irre machen. Als das Einberufungsschreiben zum Konzil in Alexandrien ankam[415], versammelte er eine Synode der ägyptischen Bischöfe, die ihm noch einmal die Richtigkeit seiner Theologie einstimmig bestätigte.[416] Er war sich durchaus darüber im klaren, daß das Zusammentreten der Synode seinen Sturz bedeuten werde. Man sieht das daraus, daß er den Timotheos (Ailuros) als seinen künftigen Nachfolger bezeichnete und ihn bereits mit seiner Vertretung beauftragte.[417] Auf der Suche nach Personen von Ansehen, die ihn begleiten und ihm beistehen könnten, wandte er sich zunächst an den Archimandriten Schenute von Atripe,

410 ACO II, 1,1, pg 27 f., nr. 13.
411 Theopistos, vgl. Haase 254.
412 ebd. 254.
413 ebd. 254.
414 ebd. 250.
415 ebd. 255.
416 ebd. 255.
417 ebd. 255.

der den hl. Kyrillos nach Ephesos im Jahre 430 begleitet hatte[418]; aber der Abt des Weißen Klosters entschuldigte sich: wegen seines hohen Alters und seiner schweren Krankheit könne er nicht mitfahren, und so wünsche er dem Patriarchen eine erfolgreiche Reise und die Bewahrung des orthodoxen Glaubens.[419] Dioskoros bat ihn daraufhin, er solle sich wenigstens brieflich an den Kaiser wenden, um die Sache der Orthodoxie zu unterstützen. Das tat er auch.[420] – Dagegen leistete ihm ein anderer berühmter Asket und Wundertäter Gefolgschaft, der Bischof von Toku, Makarios.[421] Von seinen Klerikern nahm Dioskoros den Archidiakon Petros[422] und den Diakon Theopist[423] mit. Dazu kam auch noch eine Anzahl ägyptischer Bischöfe[424], wie der Kaiser ja angeordnet hatte.

Die Abreise des Dioskoros geschah unter großer Anteilnahme des Volkes. Die Menge begleitete den geliebten Bischof aufs Schiff und nahm von ihm bewegt Abschied. Dioskoros ermahnte sie und verpflichtete sie vor allem, dem Timotheos gehorsam zu sein. Dann segelte er unter den Klagen seines Volkes ab.[425] In welcher Stimmung er die Reise machte, zeigen seine Worte an den Bischof Makarios, als das Schiff in den späten Nachtstunden in Konstantinopel ankam: "Du schläfst, während der Kampf beginnt".[426]

Auch Leo versuchte nach Empfang des Konvokationsschreibens, so gut er konnte, das Gesicht zu wahren. In einem Schreiben vom 24. Juni antwortete und brachte gleich am Anfang sein Mißvergnügen zum Ausdruck: "Ich hatte mich an Eure glorreiche Milde mit der Bitte

---

418 Über die guten Beziehungen des Dioskoros zu Schenute vgl. Synaxarion (20. Koiahk = 16. Dezember): PO 414f. Die Reise des Schenute mit Kyrillos nach Ephesos: Bermāwī.

419 Al-Bermāwī, S. 73.

420 Vgl. J. Leipold in seiner Untersuchung über "Schenute von Atripe und die Entstehung des national ägyptischen Christentums", Leipzig 1903, 36 Texte und Untersuchungen. Hrg. Harnach und Gebhardt. N.F.X. 1. konnte diesen Brief nicht mit Genauigkeit datieren und schlägt eine Zeitspanne von 430 bis 449 vor, hält jedoch die unmittelbare Zeit nach dem Ephesinum I für wahrscheinlicher. Es ist jedoch sicher, daß dieser Brief auf die Bitte des Dioskoros hin verfaßt wurde, nachdem die Reise des Schenute nicht möglich war. Der Stil des Briefes zeigt, daß er an einen nicht alexandrinisch gesinnten Kaiser geschrieben ist; dieser kann nur Markian sein; der Brief ist also im Jahre 451, kurz vor dem Scheiden des Schenute, geschrieben worden.

421 Vgl. Eugène Revillout, Récite de Dioscore exilé a Gangres sur le Concile de Chalcédoine, in: Révue Ègyptologique, 1, P. 187 ff, 2. P. 21 ff. (Paris 1882). at-Ṯalāṯat Maqārāt, S. 177 ff.

422 Petros Mongos, der spätere Erzbischof von Alexandrien, 2.. Nachfolger des Dioskoros; siehe MAFC, t, IV S. 92, cf. Liberatus PL 68, 1020.

423 Theopistos 259, dem die Verfassung der Vita des Dioskoros zugeschrieben wird.

424 In Chalkedon waren es 13 ägyptische Bischöfe, die den Patriarchen begleitet haben: s.u.

425 Theopistos 255.

426 ebd. 259.

gewandt, Ihr möchtet veranlassen, daß die Synode, welche auch wir zur Wiederherstellung des Friedens in der Ostkirche als dringend wünschenswert dargestellt hatten, auf einen etwas günstigeren Zeitpunkt verschoben werde. Es hätten dann auch die Bischöfe, welche die Rücksicht auf Kriegsgefahr fernhält, ruhigen Herzens teilnehmen können, damit durch die Berufung der Bischöfe sämtlicher Provinzen ein wirklich allgemeines Konzil hätte zustandekommen können".[427] Leo hatte also tatsächlich gehofft, er könne den Kaiser wenigstens zum Aufschub des Konzils bewegen. Im weiteren Verlauf des Briefes teilte er dann mit, daß er den Bruder und Mitbischof Paschasinus[428] aus der Provinz herbeigerufen habe, die zur Zeit am wenigstens gefährdet ist, und ihn zum Konzil abgeordnet habe, damit er dort die Stelle des Papstes vertrete.[429] Wie schwer es ihm gefallen ist, sich in die durch die Einberufungsschreiben geschaffene Lage zu schicken, sieht man daran, daß er zwei Tage danach, am 26. Juni, abermals an den Kaiser schrieb.[430] Dieser zweite Brief enthält eigentlich keine neuen Mitteilungen, sondern drückt nur eine etwas größere Bereitwilligkeit gegenüber dem kaiserlichen Vorhaben aus. Er habe zwar das Konzil lieber auf eine günstigere Zeit verschoben gesehen, wolle sich aber den kaiserlichen Plänen nicht widersetzen: "Glaubt nicht, daß ich an dieser Synode nicht teilnehmen werde, da sich doch unter den Brüdern, die ich bereits als Teilnehmer abgeordnet habe, Paschasinus und Lucensus befinden, so daß man mich als anwesend erachten kann".[431] In dem gleichzeitigen Brief an den Patriarchen Anatolios[432] versuchte Leo ebenfalls den Eindruck zu erwecken, daß er niemals das Konzil abgelehnt habe. Infolgedessen betont er, wie unvernünftig kurz die zur Einberufung des Konzils vorgesehene Zeit doch sei. Sie sei auch dann zu kurz, wenn die Kriegswirren kein Hindernis bildeten: "Wann sollten wir in die verschiedenen, weit entfernten Provinzen Einberufungsschreiben schicken, damit es wirklich ein allgemeines Konzil werden

427 Leo gibt hier zu, daß das Konzil wegen der nicht vollständigen Teilnahme der Westkirche kein wirklich allgemeines Konzil gewesen sein kann.

428 Paschasinus war Bischof von Lilybaeum, dem heutigen Marsala auf Sizilien; zu seiner Charakteristik vgl. E. Caspar, Papsttum 1, 509. Außer ihm gehörten noch Bf. Lucensius zur Delegation, der sich bereits in Konstantinopel aufhielt, Julianūs von Kos und Priester Bonifatius.

429 Leo Ep. 90; ACO II, 4 pg 47/48 nr 46; PL 54, 930/1.

430 ACO II 4, pg 48 nr. 47; PL 54, 932/4, vgl. M. Goemans, ebd. in Chalk. I 258/9.

431 ACO II 4, pg 49 nr 48; PL 54, 934/5, "*principis ex bis quas ad nos misit litteris voluntate miraiti sumus congregandae synode tam angustum tempus appositum, cum etsi mulla necessarios Sacerdotes nor evocare non sineret. Quando enim perpossit fieri universale concilium?*" vgl. ebenfalls seinen Brief vom gleichen Datum an Anatolios, siehe nächste Anmerkung.

432 ACO II 4, pg 49; PL 54, 936.

könne?"[433] Tatsächlich war aus dem Westen nur ein einziger Bischof eigens zum Konzil gefahren. Zwar waren von den 350 Teilnehmern sieben im Westen beheimatet, aber zwei davon sind nur Presbyter, zwei Afrikaner befinden sich zufällig auf der Flucht vor dem Vandalenterror im Lande, und einer der beiden von Leo genannten Bischöfe war bereits als sein Nuntius in Konstantinopel tätig.[434] – Schließlich wurde noch Bischof Julian von Kos von Leo als Mitglied der römischen Delegation auf dem kommenden Konzil in Anspruch genommen. Die Legaten Leos reisten um den 20. Juli ab.[435] Damit hatte der Papst zugegeben, daß seine Versuche gescheitert waren, das Zusammentreten der Synode zu verhindern, ebenso wie seine Versuche, unter Theodosios das Zusammentreten der Synode zu erreichen.

Der geplante Konzilsort – Nikaia – und der Wortlaut des Einberufungsschreibens hatten zum Ausdruck gebracht, daß der Kaiser an die Tradition seines großen Vorgängers Konstantin anzuknüpfen gedachte. Das Konzil sollte die unter kaiserlicher Führung friedlich geeinte Reichskirche darstellen. Diesem Ziel stellten sich jedoch Hindernisse in den Weg. Die politische Lage war zu Ende August nicht so friedlich, daß die Herrscher die Gefahr einer längeren Abwesenheit von der Hauptstadt hätten auf sich nehmen können. Auch besaß der neue Kaiser nicht das Vertrauen auf die eigene theologische Bildung, auf das gestützt Konstantin sich daran gemacht hatte, während des Konzils die streitenden Parteien zu versöhnen. Dementsprechend wurden die Teilnahmer nach Konstantinopel dirigiert.[436] Hier begannen seit Ende August Vorbesprechungen, die der Klärung der Situation und der Vergewisserung über das Erreichbare dienten. Im Grunde handelte es sich darum, festzustellen, wie mächtig und wie beeinflußbar die wichtigsten Parteivertreter sein würden. Dementsprechen hatten sich am 1. September etwa 100 Bischöfe in Konstantinopel versammelt[437], wo ihnen die Vertagung der Synode und wohl auch schon ihre Verlegung eröffnet wurde. Sie brauchten sich nicht zu langweilen. Die Angesehensten von ihnen erhielten Einladungen zur Audienz, darunter auch

433 ebd.

434 Julianūs von Kos.: s.o. Anm. 428.

435 Die Legaten brachten wie üblich Briefe mit, die aber für den Stand der Konzilsentwicklung nichts neues enthielten: in zwei Briefen an das Herrscherpaar deutete Leo seine Enttäuschung an, daß die Synode in Nikaia stattfinden sollte und nicht, wie Leo gewünscht hatte, in Italien.

436 Auf Grund der zahlreichen Zeugnisse, die die Dioskoros-Biographen und Geschichtsschreiber seiner Partei von einem Religionsgespräch in Konstantinopel geben, kann nicht mehr bezweifelt werden, daß es historisch ist, wie es noch näher zu behandeln ist.

437 Theopistos 261.

Dioskoros.[438] Es darf uns nicht wundern, daß von dieser Einladung nur die alexandrinisch Gesinnten berichten[439]; an und für sich war eine Audienz eine hohe Auszeichnung, und die Mehrzahl der Bischöfe wird auch nur mit kaiserlichen Beamten in Berührung gekommen sein. Bei dem großen Ansehen, das Dioskoros genoß, ist es jedoch verständlich, daß der Kaiser seine Autorität eingesetzt hat, um ihn zur Unterordnung unter seine Wünsche zu bewegen. Es ist durchaus wahrscheinlich, daß dieser angesehene Bischof, hinter dem ein großer Teil der Kirche und fast das ganze Mönchstum stand, nicht von vornherein als Sündenbock ausersehen war. Nicht minder wahrscheinlich ist, daß der Kaiser sich selber wie der Kirche die schweren Kämpfe gern erspart hätte, die auf eine Verurteilung des Dioskoros zwangsläufig folgen mußten. So möchten wir annehmen, daß dem Dioskoros der Preis genannt war, den er für die kaiserliche Gnade zahlen sollte; er bestand im Gehorsam gegen die kirchenpolitischen Wünsche des Kaisers. Daß Dioskoros hier fest blieb, obwohl er sich über die Schwäche seiner augenblicklichen Lage kaum Täuschungen hingeben konnte, zeigt, wie falsch es ist, wenn man ihn nur als Machtpolitiker beurteilt. Denn in diesem Augenblick stand für ihn nur noch eines auf dem Spiel: Die Rechtgläubigkeit. Genau wie Antatolios von Konstantinopel und Maximos von Antiochien wurde auch er bedrängt[440], seine Unterschrift unter die epistula dogmatica Leos zu versprechen. Das berichtet uns die syrische Biographie[441] und nichts ist wahrscheinlicher als das.

Der Kaiser gedachte, wie gesagt, dem Beispiel Konstantins zu folgen, und die Einigung der ganzen Kirche unter eine abendländische Formel zu erzwingen. Die Situation war auch vergleichbar. Die Kirchen des Orients waren gespalten in die Anhänger der antiochenischen und der alexandrinischen Theologie. Die Formel Leos ließ sich ohne weiteres als Kompromiß zwischen beiden Extremen interpretieren; ihre Durch-

---

438 ebd. 260/1.

439 Leos Legaten sind überhaupt nicht nach Konstantinopel gefahren. Das spricht dafür, daß eine Sondereinladung zur oben genannten Audienz an manche Bischöfe herausgegangen ist. Diese Tatsache wird von glaubwürdigen Quellen bestätigt, die berichten, der Kaiser sei zu dieser Zeit angesichts der drohenden Kriegsgefahr, die übrigens der Grund für die Verlegung der Synode war, in der Hauptstadt anwesend gewesen: Liberatus 13, Evagrius II, 1, 2. Damit fällt der Einwand von Amélinau, der Kaiser habe auf der Synode nicht zugegen sein können. Leos Legaten haben jedoch die Anwesenheit des Kaisers vorausgesetzt, um die Synode zu eröffnen. So blieb ihnen jetzt nichts übrig, als sich mit der Kompromißlösung abzufinden, am 1. Sept. in Konstantinopel in einer Audienz mit dem Kaiser (und auch mit Dioskoros) zusammenzukommen. Wir wissen, daß Markian erst auf der sechsten Sitzung in Chalkedon erschien (s.u.).

440 Tillemont XV, p 130 ff.

441 Theopistos 254/5 und 263.

setzung hätte in der Tat die Einheit der ganzen Kirche zur Folge haben können. Da sie den Antiochenern durch das Reden von zwei Naturen entgegenkam, so hing der Kirchenfriede an der Zustimmung des Dioskoros. Wir werden also den Theopistos und den aus dem Panegyrikos zu ziehenden Folgerungen glauben[442], also an der Historizität des Gespräches zwischen dem Kaiser und Dioskoros festhalten.[443] Dieses Gespräch wird allerdings nicht von Evagrius in der Kirchengeschichte und Liberatus Lektor in dem Breviarium erwähnt. Es wäre jedoch unzulässig, wollte man aus diesem Schweigen folgern, das Gespräch habe nicht stattgefunden. Die beiden Berichterstatter haben hier ohnehin nur ganz wenige, kurze Notizen[444]; daß aber die Akten der Synode von Chalkedon dieses Gespräch nicht erwähnen, läßt sich gut verstehen. Nach der Verurteilung des Dioskoros wäre es untunlich gewesen, den vergeblichen Versuch des Kaisers festzuhalten. Darüber hinaus hatte dieses Gespräch, zumal es erfolglos war[445], ja keinen offiziellen Charakter.[iv]

Das Religionsgespräch von Konstantinopel

Der Bericht ist geeignet, in uns eine Vorstellung vom Verlauf einer derartigen Audienz hervorzurufen. Früh, "nach Sonnenaufgang"[446], brach die alexandrinische Abordnung in ihren priesterlichen Gewändern[447] unter der Leitung des Dioskoros auf. Ihr gehörten außerdem an: Der Diakon Theopistos, der griechisch und dazu seine syrische Muttersprache beherrschte, der Bischof von Makarios, der nur sa'idisch sprach und der Archidiakon Petros, der koptisch und griechisch sprechen und übersetzen konnte.[448] Die Teilnehmer waren aufgefordert, daß – der Sitte entsprechend – "jeder Bischof sein Buch mit sich tragen solle"[449]

---

442 at-Ṯalāṯat Maqārāt 187 f.

443 Seit dem ersten allgemeinen Konzil im Jahre 325 sind den Sitzungen Präliminarien mit häufiger Beteiligung der Kaiser vorangegangen: E. Révillout, Revue Egyptol. 3 f, 19, für das Nicaeanum; vgl. Hefele, C.G. I S. 296; E. Schwartz, Zur Geschichte des Athanasius S. 210/2; H. Kraft, Kaiser Konstantins religiöse Entwicklung, Tübingen 1955, S. 100, für das Ephesinum I siehe Hefele, ebd. II S. 181.

444 Liberatus berichtete nichts über die Periode zwischen dem Thronwechsel und dem Anfang der Synode zu Chalkedon, desgleichen Evagrius, abgesehen von kurzen Notizen über die Einberufung der Synode am Anfang der Regierungszeit Markians.

445 at-Ṯalāṯat Maqārāt 192.

446 Theopistos 259/60.

447 Es handelt sich wohl um einen feierlichen Besuch.

448 at-Ṯalāṯat Maqārāt 178/9. Weder Bischof Makarios noch sein Schüler ΠΙΝΟΥΤΙΟΝ haben Griechisch verstanden: vgl. E. Révillout, Revue Egyptol. 2, P. 21-23, Theopistos 262.

449 Theopistos 262.

und das hieß für die Ägypter, daß sie vor allem die Zwölf Kapitel des Kyrillos bei sich hatten.[450] So begab man sich zur Residenz. Vor dem Tor warteten schon Juvenalios von Jerusalem und Basileios von Seleukeia, und man begrüßte sich herzlich.[451] Es heißt nun, der Türvorsteher habe Bischof Makarios wegen seiner einfachen Kleidung nicht eintreten lassen wollen Dioskoros habe aber sich eingeschaltet: "Erweist mir die Ehre, dieser Bischof hat nämlich meine Bücher bei sich", und so habe man den Palast betreten.[452] Hier wurde die Deputation von Prinzen und Palastbeamten empfangen. Sobald dem Kaiser die Ankunft gemeldet war, ließ er die Ägypter zu sich rufen. Nach der Begrüßungszeremonie kam er sofort zur Sache: "Ich habe eure Heiligkeit zu mir gerufen, damit ihr den Glauben darlegt und berichtigt." Dioskoros habe darauf geantwortet: "Was fehlt an dem Glauben unserer heiligen Väter, daß wir etwas hinzufügen könnten?" Der Kaiser hatte aber nicht die Absicht, sich auf einen Lehrstreit mit den Bischöfen einzulassen. Er antwortete, er sei Laie und kenne sich in dogmatischen Fragen nicht aus. Da er sicher eine friedliche Lösung herbeizuführen wünschte, versteht man seine Haltung. Er erläuterte dem Dioskoros, warum er dessen Unterschrift unter den Tomus Leonis verlange: "Leo ist der größte der Erzbischöfe. Du leistest dem Widerstand, der viel größer ist als du." Darüber wollte aber Dioskoros nicht diskutieren, sondern allein über die Frage der Rechtgläubigkeit. So erwiderte er: "Die erste Schöpfungstat Gottes war der Satan, der Feind des Guten, und als er dem Irrtum verfiel, wurde er vertrieben und verworfen von seinem Glanz". Der Kaiser wurde ungeduldig: "Wenn ich einen Satz sage, schickst du zwei zurück. Dennoch achte ich Leo höher als dich". Damit verschob sich das Gespräch auf die Frage, wie weit der römische Stuhl als Norm der Rechtgläubigkeit verbindlich sei. Dioskoros gedachte nachzuweisen, daß er sich mit seiner Auffassung nicht im Widerspruch zur rechtgläubigen, römischen Theologie befinde, sondern ebenso wie der Kaiser Cölestin, Liberius und Innozenz I. als sichere Quellen des orthodoxen Glaubens annehme.[453] Diese Autoritäten zitiert er und versucht, die Übereinstimmung seiner Anschauung mit deren Christologie zu beweisen.[454] Dazu stützt er sich auf eine Osterhomilie des Liberius und auf den Brief des Innozenz an Bischof Severianos von Gabala[455]: "Christus vereinigte

450 Theopistos ebd.
451 Theopistos 261.
452 Theopistos 262; aṯ-Ṯalāṯat Maqārāt 187/8.
453 Theopistos 263.
454 Theopistos 264/5. Die Zitate des Dioskoros von den beiden römischen Bischöfen stimmen völlig überein mit den noch erhaltenen Schriften von Liberius und Innocentius.
455 Es war kein Zufall, daß Dioskoros in diesem Augenblick an Severian von Gabala erinnert, denn dieser war ganz kaiserlich gesinnt; er hielt zu den beiden Bischöfen von Rom und Ale-

seine Gottheit mit seiner Menschheit in einer bewunderungswürdigen Einheit, und wir bekennen, daß – in allen Handlungen der Menschheit – die Gottheit nicht von ihr getrennt war – nicht einen Augenblick lang".[456] Mit diesen Zitaten beweist Dioskoros, daß er auch im römischen Sinne rechtgläubig sei: "Das sagen die Lehrer, und das ist es auch, was wir Ew. Majestät sagen".[457] Aber der Kaiser ist nicht bereit, freilich setzt er sich damit zu seiner früheren Meinung im Gegensatz, die von Dioskoros zitierten Autoritäten als solche anzuerkennen.[458] Die früheren Väter sind verstorben, jetzt wird sich alles erneuern.[459]
So versucht Dioskoros, den Kaiser mit der Heiligen Schrift zu überzeugen: "Wenn Eure Milde die Worte dieser heiligen Männer nicht zuläßt, glaubt ihr denn wenigstens Gott, der mit seinem Mund die Worte ausgesprochen hat?" Und dann zitiert er die wichtigsten Schriftstellen, die für seine Anschauung sprechen: "Christus sagte: 'ich und mein Vater sind eins'[460] ... und ... 'derjenige, der mich sieht, siehet den Vater'".[461] Damit wendet er sich nun unmittelbar gegen die Epistula dogmatica: "Wann hätte der Evangelist geschrieben, die Menschheit habe dies gesagt und die Gottheit jenes, was die Menschheit nicht gesagt habe?"[462]

Allmählich bekam der Kaiser den Eindruck, daß das Gespräch zu nichts führe. So brach er es ab. Dioskoros beurteilte den Ausgang günstiger, als er in Wirklichkeit war. Da der Kaiser ihm nicht gedroht hatte, begann er, sich wieder Hoffnung zu machen.[463] Er erwartete auch, daß Anatolios, den er selbst auf den Patriarchenthron der Hauptstadt gebracht hatte, ihm beistehen werde. Dieser hatte zwar die Epistula dogmatica Leos bereits unterschrieben; da er den Dioskoros aber einlud, gemeinsam mit ihm das heilige Meßopfer zu feiern[464], so konnte dieser wohl annehmen, Anatolios wolle seine Treulosigkeit wieder gutmachen. Darin täuschte er sich jedoch.

---

xandrien auf seiten des Hofes gegen den Bischof der Reichshauptstadt Johannes Chrysostomos.

456 Theopistos 264. Das Zitat stimmt mit einem Fragment eines Briefes von Innocentius an Severianos überein, das von Mai ediert ist: PL 20, 611/2.

457 Theopistos 265.

458 Theopistos, ebd.: "Der Kaiser antwortete: 'Ich lasse diese Worte nicht gelten' ".

459 Severos: PO 3 (1909) 172/3.

460 Joh. 17, 22.

461 Joh. 14, 9.

462 Theopistos 265.

463 PO 3, 173/4.

464 Al-Bermāwī 83.

Die Verlegung der Synode von Nikaia nach Chalkedon

Während in dieser Weise ein Teil der Bischöfe, und wohl die angeseheneren, in Konstantinopel mit Vorverhandlungen in Anspruch genommen wurde, waren die anderen Bischöfe entsprechend der Einberufung in Nikaia zusammengekommen.[465] Hier aber geschah nicht viel; das einzige Ereignis war das Eintreffen eines kaiserlichen Briefes, in dem die Väter gebeten wurden, Geduld zu haben und die Eröffnung des Konzils bis zum Eintreffen des Herrschers aufzuschieben.[466] Ob Markian damals wirklich vorhatte, das Konzil in Nikaia zusammentreten zu lassen, ober ob er nur einer unkontrollierbaren Vermehrung der Bischöfe in der Hauptstadt vorbeugen wollte, ist schwer zu sagen. Die Kaiserin hatte gleichzeitig an den Statthalter von Bithynien geschrieben und ihm ihre baldige Ankunft in Nikaia angekündigt[467]; doch kann auch dieser Brief zur Beruhigung der wartenden Konzilsväter geschrieben sein. Denn diese wurden ungeduldig. Sie hatten Langeweile und fühlten sich wohl auch zurückgesetzt; so schrieben sie an den Kaiser, beklagten sich und beriefen sich dazu auf ihre Amtspflichten, deren Erfüllung ihnen durch die Entfernung von ihren Sitzen unmöglich sei.[468] Wie weit der Kaiser durch diesen Brief beeinflußt wurde, wissen wir nicht; er entschloß sich jedenfalls nunmehr, die Synode nach Chalkedon, in die unmittelbare Nähe der Hauptstadt, zu verlegen. Als Grund oder Ausrede berief er sich darauf, daß die Gesandten Leos auf seine persönliche Gegenwart drängten und ihr eigenes Eintreffen in Nikaia davon abhängig machten.[469] Wir wissen nicht, ob er sich damit einen zynischen Witz leisten wollte, oder ob er von den mangelhaften Griechisch-Kenntnissen der Abendländer Gebrauch machte, die diese Behauptung nicht dementieren konnten. Denn die Anwesenheit des Kaisers auf einer kirchlichen Synode durfte den Gesandten Leos mehr noch als allen anderen Teilnehmern entbehrlich erschienen sein. Wie dem auch sei, der Kaiser hatte auf jeden Fall darin recht, daß er meinte, er könne sowohl in seiner Residenz sein

---

465 Vgl. ACO II 3,1, pg 23 '24'.

466 ACO ebd. pg 20/1 nr 32.

467 ACO II 1,1, pg 29 nr. 15.

468 Vgl. die Antwort des Kaisers.

469 ACO ebd. pg 28 nr 14; Mansi VI 552-553. Durch die Anwesenheit des Kaisers wollte Leo erreichen, daß die Beschlüsse der Synode auch in der Ostkirche zur Geltung kommen: er hoffte nämlich auf die Anerkennung seines Lehrbriefes und vor allem des römischen Primats. Darin aber fand der Kaiser eine Rechtfertigung für seine Handlungsweise, nämlich die Oberhoheit über das Konzil: die Einberufung und die äußere Gestaltung.

und sich den politischen Geschäften widmen, als auch an der Synode persönlich teilnehmen.[470] Die Bischöfe in Nikaia hörten die Nachricht von der geplanten Verlegung des Konzils mit Mißvergnügen. Sie schrieben an den Kaiser zurück und sprachen dabei von ihren Befürchtungen, die Synode könne wegen der Nähe der Hauptstadt von Anhängern des Eutyches gestört werden.[471] Mit diesem Euphemismus drückten sie ihre Furcht davor aus, vom Kaiser unter Druck gesetzt zu werden. Der Kaiser schrieb darum zurück, er habe fest vor, in Chalkedon auf dem Konzil gegenwärtig zu sein. Die Befürchtungen der Bischöfe, das Konzil könne wegen der Nähe zur Hauptstadt unter eutychianischen Einfluß geraten, sei gegenstandslos.[472]

Der kaiserliche Befehl zur Verlegung der Synode datiert vom 22. September.[473] Am 8. Oktober 451 konnten dann endlich die Tagungen beginnen.[474] Bis zum 1. November tagte die Synode im Heiligtum der Märtyrerin Euphemia. Es hatten sich mehr Bischöfe als je sonst auf einer Synode der Alten Kirche versammelt. Möglicherweise hat der Kaiser die Zeit des Zögerns benutzt, die noch fehlenden Bischöfe in Marsch zu setzen. Er wollte eine möglichst große und damit maßgebende Synode versammeln.[475]

---

470 ACO ebd.; Hefele II 390.

471 Vgl. die Antwort des Kaisers. Die Beschlüsse der Reichssynode waren seit Konstantin zugleich von staatlicher Gesetzkraft. So versteht man, warum die Konzilsteilnehmer mit Recht – im Gegensatz zu den römischen Legaten – die politische Auswirkung durch den Kaiser auf dem Konzil und durch das Konzil fürchten.

472 ACO II, 1,1, pg 30 nr 16.

473 ebd., Theopistos (259 ff.) betont, daß man längere Zeit über Ort und Beginn der Synode unschlüssig war.

474 So nach den Akten ACO II 1,1, pg 55/196; II 3,1, pg 27/259. Dagegen datiert die arabische Akte die Eröffnung am 6. Oktober: s.u. !

475 In der Geschichte heißt es die Synode der 600 Väter. Diese Zahl ist freilich nur legendär zu nehmen. In Wirklichkeit waren nur 350 bis 360 Teilnehmer anwesend. Zur tatsächlichen Zahl vgl. die Untersuchung von V. Laurent, Le nombre des Péres de la Section Historique 26 (Bucarest 1924) 33/47. Die legengäre Zahl von 600 Teilnehmern ergibt sich daraus, daß ein Teil der Unterschriften von den Metropoliten in Vertretung für die Sufragane (109) gegeben wurde, 45 Bischöfe ließen sich durch Kollegen oder sogar durch subalterne Kleriker vertreten: Laurent, ebd. 45; E. Honigmann, The original lists of the members of the Council of Nicaea, the Robber-Synod and the Council of Chalcedon (Byzn 16 '1942/3, P 41/80') gibt eine höhere Zahl an. Severos gibt in seiner Konziliengeschichte den Grund für die Entstehung der Zahlenlegende: man habe den Kaiser beraten, er solle eine größere Zahl von Bischöfen einladen, als diejenigen, die an dem Nicaenum teilgenommen haben, denn letzteres sei eben wegen seiner großen Teilnehmerzahl so geachtet. Markian habe dann beschlossen, die doppelte Anzahl einzuladen. Es seien also in Chalkedon 636 Bischöfe zugegen gewesen (PO 3, '1909' P. 171), um damit gleichzeitig die Bedeutung des Ephesinums II zu schwächen.

Die Bischöfe traten zunächst zu einer vorbereiteten Sitzung zusammen[476] in der sie die kaiserlichen Befehle entgegennahmen und den Verlauf der Sitzungen nach den Wünschen des Kaisers planten.[477] Für Dioskoros zeichneten sich die künftigen Ereignisse schon dadurch ab, daß er immer einsamer wurde. Unmittelbar vor der Eröffnung des Konzils nahm er Abschied von dem greisen Bischof Makarios von Tko'u und bat ihn, mit den Brüdern von Tabennisi[478] seiner im Gebet zu gedenken. Dann fuhr Makarios mit seinen Mönchen nach Alexandrien.[479]

---

[476] Theopistos 266. Der Kaiser schickte in seiner Ratlosigkeit zum oberägyptischen Mönch Johannes, um seine Meinung über die Glaubensfrage zu erfahren. Das Mönchenoberhaupt antwortet dem Boten des Kaisers: wenn Kaiser Markian am Nicaenum festhält, wird er 40 Jahre ohne Sorge und Verwicklungen regieren. Wenn er es aber zerstöre, indem er irgendetwas hinzufüge oder irgendetwas abstreiche, wird er nur 6 Jahre in Sorge und Unruhe leben. Die Nestorianer haben aber den Boten bestochen, daß er das Gegenteil vermittelt, wenn der Kaiser den Brief Leos annehme, wird er 40 Jahre auf dem Thron sitzen. Infolgedessen entschloß sich der Kaiser, das Konzil zu eröffnen. Sollte der Bote Ende August nach Ägypten gefahren sein, so konnte er die Reise bis Anfang Oktober beendet haben. Theopistos (S. 309) begründet den Tod des Markianos als Verwirklichung dieser Prophezeiung. Der Mönch Johannes von Lykopolis muß allerdings inzwischen gestorben sein (vgl. o. Anm. 371 und die dort erwähnten Bibliographie). Die Boten des Kaisers Theodosios haben Johannes von Lykopolis nicht mehr am Leben gefunden; es handelt sich hier also wahrscheinlich um den Mönchen Johannes den Kleinen.

[477] Theopistos gibt (S. 268/9) einen ausführlichen Bericht Über diese vorbereitende Sitzung, den man wenigstens zum Teil als glaubwürdig annehmen darf.

[478] Es handelt sich hier um pachomische Mönche, deren Kloster in der Hyparchie des Bischos Makarios lag: Theopistos 270.

[479] Theopistos 270; aṯ-Ṯalāṯat Maqārāt 190ff: der Verfasser des Panegyrikos gibt als Ursache für die plötzliche Reise des sa'idischen Bischofs, daß man gegen ihn ein Mordattentat begehen wollte. Dies scheint nicht unwahrscheinlich, denn Makarios scheint im Hof schon schlecht angeschrieben zu sein (s. S. 96). Auch bald nach seiner Rückkehr nach Alexandrien hat ihn der Salaphegiarri (?) im Namen des Kaisers hingerichtet: aṯ-Ṯalāṯat Maqārāt S. 193ff.

Die Synode von Chalkedon von 451

Eröffnung

Vorverhandlungen

Die erste Sitzung: Anklagen gegen Dioskoros – Verlesung der Akten von Ephesos 449

Unsere Hauptquelle für die Ereignisse in Chalkedon sind die offiziellen Akten der Synode. Da sie mit großer Sorgfalt angelegt sind, macht man sich nicht immer klar, daß in diesen Akten nicht einfach ein wörtliches Verhandlungsprotokoll vorliegt. Sie sind vielmehr im Sinne einer offiziellen, staatlichen Tendenz redigiert. Die Überlieferung ist absichtlich in die Form gebracht worden, die sie nach dem Willen des Kaisers haben sollte. Man kann sich das daran etwas klar machen, daß die Akten mit dem Protokoll der ersten Sitzung beginnen. Sie setzen dabei so unvermittelt ein, daß der Leser die vorausgegangenen Gespräche deutlich spürt.

Diese Redaktion der Akten war aber dem Dioskoros feindlich. Bei unserer Aufgabe, den wahren Hergang zu ermitteln, können wir uns nicht allein auf sie verlassen. Wir sind darum geneigt, auch in dieser Frage – genau wie hinsichtlich der vorausgegangenen Audienz des Dioskoros beim Kaiser – auch den Bericht des Theopistos ernst zu nehmen.[480] Zweifellos vertritt auch dieser eine bestimmte Tendenz. Er verschweigt, was ihm anstößig für die Würde des Dioskoros schien. Umgekehrt hebt er auch solche Einzelheiten hervor, die seiner Meinung nach geeignet sind, ein günstigeres Bild von Dioskoros zu erwecken. Da er aber Augenzeuge war und von Selbsterlebtem berichtet, können wir seine Mitteilungen nicht einfach verwerfen.

Dazu kommt weiterhin, daß Theopistos uns von den Vorgängen berichtet, die mit Sicherheit stattgefunden haben, von denen aber die Akten schweigen. Dazu gehört beispielsweise die Verlesung der kaiserlichen Einberufungsschreiben.[481] Durch die Berichte von den vorausgegangenen Synoden, aber auch durch die Beziehungen zwischen der synodalen Geschäftsordnung und der charakteristischen Prozess-

[480] Vgl. o. Anm. iv Seite 205.
[481] Theopistos 268.

ordnung des römischen Rechtes wissen wir, daß am Anfang eine konstituierende Sitzung stattgefunden haben muß, in der die Rechtmäßigkeit der Versammlung festgestellt und die Geschäftsordnung festgelegt wurde. Die vorbereitende Sitzung in Chalkedon mußte spätestens am 6. Oktober stattgefunden haben.[482] Auf dieser Sitzung mußte unter allen Umständen eine Verlesung des kaiserlichen Einberufungsbefehls und der normativen Glaubensbekenntnisse, also der Beschlüsse von Nikaia und Ephesos I.[483] erfolgt sein.

Von diesen Vorgängen erfahren wir nur durch Theopistos. Wir haben aber auch keine Ursache, ihm zu mißtrauen, wenn er erzählt, der Brief Leos sei am Ende des Nicaenums angefügt worden[484], um dieses trinitarische Bekenntnis nach der christologischen Seite hin zu ergänzen. Der Kaiser hatte ja die Absicht, die ganze Kirche auf diesen Brief als Norm der Einheit zu verpflichten.

Die Eröffnung der Synode fand also am 8. Oktober 451 in Chalkedon, in der Kirche der Märtyrerin Euphemia, statt.[485] Die Vertreter des Kaisers (ohne diesen!) hatten in der Mitte des Kirchenschiffs Platz genommen, den Rücken der Ikonastas zugewandt. Es waren 18 Würdenträger des oströmischen Staates, Senatoren, Konsuln und Präfekten.[486] Die Bischöfe hatten sich zunächst vor der Kirchtentür versammelt, um miteinander einzuziehen.[487] Der kaiserliche Sekretär Sergios fungierte dabei als Zeremonienmeister.[488] Bei ihrem Einzug ließen sie, wie selbstverständlich, dem Dioskoros den ihm zustehenden Vortritt.[489] Dieser nahm auch in der Sitzordnung seinen Ehrenplatz ein. Sein Platz war unmittelbar rechts von der kaiserlichen Kommission[490], und dann folgten Juvenalios von Jerusalem, der Bischof von Heraklea, der den von Thessalonike vertrat, der Korinthische Bischof und dann weiter die übrigen Bischöfe aus Ägypten, Illyricum und Palästina. Auf der anderen Seite der kaiserlichen Kommission saßen die römischen

---

482 Vgl. die arabischen Akten der Synode von Chalkedon: Tārīḫ al-Maǧmāʿ al-ḫalqidūnī, übers. v. Pater Franzis (ins Arabische) Rom 1694 A.D.; Al-Bermāwī S. 97.

483 Theopistos 268.

484 Theopistos 269.

485 ACO II 1,1, pg 55 '5'; Zosimus, Chron. 5, 18, ed. J. Bekker: C.S. Hist. Byz. (Bonn 1837) 270.

486 Diese werden als die "Konzilskommissare" bezeichnet.

487 Theopistos 270.

488 ebd. 269/70.

489 Der Name des Dioskoros behält in den Akten von Chalkedon weiterhin die überlieferten Ehrentitel bei: ACO II 1,1, pg 55 '5', vgl. ebenfalls die anderen in Frage kommenden Stellen. So war es zunächst. Aber bald wurden Änderungen vorgenommen, vielleicht erst durch die Konstantinopler Patriarchalkanzlei, die die Akten der ökumenischen Synoden redigierte. Entsprechende Änderungen und Umstellungen wurden vorgenommen, so inactio I konnt der Bischof von Konstantinopel, Anatolios, in der Präsenzliste vor Anatolios vor.

490 ACO II ebd.

Legaten obenan; ihnen folgten die Oberbischöfe Anatolios von Konstantinopel, Maximos von Antiochien, dann der aus dem Kapadokischen Kaisareia und weiterhin die übrigen Bischöfe aus Oriens, Ponntus, Asien und Thrakien.[491]
Die Verhandlungen begannen – wie gesagt – mit der Verlesung der Normen, der kaiserlichen Befehle und der Glaubensbekenntnisse. Das Nicaenum wurde von dem Lektor Habib (vielleicht Übersetzung des Namens Agapios ins Syrische?) verlesen. Dies namen die Bischöfe mit Begeisterung auf.[492] Als aber im Anschluß daran der Brief Leos vorgelesen wurde, schlug die Begeisterung in einen gewaltigen Tumult um. "Man hat Finsternis mit Licht vermischt, den süßen Duft mit der Fäulnis vereinigt. Man hat das Wort Gottes mit den Worten der Feinde zusammengeschrieben, die Unterweisungen der Wahrheit mit den Aussagen des Irrtums gleichgesetzt ..."[493] Die Reaktion der Bischöfe scheint nicht unglaubwürdig, wenn man sich klar macht, wie kurze Zeit das zweite Ephesinische Konzil zurückliegt. Die Bischöfe waren in großer Furcht zum Konzil gekommen, die nestorianische Häresie könnte wieder erneuert werden. Als dieser erneuerte Nestorianismus mußte ihnen die römische Zwei-Naturen-Lehre erscheinen. Die Begeisterung der Bischöfe für die Rechtgläubigkeit steckte sogar die kaiserlichen Kommissare an. "Wollt ihr, daß wir das dem Kaiser mitteilen?" "Ja", antworteten die Väter. Und die Würdenträger erwiderten: "Möge der Herr euch helfen, den orthodoxen Glauben zu befestigen!".[494]
Der Kaiser wollte aber davon nichts wissen. Er ließ den Bischöfen ausrichten, daß sie bei Strafe der Absetzung und der Exilierung den Lehrbrief Leos zu unterschreiben hätten.[495]
Leo hatte in dem Augenblick, in dem er sah, daß er das Zusammentreten der Synode nicht werde verhindern können, seinen Legaten neue Instruktionen gegeben. Mit dem vergeblichen Versuch, die Synode zu verhindern, hatte sein Ansehen einen bösen Stoß erlitten. Nun kam es für ihn darauf an, es ist also nicht so, daß seine Ziele einfach mit denen des Kaisers identisch gewesen seien. Diesem lag daran, die Glau-

---

[491] Die Vertretung der Kirchenprovinzen auf dem Konzil hat vor allem V. Laurent in einzelnen Beiträgen dargestellt: Les évêque d'Afrique au concile de Chalcédoine (451): Acad. Roumaine. Bulletin de la Sect.Hist. 25 (1944) 152/73: von ihm ferner: Note d'histoire ecclésiastique: La Scythie mineurs fut-elle représentée au concile de Chalcédoine ?: Rev.Et Byz 3 (1945) 161/71 ; vgl. o. S. 100, Anm. 475. Vgl. ferner E. Caspar, Papsttum 1, 511.

[492] Theopistos 268.

[493] Theopistos 268/9.

[494] ebd. 269.

[495] Vgl. ebd. 269. Die Bischöfe geloben darauf, so berichtet Theopistos, "Möge der Glaube unserer Väter von Nikaia unversehrt bleiben, und wir gehen ins Exil !"

benseinheit der Kirche auf Grund des ihm als Kompromißformel geeignet erscheinenden Lehrbriefs Leo zu erreichen. Leo aber wollte wenigstens den römischen Primat innerhalb der Kirche durchsetzen, wenn er schon die Freiheit der Kirche vom Kaiser nicht erreichen konnte. So setzte er alles daran, eine Verurteilung des Dioskoros zu erzwingen. Dabei mußte er schließlich Erfolg haben, weil dieser die alexandrinische Rechtgläubigkeit sowohl gegen den kaiserlichen Machtspruch wie gegen die ihm ketzerisch erscheinende Lehre Leos zu verteidigen hatte.
Nach der feierlichen Eröffnung der Synode erhob sich der römische Legat Paschasinus, um gegen die Anwesenheit des ihm gegenübersitzenden Dioskoros zu protestieren. "Wir haben Anweisungen des heiligsten und apostolischen Bischofs der Stadt Rom, der an der Spitze sämtlicher Kirchen steht; darin verbietet er, daß Dioskoros, Erzbischof von Alexandrien, als Mitrichter auf der Synode Sitz und Stimme haben soll. – … Vielmehr soll er über seine Taten Rechenschaft ablegen. Nach diesen Anweisungen müssen wir uns unbedingt richten".[496] So bestanden die Römer darauf, daß entweder Dioskoros die Sitzung verlassen müsse, oder sie es anderenfalls selber tun würden.

"Dieses Verlangen der römischen Legaten hat folgenden Grund: Wenn die Klagen gegen Dioskoros zunächst in seiner Abwesenheit und danach in seiner Anwesenheit erhoben wurden, dann bedeutete das, daß das Gericht über Dioskoros der eigentliche Zweck der Synode war. Der Wunsch richtete sich also gegen den Anspruch des Kaisers, berechtigt zu sein, in Glaubensfragen zu handeln. Das Recht, eine Synode einzuberufen, galt nach dieser römischen Auffassung als das höchste kirchliche Recht".[497] Das geht aus dem Fortgang der Verhandlungen noch genauer hervor. Die kaiserlichen Kommissare sahen keinen Grund, dem Verlangen der römischen Legaten nachzugeben. Sie wünschten vielmehr die besonderen Vorwürfe gegen Dioskoros zu hören.[498] Paschasinus versuchte, die Beantwortung der Frage zu vermeiden: "wenn er wieder hereinkommt (nämlich, nachdem er vorher hinausgegangen war), dann wird es erst notwendig sein, die Einwände gegen ihn genauer zu erklären".[499] Die kaiserlichen Kommissare bestanden nun aber darauf, die Begründung des römischen Antrags zu vernehmen. Der zweite römische Legat, der Bischof Lucensius, war weniger vorsichtig als Paschasinus. Er erklärte als Grund: "Dioskoros

[496] ACO II 4, pg 47-48; cf. PL 54, 930/1, ACO II 1,1, pg 65 nr. 5.
[497] Eine Aufmerksamkeit von Herrn Prof. D. Kraft.
[498] ACO II 1,1, pg 65 nr 6/8.
[499] ACO ebd.

hat es gewagt, eine Synode ohne Erlaubnis des apostolischen Stuhls zu halten, was weder jemals geschehen ist, noch überhaupt geschehen darf".[500]
Diese Behauptung der römischen Legaten, daß nach gültigem Kirchenrecht der römische Stuhl seine Erlaubnis zur Abhaltung einer ökumenischen Synode geben müsse, widersprach so sehr der ganzen Konziliengeschichte, daß er nicht weiter ernst genommen wurde. Paschasinus zog sich noch einmal auf seine Instruktionen zurück: "Wir können nicht gegen den apostolischen Befehl verstoßen".[501] Inzwischen hatte sich sein Kollege Lucensius auf eine bessere Begründung besonnen: "Wir können solches Unrecht nicht genehmigen, nämlich, daß dieser Mann, der gekommen ist, verurteilt zu werden, im Konzil sitzt".[502] Die kaiserlichen Kommissare wiesen jedoch den Einwand der Römer zurück: "Wenn ihr das Recht in Anspruch nehmt, Richter zu sein, so dürft ihr nicht als Ankläger auftreten".[503]

Der römische Einspruch war insoweit berechtigt, als natürlich kein Angeklagter unter den Richtern Platz nehmen durfte. Da die Römer aber nicht die einzigen waren, die gegen Dioskoros Klagen führen wollten, so forderten diese die kaiserlichen Kommissare nun zwar nicht entsprechend dem römischen Antrag auf, die Kirche zu verlassen, ließen ihn aber doch in der Mitte des Kirchenschiffs Platz nehmen.[504] Da Leos Legaten befürchten mußten, ihre Befugnis zum Richten zu verlieren, so setzten sie sich jetzt und sagten kein Wort mehr.[505] An Leuten, die bereit waren, gegen Dioskoros Klage zu führen, war freilich kein Mangel. Man versteht, daß als erster Euseb von Dorylaion sich erhob und Gehör verlangte: "Er hat mir Unrecht getan und durch ihn wurde dem Glauben geschadet. Flavianos wurde ermordet, nachdem er und ich zu Unrecht durch Disokoros abgesetzt worden waren. Ich bitte daher, die Verlesung meiner Bittschrift an den Kaiser möchte angeordnet werden".[506] Dies geschah. Beronikianos, der Sekretär des kaiserlichen Konsistoriums, verlas: "In dem vor kurzem in

500 ACO ebd. pg 65 nr. 9. Gegen diesen Vorwurf vergleiche oben (S. 46) die Anerkannung des Ephesinums II durch den römischen Bischof.

501 ACO ebd. pg 65/6 nr 10f.

502 ACO ebd. pg 66 nr 12.

503 ebd. pg 70; E. Caspar 1, 512. Aus dem Satz sieht man deutlich, daß das Präsidium ausschließlich in den Händen der kaiserlichen Kommissare lag. Es ist also keine Rede von einer "römischen Führung des Konzils (M. Goemans, Chalkedon als "Allgemeines Konzil", in Chalkedon I, S. 265)".

504 ACO II ebd., Mansi VI 584.

505 ebd.

506 ACO II ebd. pg 66 nr 16; Mansi VI 584.

Ephesos geschehenen Konzil hat dieser gute (ὁ Χρηστός Δ.) Dioskoros die Gerechtigkeit außer Acht gelassen und den Eutyches in seiner Häresie unterstützt. Er hat durch Bestechungsgelder Macht bekonunen und eine unordentliche Menge um sich versammelt. Er tut alles mögliche, um den katholischen Glauben zu zerstören und um die Irrlehre zu Eutyches zu gründen; uns verdammt er. Deshalb will ich, daß er zur Rechenschaft gezogen werde und daß die Zeugnisse seines Vorgehens gegen uns geprüft werden sollen".[507]

Offensichtlich hatten sich die Gegner des Dioskoros noch nicht darüber geeinigt, in welcher Weise gegen ihn vorgegangen werden sollte. Die Gründe und Vorwände der Klagen gegen ihn waren noch nicht aufeinander abgestimmt. Sie umfaßten folgende Punkte:

1. Unbefugte Einberufung eines ökumenischen Konzils,
2. Willkürakte und Gewalttaten in der Amtsführung,
3. Häretische Lehre,
4. Der Prozess gegen Flavian und dessen Anhänger.

Das alles stand zwar in innerem Zusammenhang; aber zunächst wußte noch niemand, in welchem; es ließ sich auch noch nicht übersehen, ob einer dieser Gründe zu einer Verurteilung ausreichte. Die Nennung des wirklichen Grundes, nämlich daß Dioskoros den Lehrbrief Leos nicht unterschreiben wollte, hätte in diesem Augenblick eher eine Wendung zu seinen Gunsten herbeigeführt als seine Verurteilung.
Zu seiner Verteidigung gegen den ersten Punkt berief Dioskoros sich auf den kaiserlichen Befehl und gegen den zweiten Punkt auf die Prozeßakten: "Der fromme König hat ein Konzil einberufen. Also hat dieses Konzil nach seinem Plan stattgefunden. Alles, was mit Flavianos, dem ehemaligen Bischof von Konstantinopel zusammenhängt, steht in den Akten des Synodalprozesses. Darum will auch ich, daß die Akten gegen Flavian vorgelesen werden".[508] Am zuversichtlichsten betrachtete Dioskoros natürlich die Frage seiner Rechtgläubigkeit. Darum hätte er diesen Punkt gern vorgezogen gehabt: "Ich bitte euch, daß zuerst die dogmatische Frage berücksichtigt wird".[509]
Die kaiserlichen Kommissare sahen aber die Unruhen voraus, die in diesem Falle ausbrechen mußten und gaben dem Wunsch nicht statt: "Nein, die Beschuldigungen gegen dich müssen zuerst festgestellt

[507] ebd.
[508] Vgl. al-Bermāwī 100; Dictionary of Christian Biography 268. "Dioscoure".
[509] ebd.

werden. Warte, bis die Akten gelesen sind, wie du selber verlangt hast".[510] So begann die Verlesung der Akten durch den kaiserlichen Sekretär Konstantin. Zunächst wurden die beiden Schreiben verlesen, in denen Theodosios den Dioskoros nach Ephesos einlud, und in dem er die Teilnahme des Archimandriten Barsumas anordnete. Während der Verlesung wurde den kaiserlichen Kommissaren klar, daß auf diesem Wege Dioskoros gerechtfertigt sein würde, bevor die Klage gegen ihn formuliert wäre. Sie brachen darum die Verlesung der Briefe des Theodosios ab. Inzwischen waren nämlich Theodoret von Kyros, Ibas von Edessa und Andreas von Samosata erschienen und baten, an der Sitzung teilnehmen zu dürfen.[511] Das war kirchenrechtlich eine Unmöglichkeit, denn diese Bischöfe waren in Ephesos exkommuniziert worden, und zumindest hätte jetzt vorher ihre Rekonziliation beschlossen werden müssen.[512] Das Erscheinen dieser theologisch hochgebildeten Bischöfe und leidenschaftlichen Gegner des Dioskoros ergab aber die Möglichkeit, der Frage der Irrlehre mit mehr Aussicht auf Erfolg nachzugehen. Die erste Folge war freilich heftige Unruhe. Dioskoros protestierte gegen die Teilnahme mit der Frage, wer diesen Bischöfen die Teilnahme gestattet habe. Die Antwort "Der kaiserliche Befehl"[513] veranlaßte ihn zu neuem Protest; die Synode unterstehe als oberste kirchliche Autorität nicht dem kaiserlichen Befehl.[514] Inzwischen nahm die Unuhe zu. Die Ägypter samt ihren Parteigängern aus Syrien und Palästina schrien: "Leute, wollt ihr euch nicht erbarmen! Der Glaube ist vernichtet worden! Wisset, das Kirchenrecht verbietet diesem (Theodoret) die Teilnahme. Treibt ihn hinaus! Vertreibt den Meister der Nestorianer! Er hat Kyrillos angeklagt".[515] Aber ihre Gegner waren auch nicht still: "Werft die Feinde Flavians hinaus, die Feinde des Glaubens!"[516]

Dioskoros muß in diesem Augenblick die Möglichkeit gesehen haben, eine sich für ihn einsetzende Majorität zu gewinnen. Er lenkt die Rufe auf seine Person: "Warum", fragter er, "soll Dioskoros verworfen werden?" Damit erreichte er, daß seine Feinde sich ihm wütend zuwandten: "werfet Dioskoros, den Verbrecher, hinaus! Wer kennt die

---

510 ACO II ebd. pg 67.

511 ACO ebd. pg 69 nr. 26, Theopistos 268.

512 Es ist erstaunlich, daß die Legaten Leos trotz der Zulassung der drei exkommunizierten Bischöfe in die Synode den Dioskoros zu Unrecht beschuldigen, Eutyches wieder in die Kirchengemeinschaft aufgenommen zu haben, ehe dieser durch die Synode (v. 449) rehabilitiert worden sei: ACO II 1,2, pg 224 nr 94.

513 Theopistos 270; vgl. ACO II 1,1, pg 69.

514 ebd.

515 ACO ebd. pg 69 nr. 33.

516 ebd. pg 69/70 nr 34/36.

Vergangenheit des Dioskoros nicht?" Und sofort schrien wieder die Ägypter: "Sagt nicht,Theodoret sei ein Bischof! Weg mit dem Widersacher Gottes! Weg mit dem Juden! Werft den Lästerer Christi hinaus!" Immer heftiger wurde Theodoret als Feind des Kyrillos beschimpft.[517]
Erst nach langer Mühe gelang es den Kommissaren, wieder Gehör zu finden: "Diese Rufe und das Schreien des Volkes nützt beiden Seiten nichts. Geduldet euch bis zur Verlesung der Akten". Darauf antworteten die Bischöfe: "Einer muß von der Sitzung ausgeschlossen werden, und wir hören zu. Wir schreien nur um der Frömmigkeit und des orthodoxen Glaubens willen so laut". Die kaiserlichen Beamten ordneten nunmehr, gegen den vergeblichen Protest des Dioskoros, an, daß Theodoret Platz nehmen dürfe.[518] Um die erregte Stimmung zu beschwichtigen, ließen sie jetzt die Verlesung der Akten fortsetzen.[519]
Der Sekretär Konstantin las jetzt den Brief vor, in dem der Kaiser Dioskoros mit dem Präsidium der Synode beauftragt hatte. Dioskoros hatte Ursache zu befürchten, daß man ihm allein die Vorgänge auf der Synode zur Last legen wolle. Er machte darum darauf aufmerksam, daß er nicht der einzige Vorsitzende gewesen sei, sondern daß die Bischöfe Juvenalios von Jerusalem und Thalassios von Kaisareia sich mit ihm den Vorsitz geteilt hätten, die übrigen Teilnehmer hätten zugestimmt, und der Kaiser habe die Dekrete bestätigt und in Kraft gesetzt. "Warum wollt ihr mich allein für diese Dinge verantwortlich machen, wenn wir drei gleichberechtigt in der Autorität waren, und wenn die Väter unsere Beschlüsse für gut hielten; sie haben doch zugestimmt und mit eigener Hand unterschrieben? Wir haben den Kaiser Theodosios seligen Angedenkens benachrichtigt, und er hat durch ein allgemeines Dekret alles bestätigt, was die Synode beschlossen hatte".[520]

Aber das erwies sich sofort als ein schwerer taktischer Fehler. Die Verantwortung für die Vorgänge in Ephesos wollte niemand dem Dioskoros abnehmen. Es waren genug Bischöfe da, die es anging. Sie protestierten: Sie hätten sich in Ephesos dem Zwang fügen müssen. "Keiner von uns hat freiwillig unterschrieben. Wir haben unbeschriebenes weißes Papier unterzeichnet. Wir wurden geschlagen und nur dadurch zur Unterschrift gezwungen".[521] Dioskoros erklärte darauf

517 ebd. pg 70 nr 37.
518 ACO ebd. pg 70; Mansi VI 592/3; E. Caspar I 512.
519 ACO ebd.
520 Vgl. al-Bermāwī: 102/3.
521 ACO II ebd. pg 75; vgl. ferner pg 93 '17-39'; Mansi VI 601-605.

verachtungsvoll, in diesem Fall hätten die Bischöfe nicht unterschreiben dürfen.[522]
Dann wurde die Verlesung der Akten fortgesetzt. Als der Name Flavians fiel, beanstandeten seine Freunde, daß er auf die fünfte Stelle degradiert sei. Im Fortgang der Verlesung der Akten kam man nun auf die Komödie zu sprechen, die man in Ephesos gespielt hatte, um die Verlesung des Brief es Leos zu verhindern. Ein Archidiakon Aëtius von Konstantinopel behauptete, der Brief sei nicht "empfangen" worden; das war ja der Fall gewesen. Dioskoros erwiderte: "Die Akten zeigen aber, daß ich den Vorschlag gemacht habe, den Brief doch zu verlesen. Andere sollen sagen, warum der Brief nicht gelesen wurde." Mit den anderen waren Juvenalios und Thalassios gemeint. Juvenalios erklärte: "Der Protonotar hat uns darauf hingewiesen, daß er noch einen kaiserlichen Brief zu verlesen habe; darum habe ich geantwortet, daß dieser zuerst gelesen werden solle. Danach sagte keiner, daß er in seinen Händen einen Brief von Leo habe." Thalassios dagegen verteidigte sich sehr schwächlich; er meinte, er sei nicht befugt gewesen, die Verlesung des Briefes anzuordnen.[523]
Beim weiteren Verlesen beanstandeten die Orientalen, ihre Aussagen seien in den Konzilsakten verfälscht wiedergegeben.[524] Dioskoros

---

522 Die Freiwilligkeit bei der Unterschrift wurde vor allem von Basileios von Seleukeia angegriffen. Basileios hatte sich schon auf der Flaviansynode von 448 zu der Formel der Zweiheit bekannt. Ehe ein Jahr dahinging, leugnete er vor dem Angesicht des Dioskoros und der Richter des Ephesinums II seine Vergangenheit mit seinem Patriarchen und bekannte sich wieder zur alten Formel der Natureneinheit Sein langer Monolog hatte damals nicht den Klang eines gezwungenen Bekenntnisses gehabt; darin bezeichnete er seine Äußerung von Konstantinopel als "verhaßt"; ACO II 1,1, pg 179 '29'; 140 '18-19'.
Nach der ungünstigen Wendung von Chalkedon wechselte die Religionspolitik des Kaisers; die kaiserlichen Kommissare stehen nun auf Seiten Leos, d.h. seines Lehrbriefes. Basileios gibt sein Bekenntnis von 449 auf. Dazu muß er seine damalige Unterschrift rechtfertigen und erklärt: er sei zur Unterschrift gezwungen worden, er sei "zum Gericht von 120 bis 130 Bischöfen nachgelassen" er habe sich mit Magistraten auseinanderzusetzen gehabt, so daß er den Märtyrertod auf sich hätte nehmen müssen: ACO II 1,1, pg 93 nr 176 (Mansi VI 601 und 637). Basileios wurde ohnehin abgesetzt; was ihm jedoch zur Untreue zur Flaviansformel veranlaßt haben mag, ist die eingebildete Angst, die man hinter dem übertriebenen Bild hier spürt. Wie Basileios taten auch viele andere.
Ähnliches Manöver wiederholt sich noch einmal nach 25 Jahren, als Basiliscus (genannt Usurpator) unter anderen Umständen wieder die Rückkehr zur Lehre der Einheit der Naturen verlangte und mit seinem Enkyklion das Chalcedonense abtat, so haben ihm 500 Bischöfe zugestimmt: Evagr. h. e. III, 4; Zachar. V 2).
Hierin zeigt sich, wie leicht es für die Mehrzahl war, von einem Lager ins andere hinüber zu wechseln. Abgesehen von einer kleinen Zahl der Bischöfe, waren die Synodalen oft nicht in der Lage, die feinen Unterschiede der christologischen Formeln richtig zu erfassen, und wenn, dann sich dafür einzusetzen. Die öffentliche Meinung orientierte sich weniger nach der Formel als nach dem Erfolg und Schicksal ihrer Vertreter.
523 ACO II 1,1, pg 85 nr 106 (Mansi VI 617).
524 Vgl. die ähnliche Beschuldigung der Flaviansynode durch Eutyches : ACO II 1,1, pg 177 nr 834.

erklärte: “jeder Bischof hat seine eigenen Sekretäre gehabt … die die Sätze selber aufgeschrieben haben”. Daraufhin behauptete Stephanos, seine Schreiber hätten unter Druck gestanden, und Akakias von Ariamathia beschrieb die Szene.[525] Die Verlesung wurde fortgesetzt, und als ein Wort des Dioskoros vorkam “ich prüfe die Erlasse der Väter”, fiel Eusebios ein: “Sieh, er sagt ‘ich prüfe’, und ich tue dasselbe”. Dioskoros verteidigte sich schlagfertig: “Ich sagte ‘prüfe’ und nicht ‘erneuere’. Unser Erlöser hat es uns zur Pflicht gemahnt, die Heilige Schrift zu untersuchen; das ist keine Erneuerung”.[526] Dann gab es wieder Einwände, als die Akklamation. “Vormund des Glaubens” zu Ehren des Dioskoros notiert war. Ein Bischof erklärte, das habe keiner gesagt. In Wirklichkeit hatten es alle gerufen, aber jetzt wollte es keiner gewesen sein. Das stellte Dioskoros fest. “Sie wollen alles leugnen, was als Wahrheit bekannt geworden ist. Demnächst werden sie sagen, sie seien überhaupt nicht dagewesen”.[527]

Dann wurden die Worte des Eutyches verlesen: “Ich habe die Definitionen des Konzils beachtet,” nämlich den ephesinischen Erlaß gegen die Zufügungen zu dem Glaubensbekenntnis von Nikaia. Hier unterbrach Eusebios und sagte: “Eutyches lügt. Es gibt nicht solche Definitionen, keinen Kanon, der dies schreibt”. Dioskoros erwiderte: “Es gibt vier Exemplare, die ihn enthalten”.[528] Und nun wurde weiter gestritten, ob es sich bei diesem Erlaß um einen Kanon handele oder nicht. Dieser Streit hatte darum eine gewisse Bedeutung, weil der ephesinische Erlaß gegen die Zufügungen, hauptsächlich gegen die Erweiterung des Glaubensbekenntnisses von Nikaia, gerichtet war, die das Konzil von 381 vernommen hatte. Die Ägypter hatten in der Tat weder die Zufügungen noch das Konzil von 381 überhaupt anerkannt.[529] Immer stärker ging man dazu über, sich über die Rechtgläubigkeit des Eutyches zu streiten. Dioskoros hat keine Ursache, sich auf diesen festlegen zu lassen: “Wenn Eutyches irgendeine heterodoxe Meinung vertreten haben sollte, dann verdient er nicht nur bestraft, sondern auch verbrannt zu werden. Mein einziges Ziel ist, den katholischen Glauben zu bewahren und zu schützen, nicht den von irgendeinem Menschen. Ich blicke nur zu Gott und nicht zu irgendeiner Person. Ich achte auf nichts als meine eigene Seele und den rechten Glau-

525 Mansi VI 629; ACO 11 ebd pg 90 nr 156f.
526 ACO II ebd. 88/90.
527 ACO ebd. 89f.
528 ebd.
529 Vgl. unten. 159ff

ben".[530] Wenn man sich fragt, wie es eigentlich dazu gekommen sei, daß der Verlauf der Sitzung eine so eindeutige Wendung gegen Dioskoros nahm, so wird man von dem schlechten Gewissen der Mehrzahl der anwesenden Konzilsväter ausgehen müssen. Die meisten hatten in Ephesos bei der Verurteilung Flavians mitgeholfen, und alle wußten, daß es dabei nicht mit rechten Dingen zugegangen war. Das wog umso schwerer, als Flavian zum Märtyrer für seine Sache geworden war. Nun wollte niemand an seiner Verurteilung und damit an seinem Tod die Schuld auf sich nehmen. Jeder versuchte, sie dem anderen zuzuschieben, und damit gerieten die Bischöfe in eine Panikstimmung, in der jeder – so schnell er konnte – sich in der Masse der entstehenden antidioskorischen Majorität verstecken wollte. Ein Teil der Bischöfe erkannte sehr bald, daß sie sich nicht mit der Ausrede retten konnten, sie hätten ihre Unterschrift blanko erteilt, und daß sie sich auch nicht mit dem Zwang entschuldigen konnten, dem sie ausgesetzt gewesen sein wollten. So erhoben sie sich und legten gemeinsam ein Schuldbekenntnis ab. Die kaiserlichen Kommissare waren von der schwächlichen Haltung der Bischöfe überrascht.[531] Einer schreibt darüber: "Wenn der Kaiser es befehlen würde, dann würde ich dieses ganze Heer von Bischöfen mit der Rute, die ich in der Hand habe, so erschrecken, daß sie die Götzen anbeten. Sie sind so schwach, daß sie nicht einmal den Schatten des Schlages sehen können. Nur Dioskoros fürchtet sich nicht. Er ist eine unerschütterliche Säule".[532]

Durch diese Vorgänge war es nicht möglich geworden, Dioskoros auch als Ketzer zu belangen, abgesehen davon, daß die dogmatische Verurteilung Flavians für nicht richtig erklärt wurde.[533] Unter den Akten von Ephesos befand sich der Brief des Kyrillos an Johannes von Antiochien "*laetentur coeli*" und wurde verlesen.[534] Dioskoros glaubte, er könne sich nun seines Klägers Theodoret entledigen. Denn Kyrills Brief war als normativ anerkannt und widersprach klar der antiochenischen Theologie. Aber Theodoret bekannte sich nicht zu seinen Anschauungen. Obwohl alle Anwesenden seine wahre Meinung gekannt haben dürften, anathematisierte er das Reden von den

530 Mansi VI 633; ACO II ebd. pg 91f.

531 Mansi ebd. 639; ACO ebd. pg 94.

532 Theopistos 271.

533 Dioskoros und Juvenalios schoben die Verantwortung auf Elpidios, daß Eusebios auf Verlangen Flavians nicht ins Verhör gezogen wurde; vgl. die Ausf.: Mansi VI 649/56; ACO II ebd. 96ff.

534 Von Kyrillos wurde verlesen sein zweiter Brief an Nestorios: Mansi VI 660; ACO II 1,1, pg 104 nr 240 und den Laetentur-Brief: Mansi ebd. 665; ACO ebd. pg 106 nr 241, pg 107 nr 246; – nicht aber sein dritter Brief an Nestorios, der die Zwölf Kapitel enthält.

"zwei Söhnen"[535] und erweckte damit den Schein, er habe die Lehre Kyrills angenommen. Alle Bischöfe riefen: "Wir glauben genau wie Kyrillos; wir haben so geglaubt, und wir glauben noch so. Jeder sei im Banne, der irgendwann nicht so glaubt".[536] Nachdem nun schon Theodoret scheinbar ein Anhänger Kyrills geworden war, machte es den orientalischen Bischöfen keine Mühe, auch Flavian zu einem Vertreter der Kyrillischen Theologie zu machen. Auch Leo und Anatolios wurden namentlich zu Vertretern dieser Theologie erklärt. So war eine gewisse Einheitlichkeit der Stimmung erreicht, und damit kam es zu den ersten Akklamationen gegen Dioskoros: "Hinaus mit dem Mörder Flavians, dem Vatermörder!".[537]

Dadurch, daß die Orientalen sich zu Kyrill bekannt hatten, erschien dieser wie ein Vertreter der Zweinaturenlehre. Dioskoros mußte sich bemühen, den Unterschied zwischen seiner Auffassung und der des Eutyches herauszuarbeiten und zu zeigen, daß er schon immer versucht habe, alle Verschmelzungen der Gottheit mit der Menschheit in Christo zurückzuweisen und die entgegengesetzte Auffassung anathematisiert habe.[538] Umso mehr suchten sich jetzt auch seine exponierten Anhänger zur Zweinaturenlehre zu bekennen. Eustathios (von Berytos) machte den Anfang. Er hatte es nicht schwer; er zitierte Kyrill auswendig und hielt dabei den Text, den Brief an Akalios, in die Höhe: "Wenn ich nicht eindeutig spreche, hier ist die Handschrift; laßt sie mit mir anathematisiert werden!" So leicht wollte man es ihm aber nicht machen. Man verlangte, er solle seine Haltung in Ephesos erklären. So erläuterte er, daß er unter "einer Natur" nicht das mit uns wesensgleiche Fleisch Christi habe ausschließen wollen. Der Ausdruck "Zwei Naturen" sei dann heterodox, wenn er für die Trennung innerhalb der einen Person gebraucht werde. Das ist in der Tat die Meinung Kyrills. Da Flavian aber in den vorausgehenden Verhandlungen durch die Taktik der Orientalen als Vertreter der Kyrillischen Lehre hingestellt worden war, fragten jetzt die Kommissare den Eusathios: "Warum habt ihr dann Flavian abgesetzt?" "Ich habe mich geirrt".[539] Nun hatte Flavian aber in Wirklichkeit keineswegs kyrillisch gelehrt. Er hatte von zwei Naturen gesprochen, die nach der Inkarnation in einer Hypostase und einer Person zu unterscheiden waren. Aber

535 ACO II ebd. pg 111 nr 247/8.

536 ACO ebd. pg 111.

537 ebd. pg 112f.

538 An dieser Stelle wird es deutlich, wie verschiedene christologische Auffassungen in gleichen oder wenigstens ähnlichen Termini definiert werden können.

539 Mansi VI 677; ACO ebd. pg 113.

unter dem Druck der Orientalen, die Flavian einen Märtyrer nannten, wurden seine Auffassungen gebilligt.[540]

Dioskoros wußte wohl, daß Flavian in Ephesos nachgiebig geworden war. So verlangte er, daß seine Worte aus dem Protokoll vorgelesen werden sollten. Er wies darauf hin, daß dann die Inkonsequenz Flavians Lehren zutage treten werde. Seinerzeit hatte er ja diesen Wechsel Flavians in seinen Äußerungen nicht anerkennen wollen, um ihn als Häretiker verurteilen zu können. Das wirkte sich jetzt gegen ihn aus. Juvenalios fand in dieser relativen Anerkennung Flavians durch Dioskoros einen Vorwand, sich zur anderen Partei zu schlagen. Dort begrüßte man ihn gern als Bundesgenossen, obwohl sein Gesinnungswechsel sein Ansehen nicht gesteigert hatte. Dioskoros freilich war tief enttäuscht von ihm: "Ist das deine Freundschaft für meinen Vater Kyrillos? Wo ist der orthodoxe Glaube von einst? Habe ich nicht deinen Brief, in dem du dich selbst zu exkommunizieren versprichst und dein Amt niederzulegen, wenn du dich von dem Glauben von Nikaia entferntest"[541]
Auch Petros von Korinth benutzte die Gelegenheit, sich davon überzeugen zu lassen, daß Flavian ein Anhänger Kyrills gewesen sei. Die Orientalen riefen daraufhin: "Petros denkt, wie Petros (der Apostel) gedacht hat!"[542]
Die Synode befand sich in einem merkwürdigen Zustand. Sie hatte sich bereitgefunden, Flavian als Anhänger Kyrills, und diesen als Vertreter der Zweinaturenlehre hinzunehmen. Da Dioskoros für Flavians Absetzung nunmehr allein verantwortlich schien, ergab sich so die merkwürdige Folge, daß Flavian als Anhänger Kyrills beurteilt wurde, während Dioskoros sich gegen den Vorwurf verteidigen mußte, er habe Kyrills Lehre verlassen. So versuchte er, aus den Vätern seine Rechtgläubigkeit zu beweisen und zugleich die Verurteilung Flavians zu rechtfertigen: "Der Grund, warum Flavian verurteilt wurde, war der, daß er zwei Naturen nach der Inkarnation des Logos behauptet hat. Ich habe hier Stellen aus den Vätern Athanasios, Gregorios, Kyrillos, die beweisen, daß es nach der Inkarnation nicht mehr zwei Naturen, sondern eine inkarnierte Natur des Logos gibt. Wenn ich vertrieben werden soll, dann müssen die Väter mit mir vertrieben werden. Ich verteidige ihre Lehre und weiche überhaupt nicht von ihnen ab[543]

[540] Die Synode von Chalkedon hat zwar Flavian als rechtgläubig anerkannt, seine Formel nicht als Grundlage des Symbols angenommen wenn sie auch dafür einleitete.
[541] Theopistos 270/1.
[542] ACO ebd. 115 nr 286/8.
[543] Mansi VI 684; ACO ebd. 117 nr 299.

... Ich nehme das 'aus zwei Naturen', lehne aber die 'zwei' ab" (nämlich nach der Einigung).[544]
Das war nun genau die Lehre Kyrills, die Dioskoros hier als seine bezeichnet hatte. Auf Grund dieser Sätze hätte man nicht ihn als Häretiker verurteilen können.[545] Infolgedessen wich Paschasinus jetzt vom Thema ab: "War denn dem Flavian solche Redefreiheit gestattet, wie jetzt diesem Mann?" "Nein", erklärten die Kommissare, "aber bei diesem Konzil herrscht Gerechtigkeit".[546]
Die Sitzung zog sich lange hin; immer wieder wurde sie durch Tumulte unterbrochen, und die Widerrufe, durch die die Anhänger des Dioskoros sich von seiner Katastrophe zu lösen versuchten[547], kosteten ebenfalls viel Zeit. So dauerte die Verlesung der Akten bis weit in die Nacht hinein; ein Teil des Dokuments wurde bei Kerzenlicht durchgearbeitet.[548] Endlich war es soweit, daß man das Ergebnis protokollieren konnte. Die kaiserlichen Kommissare wollten dem Urteil ihres Herrn nicht vorgreifen; so formulierten sie nur einen vorläufigen Vorschlag[549]: "Die Frage nach dem Glauben wird in den nächsten Sitzungen sorgfältiger behandelt werden müssen. Durch die Verlesung der Akten und das Bekenntnis vieler Bischöfe, daß sie in Ephesos einem Irrtum unterlegen gewesen seien, hat sich gezeigt, daß Flavian und die anderen zu Unrecht abgesetzt worden sind. Darum wird, vorbehaltlich der Zustimmung des Kaisers, für Recht erkannt, daß dieselbe Strafe nun über die Häupter der früheren Synode verhängt und deren Absetzung von der bischöflichen Würde durch das Konzil ausgesprochen wird: das sind Dioskoros von Alexandrien, Juvenal von Jerusalem, Thalassios von Kaisareia, Eusebios von Ankyra, Eustathios von Berytos und Basileios von Seleukeia".[550]
Das vorläufige Urteil wurde von den Feinden des Dioskoros mit Beifallsrufen aufgenommen: "Das ist ein gerechtes Urteil!" Da es ein Konzilsbeschluß war, wurde es als inspiriert aufgefaßt: "Viele Jahre dem Konzil! Heiliger Gott, heiliger, starker, heiliger unsterblicher, erbarme dich unser! Viele Jahre den Kaisern! Der Gottlose muß immer fliehen! Den Dioskoros, den Mörder, hat Christus abgesetzt! Gott hat die Märtyrer gerechtfertigt! Ein gerechtes Urteil! Eine gerechte

544 Mansi ebd. 692; ACO ebd. pg 120 nr 332.
545 Mansi VII 104; ACO II 1 2 pg 124 (320) nr 14, s.u.
546 Mansi VI 744; ACO II 1,1 pg 143.
547 So war es der Fall bei Onesiphoros und bei Eustathios: Mansi VI 827; ACO II 1,1, pg 178 f. Letzterer bekennt sich wieder zu Dioskoros: s.u. !
548 Mansi VI 90l; ACO II 1,1, pg 189.
549 Mansi VI 976, 1041; ACO II 1,2 , pg 4 (200) nr 1, pg 26 (222) nr 78.
550 Mansi VI 936; ACO II 1 , 1 , pg 195 nr. 1068. Für den Verlauf der ersten Sitzung vgl. ferner Hefele II 405/420.

Synode, ein gerechtes Konzil!"[551] Gegen diese riefen die illyrischen Bischöfe: "Wir alle haben gefehlt, wir allen bitten um Verzeihung"[552] Die Vermittlung bleibt jedoch ohne Erfolg. Zur Vorbereitung der nächsten Sitzung ließ der Kaiser durch seine Kommissare den Bischöfen eine Hausaufgabe geben. Jeder solle seinen Glauben frei aufsetzen und sorgfältig formulieren. Dabei solle man sich an die Urkunden des Bekenntnisses von Nikaia und des der 150 Väter (von Konstantinopel im Jahre 381) halten und an die Auslegungen der Kirchenväter. Dafür wurden als rechtgläubig namentlich genannt: Gregorios, Basileios, Athanasios, Hillarios, Ambrosios und die zwei kanonischen Briefe, die das Konzil von 431 in Ephesos bekanntgegeben hatte. Die kaiserlichen Kommissare wiesen in diesem Zusammenhang ausdrücklich daraufhin, daß Leo einen Brief an Flavian gegen Eutyches geschrieben habe. Im Anschluß daran erklärte der Archidiakon Aëtius die Sitzung für beendet.[553]

---

551 Mansi VI 936; ACO II 1,1, pg 195 nr 1069/1071.

552 Mansi VI 935, ACO ebd.

553 Das Protokoll der ersten Sitzung befindet sich in: ACO II 1,1, pg 55-196; II 3,1, pg 27-259.

Die zweite Sitzung: Die Verlesung von Glaubensdokumenten.

Am 10. Oktober traten die Bischöfe zu der Sitzung zusammen, die in den Akten als die zweite gerechnet wird.[554] Dioskoros war abwesend. Er wollte seinen Standpunkt nicht aufgeben und sich vor allem nicht zu einer Verteidigung oder gar einem Schuldgeständnis drängen lassen wie seine wankelmütigen Anhänger. So blieb er fern.[555] Diese Sitzung hatte die Aufgabe, den wahren Glauben festzustellen[556]; dazu war sie ja einberufen worden. Es ist kennzeichnend, daß keiner der Bischöfe es gewagt hatte, eine schriftliche Glaubensformel vorzulegen, wie das der kaiserliche Auftrag befohlen hatte. Die kaiserlichen Kommissare rügten das; aber die Bischöfe nahmen lieber den Tadel hin, als sich durch Abgabe einer schriftlichen Formulierung unvorhersehbaren Gefahren auszusetzen. Wer ein solches Bekenntnis abgab, der war festgelegt. Ein Bekenntnis im Sinne der kyrillisch-alexandrinischen Orthodoxie war in diesem Augenblick sicher unzweckmässig und konnte die Absetzung zur Folge haben. Ein Bekenntnis zur römischen oder zur antiochenischen Zweinaturenlehre konnten die meisten Bischöfe aber vor ihren eigenen Gemeinden nicht verantworten. Aber auch die Bischöfe, die im Bereich antiochenischer Theologie beheimatet waren, wagten kaum, die Unterschiede zwischen ihrer und der abendländischen Christologie durch ein schriftliches Bekenntnis deutlich herauszuarbeiten. Daß die christologischen Anschauungen Leos als verbindlich gelten sollten, war bekannt; darüber hatten die Andeutungen der kaiserlichen Kommissare keine Zweifel gelassen. Aber diese Christologie war – obwohl sie von zwei Naturen sprach – nicht geeignet, der Christologie der Antiochener gerecht zu werden. Zu der der Alexandriner bestand ohnehin keine Beziehung.[557] Unter diesen Umständen war es für die Bischöfe das einfachere, den Tadel der Kommissare auf sich zu nehmen. – Auch ist die Abneigung der Bischöfe nicht zu unterschätzen, durch eine vielleicht nur scheinbare Neuerung vom überlieferten Glauben der Väter abzuweichen. Das war eine Gefahr, die keiner hätte auf sich nehmen wollen.

---

554 Die Sitzungen (Praxeis: actiones) stehen in den Akten unter verschiedener Zählung; ebenfalls stimmen sie nicht miteinander überein. Andersweitige Berichte (z.B. Theopistos) vemitteln uns Ereignisse und Nachrichten, die in den Akten überhaupt nicht protokolliert sind.

555 Dioskoros nahm in Chalkedon nur an der ersten Sitzung teil. Vgl. Hefele II 2, 445 ff.

556 ACO II 1,2, pg 69ff.

557 Vgl. ACO II 1,2, pg 78.

Die Wichtigkeit dieses Gedankens zeigt der Fortgang der Dinge. Da die Kommissare die Bischöfe nicht dazu bewegen konnten, einzeln ihren Glauben zu formulieren, so ordneten sie jetzt an, daß die Metropoliten mit je einem oder zwei Bischöfen aus ihrem Sprengel zur Beratung über den Glauben zusammentreten sollten. Das Ergebnis hätte dann dem Plenum zur Beurteilung vorgelegt werden sollen. Aber die Bischöfe weigerten sich: "Wir stellen keine schriftliche Erklärung auf. Die Regel des Glaubens sagt, daß genügt, was schon erklärt worden ist; sie will keine neue Erklärung".[558]
Der Bischof von Sardes hatte den glücklichen Einfall, daß die Formulierung eines Bekenntnisses sorgfältig vorgenommen werden müsse, und darum viel Zeit beanspruche. Wenn die Synode eine neue Formel erstellen wolle, dann müsse ihr auch entsprechende Zeit gegeben werden. Darauf beantragte der Bischof von Sebastopol, man möge zunächst einmal bei den alten, ehrwürdigen und allgemein anerkannten Glaubensbekenntnissen der großen Konzilien bleiben. So schritt die Synode wieder einmal zur Verlesung des Symbols von Nikaia. Damit waren alle zufrieden: "Dies ist der orthodoxe Glaube, wir alle glauben so, darauf sind wir getauft, darauf taufen wir; so hat Kyrillos gelehrt, so glaubt Leo!".[559] Darauf folgte das Bekenntnis von Konstantinopel und die beiden "kanonischen Briefe", also die Briefe, des Kyrillos an Nestorios und Johannes von Antiochien, die allgemein anerkannt und in der vorigen Sitzung ausdrücklich bezeichnet worden waren.
Jetzt, wo sie nicht mehr einzeln verantwortlich waren, waren die Bischöfe auch bereit, den Lehrbrief Leos als rechtgläubig anzuerkennen. Der Bischof von Sebastopol machte den ersten Schritt: "Über die Frage des Eutyches wurde vom römischen Erzbischof bereits ein Typus gegeben".
Die Orientalen schlossen sich an: "Das sagen wir auch, die von Leo bereits gegebene Erklärung genügt".[560] Natürlich dachte keiner an Widerspruch. Auch Leos Brief wurde mit Beifall aufgenommen: "Das ist der Glaube der Väter, der Glaube der Apostel! Wir alle glauben so! Die Orthodoxen glauben so! Anathema, wer nicht so glaubt! Petros hat durch Leo gesprochen! Die Apostel haben so gelehrt Fromm und wahr hat Leo gelehrt! Genauso hat Kyrillos gelehrt! Ewiges Gedenken

558 Vgl. ACO II 1,1, pg 78/9.
559 ACO II, 1,2, pg 79.
560 ACO ebd. pg 78; Tomus Leonis: ACO II 2,2, pg 24/33; Hefele II 355 ff u. Anm. 4. Die deutsche Übersetzung siehe L.A. Winterswyl, Die Lehrschreiben des heiligen Papstes Leo des Gr. über die Menschwerdung Christi, Freiburg/Br., 1938.

dem Kyrillos! Leo und Kyrillos haben gleich gelehrt! Anathema, wer nicht so lehrt".[561]

Aber es gab doch noch Bischöfe, die nicht allen Charakter verloren hatten. Einer hatte den Mut, wenigstens einige Stellen in Leos Brief zu beanstanden. Eine Reihe von griechischen und kleinasiatischen Theologen schloß sich an und zeigte Unzufriedenheit mit der Christologie des Briefes. Nun hatte eine Gruppe von illyrischen und palästinensischen Bischöfen Mut bekommen und kritisierte drei Stellen, an denen die Trennung des Menschlichen und des Göttlichen im Logos zu entschieden ausgesprochen war. Die kaiserlichen Kommissare wußten jedoch recht geschickt, mit diesem unvorhergesehenen Hindernis fertig zu werden. Bischof Anatolios wurde von ihnen beauftragt, geeignete Vertreter auszusuchen, um den Zweifelnden außerhalb des Plenums Verständnis für die Glaubensformel Leos beizubringen.[562]

Dann trat das Plenum wieder zusammen. Die Bischöfe von Illyricum machten sich zu Fürsprechern für die Bischöfe, die auf der vorhergehenden Sitzung ausgeschlossen worden waren: "Wir bitten für die Väter, man möge sie wieder in die Synode eintreten lassen. Der Kaiser und die Kaiserin sollen diese Bitte erfahren. Dioskoros soll rehabilitiert werden in der Synode und in der Kirche. Wir alle haben gefehlt, gewähret allen Verzeihung!"[563]

Sofort brachen wieder die Tumulte aus. Die Orientalen antworteten mit Geschrei und verlangten Strafe. Die konstantinopolitanische Partei behauptete, wer mit Dioskoros Kirchengemeinschaft halte, sei Jude.[564] So mußten die Kommissare wieder eingreifen. Sie ließen eine Pause eintreten, um die vorher angeordneten Beratungen durchzuführen.[565] Denn trotz ihrer begeisterten Zurufe war den Bischöfen bei der Formulierung Leos' bange geworden.

Wenn sie den Lehrbrief auch als Glaubensquelle angenommen hatten, so hatten sie doch Angst vor dem Nestorianismus, der sich für sie darin auszusprechen schien. Neben dem Lehrbrief Leos wurde auch das Bekenntnis Flavians von 448 zur Feststellung des Glaubensbekenntnisses herangezogen. Beide Formeln richten sich gegen die The-

---

561 ACO II 1,2, pg 81.
562 Vgl. den Verlauf der zweiten Sitzung bei Hefele II 420-424.
563 ACO II 1,2 pg 83 nr 41.
564 ACO II 1,2, pg 83 nr 42 (Mansi VI 976)
565 ACO II ebd. pg 84.

ologie des Dioskoros. Dennoch ist auch diese nicht ganz ohne Einfluß geblieben. Die Formel kommt seiner Theologie viel weiter entgegen, als bei der Situation eigentlich zu erwarten war.[566]

Soweit war man aber noch nicht. Zunächst mußten die Kommissare wieder den Kaiser vom Gang der Dinge unterichten. Sie hatten ihm also von den beiden Parteien zu erzählen, einerseits der Koalition der Römer mit den Orientalen, andererseits der alxandrinischen Partei mit Dioskoros und seinen Anhängern aus den griechischen, kleinasiatischen, illyrischen, palästinensischen und ägyptischen Bischöfen. Es war ein großer Teil der Bischöfe, der die Rehabilitation des Dioskoros wünschte. Die Kaiserin selber machte den Versuch, den Dioskoros zur Unterwerfung zu bewegen und dadurch die Glaubenseinheit herzustellen. Persönlich ging sie zu ihm in sein Quartier und sprach sehr freundlich mit ihm. In der Sache blieb sie freilich unnachgiebig. Sie verlangte seine Zustimmung zur Zweinaturentheologie Leos. Da Dioskoros nicht nachgeben wollte, sagte sie schließlich, wie Theopistos berichtet: "Wenn ihr uns nicht gehorcht, setzen wir euch vom Thron eures Priestertums ab." Dioskoros habe darauf geantwortet, wie sein Biograph berichtet: "Nur von einem hölzernen Stuhl könnt ihr mich absetzen, nicht aber vom himmlischen Thron, den der Messias mir bereits errichtet hat".[567] Das braucht nun nicht wörtlich so gesprochen worden zu sein; es ist doch kein Zweifel, daß die Kaiserin ihr Ziel, die Glaubenseinheit, nur durch die Unterwerfung des Dioskoros erreichen konnte, und daß sie das wußte. Darum ist ein derartiger Schritt nicht unglaubwürdig.

[566] Für die Einheit der Hypostase haben sich lediglich Basileios von Seleukaia, Eusebios von Dorylaion und ein Presbyter Johannes entschieden: ACO II 1,1 , pg 124 '29' , pg 140 '18/9'.

[567] Theopistos 272.

Die dritte Sitzung: Die Absetzung des Dioskoros

Nach der Sitzung vom Mittwoch, dem 10. Oktober, sollte die Synode das nächste Mal am Montag, dem 15. Oktober zusammentreten. Das Datum war gewählt worden, weil die kaiserlichen Kommissare – wie es bei den höheren Beamten des Römerreiches Sitte war – sonnabends und sonntags nicht arbeiteten. Auf diese Weise erhielten die römischen Legaten die erwünschte Gelegenheit, die Synode zu einer außerordentlichen Sitzung in Abwesenheit der Vertreter des Kaisers zusammenzurufen. Der eigentliche Zweck dieser Sitzung bestand darin, einen demonstrativen Ausdruck dafür zu schaffen, daß die Leitung der Synode Sache des römischen Bischofs und seiner Vertreter sei. Auf der Tagesordnung stand die Behandlung einer Eingabe des Eusebios von Dorylaion. Darin fügte er seinen bisherigen Beschuldigungen gegen Dioskoros neue hinzu.[568] Die römischen Legaten konnten mühelos erreichen, daß ihnen das Präsidium der von ihnen einberufenen Sitzung zugestanden wurde.[569] Man hatte dafür gesorgt, daß Dioskoros, den man als Angeklagten brauchte, ebenfalls eine Ladung erhielt. Dieser konnte seine Bereitschaft, zur Sitzung zu kommen, zwar erklären; ob er aber nun wirklich kommen wollte oder dies nur vorgegeben hatte, er wurde jedenfalls von seiner Wache – wahrscheinlich nach kaiserlicher Anweisung – an der Teilnahme verhindert. So sandte die Synode, nachdem die Sitzung eröffnet worden war, Boten aus, die ihn suchen sollten, ihn aber nicht in seinem Quartier fanden.[570] Daraufhin wurde eine feierliche Abordnung bestimmt, drei Bischöfe samt einem Notar, und die fanden ihn schließlich; aber auch auf ihre Aufforderung, an der Versammlung teilzunehmen, konnte Dioskoros nur antworten, daß er unter Bewachung stehe und seinen Ort nicht verlassen könne.[571]

Nach altkirchlicher Gepflogenheit ließ ihn die Synode zum zweiten Mal vorladen. Dioskoros fragte, ob die kaiserlichen Kommissare anwesend seien, und da dies verneint wurde, lehnt er ab.[572] Die Wache

568 Mansi VI 985; ACO II 1,2, pg 3ff.

569 Vgl. ACO II 1,2, pg nr 4.

570 Vgl. ACO II ebd. pg 10 ff.

571 ebd. pf 11 ff.: Dioskoros stehe unter der Bewachung der obersten Magistraten (magistriani) des Ortes; siehe Gibbon II 326.

572 Wenn es an dem war, daß der Kaiser den Dioskoros bewachen ließ und diesem das Erscheinen auf der Synode nicht ermöglicht wurde, so bestätigt sich hiermit weiterhin unsere Meinung, der Kaiser habe Dioskoros nicht absetzen wollen: vgl. Maaßen 92;, Haase 218.

war offensichtlich mehr Ausrede als wirklicher Hinderungsgrund. Nicht anders verhielt es sich, als er zum dritten Mal aufgefordert wurde. Er habe nichts mehr zu sagen, als er den früheren Gesandtschaften erzählt habe. Die Abgesandten des Konzils versuchten, ihn dadurch zur Teilnahme zu bewegen, daß sie ihn auf die Möglichkeiten hinwiesen, unzutreffende Beschuldigungen zu widerlegen. Aber Dioskoros ließ sich nicht irremachen.[573]

Da Dioskoros nicht gekommen war, konnte die Synode ihn auch nicht verhören. Sie schritt daher zum Kontumazialverfahren. Paschasinus, der den Vorsitz übernommen hatte, stellte ihr die Frage: "Ordnet ihr an, daß wir mit kirchlichen Strafen gegen ihn vorgehen?" "Ja, wir sind einverstanden". Dennoch blieb der Synode die Rechtmässigkeit ihres Verfahrens problematisch. Man berief sich aber darauf, daß auch Dioskoros sich nicht nach den Kanones gerichtet hatte: "Als er den heiligen Flavian ermordete, da hat er keine Kanones beigebracht, noch nach den kirchlichen Formen verfahren".[574] Die römischen Legaten machten einen Urteilsvorschlag, den sie folgendermaßen formulierten: "Dioskoros hat Eutyches in die Kirchengemeinschaft aufgenommen, obwohl er vorher durch Flavian verurteilt worden war.[575] Der apostolische Stuhl entschuldigt diejenigen, die in den Angelegenheiten von Ephesos durch Dioskoros gezwungen waren, und die nun dem Erzbischof Leo und dem Konzil gehorchen. Dieser Mann aber verherrlicht sich in seinem Verbrechen. Er hat die Verlesung des Briefes Leos an Flavian verhindert.[576] Er hat sich herausgenommen, Leo zu exkommunizieren. Er ist dreimal vorgeladen worden und hat es abgelehnt zu kommen, um auf die Beschuldigungen zu antworten. Deshalb entzieht Leo durch uns und durch das Konzil, zusammen mit dem heiligen Petrus, dem Fels der Kirche, ihm die episkopale und sazerdotale Würde".[577] Die Protokolle halten an dieser Stelle auch vier Eingaben fest, die ein Kleriker und ein Laie aus Alexandrien an die Synode gerichtet

573 Die römischen Legaten wollten auf dieser Sitzung das erreichen, was ihnen in der ersten Sitzung nicht gelungen war, daß nämlich die Sitzung ohne Dioskoros eröffnet würde und dieser vielmehr unter Anklage gestellt würde. Die Haltung des Dioskoros aber zeigte deutlich, daß er ihre richterlichen Ansprüche nicht anerkennen wollte.

574 Vgl. dazu auch das Wort von Julianos von Hypaipa in Lydien: ACO II 1,2, pg 15 nr 47.

575 Gegen diese Beschuldigung vgl . S. 54 Anm. 228 u. S. 55 Anm. 230.

576 Durch diese Erklärung verraten die römischen Legaten, daß der Brief Leos an die Reichssynode von 449 mit dessen Brief an Flavian identisch ist.

577 Mansi VI 1045; ACO II 1,2, pg 28/9. Die Formulierung des Urteils stammt offensichtlich von den römischen Gesandten. Sie spricht eindeutig gegen die Behauptung von Haase: "daß Dioskoros nicht nur nicht mitvorgefaßtem Willen, sondern sogar gegen die Neigung und Absicht des Papstes abgesetzt wurde" (Haase 216); gegen diese Meinung sprechen fernerhin die nachchalkedonischen Briefe Leos.

hatten.[578] Der erste ist der früher genannte Diakon Ischyron[579], der behauptete, als Anhänger Kyrills durch Dioskoros verfolgt worden zu sein. Außerdem beschuldigte er den Bischof, er habe sich eine große Geldsumme angeeignet, die eine Frau Peristeria der Kirche für ihre Liebestätigkeit vermacht habe und verschleudere sie. Hier finden sich auch Anschuldigungen, wie sie bei solchen Prozessen immer wieder auftauchen: Dioskoros wird der Blasphemie und des Umgangs mit den Dirnen Alexandriens bezichtigt. Als Beweis dafür sollten Gassenlieder des Pöbels und Gerüchte dienen, nach denen öffentliche Mädchen beim Betreten des Bischofshauses gesehen worden seien. Für seine Behauptungen stützte sich der Diakon auf sechs Personen, von denen einer der Badhalter des Dioskoros gewesen sei.[580]

Während die Verfasser dieser Eingabe sich wohl nur mit ihrem Geschwätz interessant machen wollten, hatte ein anderer persönlichen Groll. Es handelt sich dabei um einen Presbyter Athanasios, einen Neffen des heiligen Kyrillos. Er berichtet, Dioskoros habe von Anfang seines Episkopats an "von dem man nicht weiß, wie er es bekommen hat" mit Hilfe des Gerichtes ihn und seinen Bruder derart geplagt, daß der Bruder aus Kummer gestorben sei, während Athanasios samt seiner Tante, seiner Schwägerin und seinem Neffen durch die Verleugnungen des Patriarchen vertrieben worden seien. Ihm selber, dem Athanasios, habe man seine Priesterwürde ohne irgendeinen Prozeß genommen, so daß er dadurch zu jahrelangem Wanderleben gezwungen worden sei.[581]

Die Synode wußte offensichtlich wohl, was von derartigen Vorwürfen zu halten war. Sie untersuchte die Dinge gar nicht erst, sondern beschränkte sich darauf, sie in ihrer Begründung des Urteils mit anzuführen. – Dies wird aber wohl zutreffen, daß Dioskoros nach seiner

---

[578] Mansi VI 1005 ff; ACO II 1,2, pg 15 nr 47 ff.; vgl. 14, 20,21. Eine textkritische Vergleichung aller vier Klageschriften erweckt in uns den unvermeidlichen Verdacht, daß sie alle zusammen formuliert worden waren, oder vielmehr, daß sie ursprünglich in einer einzigen Eingabe aufgefaßt waren; der eigentliche Libellist ist mit einem römsichen Legaten identisch: so beginnen alle vier mit einer bezeichnenden Anrede, die vor allem die Verwandtschaft der Texte verrät. Der Libellus Theodor's ist überschrieben: Τῷ ἁγιωτάτῳ καὶ (θεοφιλεστάτῳ) οἰκουμενικῷ ἐπισκόπῳ καὶ πατριάρχῃ τῆς μεγάλης Ῥώμης Λέοντι καὶ τῇ ἁγίᾳ καὶ οἰκουμενικῇ συνόδῳ τῇ ἐν Χαλκηδόνι κατὰ βούλησιν θεοῦ καὶ θέσπισμα θεῖον συναθροισθείσῃ …

(Mansi VI 1005; ACO II 1,2, pg 15 nr 47). Genauso ist Ischyrions Libellus: (Mansi VI 1013; ACO ebd. pg 17 nr 51) überschrieben und mit nebensächlichen Abweichungen die des Athanasios (Mansi VI 1021; ACO ebd. pg. 20 nr 57) und die des Sophronios (Mansi VI 1029; ACO ebd. pg 23 nr 64).

[579] ACO ebd. pg 17 nr 51

[580] ebd.

[581] ACO ebd. pg 20 nr 57.

Ordination gegen den Presbyter Athanasios vorgegangen ist. Da die Frage nicht verhandelt wurde, wissen wir auch nicht, welcher Vorwurf gegen ihn bestanden hat. Da auch der Diakon Ischyron behauptete, Dioskoros habe ihn wegen seiner kyrillischen Gesinnung verfolgt, so wird man annehmen können, daß dieser bei Beginn seines Episkopates gegen Mißstände vorgegangen ist, die Kyrillos geduldet hatte. Daß die damals Betroffenen jetzt die Gelegenheit zu ihrer Rehabilitation ergriffen, ist verständlich. Wenn sie aber behaupteten, Märtyrer der Sache Kyrills zu sein, so sieht man, wie wenig Ernst ihre Angaben verdienen.[582]

Die Verurteilung des Dioskoros auf dieser Sitzung erklärt sich aus dem Zweck, zu dem die Teilnehmer zusammengetreten waren. Sie dürften sich sämtlich darüber einig gewesen sein,daß sie mit ihrer Aktion die kirchliche Autonomie gegen den Kaiser verteidigten. Darüberhinaus sollten die römischen Legaten auf diese Weise den Primat des römischen Bischofs der ganzen Welt nachdrücklich vor Augen stellen; wie hätte das besser geschehen können, als wenn sie zeigten, daß der römische Bischof berechtigt war, selbst den mächtigen, selber den ersten Rang beanspruchenden Bischof von Alexandrien abzusetzen und zu exkommunizieren. Dementsprechend wurde die Sentenz auch so formuliert, daß Dioskoros allein betroffen war, und daß man ihm in erster Linie Ungehorsam gegen den "apostolischen Stuhl" vorwarf. Man setzte nun Briefe auf, einen an Dioskoros, und verkündigte ihm seine Absetzung, weil er dem Konzil nicht gehorcht und die Kanones mißachtet habe.[583] Dieser nahm die Sache leicht und meinte, er werde bald rehabilitiert sein.[584] Außerdem schrieb die Synode an den Kaiser und fügte zu den früheren Vorwürfen noch den hinzu, daß Dioskoros den als Häretiker abgesetzten Eutyches in die Kirchengemeinschaft aufgenommen und den Brief Leos mißachtet habe.[585] Mit all diesen Maßnahmen mußte sich die Synode aber sehr beeilen, um zum Abschluß zu kommen. Es war ja nach dem Gesagten

[582] So unglaubwürdig wirkt Ischyrion, Dioskoros habe ihn wegen seines Festhaltens an Kyrillos verfolgt. Für die Verbundenheit des Dioskoros mit Kyrillos siehe unten.

[583] Vgl. ACO II ebd. pg 28/9 nr 94; Zacharias Rhetor: Dioskoros sei abgesetzt worden, "weil er keine Gemeinschaft mit dem Oberpriester, dem Herrn Leo hatte" (Zacharias Rhetor, H. eccl. 3, 1, ed. Ahrens-Krüger 3), "und weil er das Götzenbild mit den zwei Gesichtern … nicht anbeten wollte" (h. e. ebd. pg 8).

[584] Daß Dioskoros bald rehabilitiert wird, war nicht nur seine eigene Hoffnung, vielmehr der dringende Wunsch der Bevölkerung von Chalkedon und selbst der Hauptstadt; dagegen wandten sich die Gegner des Dioskoros auf der Synode mit erneutem Nachdruck: vgl. ACO II 3,2, pg 83/4 nr 98.

[585] Mansi VI 1097; ACO II 1,2, pg 42 nr 101.

von entscheidender Bedeutung, daß ein Fait accompli geschaffen wurde, bevor die kaiserlichen Legtaten Gelegenheit zum Eingreifen fanden.[v]

Nun hatte man zwar ein Synodalurteil, aber die Stellungnahme des Kaisers stand noch aus. Daß dieser von Anfang seiner Regierung an darauf aus gewesen war, Dioskoros zu demütgen und zum Gehorsam zu zwingen, war bekannt. Auch bestand kein Zweifel darüber, daß Pulcheria dabei die treibende Kraft gewesen war. Dioskoros hatte sich seinerseits von Anfang an von der Kaiserin nichts Gutes versprochen: "Glaube mir, daß aus der Wurzel gerechter Könige ein schlechter Dorn hervorgehen wird.[586] An Stelle einer Jungfrau wird man nur eine Dirne finden".[587] Es war ihm von Anfang an klar, daß er gegen den Kaiser nicht den Sieg behalten könne. Als er die Verbannung als ein unausweichliches Schicksal auf sich zukommen sah, tröstete er sich mit dem Beispiel seines großen Vorgängers: "Ich weiß, daß Gott mich wegen meiner Sünden dem Prüfstein des Exils anheimfallen lassen wird; aber meine Seele ist nicht bekümmert über die Art, in der ich für den orthodoxen Glauben leiden werde. Ich weiß gut, daß unser Vater, der apostolische Athanasios, nicht nur einmal, sondern fünfmal in die Verbannung gesandt wurde".[588] Dioskoros selbst beurteilt seinen Prozeß mit der bitteren Kritik: "... als ob sie mich wie einen Dieb vor Gericht stellten, mich ungerecht richteten".[589] Theopist wird wohl die Meinung des Dioskoros wiedergeben, wenn er in seiner Biographie den Kaiser und vor allem die Kaiserin für das Schicksal seines Lehrers verantwortlich macht.[590] Doch zeigt der Verlauf des Prozeßes, daß der Kaiser zwar darauf aus war, die Macht des Dioskoros zu brechen und seinen Staat im Staate aufzulösen, aber daß er nicht bis zur Absetzung gehen wollte. Es konnte nicht in seiner Absicht liegen, dem römischen Bischof den Machtgewinn zuzugestehen, den dieser durch die Absetzung des alexandrinischen Bischofs gewinne wollte. Die erste Audienz, von der wir oben berichteten, suchte darum, die Ziele der kaiserlichen Politik auf friedlichem Wege zu erreichen. Danach strebte der Kaiser auch weiterhin. Dementsprechend sah Dioskoros in den Kommissaren, die die kaiserlichen Interessen auf der Synode vertraten, keineswegs seine Feinde. Die Synodalakten und Theopistos Biographie beweisen, daß er Vertrauen zu ihnen hatte.[591]

---

586 Anspielung auf Jesaia 11,1.
587 Theopistos 251.
588 Theopistos ebd.
589 Theopistos 243/4.
590 vgl. ferner Theopistos 272.
591 Vgl. oben S. 131f, Theopistos 261, 269, 271.

Vor allem aber reden die Fakten eine ganz eindeutige Sprache.[592] Die Absetzung des Dioskoros geschah in der dritten Sitzung, ohne daß die kaiserlichen Beamten zugegen gewesen wären. Sein anfänglicher Optimismus beruht vor allem auf diesem Umstand. Bei der jetzigen Lage der Dinge konnte er annehmen, eher in den kaiserlichen Beamten als in seinen bischöflichen Amtsbrüdern eine günstigere Gesinnung zu finden.[593] Dementsprechend konstatierten die kaiserlichen Kommissare auf der vierten Sitzung auch, als sie von den Vorgängen der dritten Kenntnis erhielten, daß die Beschlüsse nicht rechtmässig gefaßt worden seien. Sie beanstandeten, daß Dioskoros ohne ihr Wissen und das des Kaisers abgesetzt worden war.[594] Die Synode, das heißt die Römer und Orientalen, beriefen sich auf die theokratische Autonomie der Versammlung: "Gott hat Dioskoros abgesetzt!"[595]

Im Einklang mit dem Urteil der kaiserlichen Kommissare über den Prozeß des Dioskoros läßt sich eine Stelle bei Leo verstehen, die er am 20. Juli 451 an Pulcheria schrieb: "Damit die versammelten Brüder wissen, welches Verfahren sie bei dieser Untersuchung einzuhalten haben, damit nichts Ungesetzliches – sei es die Glaubensnorm, seien es die kirchenrechtlichen Bestimmungen oder die von der Nachsicht gegebenen Heilmittel – im Wege stünden".[596]

Dennoch fand das Urteil die Anerkennung des Kaisers. Man wird sich diese Tatsache am besten so erklären, daß der Kaiser die Mühe scheute, ein vorliegendes Synodalurteil zur Aufhebung zu bringen und daß ihm die Anerkennung dieser Absetzung erheblich leichter fiel. So gab er ihr nach. Seine Kommissare erklärten, das Konzil werde wegen der Absetzung des Dioskoros vor Gott Rechenschaft ablegen müssen.[597] Man sieht daraus, wie klar sich der kaiserliche Hof über die schweren Folgen war, die der Sturz des Bischofs von Alexandrien verursachen werde.[598] Darum machte das Kaiserpaar auch nach dem Synodalbe-

---

592 Die kaiserlichen Kommissare weisen die römischen Legaten als Kläger und Richter ab: siehe S. 106, sie suchen zu vermitteln: Mansi VI 589; ACO II 1,1, pg 68f. und auch nach seiner Absetzung setzen sie sich für Dioskoros ein und verlangen seine Rehabilitation vgl. ACO II 1,2, pg 123 nr 9; lt. ebd. 3,2 pg 131.

593 Vgl. noch einmal Mansi VI 991; ACO II 1,2, pg 11 nr 22.

594 Mansi VII 47; ACO II 1,2 pg 109.

595 Mansi VII 48; ACO ebd.

596 Die angeführte Stelle soll also gegen das Handeln der römischen Legaten selbst sprechen; ACO II 4, pg 50 nr 51; PL 54, 943.

597 Mansi VII 48; ACO II 1,2, pg 109.

598 Vgl. Ballerini I 1135; II 1481, 1536, I 1246, II 1541; Haase 216.

schluß noch einmal einen Versuch, den Dioskoros zur Unterwerfung zu veranlassen, um auf diesem Wege seine Rehabilitation durch die Synode zu ermöglichen. Der Versuch schlug fehl, wie wir unten berichten wollen; Dioskoros gab nicht nach. Bis jetzt unternahm es der Kaisers den Presbyter Proterios, den Hygemonos eines alexandrinischen Klosters, zum Nachfolger des Dioskoros einzusetzen.[599] Dieser hatte vorher schon seine Bereitschaft erklärt, sich den Beschlüssen der Synode zu unterwerfen. Letzten Endes sind die Dinge entsprechend der geschichtlichen Logik verlaufen Die Kirchenpolitik des römischen Bischofs und die des Kaisers waren grundsätzlich gegeneinander gerichtet. Beide beanspruchten den Primat in der Kirche als ein ihnen von Gott verliehenes Amt. Diese gegenläufigen Tendenzen konnten sich nur in einem gemeinsamen Interesse finden. Beide konnten in der Macht des Bischofs von Alexandrien ein Hindernis sehen, das ihnen bei der Erreichung ihrer Ziele im Wege war. Wie wir es sehen, war die Absetzung des Dioskoros für beide überhaupt die einzige Möglichkeit, zu einer Einigung zu kommen. Da der Kaiser nicht dem römischen Bischof, und dieser dem Kaiser nicht die Führung der Gesamtkirche zugestehen wollte, so hätten sie sich nicht unbedingt zu gemeinsamen Vorgehen verbinden müssen; dazu waren sie vielmehr gezwungen, weil keiner ohne den anderen das gemeinsame Ziel, die Demütigung des Dioskoros, erreichen konnte.

Zweifellos hätte Dioskoros seine Absetzung dadurch verhindern können, daß er sich einem von beiden unterworfen hätte.[600] Man könnte vielleicht aus Leos Befehl, den Namen des Dioskoros aus den Diptychen zu streichen[601], auf den Gedanken kommen, daß er fest entschlossen war, Dioskoros absetzen zu lassen. Dagegen spricht aber, daß in demselben Brief auch dieselben Bischöfe Juvenalis und Eustathios gemaßregelt wurden[602] und hernach ihren Bischofsthron nicht verloren. Dabei handelte es sich vielmehr nur um Mittel, die die Unterwerfung unter den römischen Bischof erzwingen sollten. Deutlich geht das aus dem Urteil der römischen Legaten hervor: "Der apostolische Stuhl entschuldigt diejenigen, die von Dioskoros in Ephesos gezwungen waren, und die doch dem Erzbischof von Rom gehorchen

---

599 Vgl. E. Caspar, Papsttum 1, 525: Proterios wurde mit Waffengewalt gegen die aufständischen Bürger in Alexandrien eingeführt.

600 Die Annahme von Harnack, daß Papst (Leo) und Kaiser schon vor dem Konzil entschlossen waren, ihn (den Dioskoros) abzusetzen (Harnack, DG II 3, 369), darf nicht so verstanden werden, daß beide Autoritäten eine gemeinsame Politik führten, die sie unter sich vereinbart haben.

601 Ballerini I 1038, II 1462.

602 ebd.

wollen".[603] In derselben Weise hatte Leo auch den Dioskoros vor die Alternative gestellt, entweder seinen Primat anzuerkennen oder die Absetzung zu erdulden. Und so heißt es in einem Brief des römischen Bischofs an Anatolios von Konstantinopel ausdrücklich über Dioskoros, Juvenalios und Eustathios, daß, "falls sie die Verurteilung ihres Irrtums anerkennen und eine angemessene und eindeutige Einverständniserklärung abgeben, wäre die Sache der richterlichen Erwägung des apostolischen Stuhles vorbehalten".[604] Damit ist klar gesagt, daß Leo bei seinem Vorhaben nur ein einziges Ziel hatte, die Anerkennung seines Primates durch den Bischof von Alexandrien. Hier durfte er um so weniger nachgeben, als Dioskoros ihn seiner Zeit mit dem Bannfluch belegt hatte. Dementsprechend wird er nicht müde, bei jeder Gelegenheit das Recht und die Würde des heiligen Apostels Petrus, das heißt sein Primat, zu betonen. Schon am 26. Juli 451 hatte er dafür sogar den Kaiser als Zeugen in Anspruch genommen, als er an die damals noch in Nikaia versammelten Väter schrieb: "Bei dieser Gelegenheit hat der Kaiser das Recht und die Würde des seligen Apostels Petrus anerkannt und demgemäß auch uns brieflich eingeladen zu diesem Konzil".[605]

[603] Mansi VI 1045; ACO II 1,2, pg 28 nr 91 ff.

[604] Ballerini I 1050.

[605] ACO II 4, pg 51/2 nr 52; PL 54, 937. Die Anerkennung (!) des Kaisers besteht darin, daß Leo eine Einladung zum Konzil erhielt, nicht etwa darin, daß Leo mit dem Vorsitz beauftragt war.

Die Verhandlung zwischen Markian und Dioskoros

Was wir oben hinsichtlich des römischen Bischofs entwickelt haben, galt auch für den Kaiser. Auch mit ihm hätte Dioskoros sich in Einvernehmen setzen und durch eine Unterwerfung seine Katastrophe verhindern können. Zweifellos hätte ihm der Kaiser die Sache noch leichter gemacht; er hätte nicht einmal den Primat eines Amtsbruders anerkennen müssen. Für die Tatsache, daß der Vermittlungsversuch nach der Absetzung, den der Kaiser unternommen hatte, fehlschlug, gibt es darum nur eine einzige Erklärung: daß Dioskoros lieber seine Person opfern wollte, als die kirchliche Autonomie. Man versteht das umso mehr, wenn man weiß, daß für Dioskoros die Wahrheit und die kirchliche Autonomie zwei Begriffe sind, die sich nahezu decken. Dieser Vermittlungsversuch des Kaisers geschah auf einer Audienz, die uns bei Severos in recht glaubwürdiger Weise beschrieben ist.[606] Diesem waren allerdings die Zusammenhänge nicht mehr klar; er verwechselt diese zweite Audienz mit der ersten, die vor Beginn des Konzils stattfand. Wir haben oben davon berichtet. Der Kaiser war schon durch das Protokoll der ersten Sitzung, aus dem er die ablehnende Haltung des Dioskoros erfahren hatte, in heftigen Zorn geraten.[607] Er gab aber seine Absicht, den Bischof von Alexandrien auf friedlichem Wege zu gewinnen, nicht auf.[608] So lud er Dioskoros, Anatolios von Konstantinopel, Maximos von Antiochien, Juvenalios von Jerusalem, Markos von Ephesos und – wie Severos schreibt –[609], drei von den angesehensten Bischöfen ein.[610] Auch Pulcheria war bei der Audienz zugegen; sie "saß vor einem Vorhang", wie Severos berichtet. Ein Bischof nach dem anderen redete auf Dioskoros ein, sich dem Kaiser zu fügen: "Der Kaiser liebt Euch und wünscht Euer Gebet, so seid auch Ihr nicht ungehorsam und ärgert ihn nicht!" Dioskoros beteuerte seine Liebe zu dem kaiserlichen Herrn, segnete ihn, aber ließ doch keinen Zweifel darüber, daß seiner Meinung nach der Kaiser sich nicht mit dogmatischen Fragen beschäftigen, sondern sich den Aufgaben des Reiches und der Regierung widmen solle. Er erklärte sich unfähig, dem Glauben etwas hinzuzufügen oder etwas hinwegnehmen zu können.[611] Nachdem das Gespräch eine Weile hin und her gegan-

606 PO 3, 274/7 bes. 175.
607 Theopistos 271.
608 PO 3, 174/5.
609 PO 3, 175.
610 Es handelt sich unter anderem wahrscheinlich um die römischen Legaten.
611 PO 3, 176.

gen war[612], griff die Kaiserin ein, um zu vermitteln. Ihr eingreifen stellte schon ein gewichtiges Argument dar. Dioskoros mußte vom Ephesinum I. her wissen, daß ihr Eingreifen seinem Vorgänger Kyrillos den Sieg über Nestorios gebracht hatte. Aber die kirchenpolitische Taktik des Dioskoros, seine Verhandlungen mit Chrysaphios hatte verhindert, daß die Kaiserin ihre Gunst für Kyrill auf ihn übertragen hatte. Er mußte auf ihre Feindschaft gefaßt sein und traute ihr keine friedlichen Absichten zu. Theopistos berichtete dann von der dramatischen Wendung, die das Gespräch nahm. "Da sich indess ihr Wille und der ihres Gemahls trotz vieler Bitten nicht erfüllte", erinnerte die Kaiserin den Dioskoros an das Schicksal eines ebenso stolzen Mannes (nämlich des Johannes Chrysotomos) zur Zeit ihrer Mutter Eudoxia. "Meine Mutter hat einen Stolzen deiner Art abgesetzt und ihn bis zu seinem Tode verbannt".[613] Damit wollte Pulcheria den Dioskoros erinnern, daß die Mutter-Kaiserin auf seiten seines Vorgängers Theophilos gegen den eigenen Hofbischof gestanden ist; das Herrscherpaar sei also weiterhin gewillt, auch Dioskoros in seiner Gunst zu behalten. Dieser hat aber die Kaisein falsch verstanden. Unüberlegt erwiderte er, daß Eudoxia zur Strafe erkrankt war und nicht eher gesund wurde, bis sie an seinem Grabe Abbitte getan hatte. Pulcheria ließ sich ungern an diese Demütigung ihrer Mutter erinnern. Sie geriet in heftigen Zorn, und einige Autoren fügen hinzu, die Kaisein habe mit einem Faustschlag geantwortet, der dem Bischof zwei Backenzähne gekostet hätte.[614] Ob es wirklich die Kaiserin war, die ihm die Zähne ausschlug, mag dahingestellt bleiben, da Dioskoros weitere Mißhandlungen sofort zu erdulden hatte, bei denen ihm ein Teil seines Bartes ausgerissen wurde.[615] Und nun erging sofort der kaiserliche Befehl, ihn ins Exil, zunächst nach Kyzikos (sodann nach Herakleia, schließlich nach Gangra) abzuführen. Nach Severos brachte ihn der Minister Sumart umgehend nach Gangra in Paphlagonien.[616] Dioskoros nahm seine beiden Zähne und das ausgerissene Haar seines Bartes und schickte sie nach Alexandrien mit den Worten: "dies ist die Frucht meines Kampfes um den Glauben".[617]

---

612 PO 3, 175/6.

613 ebd.

614 Theopistos berichtet kaum von der Demütigung des Dioskoros durch das Herrscherpaar, dagegen vgl. Theopistos 272. Darüber berichtet der Verfasser des Panegyrikos: vgl. aṯ-Ṯalāṯat Maqārāt 192; Al-Bermāwī 169.

615 PO 3, 176.

616 Vgl. Renaudot, Histor. patr. Alexandria, Paris 1713 P. 116/7.

617 PO 3, 176/7; Macrizie's Geschichte der Kopten, ed. und übers. von Wüstenfeld, arab. S. 15/6, deut. S. 40; für die äthiopische Überlieferung der Geschichte siehe: Ludolf, Hist. Aethiop. III, 8.

Die weiteren Sitzungen: Die Reaktion auf die Absetzung des Dioskoros Das neue Symbol von Chalkedon

Auf die Absetzung des Dioskoros erfolgte sofort eine heftige, aber in ihrer Richtung unsichere Reaktion des Mönchtums. Unter Führung von Karosos, Dorotheos, Maximos und Barsumas sammelte sich die mönchische Opposition aus Byzanz und Syrien.[618] Die Mönche wagten jedoch nicht, sich direkt für Dioskoros einzusetzen. Sie verlangten nur energisch, daß die Kirche bei der Lehre von Nikaia blieb. Da sie fürchteten, man wolle ihnen eine fremde Glaubensformel aufzwingen[619], wandten sie sich an den Kaiser mit der Bitte, er möge sie doch in ihrem Glauben schützen. Der Kaiser gab die Petition an die Synode weiter[620], wo sie am 17. Oktober vorgelegt wurde. Die Eingabe war unterschrieben von 18 Männern, die sich als Vertreter der "Kleriker, Mönche und Laien" bezeichneten. Dabei sei es besonders vermerkt, daß keiner von ihn dem Kloster des Eutyches angehörte.[621] Als sie persönlich auftraten, kam es zu heftigen Szenen. Eine mönchische Gegenpartei unter Leitung des Faustos hatte sich gebildet.[622] Barsumas sah sich heftiger Kritik von Seiten der Orientalen ausgesetzt. Er habe den seligen Flavian getötet; er habe dabei gestanden und geschrien: "Schlage ihn tot"[623] Allmählich, beschwichtigte sich der Tumult, und Barsumas blieb. Nun kam ein weiterer Libellus des Karosos und seiner Freunde an die Synode zur Verlesung. Darin wurde verlangt, daß Dioskoros und die anderen inzwischen mit ihm abgesetzten Bischöfe am Konzil wieder teilnehmen dürften.[624] Die Orientalen und ihre konstantinopolitanischen Gesinnungsgenossen antworteten mit einem Sturm der Entrüstung. Tumultartige Rufe unterbrachen die Verlesung: "Hinweg mit dem Übermut der Klöster".[625] Die Kommissare stellten die Ruhe wieder her und setztet die Verlesung der Eingabe fort. Der Gedankengang darin war etwa, daß der Kaiser zugesichert

618 Vgl. für folgendes Liberatus, Brev. 13: ACO II 5, pg 121 '30/1'; Hefele-Leclercq, Conciles 2, 704/13.

619 ACO II 1,2, pg 116 nr 77/8: hier meinen die Mönche den Druck, den Anatolios unter dem Einfluß von Pulcheria und Leo auf sie geübt hatte, um ihre Unterschrift für den Tomus Leos zu erlangen.

620 ACO II, 1,2, pg 116 nr 79.

621 Text der Eingabe: ACO ebd. pg 115 nr 76: vgl. die Bemerkung von H. Bacht, in Chalkedon II 237 Anm. 42.

622 ACO II ebd. pg 114/5 nr 64.

623 ebd. pg 116; vgl. o.S. 59 Anm. 248

624 ACO ebd. pg 116 nr. 83.

625 ebd. nr 85.

habe, auf dem Konzil solle nur der Glaube von Nikaia besiegelt werden. Daraus folge, daß auch Dioskoros wieder zugelassen werden müsse, da anderenfalls die Spaltung der Christenheit nicht zu beheben sei. Wenn die Bischöfe aber andere Absichten hätten, dann bleibe ihnen nichts übrig, als sich in aller Form von ihrer Gemeinschaft loszusagen. In diesem Sinne hätten sie ihren Libellus das Glaubensdekret von Nikaia mitsamt der Bestimmung des ersten Konzils von Ephesos beigefügt, welches eine Änderung des nicaenischen Glaubens verbot.[626]

Die Konzilsväter versuchten, die Mönche mit dem Hinweis auf den fünften Kanon der Synode von Antiochien (341)[627] zur Ordnung zu bringen. Darin wird den Mönchen und Klerikern der Gehorsam gegen den Bischof geboten.[628] Auf die Frage, ob sie die Glaubensdekrete der gegenwärtigen Synode annehmen wollten, erklärten die Mönche sich einzeln zum Nicaenum und Ephesinum. Karosos sagte: "ich verharre beim Glauben der 318 Väter von Nikaia, auf welchen ich getauft bin und bei der Definition der Väter, die in Ephesos Nestorios abgesetzt haben, und so glaube ich und von einem anderen Glauben weiß ich nichts".[629] Darauf versicherten die Synodalen dem Archimandriten, niemand auf dem Konzil denke daran, das Nicaenum oder das Ephesinum anzutasten. Jedoch lege Leo, wie früher Kyrill, das Symbol von Nikaia aus, um eine Entscheidung in den gegenwärtigen Streitfragen zu finden, doch ohne den Glauben oder das Dogma zu erweitern.[630] Diese Auslegung sei es, die die gegenwärtige Synode annehme und sie allen als Glaube vorlege. Daher frage man die Mönche, ob sie bereit seien, ihr zu gehorchen und sowohl Nestorios als auch Eutyches zu verdammen. Darauf antwortete Karosos, er habe Nestorios immer wieder verurteilt, und falls Eutyches nicht so glaube wie die katholische Kirche, dann solle auch er verdammt sein.[631]

Es ist hervorzuheben, daß die Mönche ihre Stellungnahme nicht geändert hatten. Dioskoros blieb für sie unangetastete Autorität. Sie bekanntet sich auch nicht zur Synode, sondern zur katholischen Kirche. Damit zogen sie sich aber den Protest der Gegenpartei zu. Faustos und

---

626 ebd. pg 117/8 nr. 88.
627 Mansi II 1310 ff; Labbe 2, 562/3, 575 ff, vgl. nächste Anmerkung.
628 ACO II 1,2, pg 118 nr. 89/91; vgl. Hefele-Leclercq, Conciles 2, 709, Anm. 2.
629 ACO ebd. pg 118 nr 93; vgl. die Aussagen der anderen Mönche nr 94 ff.
630 ACO ebd. pg 119 '20-21'.
631 ebd. pg 119 nr 99 ff.

Martinos verdächtigten sie des Eutychianismus.[632] Aus der Tatsache, daß die kaiserlichen Kommissare nicht Stellung nahmen zu dieser Eingabe der römisch gesinnten Partei der Hauptstadt läßt sich schließen, daß sie sie nicht weiter ernst genommen haben. Aber eines brachten die Leute des Faustos zuwege. Sie konnten die Synode veranlassen, daß sie den Karosos und Dorotheos die Epistula dogmatica Leos zur Unterschrift vorlegte. Die Mönche verweigerten entschlossen die Unterschrift und wollten auch von der Bedenkzeit von drei Tagen oder einem Monat, die man ihnen anbot, nichts wissen. Auch von den Drohungen mit Strafen des Kaisers ließen sie sich nicht irremachen.[633]

Während Dioskoros von der Synode ferngehalten wurde, versuchte er, die Synodalen durch Briefe zu beeinflussen. Diese sind nicht mehr erhalten. Beim Lesen der Akten erhält man jedoch den Eindruck, daß Dioskoros durch seine Briefe zum weiteren Verlauf der Synode Beziehung hatte. So erklärt es sich, daß am 20. Oktober die Bischöfe Photios von Tyros und Eustathios von Berytos sich endgültig für die rechte Seite, für Dioskoros, entschlossen haben.[634]

Die syrische Biographie des Pseudotheopist spricht etwas ausführlicher von diesen Briefen, so daß wir uns eine Vorstellung von ihrem Inhalt und vielleicht auch von ihrem Ton machen können. So schrieb Dioskoros an Juvenalios von Jerusalem; er knüpfte an Johannes 10, 1-15 an und versuchte, Juvenalios davon abzuhalten, daß er seine Unterschrift unter die Beschlüsse der Synode setzte. Gerade zu der Orthodoxie und Treue dieses Bischofs hatte er großes Zutrauen und war sicher, daß dieser unter keinen Umständen die Lehre der Väter ändern würde. Als er erfuhr, daß Juvenalios auch bei den weiteren Sitzungen der Synode zugegen war, schrieb Dioskoros an ihn: "... möge der

632 ebd. pg 119 nr 105.

633 ebd. pg 120/1 nr 106/16; ebd. 1,2, pg 99/101 nr 1-11. Die Synode von Chalkedon unternahm weitere Maßnahmen gegen die Anhänger des Dioskoros, die die Klöster von Konstantinopel füllten. Damit man vermeidet, direkt zu sagen, sie sollen das Symbol von Chalkedon annehmen, schuf man einen Artikel, der die Mönche zwingt, dem Ortsbischof zu gehorchen; doch mit dem Vorbehalt in Ausnahmefällen, die Bischöfe verlangen etwas anders (als den orthodoxen Glauben): ACO II 1 2, pg 157 nr 17 ; II 3,2, pg 178 nr 17, bzw. pg 179 nr 1 (die lateinische Übersetzung). Vgl. H. Bacht, in Chalkedon II, 238 ff.

634 ACO II 1,3 pg 99/101; 101/10. Diese Sitzung war (20. Okt.) ursprünglich als die vierte gezählt. Bei einer Revision wurden jedoch ihre Akten aus dem corpus ausgeschieden, daher blieb der Text weiter ohne lateinische Übersetzung (später wurden die Verhandlungen vom 20. Okt. als actio 18 und actio 19 bezeichnet). Unter den verlorenen Dokumenten sollen auch Briefe von Dioskoros vernichtet sein; von ihrer Zusendung erfahren wir durch Theopistos: s.u. Die Verhandlungen mit Karosos und seinen Mönchen wurden heute fortgesetzt.

Herr Deiner Väter Dich behüten wie einen Vogel im Netz des Fängers".[635]
Auch nachdem sein Schicksal besiegelt war, schrieb er an seinen alten Freund und zählte ihm dabei viele Beispiele aus dem Alten Testament auf, die sich auf den Verrat durch den nächsten Menschen bezogen. "Keinen klagte Moses an, nur einen seiner Brüdern".[636] Auch auf Anatolios hatte er große Hoffnungen gesetzt, der erst durch ihn Bischof der Reichshauptstadt geworden war. So deutete er ihm auf ähnliche Weise seine Enttäuschung an.

Die 13 ägyptischen Bischöfe, die am Konzil teilgenommen hatten[637], legten der Synode nun eine Glaubensformel vor[638], die sofort untersucht wurde. Sie hatten in ihrem Entwurf einen dialektischen Fehler begangen: sie verurteilten zwar Areios, Eunomios, Mani und Nestorios, schwiegen aber von Eutyches, um sich nicht in einen offenen Widerspruch zum letzten Ephesinum zu stellen. Ihr Verhalten erregte den Verdacht der Synodalen. Das Gespräch aber klärte ihre Stellungnahme. Sie sprachen auch über Eutyches den Bann aus. Den Brief Leos dagegen wollten sie auf keinen Fall unterschreiben. Hinsichtlich der Verkennung ihres Oberhauptes erklärten sie: sie könnten nicht ohne Dioskoros nach Ägypten zurückkehren, bevor für ihn nicht ein Nachfolger genannt werde; andernfalls müßten sie mit Lebensgefahr bei ihrer Heimkehr rechnen. Die kaiserlichen Kommissare und die Synodalen konnten den Ernst der Lage der ägyptischen Bischöfe nicht übersehen. Sie wurden nicht mehr bedrängt, den Tomus zu unterschreiben. Da ihr Patriarch nicht mit ihnen zurückkehren konnte, wies man ihnen die Reichshauptstadt als sicheren Aufenthaltsort an.[639]

Auf der fünften Sitzung am 22. Oktober legte der Glaubensausschuß, den Anatolios unter Anweisung der Kommissare in der zweiten Sitzung gebildet hatte, eine offenbar scharf antinestorianische Formel vor. Diese fand bei dem Plenum großen Beifall und wurde lebhaft akklamiert.[640] Der Text dieses Symbolums ist leider vernichtet worden.[641] Es war im Sinne der ephesinischen Orthodoxie abgefaßt. Diese Formulierung ging mehr auf Dioskoros zurück als auf Leo. Es ist an-

---

635 Theopistos 274.
636 ebd. 275.
637 Vgl. o. siehe 91.
638 ACO II 1,2, pg 110 ff.
639 ACO II 1,2, pg 110/4 nr 18-62; lateinische Übersetzung: ACO II 3,2, pg 113/9.
640 Vgl. Hefele-Leclercq, Conciles 2,2, 717.
641 ACO II 1,2, pg 123 nr 3; bzw. lat. ebd. 3,2, pg 130.

zunehmen, daß darin das ἐκ δύο φύσεων stand, nicht aber die eigentümlichen Stellen der epistula dogmatica. Damit entsprach die Kommission, wie Anatolios sagte, dem Wunsch aller Konzilsväter (somit darf man annehmen, daß die römischen Legaten an dieser Sitzung nicht teilgenommen haben).[642] Da die Kommissare den Text verlesen ließen, ist es überraschend, daß er nicht protokolliert worden ist. Von den römischen Legaten und von vereinzelten Orientalen kam der vorauszusehende Widerspruch zum Inhalt der Erklärung. Anatolios wies darauf hin, daß die Formel im vorigen Ausschuß dagegen allgemein angenommen worden sei, wie ihm von der Mehrheit der Teilnehmer stürmisch bestätigt wurde.[643]

Die Annahme dieses Symbolums hätte zweierlei bedeutet: erstens die völlige Ablehnung des Tomus Leonis und, was schlimmer wäre, daß damit die Einberufung dieses Konzils gegenstandslos gewesen wäre. Hier bewährten sich die kaiserlichen Richter: Sie wiesen mit Recht auf den Widerspruch des ἐκ δύο φύσεων in dem vorliegenden Symbol mit der Verurteilung des Dioskoros hin:[644] "Dioskoros hat gesagt, daß er den Flavian deshalb verurteilt habe, weil er von zwei Naturen (nach der Menschwerdung) gesprochen habe. Das Symbolum enthält aber die Formel: 'Aus zwei Naturen'"[645] und bekennt sich damit zur μία φύσις, das heißt zur Orthodoxie des Dioskoros. Die Kommissare wollten damit sagen, daß die Verurteilung des Dioskoros unbegründet sei und widerrufen werden müsse.[646] Die Antwort des Anatolios ist aufschlußreich: Dioskoros sei nicht aus dogmatischen Gründen abgesetzt worden. Der Bischof aus Konstantinopel offenbart damit seine zweideutige Haltung, denn er hat die epistula dogmatica unterschrieben. Man kann seinen Standpunkt so auslegen: wenn auch der Brief Leos für nicht ketzerisch erklärt wird, so braucht er doch nicht zugleich als Norm des Glaubens anerkannt zu werden. Das war nicht allein die Meinung des Anatolios; vielmehr sahen die Väter darin die Möglichkeit einer Kompromißlösung zwischen den streitenden Parteien, den Brief Leos nicht zu verurteilen, aber auch nicht in das offizielle Symbolum aufzunehmen: es fehle nichts an der Definition.[647] Wichtig für

---

642 Vgl. I.O. de Urbina, Das Symbol von Chalkedon, in Chalkedon I 395 f.

643 ebd. S. 396.

644 ACO II 1,2, pg 124 nr 13-21; lat. ebd. 3,2, pg 131.

645 Vgl. E. Caspar, Papsttum 1, 516 ff.

646 ACO II 1 , 1 pg 123 nr 9; lat. 54, 3,2, pg 131 . Man bekommt hier immer wieder den Eindruck, daß die Kommissare vom Hof aus unterschiedlich unterrichtet wurden; ihre einsetzende Haltung für Dioskoros läßt langsam nach.

647 Bezeichnend dafür ist zum Beispiel die Haltung der illyrischen Bischöfe: ACO II 1,2, pg 102; lat. ebd. 3,2, pg 110.

unsere Untersuchung ins die Tatsache, daß die kaiserlichen Kommissare (die als Laien in der christologischen Auseinandersetzung nur die richterliche Funktion ausüben wollten) ihren anfänglichen Widerstand gegen die Absetzung nicht fortsetzen wollten, da sie dachten, Dioskoros sei des Glaubens wegen verurteilt worden (man fragt sich, ob Dioskoros überhaupt nach einem Prozeß verurteilt wurde!!) Die Antwort des Anatolios nun, die diesem widersprach, beunruhigte sie. Sie sahen keine disziplinarische Schuld des Dioskoros, die zu seiner Verurteilung ausreichte. Damit verschärfte sich die Situation: Die Kommissare beschlossen, beim Kaiser Rückfrage zu halten. Dessen Anweisungen lauteten auf die Alternative: ein allgemein angenommenes Bekenntnis oder eine Synode im Abendland.[648]

Zunächst lassen die Bischöfe sich nicht beeinflussen: "*Aut definitio persistat aut imus*". Noch härter ist die Haltung der illyrischen Bischöfe: "*Qui contra-dicunt (dem vorliegenden Symbol) Nestoriani sunt ... Romam ambulent.*"[649]

Im Augenblick dieser Spannung muß ein Brief des Dioskoros auf der Synode eingetroffen sein, wie wir aus einer Nachricht des Theopistos erfahren.[650] Dioskoros begründete darin seinen Standpunkt und sprach in Analogie zu den Zwölf Kapiteln des Kyrillos Bannflüche und Verdammungen über die Andersgläubigen aus. Der Brief wurde durch Panoporios, dem Bischof von Tetiupolis (Τιτιούπολις) verlesen.[651] Die Folge war, daß die Stimmung wieder auf Seiten des Dioskoros umschlug. Aus dem in den Akten erhaltenen Protokoll dieser fünften Sitzung ist deutlich ersichtlich, wie wiederum die Seite des Dioskoros verstärkt wurde, und wie die Bischöfe immer noch unschlüssig waren, ob sie den Formen des Leo oder des Dioskoros folgen und danach ihr Symbol gestalten sollten. Die Kommissare fragten: "Wem wollt ihr nun folgen, dem Leo oder dem Dioskoros?"[652] Der Satz bezog sich eben auf diese Tatsache, daß der Brief des Dioskoros vorgelegt wor-

---

648 ACO II 1,2, pg 124/5 nr 22; lat. ebd. 3,2, pg 132.

649 Vgl. den Beitrag von de Urbina, ebd., Chalk. I 397.

650 Theopistos 279/80.

651 Die richtige Form des Bischofsnamens ist "Pamprepios", wie diese uns übermittelt ist aus dem koptischen Fragment der Vita des Dioskoros, die dem Theopistos zugeschrieben ist: Crum, Coptic texts relating to Dioscorus of Alexandria, in Proceedings of the Society of Biblical Archeology, 25 (1903), 272 (70); F. Nau, Note sur quelques fragments coptes relatifs à Dioscore, in Journal Asiatique, série 10, t.II (1903), 181, 183, Anm. 1.; E. Honigmann, The Original Lists of the Members of the Council of Nicaea, the Robber-Synod and the Council of Chalcedon in Byzn. 16 (1944) 68.

652 ACO II, 1,2, pg 124/5 nr 22-28; lat. ebd.3,2, pg 132/3.

den war. Auch die folgende Gegenüberstellung durch die Kommissare mag auf den gleichen Brief zurückgeführt werden: "Dioskoros hat gesagt: 'Das (ἐκ δύο φύσεων) nehme ich an, das (δύο) nehme ich nicht an' – Der heiligste Erzbischof Leo aber sagt, daß in Christus zwei Naturen in dem eingeborenen Sohn, unserem Erlöser, vereinigt seien. Wem folgt ihr nun eigentlich?"[653]

Es ist verständlich, daß den Teilnehmern klar war, was eine offene Stellungnahme für die Sache des Dioskoros bedeutete (Dioskoros befand sich zur gleichen Stunde auf dem Wege in die Verbannung): Ungehorsam gegen den Kaiser und Feindschaft mit Rom. Die Kommissare haben also in Wirklichkeit nicht etwa auf eine freiwillige Gewissensentscheidung hier angesprochen, sondern sie wollten sie zu einem "freiwilligen" Verzieht auf die Partei des Dioskoros veranlassen. Man spürt das an dem, Ton, in dem die Alternative formuliert wurde.

Die Synode wählte das geringere Übel und bildete nun eine neue Kommission in einer vom Kaiser selbst vorgeschlagenen Zusammensetzung mit 23 Mitgliedern[654]; ägyptischen und palästinischen Bischöfe und die anderen Gegnern der epistula dogmatica wurden ausgeschlossen.

Den römischen Legaten widerfuhr diesmal in Chalkedon ein ähnliches und nicht ungewolltes Mißgeschick wie zwei Jahre zuvor in Ephesos. Es gelang ihnen nie, das Grußschreiben Leos auf der Synode zur Verlesung zu bringen. Schließlich wurden sie zornig. Erst jetzt, gegen Ende der Synode, drohten sie, nachdem man sie von dem mit der Formulierung des Bekenntnisses beauftragten ersten Ausschuß ausgeschlossen hatte[655], mit ihrer Abreise. "Wenn man die Briefe (gemeint ist die epistula dogmatica an Flavian und das Grußschreiben an die Synode) des apostolischen und ehrwürdigsten Bischofs Leo nicht anerkennt, verlangen wir unsere Papiere (rescripta)[656], um nach Hause zu fahren, um dort im Abendland eine Synode abhalten zu können".[657] Um den Zorn der Legaten zu beruhigen, schlugen die kaiserlichen

---

653 ebd.

654 ACO II 1,2, pg 125/6; lat. ebd. 3,2, pg 133. Hefele-Leclercq, Conciles 2, 270.

655 Der erste Ausschuß sollte die Gegner der Christologie Leos zur Annahme dessen Formel gewinnen "Zweiflern Verständnis erbringen"!, seine Leitung ist dem Anatolios übergeben worden.

656 ACO II 1,2, pg 123 nr 9, lat. ebd. 3,2, pg 131.

657 ebd., vgl. E. Caspar I, 519.

Kommissare vor, sie in den neuen Ausschuß der 23 aufzunehmen. Zunächst erhob sich dagegen größerer Widerspruch, dann aber wurde ihnen die Verlesung des Briefes Leos ermöglicht. Es dürfte allgemein bekannt gewesen sein, warum die römischen Legaten auf die Verlesung dieses Briefes großen Wert legten, und warum die Synode ihn nicht hören wollte. Denn darin stand zwar nicht viel, was zur Sache beitragen konnte, aber der Satz: "Möge Eure Brüderlichkeit mich als Eurer Synode vorsitzend betrachten ...".[658] Mit diesem Anklang an I. Korinther 5,3 nahm Leo also den ideellen Vorsitz auf der Synode für sich in Anspruch; er sollte durch seinen Legaten Paschasinus ausgeübt werden, dem das erste Stimmrecht zustehe. Dieses Recht, das gab Leo zu, beruhe "auf keinem alten Brauch"; er deutete aber an, daß er darauf bestehe aus Gründen "der Wahrung des Rechts und zu Ehren des Apostel Petrus". Da der eigentliche Zweck der Synode in den Augen Leos die Befolgung seines Primates war, so hatte die Angelegenheit mit dem Vorsitz in der Tat für ihn eine große Bedeutung. Der faktische Verlauf entsprach diesen Wünschen des römischen Bischofs nicht. Das Präsidium der Synode, die usurpierte Sitzung ausgenommen, lag ausschließlich in den Händen der kaiserlichen Kommissare[659]; die sorgten dafür, daß die von ihrem Herrn beanspruchten Rechte auch von diesem ausgeübt wurden. Sie hatten keine Ursache, in diesem zähen taktischen Ringen mir den römischen Legaten nachzugeben.

Als Antwort auf den Grußbrief Leos findet sich unter den Akten ein Synodalschreiben, dessen Adresse in einem merkwürdigen Mischverhältnis zu seinem Inhalt steht. Die Adresse lautete "Die heilige und große und allgemeine Synode durch die Gnade Gottes und den Befehl des Kaisers in Chalkedon zusammengekommen an den Erzbischof Leo".[660] Der Inhalt des Schreibens trägt dem oben genannten Brief Leos Rechnung. Es heißt darin, Leo sei für sie alle der Dolmetscher der Stimme Petri, der Urheber des Guten. Sein Brief sei ihnen ein geistiges Fest gewesen; durch ihn glaubten die Väter, den himmlischen Bräutigam in ihrer Mitte zu sehen. Wie das Haupt für die Glieder, so habe er durch seine Leitung den guten Verlauf gesichert.[661] Der daran anschließende Bericht betont, daß Dioskoros sich in seiner Tor-

658 Leo Ep. 93: ACO II 4, pg 47/8 nr 46, pg 52; PL 54, 930/1.

659 Nach den grichischen Akten präsidieren in der 1., 3. (lies: 2.) und 4. Sitzung neben den hohen Reichsbeamten 12 bzw. 11 Mitglieder des Senats. In der 6. Sitzung erscheint Kaiser Markian und führt selbst den Vorsitz.

660 ACO II, 1,3 pg. 116 nr 21; lat. PL 54, 942.

661 ACO ebd. pg 117 nr 21; PL ebd. 952.

heit sogar an dem vergriffen habe, den der Erlöser mit der Sorge für seinen Weinbau betraut habe, an Leo, den er sogar zu exkommunizieren versucht habe. Statt Treue zu bekunden habe Dioskoros Verachtung für den dogmatischen Brief gezeigt. Darum sei er vom Konzil verurteilt worden.

Gegen die Formulierung der Adresse ist nichts einzuwenden, aber gegen die des Inhalts. Der Grußbrief Leos war, wie gesagt, nicht im Plenum verlesen worden, sondern in einer dazu anberaumten Ausschußsitzung. So dürfen wir annehmen, daß die römischen Legaten eine entsprechende Antwort, die Leo vom Konzil wünschte, selber formuliert haben, wenn sie sie nicht etwa bereits aus Rom mitgebracht hatten. Es wird kein Zufall sein, daß dieser Brief ohne Unterschriften überliefert ist. Eine derartige Verherrlichung des römischen Bischofs durch die Synode konnte nie im Abendland echt und glaubwürdig erscheinen. Tatsächlich hatte aber das Konzil von Chalkedon unter stärkerem Einfluß des römischen Bischofs gestanden, als alle vorhergehenden. Die dogmatischen Entscheidungen sind wesentlich durch ihn bestimmt; die kirchenrechtlichen freilich nicht. Daß Leo seine dogmatischen Ansichten zur Geltung bringen konnte, hatte er dem Umstand zu danken, daß der Kaiser sich in dieser Frage auf seine Seite stellte.

Auf der sechsten Sitzung am 25. Oktober erschien der Kaiser endlich persönlich und hielt nachträglich seine Eröffnungsrede. Seine Ansprache deckt sich mit dem Bericht des Theopistos über die vorbereitende Sitzung vom 6. Oktober[662]: “Keiner wage in Zukunft über die Geburt unseres Herrn und Heilands anders zu reden, als die apostolische Verkündigung und die Beschlüsse der 318 heiligen Väter der Nachwelt zu überliefern wissen und als der heilige Leo, Bischof der Stadt Rom, der den apostolischen Stuhl versieht, in seinem Brief an den Bischof der Stadt Konstantinopel, Flavian seligen Gedenkens, bezeugt habe …, um diesen Glauben zu bekräftigen”.[663] Ob die Worte nun vorher oder während der Synode gefallen sind[664], der Kaiser wollte jedenfalls sicher die dogmatischen Aussagen des Briefes Leos mit dem Bekenntnis von Nikaia zusammenfügen, auch gegen den Widerstand der Majorität der Bischöfe. So ließ Markian auf der sechsten Sitzung die inzwischen von dem Dreiundzwanziger-Ausschuß formulierte Glaubensentscheidung verlesen und durch das Plenum bestätigen; so bekannte er sich

662 Siehe oben S. 103 mit Anm. 482482.

663 ACO II 2,2, pg 5/6.

664 Vgl. Theopistos 268/9. Am Anfang der Synode erwartete man, das heißt auch der Kaiser, daß die Lehre des Tomus Leonis einen stärkeren Einfluß ausüben würde, als wie es sich später bei der Formulierung des Symbols von Chalkedon erwiesen hat.

zu dem Glauben von Chalkedon als einer Formel[665], die durch das Bekenntnis des Kaisers für die Kirche verbindlich wurde.

Umser Umriß des Chalcedonensums zeigt, daß die beteiligten Bischöfe keine spezifisch dogmatische Aufgabe für ihre Versammlung gesehen haben. Sowohl Leo als auch Dioskoros sehen keinen Grund, eine neue Formulierung aufzustellen. Ersterer begnügte sich damit, das Zeugnis der Rechtgiäubigkeit für seinen Brief zu erlangen. Dabei bat er ausdrücklich, dogmatische Disputationen zu unterlassen.[666] Daß Dioskoros keine Dogmatisierung auf der Synode wollte, ist selbstverständlich. Ferner wurde von den Konzilsteilnehmern immer wieder akklamiert, daß sie kein neues Bekenntnis aufstellen wollten.[667] Dennoch wurden die Synodalen bedrängt, bis sie ein Symbolum aufgestellt hatten, und zwar gegen ihren eigenen Wunsch.

Das Symbolum, das stark an die Christologie des Dioskoros anlehnte, wurde zurückgestellt. Das zweite Symbolum stand der epistula dogmatica näher[668] (daher identifizieren die Gegner der Synode das Chalcedonense mit dem Tomus Leonis). So ließ das Herrscherpaar auf der sechsten Sitzung die inzwischen von dem Dreiundzwanziger-Ausschuß neu formulierte Glaubensentscheidung verlesen und durch das Plenum bestätigen; er bekannte sich zu dem Glauben von Chalkedon als einer Formel[669], die durch das Bekenntnis des Kaisers für die Kirche verbindlich wurde.

---

665 Der griechische Text der Formel in: ACO II 1,2 pg 129/30; die lateinische Übersetzung: ACO II 3,2, pg 137/8.

666 Leo ep. 93: ACO II, 4, pg 52.

667 So zum Beispiel ACO II 1,2, pg 78 nr 7; lat. ebd. 3,2, pg 5: "Eine schriftliche Glaubenserklärung (Ekthesis) machen wir nicht. Ein Kanon stellt fest, daß die vorliegenden Glaubensformeln schon genügen. Der Kanon will, daß keine andere Glaubenserklärung erfolgen darf. Die Beschlüsse der Väter sollen beibehalten werden".

668 Vgl. o. S. 131f.

669 Erst durch diese Ansprache des Kaisers wurde die Synode von Konstantinopel (381) als "Allgemein" erklärt. Dazu war es auch höchste Zeit, denn der Protest kam vor allem von Seiten des alexandrinischen Bischofs. Ebenfalls wurde die Unionsformel erst jetzt kanonisiert: "Aber um der nestorianischen und eutychianischen Ketzerei willen sind der in Ephesos für orthodox erklärte Brief Kyrills an Nestorios, der Brief an Johannes von Antiochien mit der Unionsformel und der Brief Leos hinzunehmen." Der Brief Kyrills mit den Zwölf Anathematismen war begreiflicherweise nicht mit eingeschlossen; dieser wurde erst vom Konstantinopoler Konzil 553 für kanonisch erklärt: vgl. E. Schwartz, GS 4,142. Neben der Synode von 381 wurde auch die Synodos endemousa von 448 – aber nur als eine Ortssynode – kanonisiert als notwendige Folge zu der Annahme des "in zwei Naturen". Doch mußte ihre Kanonisierung folglich zur Annahme ihrer disziplinarischen Beschlüsse führen. So bildeten die beiden Synoden von Konstantinopel von 381 und 448 die Grundlage des 28. Kanons. Hierin zeigt sich, daß der Einfluß des Anatolios auf der Synode größer war, als der des Legaten Leos:

Dioskoros wurde davon durch einen Bischof unterrichtet: "Sie haben heute um die dritte Stunde den ruchlosen Brief (nämlich den tomus leonis) unterschrieben ... Ich habe selber die Tränen vieler auf das Briefstück fallen sehen, als sie die Feder zur Hand nahmen, um es zu unterschreiben." Dioskoros fragte den Berichterstatter: "Hat Juvenal unterzeichnet?" Der Bischof erwiderte: "Wer ist das? Ist es der Greis der Heiligen Stadt Jerusalem?" Dioskoros antwortete: "Ja, er ist es". Da antwortete der Mann: "In Wahrheit werden seine weißen Kleider[670] in die äußerste Finsternis geworfen werden!"[671]

"Da wir den Satzungen der heiligen Väter durchaus folgen und den vor kurzem verlesenen Kanon der 150 Bischöfe kennen, so haben wir in betreff der Vorrechte der heiligsten Kirche von Konstantinopel, welches Neu-Rom ist, das *gleiche* beschlossen": ACO II 1,2, pg 126-130 (322-326); Hefele II 449/53; ACO II 1,3 pg 88/9 (447/8); Hefele II 509/17.

670 Anspielung auf die Gepflogenheit der Bischöfe von Jerusalem, die ein weißes Gewand trugen, um die Getreuen zu taufen.

671 Theopistos 285.

Dioskoros in der Verbannung.

Nach mehreren Irrfahrten[672] wurde Dioskoros schließlich nach Gangra in Paphlagonien transportiert.[673] Theopistos und Petros (Mongos) begleiteten ihn. Die Wahl war auf diesen Ort gefallen, weil der dortige Bischof ein heftiger Feind von ihm war. "Man lieferte uns den Händen eines Bischofs aus, der Gott nicht fürchtete, einem Mann, im Herzen gottlos und Nestorianer; denn Nestorios hatte ihn geweiht".[674] Damit meint Theopist den Bischof Petros von Gangara, der natürlich das Bekentnis von Chalkedon unterschrieben hatte.[675] Petros verhielt sich, wie man das von ihm erwarten mußte. Er empfing den Dioskoros und seine Begleitung mit Spott und Hohn und behandelte ihn unbarmherzig[676]; er ließ ihn von einem Gebiet ins andere wandern, sobald er den Bewohnern bekannt war.[677] Die Begleitung des Dioskoros, die nach Theopist recht zahlreich war, mußte hart arbeiten, um ihr Brot zu verdienen und wurde schlecht behandelt.[678]

In dieser Not bewährte sich der Charakter des Dioskoros. Er nahm sein Schicksal geduldig auf sich: "Solange wir den Glauben unserer heiligen Väter in Reinheit erhalten, werden wir unversehrt sein".[679] Der Bericht des Theopistos malt die Geschichte einer Spende dramatisch aus, die ein reicher Kaufmann aus Alexandrien, der auf Geschäftsreisen hierher gekommen war, Dioskoros überbrachte. Dieser habe das Geld zunächst zurückgewiesen, es aber dann doch genommen, um es an die Armen des Landes zu verteilen. Damit zog er sich zunächst einmal die Verleumdung zu, er habe die Kasse der Kirche von Alexandrien beraubt.[680] Auch seine Begleiter waren unzufrieden weil sie das Geld "viel mehr als irgendeiner benötigten".[681] Dioskoros habe aber die Gründe für sein Verhalten seinen Diakonen erklärt: "Ich

---

672 Bis zum letzten Augenblick, bevor Dioskoros ins Exil geht, wollte der Kaiser eine Revision seines Prozesses anstellen. Diese wurde durch Verdächtigungen und Beschuldigungen politischer Art von seinen Gegnern hintertrieben: vgl. PL 68, 1016: Evagrius 2,5.

673 Theopistos 286. Dioskoros wurde zuerst nach Kyzikos, dann nach Herakleia, schließlich nach Gangra verbannt.

674 Theopistos 286.

675 Petros von Gangra nahm auch an dem Ephesinum II teil. In der Anwesenheitsliste des Timotheos Ailuros (J. Flemming, Akt. Ephes. Syn. 449, pg 6,7) kommt Petros an der 34. Stelle; in ACO II 1,1, pg 79 (Mansi VI 610) an der 50. Stelle.

676 Theopistos 287.

677 Theopistos 288.

678 ebd.

679 Theopistos 289.

680 Theopistos 291.

681 Theopistos 290.

weiß nicht, ob der Kaufmann dieses Geld gerecht oder gewalttätig erworben hat"[682], so sei es für ihn besser, mit den anderen um das tägliche Brot hart zu arbeiten[683], und wenn man ihn nicht arbeiten ließe wegen seines Alters, so würde er betteln; aber er habe Vertrauen, daß Gott sie nicht in fremde Hände fallenlassen werde.[684] Durch die ungünstigen Lebensumstände erkrankte Dioskoros mehrfach.[685] Dazu kam noch, daß er trotz der wenigen Nahrung freiwillig sich einer harten asketischen Lebensweise aussetzte. "Er aß nur alle zwei oder drei Tage einen kleinen Brotkuchen, und oft wurde er von einer auf die andere Woche krank".[686] Nach und nach besserten sich die Verhältnisse. Ob wir aber dem Theopistos glauben dürfen, daß schließlich Petros von Gangara nach längeren theologischen Gesprächen sich zum Glauben des Dioskoros bekehren ließ[687], ist doch fraglich. Man wird daraus aber schließen können, daß Dioskoros zu einem friedlichen Verhältnis mit dem Ortsbischof fand. Er fand nun Zeit, auch in Briefen seine Theologie zu vertreten, von denen begreiflicherweise viele verloren sind, aber doch noch einiges erhalten ist. Auch erhielt er Besuch. So kam Paphnutios, der Abt der Mönche von Tahennesi, der Nachfolger des Pachom und Vorsteher des Klosters von Kanope[688] nach Gangara, um den Patriarchen zu besuchen[689]; dieser Besuch, der 453 stattfand[690], sollte ihm das Vertrauen des ägyptischen Volkes und vor allem der Mönche beweisen.

Auch in Ägypten kam es zu Sympathiekundgebungen. Da man in Chalkedon befürchtete, in Alexandrien würden Unruhen ausbrechen, wurde Sergios Verdarios beauftragt[691], an der Spitze einer Delegation nach Alexandrien zu fahren, um das Volk zum Gehorsam gegen die Beschlüsse der Synode zu veranlassen. Aber die Klerikalen und Mönche, unter Führung des Bischofs Makarios von Tko'u, protestierten heftig. Der Bischof stand auf, um zu reden, und die Delegation dachte zunächst, er werde für das Chalkedonense eintreten. Als die kaiserli-

---

682 ebd.
683 Theopistos 291.
684 ebd.
685 Theopistos 288.
686 ebd.
687 Theopistos 295/7. Vgl. Synaxarion 7. To'ut 17. Sept. PO 20,5 P 238 (24)
688 Theopistos 297ff.
689 Der Bericht über diesen Besuch wird von dem Verfasser des Panegyrikos und von Johannes Rufus in den Plerophorien bestätigt; aber Pseudo-Theopist hat die beiden anderen Quellen für die Zusammenstellung seiner Vita benutzt. Vgl. aṯ-Ṭalāṯat Maqārāt 193f.
690 Theopistos 303:der Besuch fand 10 Monate vor dem Scheiden des Dioskoros (Sept. 454) statt.
691 aṯ-Ṭalāṯat Maqārāt 194f; al-Bermāwī 170 ff.

chen Gesandten aber vernahmen, daß der Bischof scharf gegen die Formel von Chalkedon Stellung nahm, "gab ihm der erzürnte Bote einen Fußtritt in die Geschlechtsteile".[692] Der Bischof gab seine Seele auf und starb als Märtyrer. Die Menge der Gläubigen nahm seinen Leib, begrub ihn mit großer Ehre und legte ihn nahe bei dem Leichnam Johannes des Täufers und des Propheten Eliza in den Tempel, den man ihnen erbaut hatte".[693]

In den häufigen Erkrankungen kündigte sich der Tod des Dioskoros an. Kurz vor seinem Ende schrieb Dioskoros an die Einwohner von Alexandrien und nahm mit diesem Brief Abschied von der Welt. Er empfahl ihnen den Timotheos (Ailuros) als seinen Nachfolger.[694] Dann nahm er Abschied von dem Mönchsvater Paphnutios, damit dieser nach Ägypten zurückkehre und seinen Söhnen von dem letzten Lebensabschnitt ihres Bischofs berichte.[695] Er übergab sein Testament dem Archidiakon Petros.[696]

Theopistos zitiert in seiner Biographie das Gebet, das Dioskoros auf seinem Sterbelager ausgesprochen habe.[697] So sprach er und gab Gott seine Seele auf um elf Uhr nachts am 4. Elul (September). "Mit großer Ehre beerdigten wir seinen heiligen Leichnam, begleitet von dem Singen des Heiligen Geistes. Wir erfüllten den Gottesdienst für ihn nach der Sitte und nahmen an den heiligen Mysterien teil. Wir legten seinen heiligen Körper in einen Sarg, um ihn tragen zu können und ihn in seine Stadt zu bringen".[698]

---

692 Theopistos 304; at-Ṯalāṯat Maqārāt ebd.; al-Bermāwī ebd.

693 Theopistos 304; vgl. Synaxarion (28. Babeh, 7. November) PO t 1, p 371/3 (157/9) . Lange Zeit lagen die Reliquen der beiden biblischen Heiligen in Alexandrien ohne Kirche, die nach ihnen genannt ist, bis Theophilos I von Alexandrien diese gebaut und die Reliquen dahin gebracht hat. Nach dem Martyrium des Bischofs Makarios kam sein Leichnam zu den beiden Propheten. Unter islamischer Herrschaft wurde die Kirche zu einer Moschee (des Propheten Daniel verwandelt), die Reliquen jedoch in das Kloster des Johannes Kame in Skete überbracht.

694 Theopistos 305.

695 Theopistos ebd.

696 Theopistos 305 ff.

697 Theopistos 306/7.

698 Theopistos 307; vgl. Synaxarion 7. To'ut (17. Sept.), PO t. I 235/8 (22/4): nach dem Synaxarion blieb der Leichnam des Dioskoros in Gangra.

III. Kapitel

DIE THEOLOGIE DES DIOSKOROS

Besondere Ausführungen

Es gibt verhältnismäßig wenige Quellen, denen wir die theologischen Ansichten des Dioskoros entnehmen können. Von Anfang an wirkte sich die Bewegtheit seines Lebensschicksals ungünstig auf seine literarische Produktion aus, sei es, daß er keine großen Werke geschrieben hatte, sei es, daß seine Schriften verlorengegangen sind. Denn diese hätten als antichalkedonenisch von Seiten des Reiches keine friedliche Behandlung zu erwarten gehabt.

Hinweise auf seine Anschauungen können wir in den folgenden Quellensammlungen finden:

1. Die Konzilsakten, vor allem die der beiden Synoden von 449 und 451.[699] Als völlig zuverlässig können aber auch diese Quellen nicht gelten. Sie wurden in der Synodalkanzlei von Konstantinopel im staatskirchlichen Sinn revidiert, und so ist die Gestalt des Dioskoros nach den Akten der Synoden tendenziös entstellt. Einige Dokumente, wie z. B. das wichtige Protokoll der Sitzung vom 22. August, erhalten wir nur in Übersetzungen.[700]
2. Einige Briefe des Dioskoros, die zum Teil nur auszugsweise erhalten sind.[701]
3. Die Liturgien des Dioskoros, beziehungsweise die nach ihm genannt sind.[702]
4. An kirchengeschichtlichen Darstellungen aus dieser Zeit ist nicht viel vorhanden. Evagrius will in seiner Kirchengeschichte als ruhi-

---

[699] Es sei hier vor allem auf die beiden großen Sammlungen hingewiesen: D. J. Mansi, Scr. Conciliorum Nova Collectio, Bde. V, VI, VII, Neudruck Paris 1911 ff; Acta Conciliorum Oecumenocorum, ed. E. Schwartz (Straßburg-Berlin 1933 ff), Tom. II: Co. Chalcedonense (451), vol. 1-6, Abk. ACO.

[700] Das große Werk von Timotheos Ailuros mit Konzils-Akten ist noch. nicht vollständig herausgegeben worden (darauf haben wir schon im II. Kap. in: Die Kopten Bd. 2, S. 71 und die dazugehörigen Anmerkungen 194 hingewiesen). Das Protokoll der letzten Sitzung ist mit einer deutschen Übersetzung und Anmerkungen herausgegeben: J. Flemming (hrsg.), Akten der Ephesinischen Synode vom Jahre 449 (syr.) mit Georg Hoffmann, dtsch. Übersetzung und siehe Anmerkungen, in Abh. Gött Gw Phil.-hist. Kl. NS 15, 1 (1917).

[701] Patr. Benjamin v. Alex. († 662) hat in seiner Zitatensammlung über die Christologie Stellen aus den Briefen des Dioskoros in das Florilegium aufgenommen. Diese wurden hier aus den Handschriften bearbeitet und darauf in den entsprechenden Ausführungen hingewiesen. Edition: Karam Khella, Ein Dioskoroszitat beim Patriarchen Benjamin, in: Probleme der koptischen Literatur, hg v. Institut für Byzantinistik der Martin-Luther-Universität Halle-Wittenberg, Halle (Saale) 1968, S. 187-195.
Über weitere Briefe des Dioskoros: siehe K. Ahrens – G. Krüger: Die sogenannte Kirchengeschichte des Zacharias Rhetor, Leipzig 1899, S. 304.

[702] Nach Dioskoros werden drei Liturgien genannt: eine äthiopische und zwei syrische. Die Anaphora werden noch heute gehalten in den entsprechenden Kirchen. Sie sind ebenfalls ediert worden: siehe unten.

ger und sachlicher Erzähler gelten[703]; der antiochenische Advokat beweist jedoch, daß er nur die Meinung der Gegner wiedergegeben hat. Ihm entspricht, doch stärker dogmengeschichtlich interessiert, Liberatus Lektor in seinem Breviarium.[704] – Dem Dioskoros günstig gesonnen sind der Panegyrikos auf Makarios[705], der dem Dioskoros zugeschrieben ist, und die Biographie des Pseudotheopistos.[706] In diesen vier Sammlungen finden wir gelegentlich einige Angaben über die Christologie des Dioskoros.

5. Ferner gibt es einige Zitate des Dioskoros bei seinen Anhängern und seinen Gegnern.[707]

Die beiden theologischen Strömungen der Zeit: Die Traditionalisten und die Revisionisten.

Im Mittelpunkt all dessen, was uns von Dioskoros überliefert ist, steht das aktuelle Problem: die Christologie. Dabei erscheint Dioskoros, und diesem Zweck dienen auch die Nachrichten über ihn, durch sein Festhalten an der väterlichen Tradition ausgezeichnet "ohne etwas hinzuzufügen oder etwas hinwegzunehmen".[708] Er wird als derjenige dargestellt, der die Lehre der großen Konzilien unverfälscht vertreten und die "eine Natur des inkarnierten Logos"[709] verteidigt habe, in dem die Menschheit und die Gottheit Christi sich ungetrennt und unvermischt vereinigt haben. Da die Tendenz dahin geht, die Übereinstimmung des Dioskoros mit der Tradition nachzuweisen, so werden seine Anschauungen unablässig durch Worte der Schrift, der Konzilien und

---

703 Evagrius Scholast, Historia ecclesiastica: pg. 86, 2415/886; The ecclesiastical History of Evagrius, ed. J. Bidez – L. Parmentier (London 1898) 42/50.

704 Liberatus Diaconus: Breviarium causae Nestorianorum et Eutychianorum, ed E. Schwartz, in ACO II 5, pg. 98/141; PL 68, 969/1+52 bes. 1010/15.

705 Dioscore, Panégyr., ed. Amélineau, in Mém. Archéol. Fr. 4, 1, pg. 136.; Crum, Coptic texts relating to Dioscorus of Alexandria, in: Proceedings of the Society of Biblical Archeology, 25 (1903); F. Nau, Note sur quelques fragments coptes relatifs à Dioscore, in Journal Asiatique série 10, t. II (1903).

706 Histoire de Dioscore, patriarche d'Alexandrie, écrite par son disciple Théopiste, ed. et trad. F. Nau in Journal Asiatique série 10, t. II (1903), 1/108, (syr.); 241/310 (fr.); aṯ-Ṯalāṯat Maqārāt al-Qiddīsīn, ed. u. hrsg. v. Dair as-Suriān, 1962. Für die Vita des Dioskoros wurde ferner eine von mir angefertigte, nicht veröffentlichte Übersetzung besorgt, die ich für diese Arbeit benutzt habe.

707 Auf diese wird in den jeweiligen Stellen auf die Belege besonders hingewiesen.

708 Die obigen Ausführungen des zweiten Kapitels: "Dioskoros im christologischen Streit" sollen zeigen, wie der Kampf des Dioskoros um die Durchsetzung dieses Prinzips ging. Siehe zum Beispiel das 'Rundschreiben' des Dioskoros mit den beigefügten Unterschriftsformularen im Anschluß an das Ephesinum II., (in: Die Kopten Bd. 2, S. 91 und die dazu gehörigen Anmerkungen.)

709 S.u. "Die Christologischen Termini des Dioskoros" S. 188 ff.

der Väter gestützt. Demgegenüber reichen die Quellen nicht aus, die systematische Entfaltung seiner Theologie oder seiner Exegese genauer zu bestimmen.

Nach dem Gesagten ist es jedoch naheliegend zu vermuten, daß er sich auch hierin an die Überlieferung seiner Vorgänger auf dem Bischofsthron von Alexandrien gehalten hat.

Die Festlegung der Kirchenlehre durch die Konzilien von Nikaia und Ephesos hatte das Verhältnis der Kirche zu ihrer theologischen Überlieferung entscheidend bestimmt. Es war möglich, die "Orthoxie" einer Lehre oder einer Gruppe genau anzugeben. Wer beide Konzilien anerkannte und mit ihnen den Glauben der Väter, der war orthodox. Die Orthoxie besteht also im Festhalten an den ökumenischen Beschlüssen "ohne etwas hinzuzufügen oder etwas davon wegzunehmen". Während aber alle behaupteten, am Glauben der Väter festzuhalten, gab es doch einzelne Gruppen, die – entgegen ihrer Behauptung – zumeist auf dem Wege der Auslegung, Neuerungen einzuführen suchten. Diese Neuerungen bestanden nach Ansicht der Orthodoxie in der Abschaffung von wichtigen Sätzen des Glaubens. Die "Konservativen" sahen sehr wohl, daß die "Vertreter"[710] der Neuerung, obwohl sie den Glauben und die Glaubensformeln der Väter festzuhalten behaupteten, den Unterschied gegenüber der Häresie vermischten. Darum mußte den Orthodoxen das Reden von "zwei Naturen" in jedem Fall verhaßt sein, weil es geeignet war, den Gegensatz zwischen der orthodoxen Lehre und dem Nestorianismus zu verschleiern.

Es geht also bei diesem Kampf der Parteien in der Mitte des 5. Jahrhunderts nicht allein um das Verständnis der Einigung beider Naturen der Person Christi. Der Streit ist vielmehr in seinem gröberen Zusammenhang zu sehen, nämlich in dem Verhältnis der Kirche zu ihrer Überlieferung. Die Kirche ist von Gott als Hüterin des offenbarten Glaubens eingesetzt und mit seiner Auslegung beauftragt; darum muß es in ihr notwendigerweise stets Traditionalisten und Modernisten geben. Unter diesen Voraussetzungen konnte Dioskoros in seiner Ge-

[710] Der eigentliche Kampf ging nicht um den "Dyophysitismus" und den "Monophysitismus" (s. Die Kopten Bd. 2, S. 11 und die dazugehörigen Anmerkungen 1), sondern um den Grundsatz: ob die Kirche an der Tradition "unveränderlich festhält", oder ob die Kirche den Glauben neuern darf. So sind die Termini in diesen Ausführungen zur Bezeichnung der beiden Richtungen gebraucht. Vertreter der ersten Ansicht werden hier genannt: Konservative bzw. Traditionalisten; ihre Gegner: Revisionisten, Neuerer oder auch Modernisten.

stalt nichts anderes als den Hüter der kirchlichen Überlieferung sehen; ebenso mußte ihm Leo als der Führer der Neuerer[711] erscheinen. Eine Erneuerung der Lehre oder der Definition bedeutet für die Traditionalisten selbstverständlich aber auch eine Abweichung; sie ließ auch dann die Gefahr der Häresie sichtbar werden, wenn man diesen Vorwurf nicht ausdrücklich erheben wollte. Daher ist die Auseinandersetzung um die Naturenlehre im Grunde die Auseinandersetzung um das Problem, ob man eine neue Formulierung des Dogmas vornehmen darf. Dioskoros und seinen Anhängern gilt das für nicht erlaubt. Sie wollten bei dem Nicaenum und bei dem Ephesinum bleiben. Daß sie sich dabei auf zwei Konzilien beziehen mußten, war ein kleiner Schönheitsfehler. "Zwei Konzilien dem Namen nach", pflegte Dioskoros zu sagen, "doch eines im Glauben".[712] Natürlich behaupteten seine Gegner ebenfalls, den Glauben der Väter zu vertreten. Während er versuchte, die neue Streitfrage um die Naturen Christi mit den Aussagen der bisherigen Bekenntnisse zu entscheiden, sich aber weigerte, eine neue Definition zuzulassen, mußten die Revisionisten nachweisen, daß die alten Bekenntnisse nicht ausreichten, und daß auch ihre Aussagen in den Sätzen der Väter nicht begründet seien.

Man muß sich dabei im Klaren darüber sein, daß es sich nicht um Einzelne handelt, sondern um kirchliche Parteien. Das heißt, daß die Breite der Ansichten in jeder Partei recht groß war und daß es auf beiden Seiten Extremisten gegeben hat. Und nicht nur solche; es gab auch herätische Gruppen, die zwar außerhalb der beiden Parteien standen, aber doch der einen oder anderen Partei sich mit ihren Ansichten anzuschließen versuchten. Dementsprechend gebrauchten sie die aktuelle Terminologie, bedienten sich der Argumente, die zwischen den beiden Parteien im Kampf gebraucht wurden und setzten sich für die Thesen der Partei ein, die ihnen jeweils näher stand. Man kann beispielsweise an dem Wortwechsel zwischen Eutyches und Flavian auf der synodos endemousa von 448 das feststellen. Eutyches erklärte, er habe bisher etwas derartiges noch nie gehört oder gelernt, sei aber bereit, sich dem Urteil der anwesenden Bischöfe zu fügen. Flavian, der die Anzüglichkeit nicht überhören konnte, reagierte sehr empfindlich: "Nicht wir führen Neuerungen ein, sondern unsere Väter

[711] Die Revision der Formel von 431 fand in der Synode endemousa von 448 unter der Führung Flavians von Konstantinopel statt. Dadurch, daß Leo sich auf die Seite Flavians gestellt hat, ist der römische Bischof in den Augen des Dioskoros Vertreter der Neuerer geworden.

[712] Vgl. Mansi VI 626/8, 643; ACO II 1,1, pg. 88f.

haben dies so dargelegt".[713] Man sieht es auch an der Art, in der die Mönche auf die Verurteilung des Dioskoros auf der Sitzung vom 13. Oktober in Chalkedon reagierten.[714] Mit der Verurteilung des Dioskoros als des Verkörperers der kirchlichen Überlieferung habe die Synode das Nicaenum und das Ephesinum getilgt. Die Synodalen hätten sich durch die Absetzung des Bischofs von Alexandrien in Widerspruch zu der Lehre der großen Konzilien gesetzt.[715]

Der daran anschließende Disput zwischen Karosos und der Synode zeigt den Anspruch beider Parteien, an der kirchlichen Überlieferung festzuhalten, noch deutlicher. Das Mönchsoberhaupt erklärte: "Ich verharre bei dem Glauben der Dreihundertachtzehn Väter von Nikaia, auf welchen ich getauft bin, und bei der Definition der Väter, die in Ephesos Nestorios abgesetzt haben, und so glaube ich, und von einem anderen Glauben weiß ich nichts".[716] Gegen diese Argumentation konnte die Gegenpartei nichts einwenden, denn der Glaube der Väter ist die unanfechtbare Grundlage des orthodoxen Denkens und Lehrens. Indem Karosos sich zum Glauben der Väter bekannte, zwang er seine Gegner, sich zu verteidigen. Darum erwiderte man ihm sofort, niemand auf der Synode von Chalkedon denke daran, Nikaia oder Ephesos anzutasten. Die neuen Streitfragen, die aber aufgeworfen worden seien, hätten Leo, wie einst Kyrillos, gezwungen, das Symbol (von Nikaia) auszulegen; niemand habe sich aber eine Erweiterung des Glaubens oder des Dogmas erlaubt.[717]

Dieses Festhalten an der kirchlichen Überlieferung ist das entscheidende Kennzeichen für die Ansichten des Dioskoros. Als Bischof von Alexandrien, in seinen Anschauungen vom Geist der alexandrinischen Schule geprägt, stellte die Lehre der Väter das Herzstück seines Glaubens dar. Der Begriff der Orthodoxie bedeutet für Dioskoros das unveränderte Weiterbestehen der kirchlichen Tradition. zur Erhaltung dieses Bestandes war er in sein Amt eingesetzt. Er berief sich darauf, "daß die Bischöfe von Alexandrien den rechten Glauben niemals verlassen haben".[718] Und an anderer Stelle: "Seht, hier ist der orthodoxe Glaube von Nikaia ... Hier sind die Zwölf Kapitel des heiligen Kyril-

713 ACO II, 1,1, pg. 90 nr. 155-156; vgl. auch den Brief des Eutyches an Leo: ACO II 2,1, pg. 33 nr. 6 bzw. II 4, pg. 143 nr. 108.
714 vgl. o. S. 131.
715 ebd.
716 ACO II, 1,2, pg. nr. 118 nr. 93; vgl. auch die Aussagen der anderen Mönche, die mit ihm auf der Sitzung erschienen sind; ebd. nr. 94-97.
717 ACO II, 1,2 pg. 119 '1-6'.
718 Theopistos 280.

los und der anderen, die Dioskoros in dieses Land trug. – seht, ich gehe zu meinem Gott, mit diesem Glauben in meinen Händen, den ich ihm als Gabe zurückgebe".[719]

Mit dem allen haben wir den Grund dafür genannt, daß Dioskoros nicht der Erfinder einer eigenen Christologie sein konnte; wenn er dies gewollt hätte, so hätte er seiner theologischen Überzeugung widersprechen müssen. Vielmehr geht der theologische Grundsatz von der Vollendung des Symbols auf ihn zurück. Die kirchliche Lehre wird von ihm als abgeschlossen verkündigt. Wenn Gott auch bisher sich offenbart habe, so mangele dem Dogma jetzt nichts mehr, was für unser Verständnis nötig ist.

Unsere Aufgabe bestehe jetzt nur noch darin, das zu bewahren, was wir überliefert erhielten, ohne etwas hinzuzufügen oder etwas wegzunehmen. Das ist in dieser Entschiedenheit bisher noch nicht gesagt worden. Dioskoros ist der Lehrer einer neuen Epoche, die in ihrem Geschichtsbewußtsein durch den Abschluß der Offenbarung des Dogmas bestimmt ist. Das ist eine eigentümliche moderne christliche Wendung des Vollendungsgedankens. Kein anderer Vater hat so wie er es ausgesprochen, daß die Kirchenlehre von Gott durch den Heiligen Geist über die Apostel, Konzilien und Väter bis hin zu Kyrillos gegeben sei; die kirchliche Überlieferung ist zu einer festen und völlig abgeschlossenen Größe geworden.

Als Dioskoros sein Pontifikat antrat, hatte er das theologische Erbe, das mit seinem Amt verbunden war, eingehend studiert. Bei diesen Studien hatte er sich die beiden Grundsätze seines Glaubens erarbeitet, die dann in seinen Auseinandersetzungen immer wieder sichtbar werden: der eine ist die Überzeugung von der Alleingültigkeit der überlieferten kirchlichen Entscheidung. Damit ist gesagt, daß die Erneuerung ihre Änderung, und das heißt ihre Verfälschung, bedeutete. Von diesem Grundsatz, der das Mark seiner Überzeugung war, konnte er nicht abgehen. Wo ihm auch immer Kompromisse möglich waren, und wo er zu solchen bereit war, hier nicht; das zeigte sich bei allen Auseinandersetzungen. – Aber die Gültigkeit der kirchlichen Entscheidungen beruhte für ihn nicht allein in der Tatsache, daß sie überliefert waren. Abgesehen davon, daß sie von den Konzilien beschlossen waren, waren sie auch an sich evident. Da es sich in ihnen um die Wahrheit handelte, so lag auch eine objektive und zwingende Überzeu-

[719] Theopistos 283/4.

gungskraft in ihnen. Das ist der Grund dafür, daß er seine Meinung mit entscheidenden Beweisen wie mit den Zeugnissen der Väter belegt. In der Überlieferung spricht die objektive und als objektiv erkennbare Wahrheit. Der Väterbeweis stellt also eine neue Methode seiner Argumentation dar, wie das im Folgenden noch genauer gezeigt wird. Um dieser Bedeutung willen erhielt Dioskoros die Ehrenbezeichnung "Vormund des Glaubens".[720]

Wie wir oben sagten, konnte und wollte Dioskoros nicht Erfinder einer Theologie sein. Der Fortschritt seiner Anschauungen liegt darin, daß er den Abschluß der Dogmatisierung verkündigte. Das zeigt sich gerade bei seiner Christologie; auch sie ist keine neue Schöpfung, sondern Überlieferung, ist durchweg Wiederholung der Väterzeugnisse, in erster Linie natürlich der seines Lehrers und Vaters, des Heiligen Kyrillos von Alexandrien. Das bedeutet nun freilich nicht, daß er keinen Verdienst um die theologische Weiterentwicklung habe; er hat insbesondere die Terminologie des Kyrillos noch schärfer und deutlicher formuliert. Aber er bleibt damit völlig innerhalb der ihm vorgegebenen Grenzen; die Anschauungen der Väter sind normativ in dem, was sie sagen und dem, was sie nicht sagen. Wenn Dioskoros Stellung nimmt zu den Häresien und Lehren seiner Zeit, dann beweist er seine Meinung möglichst durch Zitate oder durch die Feststellung dessen, was mit der Lehre der Väter nicht übereinstimmt.[721] Da die Lehre der Väter die Wahrheit ist, so darf man seine Methode eine negative Theologie nennen. Darin liegt ein unübersehbarer Unterschied zwischen Dioskoros auf der einen Seite und Flavian und Leo auf der anderen Seite. Auch diese waren bestrebt, ihre Meinungen auf die Anschauungen der Väter zu stützen. Aber ihre unbefangene Entfaltung und Weiterentwicklung der Väterlehre war dem Dioskoros nicht möglich. Von daher ergibt sich notwendig seine Stellung zum Chalcedonense; denn die Formel von Chalkedon ist nicht etwa eine Weiterentwicklung der kyrillischen Christologie, sondern steht im Widerspruch zu ihr[722]; darum ist sie eine Irrlehre.[723] Für Dioskoros stellt diese Christologie keine Spekulation dar, sondern Lehre, das heißt eine Tatsache, die man von seinem Lehrer überliefert erhält und an die eige-

[720] Mansi VI 633; ACO II 1,1, pg. 91 f. Ein bezeichnender Titel des Dioskoros war auch: κριτὴς τῆς οἰκουμενικῆς ("Richter der Welt") (oben: Die Kopten, Bd. 2, S. 49 und die dazugehörige Anmerkung 99).

[721] Vgl. hier zum Beispiel seine Briefe an Domnos: s.o. Seite 66ff

[722] Daher beanstandet Dioskoros, Kyrillos sei in Chalkedon verworfen worden: ACO II, 1,1, 69 nr. 29.

[723] So in seinem Brief aus Gangra an Ibreton: u. S. 74 f.

nen Schüler weitergibt. In der Kirche wechseln die Generationen, aber nicht das Dogma; es ist dieselbe Lehre, die aufgenommen und weitergegeben wird. Man kann dieses Prinzip der Treue in der Erhaltung und Weitergabe der Überlieferung von Geschlecht zu Geschlecht in einem Gesang der koptischen Liturgie finden. Die Gemeinde singt ihn nach der Fürbitte für die Verstorbenen und betont darin die Treue zu der Lehre, in der die Väter verstorben waren, in der die gegenwärtige Generation steht und alle künftigen Glieder und Geschlechter der Kirche stehen werden[724]: ὥσπερ ἦν καὶ ἔσεταὶ ἐστιν ἀπὸ γενεᾶς εἰς γενεὰν καὶ πάντας τοὺς αἰώνας τῶν αἰώνων ἀμήν.

[724] Al-Quddāsāt aṯ-Ṯalāṯa (2. Aufl. Kario 1936), S. 269f.

Die Quellen der Lehre für Dioskoros

Aus dem Gesagten geht hervor, daß Dioskoros nur drei Quellen des Glaubens anerkennen konnte, die gemeinsam die kirchliche Überlieferung darstellen. Diese sind:

a) Die Heilige Schrift,

b) Die Väterüberlieferung,

c) Die Lehre der großen Konzilien, das heißt der von Nikaia und Ephesos, sie sind – wie gesagt – in seiner Auffassung für den Glauben wie ein einziges Konzil zu betrachten.

Nun stehen aber all seine Äußerungen, die uns überliefert sind, im Zusammenhang mit der christologischen Problematik. Von ihr aus ist auch sein Interesse an der Heiligen Schrift und ihrer Exegese bestimmt. Das Bild des Erlösers ist ihm von den Vätern überliefert. Wenn er die Schrift studiert, dann geschieht das, um seine Vorstellung zu prüfen, gegebenenfalls sie zu korrigieren, aber in erster Linie doch, um sie bestätigt zu finden. Das heißt, das auch die Auslegung seiner Quellen ihm im Grunde vorgegeben ist. Das Studium von Schrift, Väterzeugnissen und Konzilsentscheidungen kann ihn in der Wahrheit nur fester gründen, aber nicht irreführen. Denn er hat die Überlieferung und ihre Quellen von Anfang an als Einheit zu sehen gelernt.

Der Kanon

Die Heilige Schrift stellt eine göttliche Anweisung an den Menschen dar. Nur im Lichte der Tradition ist ihre Auslegung und richtige Deutung möglich. Insbesondere sind die Entscheidungen der großen Konzilien der offizielle Ausdruck der Kirche für die Frage, wie der Kanon in den Streitfragen ausgelegt werden muß. In dieser Hinsicht ist die Sammlung der Heiligen Bücher die ursprüngliche und unumstrittene Quelle der Lehre. Die Übereinstimmung der Väterzeugnisse mit den Sätzen der Heiligen Schrift ist das letzte Wort, das in diesen Fragen von Menschen gesagt werden kann. Als Dioskoros in Anwesenheit des Kaisers Markian und der führenden Theologen auf der ersten Audienz in Konstantinopel seinen Glauben durch zahlreiche Zitate als übereinstimmend mit der Vätertheologie dargelegt hatte, schloß er:

"Sieh, das sagen die Doktoren, und das ist es, was wir eurer Majestät sagen". Und als Markian sich nicht überzeugen lassen wollte, ergänzte Dioskoros: "Wenn ihr die Worte dieser heiligen Männer nicht zulaßt, dann glaubt ihr Gott nicht, der mit seinem Munde die Worte sprach: 'Ich und mein Vater sind eins'[725] und 'der mich sieht, siehet den Vater.'[726]".[727] Gerade die Art, in der Dioskoros die beiden Schriftzitate als Schlußpunkt unter seine Darlegung aus der Vätertheologie setzt, zeigt uns, daß er die Schriftauslegung nur im Zusammenhang mit der Vätertheologie betreiben konnte, und daß ihm als Auslegung nur das annehmbar war, was im Sinne und im Geiste der Tradition gelehrt und geglaubt wurde. Nur eine einzige Art, die Neutestamentliche Schrift zu interpretieren, war für ihn denkbar: So, wie die Orthodoxie sie immer verstanden hatte. Demnos von Antiochien, ein Gegner des Dioskoros, bezeugt die Bedeutung des biblischen Zeugnisses für die theologische Haltung des Dioskoros. In seinem Antwortschreiben an Dioskoros schreibt Domnos: "Deine Gottesfurcht hat wahrheitsgemäß die Übereinstimmung der gottesfürchtigen Bischöfe des Orients, die mit den heiligen Vätern in Nikaia versammelt waren, mit den Lehren des Evangeliums erfahren".[728]

Die Verfasser des Neuen Testaments sind glaubwürdige Quelle, weil sie unmittelbare Zeugen des Wortes sind: "... Dies haben uns diejenigen überliefert, welche von Anfang an Zuschauer und Diener des Wortes waren".[729]

Dioskoros verurteilt Nestorios, weil "er dem evangelischen und apostolischen Glauben Unechtes beimischte"[730] und Theodoret, weil er "nach 'seinem Herzen, nicht aber nach dem Munde des Herrn'[731] redete, wie geschrieben steht".[732] So ist jede Irrlehre unbiblisch: "Dies beweist ja wahrlich, daß sie tadelnswert ist und zu den heiligen Worten (der Bibel) nicht stimme".[733] Die Menschheit von der Gottheit Christi zu trennen, nennt Dioskoros: "Feindseliger Kampf mit den göttlichen Schriften".[734] Dabei verfügte Dioskoros über eine gründli-

[725] Joh. 17, 22, Theopistos 264/5.
[726] Joh. 14, 9.
[727] Theopistos 265.
[728] J. Flemming, Akt. Ephes. Syn. 449, pg. 139 '32-38'.
[729] Vgl. Lk 1,2 und I. Joh. 1,1; J. Flemming, ebd., pg. 137 '3-4'.
[730] J. Flemming ebd., pg. 143 '3'.
[731] Jer. 23, 16.
[732] J. Flemming, ebd., pg. 135 '31'.
[733] J. Flemming, ebd., pg. 137 '13-14'.
[734] J. Flemming, ebd., pg. 135 '34'.

che Kenntnis der Heiligen Schrift; das geht aus all seinen Gebeten und der Darstellung seiner Christologie hervor. Gerade in seinen Briefen liest man ganze Absätze, die aus biblischen Zeugnissen und Anspielungen zusammengestellt werden.[735] Die biblische Sprache hat Rederhetorik und Schriftstil des Dioskoros stark geprägt, daß diese ohne Kenntnis der Schrift nicht verstanden werden können. Seine besondere Vorliebe zum Kanon hat er selbst bezeugt: “Es kommt zu mir, der göttlichen Schrift Beifall zu schenken”.[736]

Die Väterüberlieferung

Dementsprechend vergewisserte sich Dioskoros selber an Hand der testimonia patrum, daß er die Orthodoxie unverfälscht vertritt. Ebenso gebrauchte er die Väterzeugnisse, wenn er seine Anschauungen glaubhaft machen wollte. So stützt er sich fortwährend auf die Theologie der alexandrinischen Väter von Athanasios bis Kyrillos, auf die griechischen Väter Basileios den Großen und Gregorios von Naziens sowie auf die Römer Inozenz und Liberius als die Autoritäten des Abendlandes und die anderen Väter. Wenn er etwas sagte, so führte er es sofort auf die heiligen Väter zurück. Zacharias Rhetor zitiert das Wort, das er in der Sitzung vom 8. Oktober in Chalkedon gesprochen hat: “Wir müssen bekennen, **wie die anderen Väter**, daß Christus aus zweien eine einzige inkarnierte Natur hatte, und daß wir eine Neuerung des Glaubens nie einführen dürfen”.[737] Gerade in dem, was ihn von seinen Gegnern auf der Synode von 451 unterschied, wußte er die Väter auf seiner Seite. Und das war es, wogegen sich die Angriffe seiner Feinde richteten. Aus diesem Grunde sei Dioskoros von Theodoret und seinen Anhängern verurteilt worden, weil er gesagt hatte. “Wir wollen sagen, daß Christus inkarniert sei aus zwei Naturen, und wir sollen nicht zwei nach der Vereinigung bekennen, indem wir uns dem Nestorios nähern”.[738] In der Tat erklärte Dioskoros vor dem Plenum von Chalkedon und stützte sich dabei auf die große Zahl von Väterzeugnissen, die er besaß, daß nach der Vereinigung die eine Natur des inkarnierten Logos anerkannt werden muß. Hier präsentierte er die Formeltype ἐκ δύο φύσεων als den eigentlichen Ausdruck der

[735] Für den Briefstil des Dioskoros vgl. seine Briefe in J. Flemming, ebd., pg. 133/45. 154/7.; K. Ahrens – G. Krüger. Die sogenannte Kirchengeschichte des Zacharias Rhetor, Leipzig, 1899, S. 304.
[736] J. Flemming, ebd. pg. 133 ‘26’ bzw. 132 ‘20’.
[737] Siehe Text und lateinische Übersetzung bei E. W. Brooks, Zacharias Rhetor, H. eccl.
[738] ebd.

patristischen Tradition in dieser Frage, und als sein eigenes von ihm proklamiertes und verkündigtes Bekenntnis und forderte die Gegner zu dessen Anerkennung auf, die diese Formel ablehnen oder vernachlässigen. Er setzte das ek duo physeon in ausdrücklichen Gegensatz zu der Formel Leos.[739]

Kyrillos nimmt – wie gesagt – eine ganz besondere Stellung unter den Vätern ein. Bezeichnend hierfür ist das Urteil des Dioskoros über die Gegner Kyrills; wenn sie dem heiligen Kyrillos widersprechen, so stehen sie außerhalb der rechtgläubigen Kirche: "Sie verfassen Abhandlungen, die tadelhaft sind, und die – wie sie selber sagen – Widersprüche gegen die Ansichten unseres seligen und berühmten Vaters und Bischofs Kyrillos enthalten. Dies beweist wahrlich, daß sie tadelnswert sind mit den heiligen Worten nicht übereinstimmen; war er doch der weiseste Lehrer des ganzen Erdkreises und unser hervorragender Lehrer. Denn er schrieb richtiger und klarer als irgend jemand anders. Nicht nur, daß er ein weiser Mann des Wortes war – das hat ihm die Natur bereits in die Wiege gegeben –, sondern er hat auch, von Gott mit reicher Begabung gesegnet, so genau wie möglich das Mysterium der Menschwerdung des eingeborenen Sohnes Gott erklärt ..." (Syr. Akt 137. '11-25').

Natürlich versuchten auch die Gegner des Dioskoros sich auf die Väter zu berufen. Wenn sie als orthodox gelten wollten, so blieb ihnen gar nichts übrig, als die Autorität der Tradition anzuerkennen. Sie konnten es nicht zugeben, daß die Lehre der Väter für sie nicht verbindlich sei. Wenn Dioskoros ihre Annäherung an die Häretiker (Nestorios) hervorhob, so mußten sie sich gegen diesen Vorwurf verteidigen. Dementsprechend behauptete auch Leo, mit den Vätern übereinzustimmen: "Dies ist der Glaube der Väter, der Glaube der Apostel, der Glaube der Rechtgläubigen. Dieser Glaube hat die Welt gerettet"[740], schloß er seinen Tomus ab. Dergleichen rechtfertigt das Konzil von Chalkedon seine Formel "... wie das Symbolum der Väter es uns überliefert hat".[741]

Als Dioskoros den Vorwurf erhob, die Bischöfe im Orient wichen von der Lehre der Väter ab, fühlte sich Domnos veranlaßt, gerade diese Beschuldigung zurückzuweisen: "Für diesen Glauben", so schrieb er,

---

[739] Mansi VII 105; ACO II 1,2, pg. 125 nr 26; vgl. J. Lebon, La christologie du monophysisme syrien, in Chalkedon I, 478, 510.

[740] ACO II, 1, 2, pg. 155 (351).

[741] ACO II, 1, 2 pg. 126-130 (322-326); Hefele II, 449-453.

“nehmen wir es auf uns, alles zu erleiden” wir verstehen ihn ebenso wie die seligen Väter ihn verstanden: Damasos, Bischof des großen Rom, Ambrosios von Mediolanon, Kyprianos, die Fackel von Libyen; eure Gestirne Alexandros, Athanasios und Theophilos, der selige Ignatios, Eustathios, der die Synode in Nikaia zierte, Meletios, der für seinen Glauben oftmals außerhalb seines Sprengels verbannt lebte, Flavianos, der das Exarchat desselben übernahm, Basilaios und Gregorios, die in der Diözese Pontike strahlten, Johannes und Attikos, welche in der Stadt des Königs das Hohepriesteramt verwalteten, und wenn sonst jemand vorhanden ist, der geredet hat, was mit den Worten dieser in Einklang steht. Mit diesen Männern sind wir einig ... “diejenigen, die von diesen Meinungen abweichen, nennen wir der Gnade fremd” (Syr. Akt. 147 ‘17-29’). Im gleichen Brief aber lehnte Domnos die Zwölf Kapitel Kyrills ab; in Wirklichkeit war er also gegen die Väter eingestellt. So forderte Dioskoros die Synode auf, das Urteil über ihn zu fällen. Die Akklamationen stimmten für die Väter und die Konzilien. Bischof Johannes von Sebastia erklärte: “Mit den Vätern Krieg zu führen, ist nicht anders, als sich selbst in Wunden zu stürzen, für die es keine Heilung gibt”.[742]

Gerade weil beide Seiten die Väter für sich in Anspruch nahmen, mußte Dioskoros auf den Nachweis aus den Vätern den allergrößten Wert legen. Eine rechtgläubige Aussage ist für ihn eine Aussage, die sich bei den Vätern nachweisen läßt; auch das Gegenteil gilt, eine irrgläubige Aussage ist eine solche, die in der Patristik nicht nachweisbar ist. Daher forderte er, daß der Nachweis aus den Vätern nicht nur behauptet, sondern auch überprüft werde: “*Dioscorus reverendissimus episcopus Alexandriae dixit: ‘Manifeste ideo damnatus est Flavianus, quoniam post adunationem duas dixit naturas. Ego autem testimonia habeo sanctorum patrum Athanasii, Gregorii, Cyrilli in multis locis, quia non oportet dicere post adunationem duas naturas, sed unam naturam Dei Verbi incarnatam. Ego cum patribus ejicior: ego defendo patrum dogmata, non transgredior in alique; & horum testimonia non simpliciter, neque transitorie, sed in libris habeo. Ut vero omnes petierunt, & ego rogo reliqua recenseri*”.[743]

Hinzu hat Dioskoros dem Denken der orthodoxen Kirche seine eigentümliche Gestalt gegeben. Auch die späteren Theologen machen denselben Gebrauch wie er von dem Väterbeweis. Ihre literarische Pro-

742 J. Flemming, ebd. pg. 149 ‘40-41’.
743 Mansi VI 683; ACO II, 1,1, pg. 117 nr. 299.

duktion besteht zum größten Teil, bisweilen durchweg, in der Zusammenstellung von Väterformeln. Sie drücken ihre eigene Meinung mit den Worten der Väter aus, weil sie keinen angemesseneren Ausdruck für die Wahrheit kennen.[744] Das geschieht, weil die Tradition heilig ist; weil der Heilige Geist durch die Väter gesprochen hat, sind ihre Lehren eine uns verpflichtende Richtlinie.
Aber bald nachdem der Väterbeweis von Kyrillos entdeckt und von den Orthodoxen als ein überzeugendes Argument verwendet worden war, wurde er zu einem theologischen Problem. Die "Eranistes"[745] des Theodoretos von Kyrros, die in Alexandrien auf heftige Kritik gestoßen war, verschärfte dieses Problem: "... Welche Väter kann er anführen, die einen solchen Ausspruch getan haben? Denn bei den heiligen Vätern ist das Gegenteil hiervon zu finden: denn diese haben fortwährend zwei Naturen gepredigt. Nennst du nun den Apolinarios, Eunomios, Asterios und Aeios Väter? Sie haben doch diese Lästerung erzeugt!".[746]

Als nunmehr die Diophysiten die gleiche Beweisführung benutzen konnten, ging Dioskoros daran, seinen Begriff von den "Vätern" genauer zu bestimmen. Der Beweis dafür, daß die früheren Väter durch den Heiligen Geist gesprochen hatten, ist ihre Übereinstimmung mit der apostolischen Lehre und der katholischen Lehre. Mit anderen Worten: ein Kirchenlehrer gewinnt erst eine Autorität, wenn er mit den allgemeinen Synoden in Einklang steht. So kommt Dioskoros dazu, den beiden Quellen, das sind die Heilige Schrift und die Väterüberlieferung, eine dritte hinzuzufügen: nämlich die ökumenischen Konzilien.

Die ökumenischen Konzilien

Die Begründung der Tradition durch sich selbst bedeutet, daß ein Konzil nur durch ein folgendes Konzil endgültig und verbindlich als ökumenisch anerkannt werden kann. Das Konzil von Nikaia wurde in Ephesos (431) kanonisiert und als unerneuerbar festgelegt.[747] In derselben Weise wurde das Ephesinum I. durch das Ephesinum II. kano-

[744] So ist das vor allem charakteristisch für die Schriften von Timotheos Ailuros, Severos von Antiochien und Benjamin I.
[745] Vgl. o. Seite 2020 und die dazugehörige Anmerkung 64.
[746] J. Flemming ebd. pg. 109 '17-20'.
[747] Mansi VI 633; ACO II 1,1, pg. 92.

nisiert und gewann dieselbe Stellung wie das Nicaenum.[748] Das zweite Ephesinum dient dazu, die beiden vorausgegangenen Konzilien als zwei nach dem Namen, eins im Glauben[749] zu definieren. Dioskoros hat sich nun nicht dazu geäußert, ob diese zwei Konzilien der Abschluß der allgemeinen Synoden seien; er nahm aber jedenfalls das von ihm geleitete Konzil von 449 in demselben Sinn als Abschluß der Konzilientradition[750], wie er mit der von ihm vertretenen Lehre den Abschluß der Vätertradition konstatierte.

Anders war dagegen seine Stellung zu der Synode von 381. Diese beurteilte er nicht anders als sein Vorgänger Kyrillos. Erst lange nach dem Pontifikat der beiden wurde das Konzil von Konstantinopel (381) am Nilufer anerkannt. Rom selber, der Verbündete Alexandriens, hat diese Synode erst nach dem Abbruch der Beziehungen zwischen Leo und Dioskoros anerkannt.[751] Das hing damit zusammen, daß die Synode von 381 Alexandrien an die dritte Stelle zurückdrängte und den Primat des Ostens Konstantinopel zusprach. Freilich war die Sympathie für den alexandrinischen Verbündeten nicht die alleinige Triebfeder Roms bei seiner Ablehnung des Konzils. Es war vielmehr so, daß das Konzil von 381 die wirkliche Bedeutung einer Stadt zum Maßstab ihrer kirchlichen Bedeutung machen wollte. Auf diese Weise war Konstantinopel, die Hauptstadt des Kaisers, mit dem Primat im Osten beschenkt worden. Damit waren die Ansprüche Roms wie Alexandriens verletzt, die sich allein auf kirchliche Gründe, den ursprünglichen Zusammenhang mit dem Apostel Petrus stützten. Schon damals war die Theorie, daß die wichtigsten Mutterkirchen unmittelbare oder mittelbare Gründungen Petrus' seien, aufgestellt worden.[752]

Zu diesem kirchenpolitischen Grund kam nun auch noch der dogmatische. Die Synode von Konstantinopel fügte dem Bekenntnis von Nikaia etwas hinzu. Darin sahen die Konservativen eine unzulässige Neuerung, die sich über das Verbot des Nicaenums hinwegsetzte, seinem Symbol etwas hinzuzufügen oder etwas davon hinwegzunehmen. Darin liegt die kirchenpolitische Bedeutung des Ephesinums von 431. Es rehabilitierte Alexandrien, erkannte ihm das Primat des Ostens

[748] ebd.
[749] Mansi VI 628; ACO II 1,1, pg. 89.
[750] Bezeichnend ist der Satz des Pelagios über das Ephesinum II.: "Diese Synode ist, wie ich glaube, die letzte aller Synoden durch den Heiligen Geist, der sie dazu eigens, die letzte zu sein, versammelt hat": J. Flemming, ebd., pg. 85 '36-38'.
[751] Vgl. o: S. 40, S. 204 Endnote iii und S. 140 FN 669.
[752] Ein Hinweis meines verehrten Lehrers Herrn Prof. Kraft.

wieder zu und legte die konservative Stellungnahme zu dem Nicaenum fest. Darum hat die Synode von 449 ausschließlich die beiden Konzilien von 325 und 431 kanonisiert. Dioskoros nannte das Konzil von 431 das zweite Konzil.[753]

Es ist dabei zu beachten, daß die drei Autoritäten, Schrift, Väter und Konzilien nicht drei von einander verschiedene Glaubensquellen darstellen, sondern nur eine einzige Quelle des Glaubens sind. Die Auslegung der Schrift ist Bestandteil der Tradition, die Kanones der Konzilien fassen die biblische Belehrung zusammen, die synodalen Definitionen gehen auf die orthodoxen Väter zurück. Die Beschlüsse des Nicaenums und des Ephesinums sind normativ als Erklärung und Auslegung der Schrift und als Zusammenfassung der orthodoxen Überlieferung der Väter. Die dritte Quelle, die Konzilien, ist das Siegel der ersten beiden, der Heiligen Schrift und der Vätertradition. Des Dioskoros Verständnis der Glaubensquellen kulminiert daher in seinen Aussagen über die Autorität der allgemeinen Synoden; in diesen ist Schrift und Tradition endgültig zusammengefaßt. "Dies haben uns diejenigen überliefert, welche von Anfang an Zuschauer und Diener des Wortes waren[754]; dies sind die Lehren der alten (Nikaia) und neuen (Ephesos) Synode."[755]

Daß es sich bei der Anerkennung der verbindlichen Autorität der Synoden von 325 und 431 für Dioskoros um eine Grundaussage eines Glaubens handelte, erkennen wir aus den zahlreichen Erklärungen, die er bei jeder Gelegenheit abgegeben hat: "... die heilige und ökumenische Synode von Nikaia und ihre Schwester und Gesinnungsgenossin – damit meine ich die Synode von Ephesos (Syr. Akt. 135, '6-10') – sind die beiden großen und ***alleinigen*** Synoden" (ebd. S. 137, '45-46'). "Warum scheuen sich gewisse Leute – (das heißt die Nestorianer des Orients) – nicht vor dem Unterfangen, die Synode in Ephesos zu verkleinern und sie von der einst in Nikaia stattgefundenen heiligen Synode loszulösen, während doch beider Aufgabe eine einzige war: zusammen für den Ruhm Christi zu streiten? Die eine hat den Areios, die andere den Nestorios abgesetzt.[756] Die erste hat die Lehre von der

---

[753] Vgl. Mansi 626, 643; ACO II, 1,1, pg. 88f, pg. 96.; Theodoret ep. ad Flav. (86): pg. 83, 128 OD; Lequien, Gr. Christ. de Patr. Const., I 5, (t. I, col. 15-22); J. Flemming, ebd., pg. 179 (Tim. Alex. ad Syn. Aquil.)

[754] Lk. 1,2; 1. Joh. 1,1.

[755] J. Flemming, ebd., pg. 137 '3-4'.

[756] J. Flemming, ebd., pg. 143 '21-25'.

Trinität, die zweite die Christologie festgelegt".[757] Nachdem beide theologischen Probleme geklärt worden waren, sah Dioskoros für eine neue Synode keine andere Aufgabe mehr, als die Beschlüsse der beiden vorangegangenen Konzilien zu bestätigen.[758] Als das Ephesinum II. diese Beglaubigung vollzogen hatte, blieb kein Grund mehr, ein neues Konzil einzuberufen. Diese theologische Tatsache bringt Dioskoros in seinem Rundschreiben[759] zum Ausdruck, das er auf Anweisung des 'gottliebenden Kaisers' im Anschluß an das Ephesinum II. herausgibt. Also schreibt Theodosios an Dioskoros: "... eure Frömmigkeit möge ein Rundschreiben anfertigen, welches dieses unser gottliebendes Gesetz enthält, die Auseinandersetzung unseres heiligen Glaubens und die Definition der beiden erwähnten Synoden: 'daß niemand diesem (dem Glauben) auch nur ein Wort hinzusetze oder hinwegnehme, noch sich unterfange, den Glauben auszulegen, da doch der Glaube sich selber Ausleger und jedermann verständlich ist'.[760] Aus dem gleichen Grund war Dioskoros mit der Einberufung einer neuen Synode in Chalkedon nicht einverstanden; das Synaxarion berichtet: "... Als Dioskoros zur Synode (von Chalkedon) eingeladen war, sagte er: 'was mangelt dem Glauben, daß diese große Menge sich versammelt?' ... 'ist diese Synode nach Absicht des Herrn Christus versammelt, so werde ich dabei sein und sprechen, wie der Herr durch meinen Mund antwortet. Ist diese Synode nach Absicht des Kaisers versammelt, so möge der Kaiser seine Synode nach seinem Wunsch verwalten'."[761]

Die Konzilsdoktrin des Dioskoros läßt sich unmißverständlich darlegen, denn er selbst hatte eine allgemeine Synode geleitet.[762] Die theologischen Anhaltspunkte seiner synodalen Vorstellung können wir aus der Durchführung des Ephesinums II. entnehmen. An erster Stelle soll hier betont werden, daß das Bewußtsein vom Heiligen Geist in alle Wahrheit geleitet wurde. Von ihm war Dioskoros bereits in seiner Person durchdrungen. Die Führung durch den Heiligen Geist gehörte zu seinen Grundüberzeugungen. Über diese Gedanken hinaus geht aber die Vorstellung von der Leitung der Synoden durch den Heiligen Geist, welcher in der Gesamtheit der Bischöfe und in jedem einzelnen

757 Der Satz ist vom Manuskript nicht vollständig gegeben worden, so habe ich ihn rekonstruiert. J. Flemming ebd. pg. 143 '25ff.'.

758 Vgl. Kapitel: Die Zweite Ephesinische Synode von 449 o.S. 48.

759 J. Flemming, ebd., pg. 154 ff.

760 J. Flemming, ebd., pg. 152/5.

761 Synaxarion 7. To'ut: PO t. I, p. 22 (236).

762 Siehe oben: Kapitel: Die Zweite Ephesinische Synode S. 48.

Teilnehmer lebendig ist. Für Dioskoros war das heilige Konzil nicht etwa ein kirchliches Parlament. Durch das Konzil offenbart sich der Heilige Geist. Daher wird nicht abgestimmt. Dioskoros hat in Ephesos keine Mehrheit festgestellt, die die Minderheit auf der Synode rechtlich bindet, denn der Heilige Geist widerspricht sich nicht. Wer gegen die Synode steht, ist gegen Gott, ist Ketzer.[763] Am Ende ihrer Sitzungen berichteten die Synodalen dem Kaiser von ihren Beschlüssen und schrieben von den Verurteilten: "... sie wurden von uns einmütig schuldig gesprochen und haben wie durch eine Stimme und durch eine Zunge den allgemeinen Urteilsspruch empfangen"[764] In dieser Art wurden auch die anderen Bischofsversammlungen geleitet.[765] Auch die Zahl der versammelten Bischöfe kann die Wirkung des Heiligen Geistes nicht beeinträchtigen. So war das Ephesinum II. mit seinen 135 Teilnehmern vom Hl. Geist geleitet, nicht aber das Chalcedonensum mit seinen 350 Bischöfen.[766] Der Heilige Geist war auch mit den Vätern in Ephesos 431 gewesen: "Niemand bezweifelt es, ... wenn er der Stimme des Herrn eingedenk ist, die klar ausgesprochen hat: 'wo zwei oder drei in meinem Namen versammelt sind, da bin ich unter ihnen'.[767] Wenn nun, sobald bloß zwei oder drei zum Guten versammelt sind, alsbald Christus unter sie tritt, so bewirkt er, daß die Hörer vor der Versammlung zittern und sich fürchten".[768] Darin gründet sich auch das Dogma von der Unfehlbarkeit des Konzils. In Dioskoros wurde unmittelbar eine Inspiration wirksam, welche ihren sichtbaren Ausdruck in den Ausrufen und Akklamationen der Väter fand. Wie sehr er in diesen Vorstellungen lebte, zeigt sich in den Worten, mit denen er zu Ephesos 449 auf die Akklamationen gegen Ibas antwortete: "Das habt ihr nicht aus euch selber gerufen, sondern der Heilige Geist hat in euch geschrien und Christus, welcher von jedem verfolgt wird".[769]

Dioskoros hatte am Ephesinum I. teilgenommen, nach dessen Vorbild er seine Synode geleitet hat. Jeder einzelne Bischof äußerte seine Meinung in der Form der *depositio* oder *interlucutio*. Wenn es der

---

[763] So bezeichnen die Synodalen von Ephesos 449 diejenigen, die nicht mitakklamiert haben: "Die da schweigen, sind Ketzer". J. Flemming, ebd. pg. 123 '29-30'.

[764] J. Flemming, ebd., pg. 162 '17-19'.

[765] Vgl. E. Schwartz, Über die Reichskonzilien von Theodosius bis Justinian, in GS, S. 113.

[766] Über die Teilnehmerzahl beider Synoden vgl. noch einmal den Beitrag von E. Honigmann, The Original lists of the Members of the Council of Nicaea, the Robber-Synod and the Council of Chalcedon, in Byzn 16 (1944) 20-80.

[767] Matt. 18, 20.

[768] J. Flemming, ebd., pg. 143 '14-211.

[769] J. Flemming, ebd., pg. 57 '10-12'.

Zeitmangel erforderte, äußerte sich die Mehrzahl der Synodalen in der Form der acclamatio (φωναί); beide Formen wurden protokolliert. Nachdem 21 Bischöfe einzeln den Richtspruch gesprochen hatten, sagte Dioskoros: "Da es euch in eurer Gottesfurcht zeitlich nicht möglich ist, daß ein jeder einzelne von euch seinen Urteilsspruch sage, so laßt uns mit allgemeinen Zurufen, wenn ihr wollt, dem gefällten Urteil zustimmen".[770]

Hier kommen freilich biblische und antike Anschauungen überein, die beide einen um so stärkeren Einfluß des Heiligen Geistes am Werk sahen, je einhelliger und lauter die Rufe waren. Aus diesem Grunde haben die Akklamationen auf den alten Konzilien eine so große Rolle gespielt. Für die Theologie des Chrysosthomos ist dagegen diese Vorstellung von der Art und Wirkung des Geistbeistandes nicht weiter auszunützen; sie bleibt innerhalb der allgemeinen Vorstellungen dieser Zeit.[771]

Immerhin gehört sie aber so eng mit den Vorstellungen des Dioskoros von der kirchlichen Tradition zusammen, daß er von vornherein der Meinung sein mußte, die Synode von Chalkedon habe sich ohne den Heiligen Geist versammelt[772], und die Akklamationen der Bischöfe haben daher miteinander nicht übereinstimmen können.[773] Diese Auffassung von der Führung der Synoden durch den Heiligen Geist ist der Grund dafür, daß der außenstehende Beobachter auf den ersten Blick den falschen Eindruck bekommt, die Synoden seien despotisch geleitet, und suggestiv gelenkt. Dioskoros selbst – das bezeugen die griechischen und syrischen Akten – verhielt sich in seiner Meinung völlig abhängig; er wollte der Stimme der himmlischen Unterweisung, der Wirkung des Heiligen Geistes, gehorsam sein. Das zeigte sich vor allem in der Eintracht der Synodalen. Er will in seiner theologischen Haltung nie eine private Meinung vertreten, sondern er bevorzugt die Bezeichnung: "Wir (Dioskoros) und die Ägyptische Synode".[774]

---

770 J. Flemming, ebd., pg. 67 '43-45'.

771 Vgl. M. Goemans, in Chalkedon I 285.

772 vgl. S. 26.

773 vgl. die Schilderung oben.

774 Aus einem Brief an Domnos: J. Flemming, ebd., pg. 137, '35-36'. Sehr interessant ist dabei die kühne theologische Haltung des Dioskoros. Er selbst steht der von ihm geleiteten Synode kritisch gegenüber. Trotz der einmütigen und übereinstimmenden Haltung der Synodalen bittet er sie, Ruhe zu wahren: "Gewährt der Synode Stillschweigen! Denn es steht geschrieben: 'Die Worte der Weisen sollen in Ruhe angehört werden'. Lärmen wir nicht! Geben wir den Ketzern keinen Vorwand! Ich weiß, daß eure Zuneigung gottliebend ist: sie ist ja überzeugt, von Bischof, Klerus und Laien, daß sie für den Glauben reden. – Aber die Ordnung ist (wieder)da".

Der zweite Grundsatz in der Konzilstheologie ist Ausdruck und Wirkung des ersteren und der Führung durch den heiligen Geist. Eine von Gott geleitete Synode kann niemals das abschaffen, was Gott einst offenbart hat, ob in der Heiligen Schrift, in der Väterüberlieferung oder durch das frühere Konzil. Dieser Glaube an die in der Tradition der Väter für die Kirche gegebene Wahrheit ist nun nichts Totes oder Starres, wie man meinen könnte. Er ist vielmehr lebendig durch das Bewußtsein, die Tradition, daß es die Offenbarung Gottes ist, vom Heiligen Geist behütet und bewahrt. Diese Grundüberzeugung gibt den Ausschlag für die theologische und besonders für die christologische Haltung des Dioskoros. Die beiden Konzilien von 325 und 431 sind die letzte Offenbarung Gottes. Daß es sich bei der Erkenntnis ihrer verbindlichen Autorität für Dioskoros um eine Grundaussage seines Glaubens handelte, erkennen wir aus der Rede, die er am 8. August 449 bei der Eröffnung des Reichskonzils zu Ephesos gehalten hat: "Damit ist uns der Inhalt der Dekrete unserer christlichen Kaiser bekannt geworden. Sie haben die Berufung dieses Konzils veranlaßt wegen der Auseinandersetzungen, die in Konstantinopel stattgefunden haben. Deshalb muß zunächst das erwähnt werden, was dort geschehen ist. Darauf muß billig ausgeführt werden, was in den heiligen Konzilien in der früheren Zeit verhandelt worden ist. Es sind ja klare und deutliche Entscheidungen, die die Konzilien beschlossen haben; sie sind demgemäß bekannt innerhalb der Kanones, und wir dürfen sie nicht übertreten. Unser christlicher König hat die Berufung dieser Synode wegen manchem verlangt, was früher geschehen ist, also nicht, um den Glauben auszulegen, der ja von unseren Vätern schon ausgelegt worden war. Vielmehr besteht unsere Aufgabe jetzt darin festzustellen, ob die kürzlich geschehenen Dinge (der synodos endemousa) mit den Entscheidungen unserer heiligen Väter übereinstimmen ... oder wollt ihr etwa eine Neuerung des Bekenntnisse unserer reinen Väter einführen?!".[775]

Nachdem das Ephesinum II. stattgefunden hatte, gewann es auch die Autorität der beiden ersten Konzilien, wie das in dem Rundschreiben des Dioskoros im Anschluß an die Reichssynode ausgedruckt ist: "... keiner darf die Satzung der dreihundertachtzehn Bischöfe und die Bestimmungen der beiden in Ephesos versammelt gewesenen heiligen Synoden beeinträchtigen".[776] "Neuerung" bedeutet nicht viel weniger als Häresie. Die Beschlüsse der Synode Flavians von 448 wurden

[775] Vgl. Al-Bermāwī 47/8 mit den anschließenden Akklamationen der Väter.
[776] J. Flemming, ebd., pg. 155 '27-30'.

daraufhin geprüft, ob sie mit den Vätern übereinstimmend waren oder nicht. So geschah es, daß das Schicksal Flavians schon am ersten Sitzungstag besiegelt war; er erschien als ein Mann, der einer Erneuerung des Glaubens das Wort geredet habe.

Die Bedeutung der Lehrquellen für die Christologie des Dioskoros

Man kann sich das auch auf folgende Weise vergegenwärtigen. Dioskoros hatte immer die Einheit der beiden Naturen bekannt, ohne je im Geringsten daran zu zweifeln, daß eben dieser Glaube die Orthodoxie war. Sein Glauben an die Einheit der beiden Naturen gründet sich nicht etwa darin, daß er auf irgendeine Weise geforscht oder spekuliert hätte, bis er selber zu diesem Ergebnis gekommen war. Er hat vielmehr die Lehre angenommen, weil sie von den Vätern gewährt war. Wenn man ihn nach den Gründen gefragt hätte, aus denen er an die Einheit der beiden Naturen in Christo glaubte, so hätte er keine Antwort aus der Sache heraus gegeben. Es kam für ihn ausschließlich darauf an, ob die Väter und die Kirche so geglaubt hatten und ob die Lehren der Väter für ihn verbindlich waren. Diese lagen ja vor allem in den Entscheidungen der großen Konzilien vor; an denen wollte er ganz besonders festhalten. Und nun verstehen wir, welche besonderen Vorstellungen für ihn damit verbunden waren. Die Väter, das heißt die Konzilien, waren seiner Meinung nach vom Heiligen Geist geleitet; wer ihnen widersprach, der leugnete oder führe Neuerungen ein und verleugnete im Grunde den Heiligen Geist selbst, der diese Lehren offenbar hatte.[777]

Aus diesen Gründen mußte Dioskoros in einem Abweichen von den ökumenischen Entscheidungen eine Sünde gegen den Heiligen Geist sehen. Denn diese Entscheidungen wurden ja von ihm als unmittelbar inspiriert betrachtet. Er sagte: “Ich sage: es wird überliefert, daß, wenn ein Mensch gegen einen Menschen schuldig geworden ist, für ihn um die Verzeihung Gottes gebeten wird. Wenn einer aber gegen den Herrn (den Heiligen Geist) schuldig geworden ist, wer bittet dann für ihn?” (da er ja den Fürsprecher beleidigt hat). “Wenn der Heilige Geist also mit den Vätern gewesen ist, wie es offensichtlich der Fall war, dann befahl er auch dem zu gehorchen, was von ihnen entschie-

[777] siehe Seiten 31-38.

den worden ist. Derjenige also, der das leugnet, hat die Gnade des Heiligen Geistes getilgt".[778] In dieser Überzeugung hat die Reichssynode von 449 schon auf der ersten Sitzung[779] den Beschluß von 431 erneuert: "die Bestimmung (ὅρος) der dreihundertachtzehn in Nikaia versammelten Bischöfe in keinem Teil zu verderben und sich nicht zu unterfangen, etwas hinauszusetzen oder hinwegzunehmen."[780] Diese "Erneuerung", das heißt die Lehre der Väter neu zu bestätigen und neu zu bezeugen, war für Dioskoros eine notwendige Aufgabe. Aber Neuerungen, die Bedeutungen und Glaubenssätze abschaffen oder einführen, galten für ihn als Häresien.

Die Hauptabsicht der Synode von 449 bestand darin, Glaubensneuerungen zu bekämpfe.[781] Demgegenüber ist Chalkedon berufen worden, um die damals zurückgewiesenen Neuerungen zum Sieg zu führen. Eusebios von Dorylaion wollte leugnen, daß es eine Definition gibt, die die Zufügung zum Symbol verbietet.[782] Als die ephesinischen Akten in Chalkedon verlesen wurden, kam man an die Stelle, wo Dioskoros spricht: "Ich untersuche die Erlasse der Väter" (das heißt in den Konzilien). Da sprang Eusebios auf, der zwei Jahre vorher in Ephesos verurteilt worden war, und rief: "Sieh, er sagt, 'ich prüfe'; **ich** tue auch dasselbe". Sofort wies ihn Dioskoros zurück: "Ich habe gesagt 'ich untersuche' nicht 'ich mache Neuerungen'. Unser Erlöser hat uns geheißen, in der Schrift zu forschen. Das ist keine Neuerung".[783] (Eusebios verteidigte sich dann mit derselben Bibelstelle: "er hat gesagt: suchet, so werdet ihr finden".[784] Seit der frühen Zeit der alexandrinischen Kirche erhielten deren Bischöfe anläßlich der Bischofsordination Gratulationsschreiben, in denen ein Bekenntnis des Verfassers zu dem überlieferten Glauben ausgesprochen war. Es mußte darin stehen, daß der Verfasser an der Tradition und den Vätern ohne Neuerung festhalte. Die Sitte mag sich seit den Zeiten, als man noch im Abwehrkampf gegen die Gnosis stand, aufrecht erhalten haben. Zur Zeit des Pontifikats des Dioskoros war die Schatzkammer des alexandrini-

---

778 Al-Bermāwī 48.

779 Dieser "h(oros)" wurde von der ersten und von der gegenwärtigen Ephesinischen Synode aufgestellt. In dieser Stelle erwartet man dafür doch "πίστις"; daher ist ὅρος vielleicht fehlerhaft.

780 Der Wortlaut dieses Satzes wird immer wieder in verschiedenen Versionen zitiert.

781 vgl. J. Flemming, ebd., 161 '30-36, '47-52',162 '20-21'.

782 Vgl. o. S. 111.

783 Mansi VI 633; ACO II 1,1, pg. 92 nr. 168. Man sieht darin, daß das Naecenum erst durch das Ephesinum I. diese seine Bedeutung gewonnen hat; das Ephesinum I. durch das Ephesinum II.

784 Mansi VI ebd. ; ACO II 1,1, pg. 92, Eusebios beruft sich hier auf Matt. 7,7.

schen Patriarchates voll von diesen Dokumenten. Dioskoros bezog sich darauf, als er in Chalkedon erklärte, er besitze zahlreiche Schriftstücke, die beweisen konnten, daß die orthodoxen Väter sich stets zu der vereinigten Natur des inkarnierten Logos nach der Menschwerdung bekannt haben.[785]

In Ägypten war es ohnehin Sitte, daß die Kleriker vor ihrer Ordination einen Eid ablegen mußten, daß sie sämtliche Neuerungen der Theologie ablehnen würden. Neuerung ist dabei der Abfall von der Orthodoxie. Als Proterios das Amt des alexandrinischen Bischofs usurpiert hatte, warf ihm Petros Mongos, der Archidiakon des Dioskoros, vor: "Er hat sich die Größe und die Macht geraubt zu seinem eigenen Verderben; denn unter Bannflüchen hat er vor Gott und vor unserem Vater (Dioskoros) geschworen, daß er keinen anderen Glauben annehmen werde als den von Nikaia".[786]

Zu den entschlossenen Vertretern der Orthodoxie gehörte auch das morgenländische Mönchstum, das sich für die Sache des Dioskoros stark einsetze. Gerade dadurch, daß es nicht willens war, sich den kaiserlichen Anordnungen zu fügen, kam es, daß die Berufung der Synode von Chalkedon und die Neuerung im Glauben den ganzen Osten jahrzehntelang in Unruhe versetzt hat. Das mag die folgende Äußerung des Einsiedlers Johannes aus der Thebais gegen den Kaiser veranschaulichen. Nachdem die Einberufung der Synode von 451 bekannt geworden war, schrieb dieser Johannes an den Kaiser: "Wenn du den Glauben der Väter von Nikaia bewahrst und seine Vorschriften einhältst, ohne etwas hinzuzufügen oder etwas abzustreichen, so wirst du vierzig Jahre (das heißt: sehr lange, aber auch sehr friedlich) auf dem kaiserlichen Throne ohne Sorgen und Verwicklung regieren; wenn du aber den Glauben von Nikaia zerstörst, indem du irgend etwas hinzufügst oder irgend etwas abstreichst und den trügerischen Aussichten der Gegner der Heiligen Kirche folgst, wirst du nur sechs Jahre (kurze, unruhige Zeit) in Aufständen leben".[787] Aber auch hier sieht man, daß als Neuerung des Glaubens das Hinzufügen oder das Wegnehmen von den Beschlüssen der Synode von Nikaia zu verstehen ist.

785 Vgl. Mansi VII 105, VI 628; ACO II 1,1, pg. 117.

786 Theopistos 291/2; aṯ-Ṯalāṯat Maqārāt 195/5.

787 Theopistos 266/7.

Die drei Autoritäten: Schrift, Väter und Konzilien, die Dioskoros als Quellen der orthodoxen Lehre ansah, waren auch von seinen Gegnern dem Prinzip nach anerkannt. De facto aber haben sie sich von diesen Autoritäten dispensiert. Das bedeutete, daß sie dem Dioskoros darin nicht widersprechen konnten, als dieser die Auslegung des Kyrillos als den einheitlichen Boden bezeichnete, auf dem die Parteien sich einigen sollten. Sie haben sich nur mit ihren Worten zu Kyrillos bekannt, ihn aber praktisch nicht angenommen; denn das richtige Verständnis Kyrills, wie es Dioskoros vertrat, bestand einzig und allein in der Annahme des "aus zwei Naturen".[788]
Schließlich fragt man sich, welche Rolle die Vernunft des einzelnen Menschen spielt, wenn die Theologie des Dioskoros sich ja auf die Bestätigung und Bewährung der Überlieferung beschränkt.

Diese Frage beantwortet Dioskoros entschieden, daß der menschliche Verstand, wenn dieser richtig geleitet wird, das anerkennt, was in der Überlieferung enthalten ist: "... dies wird man nicht bezweifeln, falls man einen richtigen und heiligen Verstand anwendet".[789] Der Satz richtet sich vor allem gegen die Glaubensrationalisierung und den Intellektualismus der Antiochener.[790]

Wie alle Wahrheit, so ist auch die Christologie für Dioskoros[791] Inhalt der Offenbarung. Die Lehre von Christus ist von Gott in der Heiligen Schrift offenbart; der Heilige Geist hat sie durch die Väter und die Konzilien ausgelegt. Da sie vollkommen mitgeteilt worden ist, so braucht sie nicht mehr durch menschliche Willkür oder freies Ermessen verständlich gemacht zu werden. "Denn wir", so schreiben Dioskoros und die Synodalen am Ende der Reichssynode, "die wir dies aus der göttlichen Schrift erlernt haben: 'Verrücke nicht die uralten Grenzen, welche deine Väter gesetzt haben!'".[792] Die Rechtgläubigkeit wird niemals durch einen intellektuellen Beweis oder eine rationale Begründung festgestellt, sondern sie steht ausschließlich in der Übereinstimmung mit der heiligen und echten Überlieferung.[793]

---

788 In dieser Weise versteht Dioskoros selbst die Unionsformel: vgl. seinen ersten Brief an Domnos; J. Flemming, ebd., pg. 137 '6-6'.

789 J. Flemming, ebd. pg. 143 '17'.

790 Das ist der Zweck seines Schreibens an Domnos von Antiochien: J. Flemming, ebd. 140/3.

791 Das Thema der Christologie heißt bei Dioskoros "Das Mysterium der Menschwerdung": J. Flemming, pg. 137 '18-19'.

792 Proverbia 22, 28: J. Flemming. pg. 162 '30-31'.

793 Vgl. z. B. die Akklamationen für Dioskoros: J. Flemming 144 '3-8', 145 '4-10'.

Dieser Glaube spiegelt sich in dem Briefstil des Dioskoros. In seiner schriftlichen Darlegung geht er nicht von einem rationalen Beweis aus, wie man dieses im antiochenischen Schrifttum gelegentlich beobachtet. Vielmehr handelt es sich im wesentlichen um Mahnungen, die biblische Lehre, die Väterüberlieferung und die Entscheidungen der Konzilien wiederholen. Er ist der erste Kirchenvater, der diese drei Quellen nebeneinandergestellt hat und sie als die einzigen Lehrquellen bezeichnet hat; bei keinem anderen Theologen haben wir je zuvor diese Theorie in dieser Entschiedenheit aufgestellt gefunden.

Denkbar ist lediglich eine Stellungnahme der Theologen zu den verschiedenen Häresien, durch die sie mit Einschränkungen und Vorbehalten die Grenze der göttlichen Lehre absichern, um Orthodoxie und Blasphemie zu unterscheiden. Demgegenüber ist die Christologie Theodorets und Leos als Vertreter der antiochenischen und der abendländischen Theologie eine rationale Abbildung Christi, die insofern wenigstens teilweise, von ihrer eigenen Interpretation abhängig ist. Beide stehen darum einer Art Scholastik viel näher als Dioskoros, der sich bewußt ist, daß die von ihm vertretene Lehre als Quelle die Offenbarung des Heiligen Geistes hat.

Bei seinem Festhalten an den Lehren der Väter ist Dioskoros auch von einem starken Interesse geleitet. Es handelt sich hier nicht nur um eine Sache der Theologie[794], sondern auch um eine Sache der Frömmigkeit. "Meine einzige Absicht ist es, den katholischen Glauben und keinen anderen Glauben zu bewahren. Ich rechne auf Gott und nicht auf irgendeinen Menschen; ich achte auf nichts, außer auf meine eigene Seele und den rechten Glauben".[795] Wenn Dioskoros für die Wahrheit kämpft, dann geht es ihm auch um das eigene Seelenheil, Und nicht nur um das eigene, auch um das Heil der ihm anvertrauten Gläubigen.

"Dioskoros", so schreibt Petros, der Iberer, in seiner Biographie[796], "das Oberhaupt der Bischöfe Ägyptens, der Eiferer für die Wahrheit und Streiter für die Gottesfurcht, wurde in die Verbannung getrieben,

---

794 Der Begriff "Theologie", so wie er dem Verständnis des Dioskoros entspricht, muß als die Frömmigkeit, das heißt die Verbundenheit mit Gott, ausgelegt werden, deretwegen Gott sich dem Menschen offenbart und ihn unmittelbar die Erkenntnis der Gottheit (Theologiae) zuteil werden läßt. "Theologie" bedeutet hier also keinesfalls eine wissenschaftliche Disziplin.

795 Mansi VI 633; ACO II 1,1, pg. 92. Vita Petri Iberi: ed. Raabe.

796 Petros der Iberer ist ein Zeitgenosse des Dioskoros. Er war Bischof von Majuma bei Gaza, das er mit seinen Mönchen im Jahre 453 nach Ägypten verlassen hat, wo er im Ennaton bei Alexandrien ein Kloster gegründet hat: vgl. E. Honigmann, Evêques et évêchés monophysites d'Asie antérieure au VIe siècle (CSCO 127, subsidia 2, Louvain 1951).

weil er der Gottlosigkeit nicht zustimmen wollte … in der Zeit des Abfalls und der Übertretung in Chalkedon … als die Schriftverleugnung aller dieser abtrünnigen Bischöfe, die Billigung des gottlosen Briefes Leos und die Erneuerung der schändlichen Lehre des Nestorios verkündigt wurde".[797] In diesem Sinne haben also auch seine Anhänger seinen Kampf verstanden. Der Streit für die Wahrheit ist ein Streit für das Heil.[798]

---

797 Vita Petri Iberi: ed. Raabe 52.

798 Die Verbindung von Lehre und Frömmigkeit als die "Theologie" haben auch im selben Sinn des Dioskoros seine Gegner vertreten. So spricht Leo in seiner Epistula dogmatica von einem "pietätlosen Lehrsatz": ACO II 2,1, pg. 24-33. Auch das Symbol von Chalkedon betont die Verbindung zwischen Dogma und Frömmigkeit: "Es würde zwar dieses weise und heilsame Symbolum der göttlichen Gnade zur vollständigen Erkenntnis und Befestigung der Frömmigkeit zu reichen, denn es lehrt über Vater, Sohn und den Heiligen Geist alles und deutet die Menschwerdung des Herrn denen, die es gläubig aufnehmen": ACO II 1,2 pg. 126/30 (322/26).

Die Christologie des Dioskoros

Es ist klar, daß Dioskoros der Christologie des Kyrill folgte, wie er sie bei Antritt seines Pontifikates vorfand. Christus – wie allgemein geglaubt wird – ein vollkommener Gott und ein vollkommener Mensch, gleich wesentlich mit dem Vater und mit uns; in ihm sind Gottheit und Menschheit vereinigt, doch nie gemischt, verschmolzen oder verändert worden; er ist ein und dieselbe Person, in seiner ewigen Präexistenz und in der Ökonomie[799] in der er die Absichten Gottes und die des Menschen erfüllt.

Dioskoros hat von Anfang an in seinem Denken einen anderen Ausgangspunkt als seine Gegner von Chalkedon. Deren Lehre mußte sein Denken und sein Sprechen von vornherein verletzen; einmal, weil es sich dabei um Neuerungen handelte, und zum anderen, weil sie seiner soteriologischen Überzeugung widersprachen. Er sah nicht ein, wozu eine neue Formulierung gut sein sollte. Die von ihm gebrauchten Termini erfüllten ebenfalls die Absichten, denen das Chalcedonense dienen wollte. Es ist ja nicht so, daß die alexandrinische Sprache nicht die permanente Dualität der Elemente in der Union erkannt hätte, auch wenn sie wenig davon spricht; aber sie erkennt sie durchaus an und, sofern die Umstände sie dazu zwingen, hat sie auch geeignete Formulierungen, in denen sie davon reden kann. Aber die ablehnende Haltung des Dioskoros richtete sich vor allem gegen die 'Neuerung'. Die Synode von Chalkedon bedingte eine Änderung der vom Ephesinum anerkannten Formel Kyrills, d.h. für Dioskoros: die Abschaffung des alten Ausdrucks und die Einführung eines neuen Ausdrucks.[800]

In seiner Anschauung folgte Dioskoros nicht dem eigenen freien Ermessen. Er ist dazu gezwungen, weil seine Grundvoraussetzung, die in seiner Christologie deutlich sichtbar wird, die Offenbarung der Lehren über Christus in der Tradition ist. Darum kann er sich von der Tradition auch nicht lösen, und er will vor allem kyrillisch bleiben (Kyrillos galt ja bis zu seinem Tode als Vertreter der Orthodoxie und gewann dafür die ökumenische Anerkennung). Man darf also niemals vergessen, daß bei Dioskoros das autoritative Argument der Tradition die Hauptrolle spielte. Er befand sich dauernd auf der Suche nach den schriftlichen biblischen und patristischen Quellen, und unter diesen benutzte er vor allem die Worte des Heiligen Kyrillos. Für ihn ist die

[799] Vgl. J. Lebon, La christologie du monophysieme syrien, in Chalkedon I 577f,
[800] J. Flemming, Akt. Ephes. Syn. 449, pg. 160 '31-32'.

Autorität dieses Vaters in allen Punkten entscheidend, und die Tatsachen zeigen, daß es keine Prahlerei ist, wenn er lehrt, seiner Lehre nicht nur halb, sondern bis zum Ende zu folgen.[801] Dasselbe galt auch für seine Nachfolger, die sich sämtlich durch ihre reichen Kenntnisse der Väterzeugnisse auszeichnen.[802]

Wir werden also sagen müssen, daß die Christologie des Dioskoros vorchalkedonisch war und so geblieben ist. Dioskoros lehnte die Neuerungen in Chalkedon in den christologischen Formeln ab; von der Permanenz "zweier" Naturen wollte er nichts wissen, einmal aus dem theologischen Grund, weil nichts erneuert werden darf, und zum anderen aus spezifisch christologischen Gründen, von denen noch zu sprechen sein wird. Er verweigerte also die Anerkennung des chalkedonischen Symbols nicht etwa darum, weil er die Doktrin abgelehnt habe, die von der Gegenwart und Permanenz der wahren Gottheit und der wahren Menschheit ungetrennt und unvermischt in Christo spricht; denn dies hatte er schon als Konservativer gelernt und gelehrt. Vielmehr stellen die Anschauungen des Dioskoros im Gegensatz zu denen Leos die natürlich Fortsetzung der traditionellen Konziltheologie dar.[803]

---

801 Vgl. J. Lebon, ebd. p 578.

802 Noch einmal seien Timotheos Ailuros und Severos von Antiochien als Beispiele angeführt; dafür vgl. vor allem: F. Cavallera, Le dossier patristique de Timothée Elure, dans: Bull Litt. Eccl. (1905); J. Lebon, Le monophysisme séverien (Louvain 1909).

803 A. Harnack hält den "Monophysitismus" für normale Entwicklung der griechischen Soteriologie.

Die Inkarnation des Logos

Es ist demnach klar, daß sich alle Sätze bei Dioskoros über die Christologie um das aktuelle Problem drehen: die Art der Vereinigung beider Naturen in Christo; – oder um es in den Termini des Dioskoros auszudrücken – die Art der Vereinigung der Gottheit und Menschheit in der einen Person Christi, denn Dioskoros nennt 'zwei' Naturen nur, wenn er das Verhältniswort 'aus' voranstellt.

Die Grundlage der Christologie ist die theologische Tatsache, daß die Menschwerdung Christi eine soteriologische Notwendigkeit ist. Auf diese Wirklichkeit, die Inkarnation, gründet sich der christliche Glaube, und zwar nicht nur als ein Dogma schlechthin, sondern als das Wesen des innerkirchlichen Lebens. Daher steht diese Frage im Mittelpunkt des eucharistischen Hochgebetes. Auch Dioskoros macht dieses zum Kern seiner Liturgie: "Als du sahest, wie unser Geschlecht dem Untergang verfallen und von dem bösen, geistigen Tier überwältigt war, da sandtest du den eingeborenen Sohn Gottes selbst zu seiner Erlösung in der Weise, daß er aus dem Heiligen Geiste und aus der Jungfrau Fleisch annahm und in einer fleischlichen Geburt geboren wurde".[804]

Die Auffassung des Dioskoros vom Inkarnationsgeheimnis

Die Inkarnation, die mit der Empfängnis beginnt[805], bedeutet, daß die Gottheit, die keinen Anfang hat, sich mit der Menschheit, der geschaffenen Natur, vereinigte. Mit besonderer Klarheit erklärt Dioskoros diesen Grundsatz: "Christus, der eingeborene und erstgeborene Sohn Gottes, ist derjenige, in dem und durch den alles ist, der unsretwegen Mensch geworden ist".[806]

Der inkarnierte Logos ist der Ausgangspunkt aller Christologien. Die Theologen unterscheiden sich aber in ihrem Verständnis für den geschichtlichen Jesus. So wollen wir die Christologie des Dioskoros an Hand seiner Aussagen in einem systematischen Rahmen so darstellen,

---

804 Anaphora Prisma Dioscori Alexandrini, in Anaphora Syriacae 1,7 (Romae 1944): Vol. I. - Fasc. 3, p. 276f.

805 Theopistos 279.

806 J. Flemming pg. 133 '35-37'.

daß auch ihre feinsten Nuancen deutlich zutage treten. Dazu wollen wir den inneren Aufbau dieser Christologie herausarbeiten, so daß wir im Lichte der Quellen analytische Betrachtungen anstellen und beurteilen können, wie das Christusbild des Dioskoros zustande gekommen war. Nur auf diese Weise wird es uns möglich sein, die Stellung des Dioskoros inmitten der christologischen Strömungen seiner Zeit genau zu bestimmen.

DER INKARNIERTE LOGOS IST GOTTES SOHN: Durch seine Menschwerdung verliert Christus nicht an Göttlichkeit: "So wurde er ganz und gar Mensch und blieb doch Gott ohne Änderung".[807]

Der Sohn Marias ist für immer, vom Augenblick der Empfängnis an, derselbe Sohn Gottes: "Wir bekennen, daß die Gottheit bei ihrem Herabkommen vom Himmel, wo sie zur Rechten ihres Vaters thronte, in den Schoß der heiligen Jungfrau Maria eintrat und daß er die Gottheit mit der Menschheit vereinte ... Auch bekennen wir, daß es für die Gottheit keinen Anfang gegeben hat, daß es kein Ende für die Gottheit und Menschheit geben wird".[808] Gegen die rationalistische Auffassung der antiochenischen Schule betont Dioskoros: "Sage nicht, seine Gottheit hätte am Jordan ihren Anfang genommen, als die Stimme des Vaters vom Himmel rief".[809] Es ist für Dioskoros geradezu eine theologische Selbstverständlichkeit, daß Jesus Christus ist: "Seit er sich im Schoß der Jungfrau befand, verband sich das Wort mit dem Fleisch".[810]

DER INKARNIERTE LOGOS IST DER MENSCHENSOHN: Ebenso wie die Gottessohnschaft betont Dioskoros die Zugehörigkeit Jesu Christi mit dem Menschengeschlecht. "Niemand sage, daß unserem Leib der heilige Leib fremdartig gewesen sei, den unser Herr von der Jungfrau Maria durch den Hl. Geist genommen hat ... Man erkläre den Paulus für einen Lügner, der doch sagt, daß er nicht von den Engeln, sondern von dem Samen des Hauses Abraham, welchem Maria nicht fremd war, den Leib genommenen habe, wie uns die Schriften lehren".[811]

---

[807] S. Anm. 804, Anaphora Dioscori Alexandrini, ebd. p. 277.
[808] Theopistos 279.
[809] Theopistos ebd.
[810] ebd.
[811] Ahrens-Krüger, Zacharias Rhetor, S. 7,8.

Die alexandrinischen Theologen haben seit den Tagen der arianischen Bewegung, die selbst zu Rechtshäresien geführt hatte, gelernt, nicht allein die Gottheit Jesu Christi gegen die Arianer zu verteidigen, sondern ebenso sehr auch die Menschheit des inkarnierten Logos gegen die antiarianischen Extremisten zu betonen. So sieht Dioskoros sich auch dazu genötigt, die vollständige Gleichheit des menschgewordenen Gottessohnes mit uns gegen doketistische und apollinaristische Ansichten zu vertreten, welche dem Glaubensinteresse widersprechen. Mit Berufung auf die Heilige Schrift hebt Dioskoros die Bedeutung der Menschheit Christi hervor, daß er nicht nur auf seiten Gottes, sondern ebenfalls auf seiten der Menschen, denen er auch angehört, steht. Das soteriologische Interesse veranlaßt ihn dabei, die Leiblichkeit des Herrn und das geistig-seelische Innenleben des Logos seiner Christologie einzuverleiben. Angesichts seiner klaren Dialektik, gleichzeitig die Gottessohnschaft und die Menschenbruderschaft Christi zu betonen, kann man nicht sagen, Dioskoros habe der Gottheit einen dominierenden Einfluß zugeschrieben, die die Menschheit Christi bei dem Erlösungswerk völlig untergeordnet hat. Der eingeborene Sohn Gottes selbst ist zur Erlösung des Menschengeschlechtes gekommen[812] "in der Weise, daß er aus dem Heiligen Geist und aus der Jungfrau Fleisch annahm und in einer fleischlichen Geburt geboren wurde, **ohne Scheinleib und ohne Trugbild**; so wurde er ganz und gar Mensch und blieb doch Gott, alles tuend und erfüllend zu unserer Erlösung[813] ... 'und es war recht, daß er in allem seinen Brüdern gleiche'. Das 'in allem' hat nichts von unserer Natur abgezogen, insofern sein Sehen, seine Haare, Adern, Knochen, Leib, Herz, Nieren, Leber und Lunge und – mit einem Wort zu sagen – all das, woraus wir bestehen, mit der Seele unseres Erlösers aus Fleisch zusammengesetzt ist, das samt seiner vernunftbegabten und selbstbewußten Seele ohne männlichen Samen und Wollust und Beischlaf von Maria geboren wurde. Denn wenn sich das nicht so verhält, wie die Häretiker es meinen, wie wäre er unser Bruder[814] genannt worden, wenn er sich eines, dem unsrigen

[812] J. Flemming 133 135-37'.

[813] Anaphora I Dioscori Alexandrini, in Anaphora syr. 1,7 Romae 1940: v1, 276f.

[814] Karl Adam hat die christologische Anschauung, die mit der Natureneinheitslehre verbunden ist, nicht richtig wiedergegeben: "In den monophysitischen Kirchen, die nur eine und zwar die göttliche Natur in Christus zuließen, ging der Sinn für die Heilsbedeutung der Menschheit Christi völlig unter ... Notwendig verbindet sich damit eine Umbildung der christologischen Vorstellungen, insofern als Christus nicht mehr als Anwalt auf seiten der Menschen steht und als voller Mensch, als Erstgeborener unter den Brüdern dem dreifaltigen Gott das Menschlichkeitsopfer entgegenbringt, sondern daß Christus auf seiten Gottes allein steht" (K. Adam, Christus unser Bruder, Seele-Bücher 6, Regensburg 1930, 60). Das obige Zitat zeigt eindeutig, daß Dioskoros die Heilsbedeutung der Menschheit Christi erkannt hat. Schon damals sprach Dioskoros von "Christus unser Bruder". K. Adam hatte, wie es mir

fremdartigen Körpers bedient hätte? ... denn er entstand der Einbildung und dem Wahne nach, wie die Häresie der Manichäer meint, sondern vielmehr in Wahrheit von der Gottesgebärerin Maria".[815]

Schließlich darf man soweit gehen, daß die Vollbringung des Heilswerkes nicht allein von der Gottheit, sondern auch von der Menschheit Jesu abhing. Dioskoros sagt es deutlich genug: "Er wurde ganz und gar Mensch und blieb doch Gott.[816] Als er an das Kreuz geschlagen war, alle Schmerzen um unsretwillen erduldete, trennte sich seine Göttlichkeit nicht von seiner Menschlichkeit[817], alles tuend und erfüllend um unserer Erlösung willen".[818]

DAS GOTT-MENSCHEN-PRINZIP DES INKARNIERTEN LOGOS: Das bisher Gesagte soll die Meinung des Dioskoros wiedergeben, daß der Gott-Logos durch seine Menschwerdung die vollständige Menschheit mit seiner wahrhaftigen Gottheit vereinigt hat. So ist Jesus von Nazaret immer als Gott und Mensch, seine Handlungen sind gleichzeitig als göttlich-menschlich zu verstehen. Dioskoros zitiert hierzu vorbehaltlos die Ausführungen von Papst Innocentius[819], um zu beweisen, daß die römische Autorität seine christologische Haltung bestätigt: "Gott, das Wort, wurde Fleisch in der Jungfrau zu der Stunde, als er vom Himmel herabstieg und in ihren Schoß eintrat; er wurde nicht Fleisch, als er noch im Himmel war; er fand seine Gottheit nicht auf Erden, aber er ist wahrer Gott, und er ist es, der seinen Körper im Schoße der Jungfrau aufbaute; kein anderer in der ganzen Schöpfung vereinigte sich mit seinem Körper, außer ihm selbst. Er vereinigte seine Göttlichkeit mit seiner Menschlichkeit in einer bewunderungswürdigen Einheit, und wir bekennen, daß in allen Handlungen die Menschlichkeit nicht von ihr getrennt war, nicht einmal einen Augenblick lang".[820] Jesus Christus ist mit Gott, dem Vater, wesensgleich der Gottheit nach und mit seiner Mutter, das heißt, mit uns Menschen wesensgleich der Menschheit nach. Die ersten Verse des chalkedoni-

---

scheint, keine richtige Vorstellung von dem tatsächlichen Problem, das die Vertreter der christologischen Strömungen jener Zeit gequält hatte; vgl. auch die Darlegung der geschichtlichen Entwicklung bei ihm: S. 47/94.

815 Zacharias Rhetor, ed. u. übers. von Ahrens-Krüger, S. 7/8.

816 Anaphora I, Dioscori, pg. 276.

817 Theopistos 279.

818 Anaphora I, Dioscori, pg. 276.

819 Vgl. o: Abschnitt: "Das Religionsgespräch von Konstantinopel" S. 96, insbesondere dazu Anmerkungen 455 und 456

820 Vgl. Theopistos 264 mit PL 20, 611/2.

schen Symbols bringen den gleichen Gedanken zum Ausdruck: "*Sequentes igitur sanctos Patres unum eundemque confiteri Filium Dominum nostrum Jesum consonanter omnes docemus eundem perfectuin in deitate, eundem perfectum in humanitate, Deum vere et hominem vere eundem ex anima rationali et corpore, consubstantialem Patri secundum deitatem et consubstantialem nobie eundem secundum humanitatem, per omnia nobis similem absque peccato, ante saecula quidem de Patre genitum secundum deitatem, in novissimis autem diebus eundem propter nos et propter salutem nostrem ex Maria Virgine Dei genitrice secundum humanitatem ...*".[821]

Auch Dioskoros hat keinen Einwand gegen diese Stelle des Symbols erhoben; sie stammt ja fast wörtlich aus dem Brief Kyrills an Johannes von Antiochien, der das Unionssymbol von 431/433 enthält[822], wenn auch "*Deu vere et hominem vere*" auf den traditionell römischen Sprachgebrauch zurückzuführen ist.[823] Kyrillos berief sich in seiner Formulierung auf das nikänische Symbol, das seinerseits die alexandrinische Tradition aufgenommen und ihr eine ökumenische Anerkennung verliehen hat. Dabei ist der Beitrag des Athanasios nicht zu vergessen, der in der Tat die Formel für Kyrillos vorbereitet hat. So blieb diese Lehre weiterhin die Überzeugung des Dioskoros und die Voraussetzung seiner Christologie. Das soteriologische Interesse bedingt, daß in der Person des Erlösers die wahre Gottheit und die vollständige Menschheit vorhanden vereint sind; ohne diese kann die Erlösung nicht vollbracht werden.

DIE VOLLE UND DAUERHAFTE EINHEIT DER GOTTHEIT UND MENSCHHEIT VON DER MENSCHWERDUNG AN FORDERT, DASS SICH IM INKARNIERTEN LOGOS DIE GÖTTLICHKEIT UND MENSCHLICHKEIT NIEMALS TRENNEN: Das Einswerden der Gottheit und Menschheit vom Augenblick der Empfängnis an hört niemals auf bis in die Ewigkeit: "Wir bekennen, daß die Göttlichkeit bis zu ihrem Herabkommen vom Himmel, wo sie zur Rechten ihres Vaters thronte in den Schoß der heiligen Jungfrau Maria eintrat, und daß er die Göttlichkeit mit der

---

821 Text des Symbols in ACO II 1,2 pg. 129/30; die älteste lateinische Übersetzung ACO II, 3,2 pg. 137/8.

822 Vgl. Ep 39 (des Kyrillos) ad Joann. Antioch.,: ACO I 1.

823 4, pg. 17 '9-20'; pg. 77, 176D. Allerdings ist die eine Stelle "*Deum et hominem vere*" eine Wiedergabe der alten Formel der römischen Kirche, die die Synodalen von Chalkedon aus dem Tomus Leonis genommen haben. Für die Quellenanalyse des Symbols von Chalkedon vgl. I. O. de Urbina. Das Symbol von Chalkedon, in Chalkedon I, S. 398/400.

Menschlichkeit vereinte, auf daß sie nie wieder getrennt werden. Auch bekennen wir, daß es für die Göttlichkeit keinen Anfang gegeben hat, daß es kein Ende für die Menschlichkeit geben wird … Seit er sich im Schoß der Jungfrau befand, verband sich das Wort mit dem Fleisch, und seine Göttlichkeit wurde nun eins mit seiner Menschlichkeit".[824]

An die Lehre von der göttlich-menschlichen Einigung knüpft Dioskoros gleich seinen folglich bedingten Leitsatz an, um die Kontinuität der Einheit gegen jede etwaige Unterbrechung zu bewahren. Sein christologisches Bekenntnis beginnt mit den Worten: "Wir bekennen, daß die Gottheit nicht von der Menschheit getrennt gewesen ist, nicht einen Augenblick lang".[825] Sein zweites Anathema betrifft den, "der die Göttlichkeit vom Körper trennt, sei es im Denken oder im Sprechen".[826]

Nicht einmal beim leiblichen Sterben Christi trennten sich die Gottheit und Menschheit: "Als er an das Kreuz geschlagen war, alle Schmerzen um unsretwillen erduldete, trennte sich seine Göttlichkeit nicht von seiner Menschlichkeit.[827] Zwar verließ die menschliche Seele beim Tode des Herrn den Leib, als er den Lanzenstich erhalten hatte[828], nicht aber die Gottheit, die sich weder von der Seele noch von dem Leib trennte.[829] So stieg er zum Himmel hinauf mit demselben Körper, den er von Maria, der Mutter Gottes, genommen hatte, und er sitzet zur Rechten des Vaters …"[830] Auch diese Lehre führt Dioskoros auf die Väter zurück. Es ist charakteristisch, daß er gerade für den Augenblick der Empfängnis sowie des Sterbens patristische Zeugnisse zu erbringen sucht. Auf der Audienz im Markianshof zitiert Dioskoros eine sowohl für den Westen als auch für den Osten verbindliche Autorität, nämlich **Liberius** von Rom, "in seiner Rede ('auf dem großen Tag der Päpste (!)') von ihrem Anfang 'als ich vor ihm stand' bis 'der Herr ist von der Seite durchbohrt worden'[831])" … "Der Evangelist hat gesagt, daß sie nach dem Tode des Herrn ihn mit einem Schwert

---

824 Theopistos 279.
825 Theopistos, ebd.
826 ebd. 278/9.
827 ebd.
828 ebd. 264.
829 Al-Quddāsāt at-Talāta 622.
830 Theopistos 279.
831 Theopistos 263. Diese Art, in der Pseudo-Theopist nur den Anfang und den letzten Satz des Zitats anführt, zeigt deutlich, daß das Stück zu denjenigen gehört, die die Kleriker damals auswendig zu lernen hatten.

durchbohrten und Blut und Wasser aus ihm floß".[832] Genau so übernahm das Blut die Rolle seines Ganzen, nachdem der Geist den Menschensohn verlassen hatte.[833] Der Evangelist sagt außerdem: "Als er gekreuzigt war, breitete sich eine große Finsternis aus, die Gräber taten sich auf, und der Vorhang im Tempel zerriß.[834] Es ist offenbar, daß sie (Offiziere und Soldaten) während dieser Umwälzung nicht mit der Lanze stachen, sondern seinen Tod erwarteten. Danach schlugen sie ihn mit dem Schwert. Weil unter diesen Umständen – nach diesem Warten – das Blut und Wasser von seiner Seite liefen, bekennen wir, daß die Göttlichkeit nicht von der Menschlichkeit getrennt werden kann, nicht einmal für einen Augenblick".[835] Es war geradezu eine Verletzung des theologischen Gewissens des Dioskoros, wenn in irgendeiner Weise eine Trennung in der göttlich-menschlichen Einheit Christi angedeutet wurde. Gerade das hat den Konflikt zwischen Dioskoros und den Orientalen und später den Anhängern des Chalcedonensums verursacht. Schon im Jahre 447 schrieb Dioskoros an Domnos und warf ihm vor, daß er nichts gegen Theodoret unternommen hatte, der in Gegenwart des Patriarchen häretisch gepredigt und gewagt hatte[836], "den Immanuel zu spalten, indem er sprach: 'Der bloße Mensch für sich ist von Thomas berührt und Gott für sich angebetet worden'".[837] Damit habe Theodoret sich – so erklärt Dioskoros – einen göttlichen Sohn und einen menschlichen Sohn vorgestellt: "Halbiere unseren einen Herrn Jesum Christum nicht in zwei Söhne; denn obwohl er doch auch das mit Vernunft beseelte Fleisch angenommen hat, blieb er das, was er gewesen war, das heißt aber: Gott".[838] Dioskoros wird nicht müde, bei jeder Diskussion mit den Gegnern seiner Christologie zu wiederholen: "Man darf den Unteilbaren nicht teilen".[839] Das ist für Dioskoros insofern bedeutsam, als sämtliche Handlungen Christi auf die Gottheit sowie auf die Menschheit zurückzuführen sind. Menschliches und Göttliches ist in Christus so innig verbun-

---

832 Vgl. Joh. 19, 34. Das "aus ihm", das aus dem Sinn des Verses her sich interpretieren läßt, kommt in den vorhandenen Manuskripten (Vaticanus Sinaiticus Peschito) nicht vor. Vgl. dazu die Anmerkung von Nau zu Theopistos 264. Das "aus ihm" kommt ebenfalls in dem liturgischen Text vor: Al-Quddāsāt aṯ-Ṯalāṯa 622.

833 Die Stelle ist nicht verständlich.

834 Theopistos 264; vgl. Matt. 27, 51-52.

835 Die Stelle bezieht sich auf die Vergöttung des Blutes Christi: vgl. S. 210. Das Zitat des Dioskoros aus Liberius stimmt weitgehend mit dem Original überein: vgl. Theopistos 264 mit PL 8, 1351, 1411.

836 J. Flemming, Atk. Ephes. Syn. 449, pg. 135 '26-29',

837 J. Flemming, 135 '29-30'.

838 J. Flemming, 135 '36-40'.

839 Die abgesetzten Bischöfe in Ephesos (449) wurden hauptsächlich wegen Verstoßes gegen diesen Lehrsatz verurteilt.

den, daß es unmöglich ist, Worte oder Werke von der Gottheit auszusagen, die nicht zugleich der Menschheit zukommen.[840] Christus sei bei allen Tätigkeiten ein und derselbe geblieben.[841] Dioskoros nimmt auch nicht die theoretische Trennung an. Gerade darin sieht er den großen Irrtum der epistola Dogmatica Leonis: Die Kritik des Dioskoros an dem Tomos richtet sich vor allem dagegen, daß Leo darin die Handlungen des Herrn entweder auf die eine oder auf die andere seiner Naturen zurückführt. Leo wollte das Paradox der Menschwerdung leichter und begreiflicher machen: "Es ist nicht die Sache einer und derselben Natur, in tiefem Mitleid den verstorbenen Freund zu beweinen und ihn andererseits nach vier Grabestagen aus der Erde zu holen und einzig durch die Macht des Wortes wieder ins Leben zu rufen[842] ... Das eine strahlt herrlich in Wundertaten, das andere duldet Gewalttaten".[843] Diese Neuerung weist Dioskoros scharf zurück: "Es ist eine blasphemische Behauptung Leos, daß 'jede Natur macht, was ihr eigen ist; eine Natur erleidet die Qual, und die andere ist unverletzbar'".[844] "Hat der Evangelist je geschrieben, daß die Menschlichkeit dieses gesagt hat und die Göttlichkeit jenes gesagt hat oder daß die Göttlichkeit eine Sache bewirkt hat, die die Menschlichkeit nicht gemacht hat?".[845] In kühner Dialektik zeigt Dioskoros mit Gegenbeispielen den Irrtum der Auslegung Leos: "Als Jesus zur Hochzeit von Kana eingeladen war, wurde er als Gott oder als Mensch eingeladen?" "Als Mensch", lautete die Antwort. "Und ich sage euch, ihr habt recht – und als er aber das Wasser in Wein verwandelt hat, tat er dieses Wunder als Mensch oder als Gott?" "Selbstverständlich vollbrachte er es als Gott!", war die Antwort. Dioskoros faßt dann zusammen: "Daher ist seine Gottheit nicht von seiner Menschheit getrennt; mit eigenem Munde bezeugt ihr wahrhaftig, was ich euch ausführen will".[846]

840 S.G.F. Perry. The second Synod of Ephesos, together with certain Extracts to it, from Syrisc Manuscripts preserved in the British Museum (Dartford 1875/81), P. 392.

841 S.G.F. Perry, ebd. p 393.

842 Tomus ad Flavianum, episcopum Constantinopolitanum (ep. 28): ACO II 2,1, pg. 24/33 bzw. II 1,1, pg. 10/20.

843 Leo Ep. 28 ebd.

844 Theopistos 253. Es ist bezeichnend, daß Dioskoros zur Widerlegung der Epistula dogmatica Stellen selbst aus den Schriften der römischen Päpste anführt. Gegen Leo zitiert er Innocentius: "... Also bekennen wir, in allem, was von der Menschlichkeit geschah, sei die Göttlichkeit Partner gewesen, ... die in keinem Augenblick von der Menschlichkeit getrennt gewesen war"; PL 20 611/2; Theopistos 264.

845 Theopistos 265.

846 Severos von Ašmūnain, Réfutation d'Eutychius: PO 3,53-173.

Die Behauptung Leos: "So haben die gemeinsame Erniedrigung und die gemeinsame Herrlichkeit verschiedene Herkunft"[847], widerlegt Dioskoros mit den Worten: "… Er ist der Wundertäter und der Leidenträger durch seine eigene Freiwilligkeit und seinen eigenen Willen; er ist nicht mehr eine Zweiheit nach der Einigung".[848] Hierin beweist Dioskoros auch immer wieder, daß er nicht anders gedacht oder geglaubt habe als die Väter bisher gelehrt hatten. Eine parallele Ausführung finden wir bei Bischof Akakios von Melitens, Armenien, der all diejenigen verdammt, welche behaupten, daß nach der Einigung jede Natur das ihr Eigentümliche verwirkliche.[849]

DIE LEIDENSUNFÄHIGKEIT DER GÖTTLICHKEIT: Wenn Dioskoros lehrte, daß alle Tätigkeiten auf den einen Herrn, den inkarnierten Logos, zurückzuführen seien, ohne dabei zwischen der Gottheit und der Menschheit zu unterscheiden, könnte er mißverstanden werden. Als er nämlich die leonische Behauptung zurückgewiesen hatte, nahm man Anstoß an seinem Wort: "er ist der Wundertäter und der Leidenträger". Einen der dyophysitisch denkenden Bischöfe verteidigte Leo dagegen, "Gott verhüte, daß ihm Leiden zukommen können." Darauf antwortete Dioskoros: "Mein Vater Kyrillos verglich die Einigung der Gottheit und Menschheit mit dem glühenden Eisen. Die Glut wird vom Hammer des Schmiedes nicht betroffen, aber das Eisen wird umgeformt".[850] Dieser Vergleich läßt sich bereits bei Origenes nachweisen.[851]

Die Einheit der Göttlichkeit mit der Menschlichkeit im Sinne des Dioskoros schließt die Tatsache nicht aus, daß weder die Gottheit an Göttlichkeit noch die Menschheit an Menschlichkeit verliert. Dioskoros baut auf die Überlieferung Christi: "Fürchtet euch nicht vor denen, die den Leib töten, die Seele aber nicht töten können".[852] Die Vereinigung des Wortes mit dem Fleisch ist wie die Vereinigung der Seele mit dem Körper, welche, obgleich sie verschiedener Natur sind, doch durch die Vereinigung **eins** werden, dabei bleibt die Seele leidensunfähig. Gleicherweise ist der Herr Christus, indem er **ein** Christus, eine Natur und ein Wille ist.[853]

---

847 ACO II 2,1, pg. 24/33.

848 PO 3 (1909) ebd. 173/4.

849 Mansi V 360 ff; vgl. Haase 229.

850 Severos v. Ašmūnain, PO 3 173/4; Rev. de l'Or. chrét. 1905, p. 120; Hier kommt das Gleichnis in einer anderen Version.

851 Der Vergleich wird ebenfalls dem hl. Kyrillos von Alexandrien zugeschrieben.

852 Matt. 10, 28.

853 Die Stelle kommt in ähnlicher Version ebenfalls bei Kyrillos vor.

Dioskoros hat von der Verbannung aus an den Anführer einer antichalkedonischen Sekte geschrieben[854], der sich in seiner Lehre auf ihn (wegen seiner Gegnerschaft zu Chalkedon!) berufen hatte. Dieser, Ibriton mit Namen, hat dem Logos Leiden und Tod zugeschrieben. Als Dioskoros in Gangra durch Missionare Schriften von den Angehörigen jener Sekte bekommen hatte, wies er dessen Behauptungen in aller Schärfe zurück und verzichtete dabei auf die Unterstützung jener eifrigen Sektierer, obgleich er in seiner Not deren Unterstützung hätte gebrauchen können. Wichtig ist dabei die christologische Haltung des Dioskoros in der Frage der Leidensunfähigkeit Gottes: "Der ist unserem Bekenntnis fremd, der behauptet, daß Gott, der Logos, durch seine Göttlichkeit litt oder starb. Dieser gehört nicht zu uns, sondern zu Areios, Apollinarios und den Gnostikern[855], jenen Verbündeten, die einander bedingen, die behaupten, die Göttlichkeit litt zusammen mit der Menschlichkeit. Wir aber glauben nicht so. Vielmehr glauben wir, daß Gott, der Logos, fleischgeworden ist in der Wahrheit und der Göttlichkeit nach ohne Leiden und ohne Sterblichkeit[856] blieb. Einige aber meinen in ihrer Unwissenheit, daß, wenn wir sagen, daß Christus nur der Menschlichkeit nach gelitten hat, wir dann den Anhängern der Synode von Chalkedon gleichen. Wir antworten ihnen mit den Worten des Heiligen Kyrillos, der schrieb, daß wir nicht alles ablehnen sollen und uns nicht von allem entfernen, was die Irrlehrer sagen, denn sie bekennen oft das Rechte.[857] Wenn also die Anhänger der Synode zu Chalkedon bekennen, daß der Gottlogos (nur) durch die Menschlichkeit und nicht durch die Göttlichkeit leidet, so sind wir mit ihnen einverstanden. Wenn sie aber meinen, er sei zwei Naturen ... so sind wir anderer Meinung. Wie groß also ist der Unterschied zwischen uns und ihnen!"[858]

DIE EINIGUNG GESCHIEHT OHNE TRENNUNG, TEILUNG ODER UNTERSCHIED, OHNE VERWANDLUNG ODER VERWIRRUNG: Das Christusbild des Dioskoros wird sich uns erst

[854] Aus I'tirāfāt al-Abā', eine Handschrift im Koptischen Patriarchat, Kairo.

[855] Al-Ġanānūsiyyīn: الغنانوسيين

[856] بلا ألم ولا موت بلاهوته

[857] Die Stelle, die sonst von anderen oft zitiert wird, ist wörtlich aus dem Unionsbrief des Kyrillos angeführt: ACO I 1,5, pg. 73.

[858] Die Stelle aus dem Brief des Dioskoros ist uns erhalten durch einen Brief des Benjamin, den er um das Jahr 647 geschrieben hat (vgl. die Datierung am Briefkopf). Übersetzt und kommentiert von: Karam Khella. Ein Dioskoros-Zitat beim Patriarchen Benjamin – Ein Beitrag zur Klärung der griechischen christologischen Termini im ägyptischen Verständnis (4.-7. Jahrhundert) in: Probleme der Koptischen Literatur, hg. vom Institut für Byzantinistik der Martin-Luther-Universität Halle Wittenberg, Halle (Saale) 1968, S. 187-195.

vollständig darstellen, wenn wir auch seine notwendigen Vorbehalte gegen beide Extreme der Christologie mit in Betracht ziehen: die dyophysitischen Nestorianer und die monophysitischen Apollinaristen. So enthält seine Glaubenserklärung die Einschränkungen, die ihn in die Mittellinie der Rechtgläubigkeit stellen: "Seine Göttlichkeit wurde eins mit seiner Menschlichkeit ohne Unterschied, ohne Verwandlung und ohne Verwirrung".

Wir sehen uns nicht genötigt, Dioskoros gegen den Verdacht, er habe eine Absonderung in der Person Christi angenommen, zu verteidigen. Dioskoros sorgte ja dafür, daß keinem Priester im ganzen Ostreich das Klerikeramt anvertraut wurde, der in irgendeiner Weise eine Trennung zwischen der Gottheit und der Menschheit in Christo annahm.[859]

Die bisherigen Ausführungen lassen es also nicht zu, eine "Teilung" mit seiner Christologie zu vereinbaren. Die Erklärung, die er für seine Formel: "Die Göttlichkeit trennte sich nicht von seiner Menschlichkeit" gibt, widerlegen jede Vorstellung von einer inneren oder äußeren Teilung der Göttlichkeit und der Menschlichkeit, sei es in der Person, in der Hypostase oder auch der Natur (siehe unten !), sei es in dem Willen oder in der Tätigkeit.[860] Seine Formel "ohne Unterschied" bezieht sich auch auf die theoretische oder sprachbegriffliche Unterscheidung, auf die wir gleich zu sprechen kommen. Ebenso entschieden bekennt sich Dioskoros zur Formel "ohne Verwandlung und ohne Verwirrung".[861] Unter "ohne Verwandlung" versteht er offensichtlich, daß in der Menschwerdung die Gottheit alle Eigenschaften der Göttlichkeit und die Menschheit alle Eigenschaften der Menschlichkeit "ohne Veränderung" beibehalten. So wurde der Sohn Gottes von Maria "ohne Scheinleib und ohne Trugbild" geboren[862]; "so wurde er ganz und gar Mensch und blieb doch Gott ohne jegliche Veränderung".[863] Seine soteriologische Überzeugung bedingt es, daß die Gottheit und Menschheit in keinerlei Vermischung oder Verschmelzung oder Veränderung geraten[864]; denn das Heilswerk kann nur durch die wahre Gottheit sowie die vollständige Menschheit vollbracht werden.[865] So waren die Formeln von Chalkedon ἀσυγχύτως, ἀτρέπτως,

859 14/81; vgl. sein Rundschreiben im Anschluß an die Reichssynode von 449; J. Flemming 154/7.

860 Vgl. o. S. 177ff.

861 Mansi 676; ACO II 1,1, pg. 112 nr 263.

862 Anaphora I Dioscori Alexandrini, in Anaphora Syr. 1,7 (Romae 1944): V1, 276.

863 Anaphora I Dioscori, ebd. pg. 277.

864 ACO II 1,1, pg. 112 nr. 263.

865 Anaphora I Dioscori, ebd. pg. 276/7.

ἀδιαιρέτως und ἀχωρίστως keine originelle Erfindung Leos oder des Anatolios. Denn bevor irgendein Glaubensdokument verlesen wurde, und ehe die vier Adverbien in die Definition von Chalkedon aufgenommen wurden, hat Dioskoros schon auf der ersten Sitzung zwei Wochen davor ihre Notwendigkeit betont.[866] Wir wissen auch, daß die illyrischen Bischöfe, die zunächst entschieden auf seiten des Dioskoros standen, ihren Protest gegen den Brief Leos nur unter der Bedingung zurücknahmen, daß die Formel des Dioskoros anerkannt und im Inhalt der Definition berücksichtigt wird: Die Einheit der Naturen nämlich sollte mehr als bei Leo betont werden. Die Glaubenserklärung der illyrischen Bischöfe ließ eine starke Anlehnung an die Sprache des Dioskoros erkennen: Das Fleisch unseres Herrn und göttlichen Erlösers Jesus Christus, das er aus der heiligen Jungfrau und Gottesgebärerin Maria mit sich einte, sei von seiner Gottheit nicht getrennt und das Göttliche und Menschliche seien ihm auf unvermischbare und unveränderliche und untrennbare Weise zu eigen.[867] Somit dürfen wir zu dem Ergebnis kommen, daß die Definition von Chalkedon eher dioskorisch als leonistisch beeinflußt war.
In Wirklichkeit hat keiner, auch nicht in Chalkedon, den Dioskoros ernsthaft der Verschmelzung oder der Verwandlung verdächtigt.

Zwei weitere geschichtliche Vorfälle scheinen jedoch noch der Erklärung zu bedürfen:

1. Kurz nach dem Beginn seines Pontifikats verlangte Dioskoros von Domnos die Anerkennung der Zwölf Kapitel Kyrills und sogar die Absetzung mancher Bischöfe, die selbst die Unionsformel unterschrieben hatten. Nun ist der Unionsbrief Kyrills an Johannes von Antiochien das Dokument, das die Natureneinheit in einer den Orientalen annehmbaren Formel bietet. Vor allem hat Kyrillos darin die Gottheit und die Menschheit Christi deutlich distinguiert. Das könnte den Verdacht erwecken, daß Dioskoros, da er sich weniger für die Unionsformel als für die Zwölf Kapitel eingesetzt hatte, die Christologie der Union nicht mehr anerkennt. Aber die Haltung des Dioskoros läßt sich so erklären, daß sie mehr eine Reaktion auf die täuschende Haltung der Antiochener war. Viele Bischöfe jener Jurisdiktion, mit Theodoret an der Spitze, haben nämlich angesichts der kaiserlichen Drohungen das Unionssymbolum unterschrieben;

---

866 ACO II 1,1, pg. 112 nr. 263. οὔτε σύγχυσιν οὔτε τροπήν.

867 ACO II 1,1, pg. 102; lat. ebd. 3,2, pg. 110. Es sei hier vermerkt, daß die illyrischen Bischöfe die Rede von einer göttlichen 'Natur' und einer menschlichen 'Natur' nach der Vereinigung vermeiden; sie sprechen also wie Dioskoros nur von der 'Gottheit' bzw. 'Menschheit'. Vgl. I. O. de Urbina, Das Symbol von Chalkedon, in Chalkedon I, 394.

de facto aber haben sie mit Wort und Schrift einen radikalen Dyophysitismus vertreten. Dieser Zustand veranlaßte Dioskoros, nunmehr härter in seinen Aufforderungen zu sein. Er griff auf die Zwölf Anathemas zurück.[868]

2. Die Zusammenhänge mit dem Ephesinum II. sind von diesem Vorfall nicht zu trennen. Hier hat Dioskoros die Flaviansformel von 448 als "Neuerung" verurteilt, den Tomus Leonis nicht verlesen lassen und Eutyches freigesprochen. Die Formel Flavians und Leos konnten sich mit seiner Terminologie nicht vereinbaren, da er darin eine klare Trennung zwischen der Gottheit und Menschheit gesehen hatte. Beide Bischöfe haben von zwei Naturen nach der Inkarnation gesprochen, was sich weder mit der Tradition noch mit der Terminologie des Dioskoros (siehe unten) vereinbaren läßt.

Die Rehabilitation des Eutyches verlief in rechtmäßiger Weise, nachdem der Archimandrit ein orthodoxes Glaubensbekenntnis abgelegt und die Verschmelzung abgelehnt hatte. Aber das Ephesinum zeigte nur, wie unpolitisch Dioskoros dabei war. Dadurch, daß er die Orthodoxie zum endgültigen Sieg bringen wollte, hatte er sich Feinde in der Gesamtkirche verschafft. Nach der ungünstigen Wende von 450 konnten seine Gegner die Entscheidungen seiner Reichssynode zu einer Waffe gegen ihn machen. Als Naheliegendstes bot ihnen die unklare christologische Haltung des Eutyches die Möglichkeit, den Dioskoros dem Verdacht eines Eutychianismus auszusetzen. Diese Beschuldigung war aber gegenstandslos. Denn selbst die römischen Legaten erheben in ihrer Begründung zur Absetzung des Dioskoros keine Anklage auf Irrlehre.[869] Ein klares Zeugnis gegen diese Verdächtigung gab weiterhin Anatolios: Dioskoros sei nicht des Glaubens wegen abgesetzt.[870] Es waren lediglich anonyme Bischöfe aus dem Orient[871] die schrien: "Das ist die Meinung des Eutyches, so hat Dioskoros behauptet". Darauf antwortete Dioskoros, wie die arabische Akte[872] protokolliert: "Wir sprechen von keiner Vermischung, Verschmelzung oder Veränderung".[873]

---

868 Vgl. den Briefwechsel zwischen Dioskoros und Domnos: J. Flemming 132/47.

869 Vgl. o. Abschnitt: Die dritte Sitzung (von Chalkedon): Die Absetzung des Dioskoros S. 121ff.

870 Mansi VII 101: ACO II 1,2, pg. 124.

871 Vgl. oben ACO II 1,1, pg. 112 nr. 262.

872 übersetzt von Franzis al-Lātīnī ins Arabische und veröffentlicht in Rom 1694, Kap. 21.

873 ACO II 1,1, pg. 112 nr. 263.

Wichtig an dieser Stelle ist noch zu erwähnen, daß Dioskoros diese christologische Haltung nicht erst in Chalkedon vertreten hatte, um sich vor dieser Synode zu rechtfertigen. Vielmehr hatte er dazu selbst auf dem Ephesinum II. ganz eindeutig Stellung genommen. Damals hatte Bischof Basileios von Seleukeia sich entschuldigt, die Formel "in zwei Naturen" unterschrieben zu haben, weil er fürchtete, daß "aus zwei Naturen" so ausgelegt werden könne, nach der Inkarnation sei eine Verschmelzung eingetreten. Indem Basileios seine Erklärung von 448 auf diese Weise vor Dioskoros rechtfertigte, beweist sich eindeutig, daß Dioskoros gegen die Verschmelzung war. Basileios mußte vor der Reichssynode seine Äußerung zurückziehen und verdammen, die besagt, beide Naturen seien nach der Inkarnation vereinigt, sei mit der Behauptung von einer Verschmelzung gleichwertig.

Das bisher Gesagte wird zusammengefaßt dargestellt in der Wiedergabe einer Glaubenserklärung, die Dioskoros, wie eine Nachricht bei Theopistos berichtet, nach seiner Absetzung der Synode von Chalkedon vorgelegt hat[874]:

"Anathema sei dem, der eine andere Grundlage des Glaubens mehr oder weniger selbst erwogen – aufstellt als die, die durch Gott und durch den Mund der heiligen Väter von Nikaia gegeben ist ... Wir bekennen, daß die Göttlichkeit nicht von der Menschlichkeit getrennt gewesen ist, nicht einen Augenblick lang. Wir bekennen, daß sie bei ihrem Herabkommen vom Himmel, wo sie zur Rechten ihres Vaters thronte, in den Schoß der heiligen Jungfrau Maria eintrat und daß er die Göttlichkeit mit der Menschlichkeit vereinte, auf das beide nie wieder getrennt werden. Auch bekennen wir, daß es für die Göttlichkeit keinen Anfang gegeben hat, daß es kein Ende für die Göttlichkeit und Menschlichkeit geben wird. Sage nicht, seine Göttlichkeit hätte am Jordan ihren Anfang genommen, als die Stimme des Vaters vom Himmel rief. Seit er sich im Schoß der Jungfrau befand, verband sich das Wort mit dem Fleisch, und seine Göttlichkeit wurde nun eins mit seiner Menschlichkeit, ohne Unterschied, ohne Verwandlung, ohne Verwirrung. Als er an das Kreuz geschlagen wurde, alle Schmerzen um unsretwegen erduldete, trennte sich seine Göttlichkeit nicht von seiner Menschlichkeit, sie stieg zum Himmel hinauf mit demselben Körper, den er von Maria, der Mutter Gottes, genommen hatte, und er sitzet zur Rechten des Vaters ... Seht! Das ist mein Glaube, von mir, von Dioskoros, bis zu meinem letzten Atemzugs".[875]

[874] Vgl. Theopistos 278.
[875] Theopistos 278/9.

Die christologischen Termini des Dioskoros

Nachdem wir die Christologie des Dioskoros auseinandergesetzt und damit seine Übereinstimmung mit Kyrillos, dem Ephesinum und der Väterüberlieferung festgestellt haben, fragen wir uns, wie unterscheidet sich diese Christologie von der von Chalkedon. Wo diese Synode die Orthodoxie des Dioskoros anerkennt, stellt Dioskoros einen großen Unterschied fest. Um diesen Unterschied zu definieren, ist eine terminologische Untersuchung der Formelsprache des Dioskoros notwendig.

Dafür müssen wir von den eigentlichen Formulierungen ausgehen, die Dioskoros vertreten hat, ohne dabei jedoch ihr Schöpfer gewesen zu sein. Vielmehr sind diese immer die. traditionelle Sprache der alexandrinischen Theologen gewesen, geprägt in den jahrhundertelangen dogmatischen Kämpfen. An die Spitze dieser Sprache stellen wir jenen Leitsatz der alexandrinischen Christologie, mit dem sich auch die Anschauung des Dioskoros identifiziert:

μία φύσις τοῦ Θεοῦ λόγου σεσαρκωμένη

Wieder sei daran erinnert, daß der berühmte Satz für Dioskoros neben seinem christologischen Inhalt noch eine andere theologische Bedeutung hatte; in ihm sprach die Tradition, und ein Abweichen von ihm hätte die Beziehung der Kirche zu den Vätern abgebrochen. Darum mußte Dioskoros bei der Formel bleiben: "**eine Natur des fleischgewordenen Logos**". Sie ist eine gottmenschliche Natur aus zwei Naturen. Vor der Vereinigung, das heißt vor der Inkarnation, kann man (theoretisch) von der göttlichen und menschlichen Natur sprechen; aber seit dem Augenblick der Empfängnis "vereinte sich das Wort mit dem Fleisch, und seine Gottheit wurde nun eins mit seiner Menschheit". Die Gottheit, die vor der Inkarnation die göttliche Natur war, und die Menschheit, die vor der Inkarnation die menschliche Natur hieß, behielten nach der Menschwerdung jeweils ihre Eigenschaften weiter bei, die sie vor der Union hatten. Nach der Inkarnation unterscheidet sich die Gottheit nicht von der, die seit Ewigkeit besteht; sie ist ja dieselbe. Auch die Menschheit bleibt wesensgleich mit der der Mutter Gottes. Es hat keine Verwandlung oder Verwirrung der Göttlichkeit und der Menschlichkeit nach der Einigung durch die Menschwerdung gegeben. Das war der Ausgangspunkt der beiden Parteien in Chalkedon, der sich bald zu einem terminologischen Problem entwickelte. Es bestand darin, daß man die Einheit ausdrücken, aber gleichzeitig die Gottheit und die Menschheit distinguieren wollte. Leo sah einen Ausweg darin, in dem er die traditionelle Sprache umformte oder – wie Dioskoros sagte – neuerte: in duabus naturis neque confusionem dicimus, neque divisionem, neque conversationem. Dies hat die Sprache des Dioskoros verletzt und die uralten Grenzen, welche die Väter gesetzt haben, verrückt.[876] Er sah nicht ein, warum eine neue Formel nötig war. Seine Formel genügte voll und ganz: die Einheit ist in μία φύσις, die Distinguiertheit von Gottheit und Menschheit in σεσαρκωμένη ausgedrückt. Sollte diese Formel für manche nicht genügen, um den Verdacht auf Verschmelzung, Vermischung oder Veränderung auszuschließen, so ist dies in dem Zusatz ἀσυγχύτως und ἀτρέπτως ausgedrückt. Die Dialektik dieser Formel konnten selbst die extremen Vertreter des Dyophysitismus nicht verkennen. So schreibt Theodoret, wahrscheinlich gegen Eutyches[877] "... dazu aber hat er das 'fleischgewordene' gefügt, weil er sich vor der Entdeckung seiner Lästerung fürchtete".[878]

An dieser Stelle wollen wir kurz einen anderen Gesichtspunkt mit in Betracht ziehen. Wenn wir sagen, daß Dioskoros die Tradition vertreten hat und vertreten wollte, so dürfen wir dabei seine eigene Überzeugung nicht unterschätzen. Sein Festhalten an der Tradition gründete nicht allein auf dem Glauben an die Tradition schlechthin. Vielmehr hielt Dioskoros die Tradition für die einzige Möglichkeit dagegen. in eine der abweichenden christologischen Extreme der Zeit zu geraten. Die Kraft der Tradition gründet in der Bürgschaft des Heiligen Geistes, der in den 'Vätern' gewirkt hat. In einer intellektuellen Disputation kann man gewinnen oder verlieren; nach dem Vermögen des Einzelnen in der Kunst der Rhetorik und der Methode der Beweisführung. Jede Erklärung könnte einen Irrtum enthalten. Wenn Dioskoros zudem mit einer neuen Formel in diesen mannigfachen christologischen Strömungen aufgetreten wäre, so wäre diese sofort angefochten worden. Aber die Tradition braucht nicht mehr von neuem bewiesen zu werden. Sie war ohnehin die Mittellinie der Rechtgläubigkeit und von den Vätern und dem Heiligen Geist als die Orthodoxie anerkannt.

---

[876] Synodalbrief der Reichssynode von 449 an Kaiser Theodosios II.; J. Flemming, Akt. Ephes. Syn. 449, 162 '30'.

[877] vgl. oben: Kapitel: Dioskoros im christologischen Streit (S. 17) insbesondere S. 24 mit Anmerkung 95.

[878] J. Flemming, ebd. 109 '8-20'.

Die Neuerung Leos "*in duabus Naturis*" öffnet die Tür für die Dyophysiten "sich wieder in die Führung der rechtgläubigen Kirche einzuschleichen". War dies nicht der Begriff, auf den Nestorios sich stützte? Bot dieser Begriff nicht die Grundlage für diejenigen, die der Jungfrau die Gottesmutterschaft absprechen wollten? Dioskoros hatte Sorge um die Errungenschaften der Kirche in den letzten fünfzig Jahren. Seine Befürchtungen vermehrten sich schon auf der ersten Sitzung von Chalkedon, als Theodoret und Ibas unter den anderen Bischöfen vollberechtigt zugegen waren, als hätten sie unter keinem Urteil gestanden. Seine Befürchtungen haben sich als berechtigt erwiesen. Selbst Nestorios war befriedigt von der Einberufung einer Synode nach Chalkedon.[879]

Wir wollen nicht vergessen, daß der eigentliche Kampf des Dioskoros nicht den wenigen mönchischen Vertreten eines realen Monophysitismus galt. Dieser wäre bald mit seinen Vertretern in deren Mönchszellen ausgestorben. Von ihnen war keine Gefahr zu erwarten, aber trotzdem hat er sie nicht begünstigt, wie seine Briefe aus der Verbannung zeigen. Selbst in seiner Not hat er die, die sich auf ihn berufen wollten, seinen Namen nicht mißbrauchen lassen und ihre Irrlehre scharf zurückgewiesen.

Der eigentliche Kampf des Dioskoros war eine Fortsetzung der Bemühungen Kyrills gegen die Nestorianer. Indem sich die alexandrinischen Theologen über die Angst vor der Verbreitung des Apollinarismus oder auch einen Neoapollinarismus hinwegsetzten, konnten sie sich nicht darin täuschen, daß die Kirche noch nicht von dem Verhängnis des Nestorianismus befreit worden war. Immer wieder kamen aus dem Orient Angriffe gegen das Ephesinum. Die Aufgabe der antinestorianischen Bewegung war, die Einheit des inkarnierten Logos zu verteidigen. Solche, die "den Herrn spalten", würden in einer Formulierung wie ἐν δύο φύσεσι eine Rechtfertigung für ihre Haltung finden. Dioskoros brauchte also eine Formulierung, die gleichzeitig seiner Überzeugung Ausdruck gab und die Irrlehre ausschloß. Daher mußte er nach wie vor bei seinem "eine Natur des fleischgewordenen Logos" bleiben. Für Dioskoros ging es – wie gesagt – nicht allein um die Erhaltung fester Formulierungen. Die Diskussion mit ihm zeigte, daß er eine ganze Theologie mit diesen Formeln verbunden hatte. Die μία φύσις des Dioskoros kann nicht die apollinaristische μία φύσις

879 Nestorios, Liber Heraclidis: Le Livre d'Hèraclide de Damas, trad. F. Nau (Paris 1911), 327, 330.

sein. Die weiteren Zusätze und die Erklärungen zeigen einen deutlichen Unterschied. Wenn aber Apollinarios oder ein anderer Irrlehrer einen orthodoxen Satz häretisch gebrauchte, bedeutete das nicht, daß die Orthodoxie den Satz deswegen verwirft. Hierauf antwortet Dioskoros: "Der heilige Kyrillos schrieb: 'Nicht alles, was die Häretiker sagen, sollen wir verwerfen oder uns davon fernhalten; denn diese mögen manchmal das Rechte bekennen'".[880] Vielmehr sei es die Aufgabe der Rechtgläubigen, die falsche Auslegung auszuschließen und ihre Formulierung zu bewahren.[881]
Das tat auch Dioskoros.

Die μία φύσις stellt Dioskoros gegen die Dyophysiten, Diphysiten, Dualisten und alle Nestorianer, σεσαρκωμένη gegen die Apollinaristen und τοῦ Θεοῦ λόγου gegen die Arianer (wenn auch kaum mehr vorhanden waren). Die Formeln sind aber nicht nur als kontrovers zu verstehen; denn sie allein können seine Christologie unmißverständlich ausdrücken.

μία φύσις	ist notwendig für seine Einheits-Christologie wie oben ausgeführt.
σεσαρκωμένη	um das gleichzeitige Vorhandensein des Göttlichen und Menschlichen aufzuzeigen. Die Natur ist nicht eine 'einfache', sondern 'zusammengesetzte' oder – genauer gesagt – 'vereinigte (fleischgewordene)'.
ἐν δύο φύσεων,	das ἐκ im Gegensatz zu ἐν besagt, daß die Gottheit und Menschheit sich nicht nur verbunden oder einander angeschlossen hatten, sondern wahrhaft eins geworden waren (ohne jedoch dabei ineinander aufzugehen). Das δύο φύσεις betont das Göttliche und das Menschliche im inkarnierten Logos.

Wenn man dagegen zu ἐν δύο φύσεσιν formuliert, so erhält man zwei nebeneinanderstehende Größen, die nicht mehr die Beziehung zueinander haben, das heißt aber die Einheit der Gottheit und der Menschheit, die für das Erlösungswerk erforderlich ist.

880 Unionsbrief des Kyrillos: ACO I 1,5 pg. 73.
881 Vgl. S. 150ff.

Damit haben die Kommissare einen gemeinsamen Gedanken in zwei Formulierungen ausgedrückt. Zunächst stellen sie die Väter vor die Wahl: "*Dioscorus dicebat*: τὸ ἐκ δύο φύσεων recipio τὸ δὲ δύο non recipio (wohlgemerkt ohne Vorbehalte des Dioskoros. Im Folgenden zeigt sich deutlich eine suggestive Fragestellung der Kommissare:) *Sanctus autem archiepiscopus Leo duas naturas unitas dixit esse in Christo und Filio unigenito et salvatore nostro inconfuse et immutabiliter*".[882] Nach langer, ablehnender Haltung der Bischöfe wissen die Kommissare, sie zur Annahme der Formel Leos zu bewegen.[883]

Die Erklärung, die Leo abgibt, um seine Begriffsetzung zu rechtfertigen, veranlaßt Dioskoros, den darin enthaltenen theologischen Irrtum aufzuzeigen. "Es ist nicht die Sache einer und derselben Natur", so schreibt Leo, "sondern die gemeinsame Erniedrigung und die gemeinsame Herrlichkeit sind verschiedener Herkunft".[884] Damit bietet Leo dem Dioskoros den Beweis dafür, wie irreführend seine Terminologie ist: "Es ist eine blasphemische Behauptung Leos, daß jede Natur tut, was ihr eigen ist; eine Natur erleidet die Qual und die andere ist unverletzbar!".[885]

In dieser Hinsicht war Leo tatsächlich ungeschickt in der Rechtfertigung seiner Begriffsetzung. Diese Tatsache mußten selbst seine Nachfolger später zugeben. Natürlich wäre es ein Mißbrauch der Sprache und eine Verwirrung des Denkens, wenn gesagt würde, Gott qua Gott schliefe oder er sei hungrig, würde geboren oder stürbe, oder – ein Mensch, als die Person Christi selbst, qua Mensch habe die Welt geschaffen, hielte sie in ihrem Lauf oder richtete am Jüngsten Tag.

Mit ähnlichen Beispielen will Dioskoros beweisen, warum die Sprache Leos falsch sei und will die traditionellen Termini rechtfertigen: Als Gott ist der inkarnierte Logos vom Heiligen Geist, als Mensch von der Jungfrau Maria erzeugt worden. In allen Tätigkeiten sieht Dioskoros die gleichzeitig gottmenschliche Existenz Jesu Christi: "Als Mensch war er zur Hochzeit von Kana eingeladen, als Gott verwandelte er das Wasser in Wein".[886]

---

[882] Mansi VII 105; ACO II 1,2, pg. 125 nr 26, lat. ebd. 3,2, pg. 133 nr 26. Cf. Mansi VI 691; ACO II 1,1, pg. 120 nr 332, lat. ebd. 3,1, pg. 100 nr. 332.

[883] ACO II 1,2, pg. 124/5 nr. 22-28; lat. ebd. 3,2, pg. 132/3.

[884] Ep. 28: lat. ACO II 2,1, pg. 24/33, gr. ebd. 1,1, pg. 10/20.

[885] Theopistos 253.

[886] S.G.F. Perry, The second Synod of Ephesus (Dartford 1875/81) p. 392. Das Zitat stammt aus einem Brief des Dioskoros, den er im Exil an die Mönche des (H)Ennatonklosters (vgl. S.

Schließlich kommen wir zur Hypostasen- und Personen-Einheit. Die Parteien sind hier **nur** der Form nach einig. So enthält das chalcedonense: "*et in unam personam atque subsistentiam concurrente, non in duas personas partitum sive divisum, sed unum et eundem filium unigenitum ...*".[887] Das ist aber für Dioskoros zu wenig, denn dieses würden auch die Nestorianer zugeben.[888] Der Kampf um die Einheit der Person ist im eigentlichen Sinn mit dem Nicaenum, der Hypostase mit dem Ephesinum abgeschlossen. Dioskoros wollte bei der bisherigen Konzilientheologie bleiben. Er wandte sich gegen die Abgrenzung des Begriffes φύσις welche zur dyophysitischen Christologie des Chalcedonensums geführt hat. Als das Symbol von Chalkedon dem Dioskoros vorgelegt wurde, erkannte er sofort das Neue darin, das die Zweiheit der göttlichen und menschlichen Natur im Gegensatz zur Einheit der Person und Hypostase eingeführt hatte. Er gab sich mit dem ganzen einverstanden bis auf das "*in duabus naturis*": τὸ ἐκ δύο δέκομαι, τὸ δύο οὐ δέκομαι.[889] Das Verhältnis von φύσις zu ὑπόστασις und zu πρόσωπον sah er ganz anders als die Chalkedonenser. Dank seines oben erwähnten Briefes an Ibreton[890] haben wir von ihm eine ganz klare Stellungnahme zu diesem: Wenn die Anhänger der Synode von Chalkedon behaupten, daß Gott, der Logos, zwei Naturen sei, und den einen Sohn in zwei Personen[891] und zwei Söhne teilten, so sind wir hier anderer Meinung. Denn unsere Väter haben an den entsprechenden Stellen die Naturen als Personen bezeichnet. Also schrieb der apostolische Athanasios in seinem Brief, den er an den Herrscher Jovian schrieb und worin er die Natur als gleichwertig mit der Person bezeichnete, indem er sagt: "ich bekenne, daß die Natur und die Person Gottes, des inkarnierten Logos, der ein vollkommener Mensch geworden ist, eins ist.[892] Derjenige, welcher diese leugnet, kämpft gegen Gott und macht sich unsere heiligen Väter zum Feind". Der weise Heilige, Kyrillos, schrieb im Hinblick auf die Lästerung Theodorets: "die Natur und die Hypostase des Logos sind Begriffe, die nur von seiner Person allein, nämlich dem Logos, gesagt werden können. Wir aber bekennen, daß er, Lob sei ihm[893], nach der Einswerdung eine

---

170, Anm. 796) geschrieben hat. Es sei hier vermerkt, daß auch der Begriff 'gottmenschliche Natur' bei Dioskoros nicht vorkommt.

887 Lat.: ACO II 3,2, pg. 137/8; gr. ACO II 1,2, pg. 129/30.

888 Vgl. Theodoret., Ep. 151: pg. 83, 1424A, Ep. 130, 1345A.

889 ACO II 1,1, pg. 120. '14'.

890 sic.: أبريطن

891 'Uqnūmain (Sing.: 'Uqnūm) أقنوم

892 "أنا أعترف أن الطبيعة والأقنوم الذي+ لله الكلمة المتجسد الذي صار إنساناً تاماً هو واحد"
+ An dieser Stelle müßte Dual statt Singular stehen.

893 فأما نحن فنعترف أنه تعالى

Natur ist; ebenso wie die Person (eins ist), welche die Person des einen Sohnes ist, der eine Wirkung hat. Wie groß also ist der Unterschied zwischen uns und ihnen!".[894] Deutlich ergibt sich aus diesem Brief folgendes:

1. Dioskoros will, indem er sich auf parallele Stellen bei den Väter beruft, in einer Hinsicht keinen christologischen Unterschied zwischen φύσις, ὑπόστασις und πρόσωπον machen.

2. Die Unterscheidung zwischen Physis und Person an dieser Stelle führe zur inneren Trennung[895] in Christus. Es sei hier vermerkt, daß dcr Empfänger des Briefes theologisch nicht hoch gebildet war. Denn wir verstehen aus der Antwort des Dioskoros, daß Ibreton keinen Unterschied zwischen den Anhängern von Chalkedon und dem Dioskoros sehen konnte, sofern dieser nicht lehre, Christus habe auch mit der Gottheit gelitten. So versucht Dioskoros das Argument zu vereinfachen und legt die Konsequenzen in einer krassen Form dar: wenn sie von zwei Naturen sprächen, so hätten sie den einen Sohn in zwei Personen und zwei Söhne geteilt.

3. Die chalkedonische Formel widerspricht sich, wenn sie auf der einen Seite die Hypostasen-Einheit, auf der anderen Seite die Naturen-Zweiheit behauptet.

4. Mit seiner bezeichnenden Berufung auf die beiden Autoritäten: Athanasios (Nicaenum) und Kyrillos (Ephesinum) gelang es ihm, zwei patristische Stellen aufzuweisen, die in klarem Widerspruch zum Symbolum chalcedonense stehen. Beide großen Kirchenväter würden also das Symbol nicht unterschreiben.

Gerade im Hinblick auf die christologischen Termini und der verschiedenen christologischen Strömungen um Ephesos und Chalkedon muß man sich die Vorstellungen der Antike vergegenwärtigen. Die in der christologischen Auseinandersetzung vertretenen Sprachen: das Griechische, Syrische und Lateinische haben die einzelnen theologi-

---

[894] Das Zitat ist nach dem gleichen Fastenbrief Benjamins vom Jahre 647, hrsg. in der Zeitschrift: Ṭarīq al-hāyā 2 (Kairo 1932) S. 42/3 entnommen. Es wurde übersetzt und kommentiert von: K. Khella, Ein Dioskoros-Zitat beim Patriarchen Benjamin, ebd.

[895] In der christologischen Terminologie kann man von verschiedenen Arten der Unterscheidung oder Trennung sprechen. Wenn Dioskoros von der Einigung der Naturen, ohne daß sie dabei vermischt wurden, spricht und gleichzeitig die 'Zweiheit' der Naturen (nach der Inkarnation) ablehnt, findet er in der Sprache keinen entsprechenden Begriff, um diese Doktrin auszudrücken.

schen Begriffe unterschiedlich geprägt. Wenn die Väter sich mehr oder weniger des Griechischen bedient haben, so blieben doch die Vokabeln entsprechend verschieden interpretiert.

Das christologische Ziel des Dioskoros war es, die Einheit des Göttlichen mit dem Menschlichen im geschichtlichen Jesus von der Inkarnation an bis in die Ewigkeit nicht zu trennen. Es kann nicht gesagt werden, daß Dioskoros den Begriff des geschichtlichen Christus vergessen oder zerstört habe. Die Umstände des menschlichen Lebens des auferstandenen Erlösers entsprechen in seinen Augen durchaus geschehenen Tatsachen; er vernichtete nicht etwa Jesus, indem er ihn in die Ewigkeit zurückwies, sondern er führte den Logos in Zeit und Geschichte ein. Daher blieb er bei seiner These: "Der Messias ist eine Substanz aus zweien, eine Person aus zweien, eine Natur aus zweien und ein Wille aus zweien."[896]

[896] Macrizie's Geschichte der Kopten, ed. u. übers. v. Ferd. Wüstenfeld (Göttingen 1845), ar. S. 15, dt. S. 39.

Christologie und Eucharistie

Die enge Verbindung zwischen der Christologie und dem kirchlichen Leben der Christen ist eine wichtige Triebkraft, die zu dem Kampf um das Christusdogma geführt hat. Für Dioskoros selbst hatte die Christologie eine unmittelbare Bedeutung für die christliche Frömmigkeit und die kirchliche Seelsorge. Nicht umsonst ist Gott Mensch geworden, denn dadurch hat die christliche Kirche ihre gott-menschliche Struktur gewonnen. Dieser pastoral-theologische Sinn seiner Lehre zeigt sich in der unzählige Male wiederholten Forderung: "Er wurde um unsretwillen arm, damit wir durch seine Niedrigkeit reich würden, er ward durch die Menschwerdung uns gleich, damit wir durch sein Erbarmen ihm gleich würden".[897]

Das ist überhaupt das Kennzeichen der alexandrinischen Christologie, die Dioskoros bis zum Ende vertreten hat. Die Liturgie ist der Ausdruck für beide: den Glauben und die Frömmigkeit! In der Eucharistie erkennt man den Sinn der Theologie für das christliche Leben. Diese Tatsache, die besonders in der ägyptischen Kirche immer gegolten hat, führte zunächst dazu, daß das liturgische Gebet gleichzeitig ein Niederschlag der dogmengeschichtlichen Entwicklung war.

Nach Dioskoros werden drei Liturgien benannt.[898] Sie wurden im Laufe der Geschichte teilweise mehr oder weniger umgearbeitet, so daß nicht der ganze Inhalt auf ihn zurückgeführt werden kann, zumal wir nur ihre Übersetzungen besitzen. Doch stimmt der Inhalt fast in allen Einzelheiten mit dem Christusbild des Dioskoros überein, so daß wir sie benutzen dürfen, um die Untersuchung über die Theologie des Dioskoros ergänzen zu können.

---

[897] Zacharias Rhetor, ed. u. übers. v. Ahrens-Krüger, S. uf. (???)

[898] Anaphora Dioscori Alexandrini Prima et Secunda: Anaphora Syriacae Vol. I – Fasc. 3, Romae 1944, pg. 272-299 und 306-321, – und die (äthiopische) Anaphora des heiligen Dioskoros, übersetzt von Mercer, in: Journal of the Society of Oriental Research 2 (1918) pp. 83-86; andere Übersetzung derselben: J.M. Harden, The Anaphoras of the Ethiopic Liturgy (London 1928); schließlich die Übersetzung von J.M. Rodwell in: The Journal of Sacred Literature 4 N.S. (1863/64) 368ff. Eine kritische Ausgabe mit deutscher Übersetzung ist herausgegeben von: O. Löfgren – S. Euringer, in Le Monde Oriental 26/27 (1932/33) pp 229/55; letztere hat die Editio princeps von Johannes Michael Wansleben berücksichtigt: Lexicon Aethiopico-Latinum und Grammatica Aethiopica (Londini 1661) "Liturgia S. Dioscori, Patriarchae Alexandrini, in vetusto Liturgiarum Aethiop. Cod. MSS.Cl.DnD.EdwPocokii reperta. Nunc vero impressa, et Latinitate donata a J.M.W. Erffurtensi."; vgl. ferner Ernst Hammerschmidt, Studies in the Ethiopic Anaphoras (Berlin) 1961.

Christus ist das theoretische Thema der Christologie, und er ist auch der Gegenstand der Eucharistie. Diese Verbindung zwischen Christologie und Frömmigkeit kommt zum Ausdruck als Mittelpunkt des eucharistischen Hochgebets der Liturgie des Dioskoros: "Als du sahest, wie unser Geschlecht dem Untergang verfallen und von dem bösen, geistigen Tier überwältigt war, da sandtest du den eingeborenen Sohn Gottes selbst zu seiner Erlösung in der Weise, daß er aus dem Heiligen Geist und aus der Jungfrau Fleisch annahm und in einer fleischlichen Geburt geboren wurde, ohne Scheinleib und ohne Trugbild; so wurde er ganz und gar Mensch und blieb doch Gott ohne jegliche Veränderung, alles tuend und erfüllend zu unserer Erlösung. Im freudigen Ja zu seinem heilbringenden Erlösungswerk nahm er …".[899]

Das Gebet richtet sich in dieser Liturgie des Dioskoros an den Vater und betont damit das Mittleramt Christi, der nicht nur auf seiten des Vaters, sondern auch auf seiten des Menschen steht. Hier macht sich die Lehre von der Gottmenschlichkeit Christi zum Heil des Menschen geltend. Eben deswegen ist die Art der Menschwerdung klar ausgedrückt. Der wahre Gott nahm sich einen wirklich menschlichen Leib, denn er sei fleischlich geboren ohne Scheinleib oder Trugbild. Nur auf diese Art will Christus "das Leiden der Menschen besiegen".[900] Er litt ihretwegen und an deren Stelle, bis er "freiwillig gestorben ist".[901]

Nicht umsonst ist die Eucharistie der Höhepunkt des innerchristlichen Lebens, denn durch sie vollzieht sich die Einheit der erschaffenden Menschen mit Gott, dem Schöpfer. Dies kann nur durch den menschgewordenen Gott verwirklicht werden.
Die Anamnese ist ein wahrer Glaubensausdruck dafür, daß die Kirche durch die Erlösungstaten des gottmenschlichen Logos an dem ewigen Heil teilhaftig sein darf. Die Epiklese der Dioskoros-Liturgie ist das beste Zeugnis dafür, daß die Liturgie nicht eine einfache Erinnerung oder etwa eine Darstellung des letzten Mahles ist. Vielmehr ist sie eine ununterbrochene und ewige Vergegenwärtigung des einmaligen Opfers: "Gib allem Volk dein Fleisch und dein Blut, indem du mit

[899] Anaphora Dioscori Alexandrini, in Anaphora syr. 1,7, (Romae 1944): v1, 276f, vgl. H. Engberding, Das chalkedonische Christusbild und die Liturgien der monophysitischen Kirchengemeinschaften, in Chalkedon II., 704.
[900] Anaphora syriaca Timothei Alexandrini, ed. Al Rücker, in Anaphoras syriacae v1 fasc. 1 (Romae 1939) 16/7. Timotheos Ailuros war seit Kyrillos Priester am alexandrinischen Patriarchat. Er vertrat Dioskoros während dessen Abwesenheit und wurde zu seinem Nachfolger ordiniert: vgl. R.H. Charles, The Chronicle of John, Bishop of Nikiu, transl. from Zotenberg's Ehtiopic Text (London-Oxford 1916) 110, vgl. o. S. 91.
[901] Anaphora syriaca Timothei, ebd.

deinem Fleisch dein Blut und mit deinem Blut dein Fleisch zu einem machst, daß es ihnen für immer zur Reinigung von der Sünde und zum Leben des Leibes und der Seele sei".[902]

So hat die Kirche von Äthiopien auch den Kampf des Dioskoros um das Christus-Dogma anerkannt. In den großen Christi-Festen (nämlich: Das Geburts-Fest, das Tauf-Fest (Epiphanie), das Auferstehungs-Fest (Ostern), Himmelfahrt sowie das Fest des Heiligen Geistes (Pfingsten), das Trinitäts-Fest sowie das Fest des Heiligen Dioskoros (7. September) selbst) wird der Gottesdienst gefeiert mit Verlesung der Dioskoros-Liturgie.[903]

Die erste Epiklese der äthiopischen Liturgie des Dioskoros ist kurz und klar ausgedrückt, ein Beweis für ihre ältere Herkunft.[904] Das Besondere darin ist aber, daß ihr eine zweite folgt. Diese ist – im Gegensatz zu der ersten – nicht für die Anrufung des Heiligen Geistes, sondern für das Herabkommen des Lamm Gottes bestimmt: "Es komme, auf daß wir es mit den Augen sehen und mit Händen opfern[905], damit wir uns an ihm erfreuen![906] T. Schermann macht hier darauf aufmerksam, daß Liturgien mit einer zweiten dem Sohne gewidmeten Epiklese besonders alt sind.[907] So hat die Athanasios-Liturgie eine fast gleichlautende Lammepiklese. Diese und andere Zeichen, wie zum Beispiel die besondere Ordnung, daß die Fraktion der Epiklese vorangeht, zeigen, daß Dioskoros diese Anaphora mit besonderer Anlehnung an die Anaphora des Athanasios verfaßt hat.[908] Diese starke Verbundenheit der beiden Theologen kam schon bei der Darstellung der Christologie des Dioskoros zum Ausdruck.

---

902 Dioskorusanaphora, ed. u. übers. v. Löfgren-Euringer, S. 254.

903 Vgl. E. Hammerschmidt, Studies in the Ethiopic Anaphoras, (Berlin 1961), S. 19.

904 Es gibt hier kein endgültiges Urteil über die Echtheit der äthiopischen Dioskoros-Anaphora, die ohnehin mehrmals umgearbeitet wurde. Die äthiopischen Anaphora wurden gegenseitig synthetisiert.
Ihre Stellen und Abschnitte wurden gegenseitig ausgewechselt, so daß es oft schwierig ist, die einzelnen Stellen auf bestimmte Verfasser zurückzuführen.
Hinzukommt, daß die Liturgien in Gedichtform zum Teil umgeschrieben wurden. So verlor die Dioskoros-Anaphora mehr und mehr ihre ursprüngliche Echtheit. Das jedoch darf kein Grund dafür sein, dem Dioskoros jegliche Urheberschaft abzusprechen. So mag man das Urteil von E. Hammerschmidt (Studies in the Ethiopic Anaphoras, p. 49) hart empfinden: "This fact (of rhymed texts) shows that the Anaphora of St. Dioscorus cannot be connected with Dioscorus, the 25th Patriarch of Alexandria."

905 wörtl.: "schlachten" !

906 Dioscorusanaphora, ebd.

907 Ägyptische Abendmahlsliturgien des ersten Jahrtausends, (Paderborn 1912), S. 189f.

908 Text und deutsche Übersetzung der Athanasios-Anaphora: B. Turaev. The äthiopische Anaphora des hl. Athanasius, in Oriens Christianus 3, S. 2 (1927) 243/298.

Die Teilnahme an den heiligen Sakramenten ist nur möglich, weil Christus sich für uns hingegeben hat. Er habe uns den Kelch gemischt aus dem wahren Weinstock. Als er seinen Geist aufgegeben habe, ließ er Blut und Wasser strömen zur Heilung der ganzen Welt.[909] Aber dieses Blut, das am Kreuze vergossen wurde, war ein göttliches Blut, so erklärt Dioskoros in seiner Christologie: "Wenn das Blut Christi der Natur nach nicht das eines Gottes, sondern eines Menschen ist, worin unterscheidet es sich dann von dem Blut der Widder und Stiere oder von der Asche der Kuh (nach dem alttestamentlichen Ritus!); denn dieses ist irdisch und vergänglich wie das der Menschen. Man behaupte also nicht, daß das Blut Christi dem eines natürlichen Wesens wesensgleich sei".[910] Die Theologie dieser Stelle in der Christo-

[909] Oratio Veli der syrischen Anaphora des Dioskoros: Al-Quddāsāt aṯ-Ṯalāṯa, S. 622. f.

[910] Aus einem Brief des Dioskoros, den er im Exil an alexandrinische Mönche geschrieben hat: Pitro, Spicilegium solesmense, t. IV (1855), o. 380; vgl. F. Haase, 227.

Die Göttlichkeit des Blutes Christi nach Dioskoros

Die eucharistische Lehre führt notwendigerweise zur Vergöttlichung des Blutes Christi. Diese Tatsache gründet vor allem in der Christologie des Neuen Testaments (vgl. Apg 20,28; I Petr. 1, 18; I. Joh. 5,5-8). Die alexandrinische Soteriologie, besonders wie sie von Kyrillos dem Großen vertreten wurde, betont den Gedanken von der Göttlichkeit des Blutes Christi (Vgl. Rehrmann, Die Christologie des hl. Cyrillus von Alexandrien (Hildesheim 1902) S. 90). Die Lehre des Dioskoros zeigt hier deutlich eine Anlehnung an seinen Vorgänger: "Es ist göttliches Blut, das für uns am Kreuz vergossen wurde." Allerdings war dies durchaus nicht nur die alexandrinische Auffassung, denn Dioskoros bezieht sich gerade darin nicht allein auf seine Vorgänger, sondern ebensogut auf die römischen Bischöfe Innocentius und Liberius (vgl. Theopistos 263/4). Papst Liberius geht von Joh. 19,34 aus und bekennt sich zur Einheit des Göttlichen und Menschlichen in Christo auch nach dem Tode des Herrn, denn das Blut ist lebendig durch seine Gottheit (so verstehe ich den im Syrischen unklar ausgedrückten Text – vgl. Theopistos 264 und PL 8, 1351, 1411). Auch die Auslegung des I. Joh. 5,5-8 von Leo I. trifft sich mit der alexandrinischen Christologie: "'Denn drei sind es, die Zeugnis geben: der Geist, das Wasser und das Blut, und diese drei sind eins'. – Der Geist der Heiligung und das Blut der Erlösung und das Wasser der Taufe; welche drei eins sind und deren sich keines auf der Verbindung lostrennen läßt. Die katholische Kirche lebt aber und wächst in dem Glauben, nach dem in Jesus Christus weder die Menschheit ohne wahre Gottheit, noch die Gottheit ohne wahre Menschheit geglaubt wird" (Tomus Leonis: ACO II 2,1, pg. 24/33). Auch Leo folgt also der Einsicht, daß es sich um das Blut eines göttlichen Menschen handelt. Er wiederholt das Wort von Liberius, das auch Dioskoros vor Markian zitierte: "... er mag erkennen, woraus, da des Soldaten Lanze die Seite des Gekreuzigten geöffnet hatte, Blut und Wasser flossen, die Kirche Gottes durch Bad und Kelch zu benetzen" (PL II 2,1, pg. 24/33; vgl. PL 8, 1351 ff.)

Dioskoros wollte nicht behaupten, daß das Blut Christi der Natur nach das Blut Gottes ist und nicht das Blut eines Menschen, sondern daß es das Blut von dem ist, der der Natur nach wahrer Gott und vollkommener Mensch ist. Man darf also das Blut nicht nur "*kata physin anthropon*" verstehen (vgl. den Brief des Mönches Eustathios, Ep. de duabus naturis: pg. 86, 933D, in dem er den Gedanken des Dioskoros über das Blut Christi kritisiert). Aber Dioskoros hat darin einfach die Meinung Kyrills fast wörtlich wiedergegeben (Cyrill. Al. De recta fide ad Reginas: pg. 76, 1252C); Vgl. J. Lebon, La Crhistologie du monophysisme syrien, in

logie des Dioskoros gibt durchaus den Sinn des Neuen Testamentes wieder.

So gestaltet das gott-menschliche Prinzip auch die christliche Frömmigkeit, indem die Gläubigen von der "Quelle des Lebens, den heiligen Leib und das edle (timion), wahrhaftige Blut des Sohnes unseres Gottes"[911] zu sich in der Kommunion nehmen.

Außer dem trinitarischen, das ist das Nizäisch-Konstantinopolitanische Glaubensbekenntnis, wird ein zweites, spezifisch christologisches Bekenntnis am Ende der Messe verlesen, in dem die Sakramente mit dem inkarnierten Logos identifiziert werden.

Auf dieses Bekenntnis hin nimmt die Gemeinde an dem Abendmahl teil. Es zeigt die Übereinstimmung der christologischen Lehre der Koptisch-Orthodoxen Kirche mit der Tradition und den ökumenischen Konzilien bis 449 und mit der Lehre, die Dioskoros vertrat. Patriarch Gabriel (1131-1145) entschloß sich, indem er sich auf Dioskoros berief, zu diesem Bekenntnis den Zusatz hinzuzufügen: "und er machte ihn (den Leib)[912] eins mit der Gottheit".[913]

Die gelehrten Mönche des Makarios-Klosters drangen darauf, indem sie sich auf die gleiche Autorität beriefen, dazu noch hinzuzufügen: "ohne Vermischung, ohne Verschmelzung und ohne Veränderung".[914] Dies war keine Umformung der liturgischen Formen, sondern lediglich die Betonung des vorhandenen Glaubens.

Für das Bekenntnis des Dioskoros entschied sich die Kirche, die damals unter seiner Jurisdiktion stand. Auf diesem Glauben gründet sie sich bis in die Gegenwart hinein. In der koptischen Liturgie wird Dioskoros als "unseres Lehrers" gedacht, neben Markos, dem Evangelis-

Chalkedon I 569, Anm. 103). Es sei hier noch vermerkt, daß diese Ansicht sich weit von der des Apollinarius entfernt, denn dieser leugnete überhaupt die 'Leibhaftigkeit' des Blutes des inkarnierten Logos. Dagegen betont die alexandrinische Lehre die Göttlichkeit und Menschlichkeit des Blutes. Also bei der Kommunion nimmt der Christ nicht das Blut eines Menschen zu sich, sondern das Blut des menschgewordenen Logos.

911 Al-Quddāsāt at-Ṯalāṯa 290.

912 cαρξ الْجَسَد

913 وجهله واحداً مع لاهوته

914 Al-Bermāwī 147; Al-Quddāsāt at-Ṯalāṯa 292; Vgl. Dioskoros in Chalkedon: ACO II 1,1, pg. 112 nr. 263.

ten, Athanasios, dem Apostolischen, Kyrillos von Alexandrien, Severos von Antiochien und "allen Chören der Heiligen Gottes".[915]

Die Redaktion der Abhandlung wurde abgeschlossen am 18. September 1963 A.D. (7. To'ut 1680 Mr.), am Gedenktag des Dioskoros, Erzbischofs von Alexandrien.

Verleihung der akademischen Würde eines Dr. theol. am 26. Februar 1964.

915 Al-Quddāsāt at̠-T̠alāt̠a 249/52.

Besondere Ausführungen

Die Umbenennung des Dioskoros

Die Umbenennung ist eine religiöse Tradition, die wir auch in vorchristlicher Zeit verfolgen können. Bereits die ältesten Stellen des Alten Testaments berichten von Umbenennungen von Patriarchen und Propheten (vgl. z.B. Gen. 17, 5/15; 32,28). Auch die Apostel wurden umbenannt (vgl. beispielsweise Matt. 16, 18 u. Joh. 1, 42).

In Ägypten lassen sich manche Züge feststellen, die bei der Wahl des neuen Namens zu berücksichtigen waren. Wir wollen hier nicht auf Einzelheiten eingehen. (jedenfalls läßt sich ein Zusammenhang erkennen zwischen der Bedeutung des Namens, dessen historischem Wert und dem Bischofsamt. So kam es beispielsweise nicht vor, daß ein Bischof nach Stephanos benannt wurde, da dieser Name mehr mit dem Amt des Archidiakons identisch ist: Apg. 6, 2-8).

Alexandrien war der Ort, an dem sich hellenistische und ägyptische Strömungen begegneten. Griechische Kultur und griechische Kunst gingen hier einen Verschmelungsprozeß ein. In gleicher Weise unterliegen Wesen und Form der ansässigen Zivilisation mannigfachen hellenistischen Einflüssen. Nach der Christianisierung Ägyptens blieben die griechischen Wurzeln weiterhin wirksam. Die gesamte Kirchengeschichte Alt-Alexandriens und des frühen Koptentums ist das Zusammen- und Widereinanderspiel beider Elemente: hellenisierter christlicher Theologie und ägyptischer Volksfrömmigkeit. Die Bischöfe von Alexandrien hatten die beiden Traditionen zu vertreten: das koptische religiöse Denken und das griechisch theologische Erbe bestimmten ihre Anschauung und Kirchenpolitik. Diese beiden sehr ungleichen Elemente kommen auch in den Namen zur Geltung, die die alexandrinischen Bischöfe trugen. Ebenso verhielt es sich, als einst die Griechen den ägyptischen Göttern, soweit die Wesensverwandtschaft es zuließ, die Namen griechischer Gottheiten verliehen hatten: Thoth wurde zu Hermes umbenannt, Ammon zu Zeus, Horus zu Apollon, Hathor zu Aphrodite, und so waren neu geschaffene Göttergestalten entstanden, die Ägyptisches und Griechisches in sich vereinen, wie etwa Sarapis.

Das gleiche geschah im Christentum. Der Name des Athanasios (in kopt. Schreibung: ΑΘΑΝΑCΙΟC ist sicher identisch mit dem Namen des Gründers des Klosterwesens Παθωμ Pachom (Unsterblicher: Etymologie aus 'Adler', das Sinnbild der Unsterblichkeit in Ägypten). Dioskoros ist die griechische Form für Schenute. Der Name (Sohn Gottes; Ammonssohn) entspricht im Griechischen 'den Dioskuren' (οἱ Διόσκουροι: die beiden Söhne des Zeus: Kastor und Polydeukes). So sind Namen wie Athanasios und Dioskoros Ausdruck der griechischen Bildung und der koptischen Frömmigkeit. Es ist daher nicht mehr erstaunlich, daß Dioskoros, der vor seiner Ordination einen christlichen, bei Griechen und Kopten gebräuchlicher Namen getragen hatte, bei seiner Bischofsweihe einen heidnischen Namen annahm.

Alexandrien war – wie gesagt – das hellenisierte Ägypten oder auch der ägyptisierte Hellenismus. Die ägyptischen Bischöfe hatten durchweg griechische Namen getragen, die – wie erwähnt – Beziehungen zum Ägyptentum aufzeichnen; den ägyptischen Namen wurde die griechische Form verliehen (vgl. Menas aus Mina, Anianos aus Hanania usw.). Es ist daher anzunehmen, daß Dioskoros seinen Namen Jakob nicht als eigentümlich hellenistisch empfunden hat, und daß er durch die Annahme des Namens Dioskoros zwar kein Bekenntnis zum Griechentum, doch aber zur griechischen Tradition, die seine Vorgänger gepflogen hatten, ablegen wollte. Vielleicht war es auch ein Bekenntnis zur griechischen Bildung, wie sie sich in der alexandrinischen Theologie darstellte.

Schon in frühchristlicher Zeit scheint man sich in Alexandrien und Ägypten über einen Namensaberglauben hinweggesetzt zu haben, obwohl der Kampf zwischen Christen und Heiden nicht abgeschlossen und der Zauber anderwärts noch so lebendig war. Schon im dritten Jahrhundert begegnen wir alexandrinischen Bischöfen und koptischen Heiligen mit alten Personennamen, genauer gesagt solchen, die ursprünglich heidnische Gottesnamen sind. So

wurde der im Jahre 247 inthronisierte Bischof Alexandriens Διονύσιος nach dem Tyrannen von Syrakus genannt. Dessen Vorgänger hieß Herakles. Auf dem Lande begegnen wir selbst Mönchen, die Wisa (nach dem volkstümlichen Gott Bes), Horsiese (Horus, Sohn der Isis) oder Isidoros (Isisgabe) hießen. So konnte Dioskoros sich als christlicher Bischof ohne Bedenken den Namen des heidnischen Gottessohnes geben. In seinem Namen 'Dioskoros' mochte eine Anspielung auf die dogmatische Unzertrennlichkeit der beiden Hörte der Orthodoxie liegen: Kyrillos und Dioskoros. Diese Annahme wird von Dioskoros selbst durch kräftige Zeugnisse bestätigt.
Seit der Ordination des Kyrillos II i.J. 1078 tragen die ägyptischen Patriarchen nur Namen, die in der bisherigen Patriarchenliste vorgekommen sind.

ii Die Rivalität zwischen den Thronoi von Alexandrien und Antiochien:

Die traditionelle Rivalität zwischen Alexandrien und den beiden Stühlen von Antiochien und Konstantinopel, die sich historisch bis zum 3. Jahrhundert zurückverfolgen läßt, erklärt die Art der Beziehungen des Dioskoros zu Flavian und Domnos. Noch älter ist die Konkurrenz zwischen den Städten Alexandrien und Antiochien Der geistige und kulturelle Wettbewerb zwischen den Städten erreichte schon unter Ptolemaios II Philadelphos seinen Höhepunkt. Der Kampf um den kirchlichen Vorrang scheint sich diesem Streit mit einer gewissen Selbstverständlichkeit angeschlossen zu haben. Über seinen Anfang wissen wir nichts, da unsere spärlichen ältesten Quellen die Anfänge des Christentums in Alexandrien ignorieren. Man könnte allenfalls auf eine Rivalität zwischen einer von Alexandrien ausgehenden und durch Apollos verkörperten Mission und der antiochenischen Mission des Paulos hinweisen; die Unterschiede zwischen Paulos und Apollos werden ja weder durch die Gruppierung Juden-Christen / Heidenchristen, noch durch hebräische und palästinensische gegen griechische und hellenistische Christen voll erfaßt. Dann folgt eine Zeit, aus der wir über das Christentum in Alexandrien wenig erfahren. Daß es von Rom aus gegründet worden sei, ist nicht besonders wahrscheinlich; wenn wir an der Gründung von Petrus durch Markus festhalten, käme auch eine Gründung von Jerusalem aus in Betracht. Aber wir erfahren wenig; die Kirchenväter haben an den alexandrinischen Gnostikern mehr Anteil genommen als in den rechtgläubigen Christen. Jedenfalls beobachten wir vom dritten Jahrhundert an, als es wieder Quellen für das ägyptische Christentum gibt, daß der Bischof von Alexandrien an den Eifersüchteleien beteiligt war, wie sie auch sonst zwischen den hervorragenden Bischöfssitzen an der Tagesordnung waren. Der Grund für die Exkommunikation des Origenes ist nicht so sehr in dem Vorwand zu suchen als darin, daß der Bischof Demetrios († 231), auf seine Kompetenz bedacht, Anstoß an der Presbyterweihe durch palästinensische Bischöfe nahm. Im Streit um Paul von Samosata steht der Bischof von Alexandrien – Dionys der Große – im Hintergrund als Gegner des Bischofs von Antiochien. In solchen Streitigkeiten muß man keine Erbfeindschaft sehen, zumindest damals noch nicht; denn in derselben Zeit kann Dionys auch in einem Streit zwischen Rom und Karthago vermitteln. Man wird allerdings sich vor Augen halten müssen, daß es bei der Absetzung des Paul von Samosata von seinem antiochenischen Bistum um eine dogmatische Frage ging, die die späteren christologischen Streitigkeiten vorwegnimmt. Paul von Samosata (vgl. Henri de Riedmatten, Les actes du procès etc) war wegen einer Christologie, die wir nach unseren Gruppierungen als adoptianisch kennzeichnen müssen, angegriffen und abgesetzt worden. Dabei zeigt sich eine grundsätzliche Bereitschaft, die gottmenschliche Einung in der Gestalt Christi ethisch vermittelt zu denken, die der antiochenischen Theologie eigen ist, und die notwendig zum Dyophysitismus führt.

Die Bedeutung dieser dogmatischen Auseinandersetzungen soll jedoch nicht überbetont werden. Mit den dogmatischen Problemen waren stets die Interessen ehrgeiziger Kirchenfürsten verquickt, und so läßt sich der Streit ebensowohl als Auseinandersetzung um die Primatansprüche von Rom und Ostrom, Antiochien und vor allem Alexandrien darstellen; er mußte aus dem gerade besprochenen Machtzuwachs des alexandrinischen Bischofs beinahe zwingend folgen.

Die alexandrinischen Bischöfe von Alexandros bis Dioskoros haben um das Ostprimat gekämpft. Das Ephesinum (431) hat den Vorrang Alexandrien zuerkannt. Die Stellung Alexandriens gegen Konstantinopel und Antiochien ließ die beiden letzteren sich verbinden. Alexandrien alliierte sich folglich mit Rom – solange Kyrillos lebte. Daher haben Alexandrien und Rom das Konstantinopolitanum (381) nicht anerkannt, weil es Alexandrien an die 3. Stelle unter den Patriarchaten ordnete (vgl. S. 39 Anm. 159). In völligem Einklang mit diesem Patriarchatsbewußtsein richtete sich die Kirchenpolitik Alexandriens gegen Antiochien und Konstantinopel.

Dionysos († A. D. 265) und sein Nachfolger Maximus († A. D. 282) von Alexandrien haben Paulus von Samosata abgesetzt und exkommuniziert. Timotheos von Alexandrien († A. D. 385), oder jedenfalls einige seiner ägyptischen Bischöfe, unterstützten den Nektarios, an Stelle von Gregorios von Nazianzos den Konstantinopolitanischen Bischofsstuhl zu übernehmen. Theophilos von Alexandrien († A. D. 412) ist durch seine Feindschaft mit Johannes Chrysostomos, der von ihm um 403 abgesetzt worden war, bekannt geworden. Kyrillos setzte Nestorios ab. Nachdem Johannes den Kyrillos am 27. Juni 431 exkommuniziert hatte, antwortete Kyrillos darauf mit dem Urteil eines ökumenischen Konzils; am 17. Juni 431 auf der 5. Sitzung in Ephesos wurde Johannes exkommuniziert. (Cf. Hefele-Leclerq, Hist. des Conciles, II (I), pp. 317, 328). Dioskoros verurteilte beide, Flavianos von Konstantinopel und Domnos von Antiochien (Cf. Maspero, Histoire des Patriarches d'Alexandrie, p. 231, note d'A.F.)

iii **Die Beziehung Alexandriens zu Rom:**

Mit seinem Vorgehen gegen Leo hat Dioskoros den traditionellen Bund zwischen Alexandrien und Rom beendet. Die vier zeitgenössischen Bischöfe: Leo, Dioskoros, Flavian und Domnos haben ihre Thronoi mit dem Bewußtsein der herkömmlichen Rivalität bestiegen (Vergl. S. 65 Anm. ii). In dem Alexandrien und Rom zusammenhielten, verband sich Antiochien mit Konstantinopel gegen beide. Die Beziehungen der apostolischen Stühle zueinander hat Alexandrien weitgehend bestimmt. Wie diese Verhältnisse unverändert in den ersten Amtsjahren des Dioskoros noch wirkten, entnehmen wir dem Brief des Domnos an Flavian: Allein Dioskoros, Bischof von Alexandrien, wolle "uns fortwährend auf den Stuhl des seligen Markos verweisen, obschon er sich klar bewußt ist, daß die Großstadt Antiochien den Stuhl Petros' hat, welcher sogar der Lehrer des seligen Markos und obendrein aller Apostel und ihr Haupt ist. Übrigens sind wir von der Erhabenheit dieses apostolischen Stuhles zwar überzeugt, erkennen uns aber selber und mäßigen uns; denn längst erlernten wir apostolischen Demut" (J. Flemming, Akt. Ephes., Syn. 449, Text S. 122, Übers. S. 125 '1-7', vgl. o.S. 65). Im selben Bewußtsein ist Domnos niemals in Briefverkehr zu Leo gestanden. Ebenfalls schreibt Leo zum ersten Mal nach Konstantinopel (nach bisherigen Unterlagen) am 1. Juni 449, und zwar über die Angelegenheit des Eutyches (Fliche-Martin, Hist. de l'Egl. IV 264).

Dagegen schreibt aber Dioskoros am 21. Juli 444, unmittelbar nach seiner Wahl zum Papas von Alexandrien, an seinen römischen Bundesgenossen und teilt ihm seine Ordination mit (Jaffé-Wattenbach, 406). Leo nimmt diese Gelegenheit wahr: mit seiner Epistula 11 antwortet er am 21. Juni 445 (Scheck, Regesten, S. 374) und gibt seinem Wunsch unverhohlen Ausdruck, daß er den Bund mit Alexandrien nach wie vor unversehrt bewahren will; doch leitet er dabei zwischen den Zeilen für den Primatsgedanken ein. Er (und nicht der Bischof von Antiochien) ist der Inhaber des Stuhles Petri, der jetzt an den neuen Nachfolger des Apostels Markos, Dioskoros, schreibt: "Es wäre unerhört, wenn jemand die Meinung verträte, (nefas), daß Sankt Marcus seine Ordnungsvorschriften für Alexandrien anders als nach dem petrinischen Modell geformt hätte." Aber Dioskoros ließ sich durch die Ansprüche des römischen Papstes nicht demütigen und lehnte ab, Anweisungen von Rom zu empfangen. Es scheint, daß er von nun an den Bischof von Alt-Rom völlig ignorierte. Leo verliert einen Streit mit Dioskoros um den Ostertermin: eine Niederlage, die Leo "nur mit Knirschen" hinnehmen mußte, wie Caspar aus Prospers Chronik herausliest (Papsttum 1, 546). Leo rächt sich auf seine Art und wartet, bis Dioskoros die Reichssynode von 449 präsidiert. Dort schuf Leo ihm durch die Zusendung seiner Epistula dogmatica eine schwierige Situation, die Dioskoros nicht übersehen konnte; doch vermied er bei seiner geschickten und kraftvollen Leitung der Reichssynode, in einen Konflikt mit dem römischen Bischof geraten zu sein, und verhinderte die Verlesung des Zwei-Naturen-Briefes. Nun kam Leo nicht entgegen und versuchte die Pläne des Dioskoros zu vereiteln. Dioskoros exkommunizierte Leo. Folglich hat der römische Bischof seinerseits den Bund mit Alexandrien für gelöst erklärt, seine Rivalität mit Konstantinopel vergessen und sich für die Sache Neu-Roms und damit gegen Alexandrien eingesetzt.

Vielleicht ahnte Dioskoros, daß dem politischen und kulturellen Zusammenbruch des Imperium Romanum ein Zerbrechen der kirchelichen Kräfte des Westreiches folgen würde. Er lehnte – ebenso wie der Kaiser – die Intervention des römischen Bischofs in ostkirchlichen Fragen ab. Es ist nun freilich schwer zu entscheiden, ob Dioskoros dabei völlig frei war, ob er also nur einen psychologischen Fehler gemacht hat, oder ob die Macht Alexandriens nicht derart gewachsen war, daß der römische Bischof als dessen Bundesgenosse nicht mehr in Frage kam. Denn Rom vertrat selbst durch Leo den Führungsanspruch für die Gesamtkirche. Wenn es genügen wollte, so war nichts natürlicher, als daß es sich mit dem ohnehin in seiner Handlungsfreiheit durch den Kaiser beschränkten Bischof von Neu-Rom verband gegen seinen einzigen wirklichen Konkurrenten, und daß es die Ansprüche der neuen Hauptstadt gegen die der alten für weniger gefährlich hielt, als die der einzigen tatsächlichen Macht, die es damals im Ostreich gab.

Dazu kommt, daß im 5. Jahrhundert die Reichsidee längst an einigender Kraft verloren hatte. Sie lag im Kampf mit starken nationalen Tendenzen, die nicht nur auf eine Lösung der Provinzen vom Reich, sondern – das ist in dieser Zeit wichtiger – auf ein Auseinanderbrechen der beiden Reichshälften hin wirkten. Wenn Dioskoros die Einmischung des römischen Bischofs in Angelegenheiten der Ostkirche ablehnt, dann tut er das nicht nur im Bewußtsein der Überlegenheit alexandrinischer Theologie und hellenischer Bildung, die den Römern im Grunde unzugänglich ist; er befindet sich hier vielmehr auf derselben Linie, in der damals die politische Entwicklung verlaufen ist. Es entspricht der Gedankenwelt dieser Zeit, daß Dioskoros den Einfluß des immer hellenistischer werdenden Staates vorzog, zumal die Abhängigkeit der Kirche in Alexandrien vom Staat aus natürlichen Gründen nicht allzuweit gehen konnte. – Daneben muß allerdings besonders an die Selbständigkeitstendenzen gedacht werden, die in Ägypten in dieser Zeit recht stark werden. Sie hat nicht zuletzt darin ihren Grund, daß in dieser nationalen Bewegung eine eigene koptische kirchliche Bildung entsteht und damit das eigene kulturelle Erbe in einer Form aufnimmt, die der Zeit gemäß war (die vielfach behauptete Bildungsfeindschaft des Koptischen Mönchtums ist ja keine allgemeine Bildungsfeindschaft, sondern sie richtet sich ausschließlich gegen die fremde [: die griechische] Bildung).

iv Die Historität des Religionsgespräches in Konstantinopel

Für das theologische Gespräch, das auf der oben genannten Audienz in Konstantinopel zwischen Markian und Dioskoros stattfand, vergleiche die von mir angefertigte Übersetzung der von Pseudotheopist abgefaßten Vita des Dioskoros; ferner Dioskoros, Panégyr.: ed Amélineau, in Mém.Archéol. Fr 4, 1, s. bes. p. 196; aṯ-Ṯalāṯat Maqārāt al-Qiddīsīn, ed. Dair as-Suriān, 1963, Severos, Buch der Konzilien, PO 3 (1909) 172-177: Severos schreibt am Anfang seiner Darstellung der dioskorischen Epoche, es gäbe nichts, auf das er seine Dar-

stellung stützen könne. In Wirklichkeit aber benutzte er zur Schilderung des Lebens des Dioskoros und der Synode seiner Zeit den Panegyrikus und die von Pseudotheopist verfaßte Vita des Dioskoros. Nach Theopist stand die Unterredung zwischen dem Kaiser und Dioskoros unter dem Eindruck eines privaten Gespräches: es wurden also keine Kommissare oder Notare hinzugezogen, um das Gespräch zu protokollieren. Dem entspricht auch der Bericht von Zacharias Rhetor. Die Konzilsakten beginnen unmittelbar mit dem Protokoll der ersten offiziellen Sitzung. Es ist aber nicht ausgeschlossen, daß das Protokoll der Unterredung verlorengegangen ist; möglicherweise ist es von den Gegnern des Dioskoros vernichtet worden. Die lateinischen Sammlungen zählen gewöhnlich 16 Sitzungen (Ballerine 20), die griechischen dagegen 6; auf Vollstandigkeit kann also keine Quelle Anspruch erheben. Walch. XV, 333, Hefele, II 2, 411; siehe die Quellenbesprechung für diese Abhandlung. Manche koptischen Kirchengeschichtsschreiber machten den Fehler, diese Audienz dem Konzil gleichzusetzen und sprachen daher nicht von einem chalkedonischen, sondern von einem konstantinopolitanischen, dh. pseudo-konstantinopolitanischen Konzil von 451 (z.B. aṯ-Ṯalāṯat Maqārāt). Auch dies spricht dafür, daß in Konstantinopel irgendwelche Besprechungen, und zwar bedeutende Verhandlungen, stattgefunden haben.
Vgl. ferner: Felix Haase, Patriarch Dioskoros I. v. Alex. nach monophysitischen Quellen, S.208-10: "... allerdings erhalten wir keine weiteren direkten Zeugnisse für diese Konferenz. Aber wir können beweisen, daß ähnliche Besprechungen stattgefunden haben müssen. Es werden nämlich auf dem Konzil Tatsachen vorausgesetzt, die nur in solchen Konferenzen zur Abwicklung gekommen sein können." Auch Tillemont (1. c. XV, P 642) hierzu: "Zweifellos fanden zuerst verschiedene Konferenzen statt, sowohl zwischen den Bischöfen als auch mit dem Kaiser, welche den Zweck hatten, verschiedene Schwierigkeiten, die in der Folgezeit hätten aufhalten können, zu regeln.
Die von Amélineau gegen die Existenz eines Religionsgespräches angeführten Gründe wandten sich fast ausschließlich gegen die Unwahrscheinlichkeiten des Berichtes des Panegyrikus. Diese Einwände fallen bei der syrischen Biographie fort, wo die einfache und natürliche Schilderung dieses Religionsgespräches als glaubwürdiges Zeugnis erscheint. Der Verfasser des Panegyrikus ist entschuldbar, wenn man bedenkt, daß die Erzählungen von Visionen und Wundertaten im völkisch-koptischen Schrifttum eine allgemeine Tendenz sind, um den einfachen Leser zu überzeugen.
Schon Haase muß man Recht geben, wenn er sagt: "Wenn uns nun das in Ts (Theopistos) berichtete Religionsgespräch ein besseres Verständnis für die Geschichte jener Zeit erschließt, so dürfen wir wohl mit Recht an der **Tatsächlichkeit** festhalten und auch die Schilderung desselben als glaubwürdig annehmen."

Die Frage nach der Justifizität der Sitzung vom 13. Okt.:

Die Kirchen, die den Dioskoros als Heiligen und Bekenner kanonisiert haben und ihn als Kirchenlehrer noch anerkennen, das heißt vor allem die Koptische, Äthiopische, Syrische, Malabar-Kirche von St.Thomas und die armenische Kirche wenden sich vor allem gegen die Justifizität dieser Sitzung vom 13. Oktober. Man kann hier nicht ohne weiteres ihr Argument zurückweisen, daß die römischen Legaten mit etlichen gefügigen Bischöfen die Sitzung usurpiert haben, um das zu erreichen, was sie in der Anwesenheit der 'Konzilsrichter' nicht erreichen können. Keine der Anklagen gegen Dioskoros ist rechtlich bewiesen worden, bis auf die 'Ungehorsamkeit gegen den römischen Bischof'. Nach anfänglichem Protest haben die kaiserlichen Vertreter später die Gültigkeit der Sitzung nicht mehr angegriffen in der Annahme, Dioskoros sei des Glaubens wegen verurteilt, und erst kurz vor dem Abschluß der Synode stellen sie fest, daß die Christologie des Dioskoros keine Rolle für seine Absetzung hatte: Aber Dioskoros war dann schon auf dem Wege in das Exil (siehe unten!).Man stellt es hier zu Bedenken, daß die Sitzung in Wirklichkeit nur die eine Partei, nämlich der Gegner des Dioskoros vertritt. Sie wurde gehalten drei Tage vor dem vorgesehenen Tag, in dem die 'dritte' Sitzung gehalten werden sollte. Die Römer haben sich gesammelt an einem Ort, an dem keine der anderen Sitzungen der Synode zusammenkam. Schließlich haben sich dort kaum 200 Bischöfe von 350 Teilnehmern versammelt. (Die Unterschriftenliste zeigt 220 Namen: ACO II 1,2, pg 34 nr 97, unter denen befinden sich auch die Unterschriften der abwesenden Bischöfe, die durch Vertreter abgegeben wurden): vgl. für den Prozeß des Dioskoros: Mansi VI 975-1093; ACO II 1,2, pg 3-41. Die Behauptungen von Haase (S. 219) über die Justifizität der Sitzung führt er ohne Begründung: "Abgesehen davon, daß die römischen Legaten, welche im Prozeß über Dioskoros den Vorsitz führten, wahrscheinlich nicht seine Absetzung herbeiführen wollten, ist der Vorwurf eines Justizverbrechens deshalb eine unbewiesene, ja falsche Behauptung, da sich auf Grund der Akten des Strafverfahrens gegen Dioskoros eine Ungerechtigkeit, ja nicht einmal eine Unregelmäßigkeit gegen die Normen des damaligen kanonischen Strafprozesses aufzeigen läßt"! Aber Haase behandelt dabei keine der Vorwürfe gegen die Rechtmäßigkeit der Sitzung wie etwa die Tatsache, daß die Sitzung in Abwesenheit der Konzilskommissare, ohne deren Kenntnis, ja gegen ihren Wunsch abgehalten wurde. Desgleichen verschweigt er den Vorwurf er Kommissare; die römischen Legaten können nicht zugleich als Richter und Ankläger fungieren.

Die koptische Liturgie

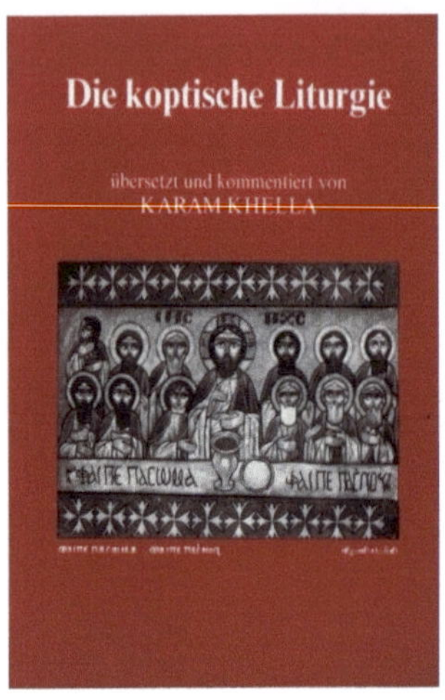

übersetzt aus den Originalsprachen und kommentiert von
Dr. theol. Karam Khella

Emporhebung des Abendweihrauchs
Inzens-Frühgottesdienst –
Eucharistische Meßfeier

Mit einer Einleitung über den koptischen Ritus, Erläuterung der liturgischen Handlungen und einem alphabetischen Wörterverzeichnis mit Begriffserklärungen.
ISBN 3-921866-23-5 **10 €**

Karam Khella
Jesus und die Ursprünge des Christentums

ISBN 3-921866-88-X
263 Seiten
19 €

Die Entstehung des Christentums lag bislang zum großen Teil im Dunkeln. Über Leben und Wirken Jesu berichten nur die Evangelisten aus Glaubensüberzeugung und missionarischem Interesse. Karam Khella untersuchte Materialien und entdeckte neue Quellen, die ihn in die unmittelbare Nähe der Ereignisse führten. In diesem Werk stellt er eine integrierte Entstehungsgeschichte des Christentums dar. Aufregende Erkenntnisse macht der Verfasser über den Urtext der Evangelien und die authentischen Worte Jesu. Wir sind nicht mehr auf die altgriechische Fassung angewiesen. Es gibt ein Urevangeliar, das älter ist als die griechische Version. Eine Textauswahl mit kritischer Analyse und deutscher Übersetzung zeigt, wie sehr die kanonische Fassung sich vom Urtext entfernt hat. Somit nehmen Leserinnen und Leser an einem neuartigen Erkenntnisprozess von der Urgeschichte des Christentums teil.